에코원 쿠데타, 8월 종파사건

에코뮌 쿠데타, 8월 종파사건

김재웅 지음

푸른역사

한 혁명가와의 우연한 만남

"8월 종파사건"은 북한 역사에 조금이라도 관심이 있는 이라면 누구나 알고 있을 만큼 유명한 사건이다. 지금으로부터 약 68년 전에 일어난 북한의 이 내분 사태는 체제 발족 이래 김일성을 비롯한 조선노동당 지도부가 공개적으로 비판받은 유일무이한 사건이었다. 지도자가 절대권력을 행사해온 북한의 실상에 비추어볼 때, 권력에 도전한 사건이 일어났다는 사실은 그 자체만으로도 큰 호기심을 불러일으킨다.

"8월 종파사건"과 나와의 인연은 지금으로부터 약 20년 전인 2005년경으로 거슬러 올라간다. 당시 대학원 박사과정 3학기에 접어든 나는 모교에 출강하신 한국외대 반병률 선생님으로부터 "한국현대사의 국제 관계"라는 강의를 듣고 있었다. 어느 날 수업 도중 선생님은 소련 주재 북한대사를 지낸 이상조라는 인물이 김일성에게 보낸 편지가 발굴되었다는 소식을 전해주시며, 북한 연구자라면 지도자의 과오를 용기 있게 비판한 그 편지를 꼭 읽어볼 필요가 있다고 권유하셨다. 사실 그때 나는 이상조라는 이름 석 자만 알고 있을 뿐, 그의 경력과 행적에 대해서는 거의 알지 못하는 풋내기 연구자에 지나지 않았다. 더 나아가 그가 "8월 종파사건"에 가담한 인물이었음은 알 턱이 없었다. 나는 그 편지 자료가 존재한다는 사실을 기억에 담아두었을 뿐, 굳이 발품을 팔아 그것을 찾아 나서는 번거로움을 감수하지 않았다.

그로부터 8년이 지난 2013년부터 4년간에 걸쳐, 국사편찬위원회가 러시아 대외정책문서보관소에서 수집한 자료들을 번역해 총 8권의 《북한관계사료집》 시리즈로 발간한 일이 있었다. 그 자료들은 구소련 외무성이 생산한 북한 관련 문건들이었다. 북한 연구자들은 그 자료의 뛰어난 사료적 가치에 매료되었다. 그것들은 무미건조한 북한 공식 출판물에서 찾기 힘든 은밀한 북한 내부 실정을 여과 없이 드러내는 일급 자료들이었다. 유력 정치인들의 활동상, 사상과 세계관, 사생활, 인품과 개성 그리고 더 나아가 여러 인사들 간 첨예한 알력까지 생생히 드러낸다는 점도 다른 사료들과 대비되는 그 자료만의 독특한 특성이었다.

그동안 베일에 싸여 있던 전후 북한체제의 내밀한 동향을 숨김없이 드러내고 있는 구소련 자료들은 새로운 저술 작업을 고민하고 있던 나의 관심을 사로잡았다. 자료 분석에 착수한 나는 "8월 종파사건"의 배경과 전개 과정 및 사후 처리가 그 자료들을 관통하는 핵심 주제의 하나임을 포착할 수 있었다. 자료의 작성 시기가 1950년대에 걸쳐 있다는 점, 자료의 생산기관이 평양 주재 소련대사관을 비롯한 소련 외무성 산하 기구들이라는 점도 그 사건과의 연관성을 묵묵히 호소하는 듯했다. 나는 주저 없이 "8월 종파사건" 연구에 착수했다. 이미 여러 연구자들이 개척해온 이 주제에 더 밝혀낼 어떤 것이 있을지 감조차 잡지 못한 채, 다시 몇 년이 소요될지 모르는 모험을 시작한 셈이었다.

구소련 외무성 자료 외에 "8월 종파사건" 관련자들이 남긴 많은 증언록들을 찾아 분석하는 작업도 병행했다. 그 과정에서 나는 이상조와 재회할 수 있었다. 그는 불의를 그대로 지나치는 법이 없을 만큼, 정의롭고도 열정적인 혁명가였다. 그가 내게 친밀하게 와닿은 까닭은 그러한 면모보다 지극히 인간적인 모습 때문이었다. 직설적인 그는 군이 감정 상태를 숨기려 하지 않았으며, 쉽게 흥분하고 때론 폭발하는 성격을 소유하고 있었다. 혁명가 이상조의 인간적인 면모에 매료될 즈음, 나는 김일성에게 보낸 그의 편지가 "8월 종파사건"의 핵심 자료임을 간파할 수 있었다. 김일성과 조선노동당 지도부를 준엄하게 비판하는 내용을 담은 그 편지는 "8월 종파사건"의 사후 처리가 정당하지 못했음을 후대의 역사가들에게 알리는 유언장처럼 와닿았다. 나는 북한 연구자로서 그 사건을 둘러싼 왜곡된 역사를 바로잡아야 한다는 소명의식을 느꼈다.

코로나 사태가 극에 달한 2021년경부터 이 책의 저술 작업이 시작되었다. 나는 골방에 틀어박혀 세상과 담을 쌓은 채, 자료를 분석하며 글쓰기에 몰두했다. 때때로 자료상의 엄청난 내용은 나를 흥분의 도가니로 몰아넣곤 했다. 소련 주재 북한대사 이상조가 소련 외무성 극동과 과장 I. F. 쿠르듀코프와 대담을 나누던 중 현 북한 지도부의 교체를 바란다는 희망을 전하며, 그의 동료들이 추천한 당·정·군의 새로운 지도자들을 거론하는 대목을 읽는 순간 나는 엄청난 전율을 느꼈다. 그러한 전율은 역사가들이 맛볼 수 있는 가장 큰 희열이며, 역사가가 연구를 지속할 수 있게끔 동력을 제공하는 원천이자, 역사가라는 직업을 택한 대가로 얻을 수 있는 가장 큰 보상일 것이다.

그러나 역사 속에서 진리를 찾는 구도자의 삶을 즐기고 있다 해도, 이 글을 쓰는 내내 마음이 가벼웠던 것은 아니었다. 때로는 지루함과 싸워야 했고, 감당하기 힘든 난관에 봉착할 때 좌절감을 느끼기도 했다. 다양한 자료들이 서로 다른 이야기를 들려주는 순간 당황할 수밖에 없었으며, 엉터리로 휘갈겨두었던 단 하나의 문장을 교정하기 위해 반나절을 허비한 적도 부지기수였다. 더구나 50대에 접어들면서 40대까지 아무런 문제가 없었던 집중력과 체력의 한계에 봉착하기도 했다. 아찔하게도 몇 시간 동안 지속된 극심한 어지럼증에 시달리다 응급실 신세를 진 적도 있었다. 하루의 절반 이상을 도서관에서 보냈던 젊은 시절 나의 모습은 이제 기억 속에서도 희미해지고 있다.

여러 우여곡절이 있었지만, 이 책의 저술 작업은 별 탈 없이 마무리될 수 있었다. 내가 이 책에서 찾는 가장 큰 위안은 역사가로서 견지해야 했던 직업의식 곧 공정한 재판관으로서의 소임을 완수하기 위해, 작업이 마무리될 때까지 긴장감을 내려놓지 않았다는 점에 있다. 아쉽게도 북한의 역사는 정의로운 이들과 그렇지 못한 이들을 공정하게 평가하는 일에 의미 있는 족적을 남기지 못했다. 북한에서 역사는 지도자와 지도기구의 행적을 정당화·합리화하며, 내부 결속과 군중 동원을 이끌어내기 위한 선전 수단으로 전락했다. "8월 종파사건"을 주도한 이들과 그들을 탄압한 이들에 대해서도 공정한 평가가 이루어질 리 없었음은 물론이다. 따라서 나는 "8월 종파사건"에 연루된 모든 관련자들을 다시 소환해, 그들의 행적을 재조사함으로써 그 사건을 전면 재검토하고자 시도했다. 그들을 다시 역사의 재판정에 세워 공정한 평가와 판결을 내리는 일이 이 저술 작업의 일차적 목표였다. 따라서 정의의 편에 섰던 이들의 과오와 결함뿐만 아니라, 정의로운 이들을 탄압한 자들이 쌓은 업적과 공로까지도 모두 이 역사 재판의 근거 자료로 활용하고자 했다.

북한 역사상 유례없는 권력투쟁이자 향후 국내 정치와 대외 관계에 지대한 영향을 끼친 "8월 종파사건"은 그동안 많은 연구자들의 주목을 받아왔다. 구소련 자료가 공개되기 전부터 연구가 진행된 결과, 현재 상당량의 성과가 축적되기에 이르렀다. 물론 이 책의 저술 작업은 기존의 연구들로부터 큰 도움을 받았다. 확보하지 못한 자료 탓에 발생한 스토리 전개상의 공백은 상당 부분 선행 연구들의 도움에 힘입어 극복될 수 있었다. 사실 내가 한 일이라고는 기존 연구들을 재료 삼아 사건의 퍼즐을 맞추어나간 작업이라 해도 과언이 아닐 듯싶다. 이 저작의 완성은 "8월 종파사건" 연구의 개척자들인 김성보·서동만·이종석·윤경섭·백준기·조수룡 선생님과 구소련 자료의 발굴·활용을 통해 북한 사학의 발전에 기여해온 외국인 학자들인 션즈화沈志華·란코프Андрей Николаевич Ланьков 선생님께 큰 빚을 지고 있다. 그리고 늘 격려해주며 연구에 필요한 자료의 제공까지 마다하지 않은 동국대 북한학과 김일한·허정필 선생님의 도움도 잊지 못할 것이다.

"8월 종파사건"의 한 주역이었던 혁명가 이상조는 김일성에게 보낸 편지에서 다음과 같이 그의 각오를 밝혔다. "혁명가로서 진리를 위해 죽음을 택할지언정, 아첨과 굴종의 길을 택할 수는 없습니다. 언젠가 역사가 이 사실을 평가해주겠지요. 나는 앞으로의 여생을 진실한 사람이 살아가는 행로를 기록하는 저술 작업에 바칠 계획입니다. 더럽혀진 우리 당의 역사를 서적이나 논문 등 어떠한 형식으로든 세상에 남길 생각입니다. 물론 내가 집필한 서적이 살아생전에 출판되지 못할 수도 있습니다. 그러나 나는 언젠가 그 저작들이 세상에 공개될 터임을 의심하지 않으며, 진리가 반드시 승리한다는 신념을 고수한 채 싸워왔고 앞으로도 그렇게 살겠다고 다짐할 따름입니다." 주소 대사직에서 물러난 뒤 자신의 향후 계획을 김일성에게 털어놓은 이 고백은 이루지 못한 그의 마지막 유언이 되고 말았다.

그로부터 68년이 지난 2024년 봄 어느 날, 나는 이 저작의 완성이 그의 마지막 희망을 실현하는 데 조금이나마 일조하지 않았을까 위안을 삼아본다. 한 민족의 화합과 통일, 한반도의 평화, 정의로운 사회의 건설을 추구하며 북한 지도부에 반기를 들었던 이상조를 비롯한 참된 혁명가들에게 이 책을 헌정한다.

아련한 꿈,

경쾌한 빗소리,

따사로운 바람과 움트는 싹,

새로운 세상이 펼쳐지는

봄의 길목에서

2024년 2월 29일

김재웅

concents

서문

#01

전사前史와
배경

1945년 8월 15일, 기적처럼 해방의 날이 왔다. 누구보다 해방에 감격한 이들은 일제의 가혹한 탄압에 맞서 굴하지 않고 투쟁해온 혁명가들이었다. 감옥에서 나온 혁명가들, 지하투쟁을 벌이다 올라온 혁명가들 모두 치열한 경쟁이 기다리고 있는 정치무대에 뛰어들었다. 일제 시기 해외로 망명한 혁명가들도 속속 귀국해 정치 활동에 동참했다. 주로 중국과 소련에서 들어온 그들은 오랜 조선의 수도 서울이 아닌 평양을 거점으로 삼아 활동했다. 그들이 북한 지역을 택한 까닭은 "제국주의" 미국의 군대가 남한에 주둔한 반면, "사회주의의 모국" 소련의 군대가 그곳에 주둔했기 때문이었다.

그들의 선택에 혜안이 있었다는 점이 입증되기까지 오랜 시간이 걸리지 않았다. 예상대로 서울에 정착한 혁명가들을 기다리고 있었던 것은 일제 시기 못지않은 가혹한 탄압이었다. 반면 소련군의 지원 아래 활동한 북한 지역 혁명가들은 우호적인 사회 분위기 속에서, 자신들의 이상을 펼칠 절호의 기회를 맞고 있었다. 각종 강연회에 초청된 그들은 일제의 감옥에서 경험한 혹독한 시련들을 대중들 앞에 털어놓으며 열광적 환호를 받았다. 그들에게 유일한 걸림돌이 있다면, 그것은 남한 우익진영의 반탁운동에 동조하며 저항을 벌이고 있던 반공주의적 성향의 청년 학생들뿐이었다. 그러나 남한 지역 좌익운동이 맞이할 운명처럼, 그들도 곧 북한의 보안기구에 제압될 터였다.

이제 북한 지역 혁명가들은 오랜 투쟁 기간 동안 꿋꿋이 간직해온 계급 해방과 국가 건설의 청사진을 구현할 기대에 부풀어 있었다. 그러나 북한 지역에 일사불란한 통치체계를 확립한 소련군이 지배적 영향력을 행사함에 따라, 그들이 자유로운 정치 활동을 펼칠 공간은 점점 좁아져갔다. 게다가 국가를 운영해본 경험이 없는 그들이 의지하며 도움을 얻을 수 있는 대상이라고는 소련밖에 없었다. 북한의 정치가로 거듭난 그들 혁명가들은 소련 고문과 전문가들의 통제·지원 아래 국가 건설에 착수해야 했다.

소련군정이 실시되자, 정치·경제·사회·문화·군사·보안 등 모든 면에 걸쳐 소련의 문물과 제도가 이식되었다. 물론 그것들은 사회주의 모국 소련이 이룩한 위업으로 인식되었기 때문에, 무비판적으로 도입되는 경향을 보였다. 사실 소련은 절대적이고도 신성한 권위를 소유한 존재로 받아들여졌다. "반쏘" 혐의가 중한 범죄에 해당했을 만큼, 소련을 비판하거나 반대하는 행위는 법적으로 엄중한 처벌을 받았다. 당 중앙의 결정에 맹종하는 상명하복의 "볼셰비키 규율"도 노동당에 이식돼, 당원 개개인들의 다양한 의견 표출을 제약하며 소련을 모델로 한 새로운 질서가 순조롭게 정착할 수 있는 여건을 조성했다. 북한의 혁명가들은 소련과 당 지도부의 지시에 순응하며 점점 비판의식을 상실해갔다.

소련에서 도입된 각종 개혁 모델들이 이상적으로 비쳤다는 점도 혁명가들의 비판의식을 잠식한 요인이었다. 특히 1946년 한 해에 걸쳐 단행된 여러 개혁 조치들은 이상적 사회를 지향한 마르크스와 엥겔스의 야심이 한반도에서도 구현되리라는 기대감을 높여주었다. 극심한 빈곤과 지주의 착취에 시달려온 농민들은 토지개혁의 실시와 함께 무상으로 경작지를 분배받아 꿈에도 그리던 자작농의 반열에 올라섰다. 물론 그 경작지는 그들을 착취해온 지주들로부터 몰수한 것이었다. 자본가들로부터 착취를 받아온 노동자들도 노동법령의 포고를 계기로, 8시간노동제와 사회보험제를 비롯한 여러 혜택을 받기 시작했다. 사무원들보다 더 많은 임금을 받은 그들은 정치·사회적으로 가장 우대받는 계급의 지위에 올라섰다.

가사노동에 얽매인 채 오랜 차별을 받아온 여성들은 남녀평등권 법령 포고와 함께, 기존의 종속적 지위에서 벗어나 남성들과 동등한 권리를 지닌 인격체로 거듭날 수 있었다. 그동안 가부장제의 억압에 시달리며 집안에만 틀어박혀 있었던 그들은 따사로운 햇살이 내리쬐는 바깥세상으로 뛰쳐나갔다. 그들 상당수는 남성들의 영역으로 간주되어온 정치 활동에도 참가해, 인민위원회 위원이나 인민회의 대의원에 선출되기도 했다. 1946년 한 해에 걸쳐 단행된 북한의 개혁 조치들은 오랜 기간 억압과 차별을 받아온 절대다수 인민 대중들의 해방을 이끌어냈다는 평가를 받았다.

소련에서 도입된 정치체제와 제도도 혁명적인 면이 있었다. 말단 촌락으로부터 중앙 수준에 이르기까지 조직된 자치행정기구인 인민위원회, 대의기구이자 입법기구인 인민회의 모두 일반 대중들의 참여 아래 운영되었다. 놀랍게도 인민위원회를 주도적으로 운영한 이들 대다수는 전업 농민·노동자들과 가정부인들이었고, 교육을 제대로 받지 못한 빈곤층이 부지기수였다. 기존의 엘리트들이 이끌어온 사법기구와 경제단체를 비롯한 공공기관들도 같은 양상의 변화에 직면하고 있었다. 인민의 대표들이 주도적으로 운영하며 인민주권을 실현할 가능성을 품은 인민정권체제가 등장한 셈이었다.

소련의 경험을 모델로 한 국가 건설과 개혁의 추진은 모든 인민 대중이 빈곤과 억압으로부터 해방된 사회가 한반도 절반 지역에 구현될 수 있다는 기대감을 높여주었다. 국가 건설과 개혁을 주도하며 인민들의 뒤바뀐 삶을 직접 목격한 혁명가들은 이 역사적 실험에 어떠한 의심도 품을 수 없었다. 그들은 자신들이 만들어나가고 있는 인민정권체제가 "해방된 국가"에 다름 아니라는 미몽에 빠져들었다.

그러나 시간이 지남에 따라 "해방된 국가"의 이면에 심각한 문제들이 속출하기 시작했다. 인민위원회와 인민회의뿐만 아니라 사법기구를 비롯한 사회 전 부문에 교육 수준이 낮은 노동자·농민들을 대거 등용한 조치는 심각한 부작용을 낳았다. 이를테면 고작 몇 달간의 속성 교육을 받고 판사직에 발탁된 저학력자들은 재판의 전문성을 발휘하지 못했다. 그들은 법조문에 근거해 공정한 판결을 내리기보다, 당국이 기소한 이들에게 유죄를 선고하는 일에만 관심을 쏟았다. 다른 기구들에 등용된 인민의 대표들도 전문적 소양과 실무능력을 발휘하지 못하기는 마찬가지였다. 그들이 할 수 있는 일이라고는 당정 지도부의 지시에 따라, 국가가 추진하고 있는 정책을 비판 없이 지지하는 거수기 역할뿐이었다.

1946년에 추진된 일련의 개혁 조치들도 본래의 취지로부터 멀어지는 현상을 보였다. 토지개혁을 통해 자작농의 꿈을 이룰 수 있었던 농민들의 경제 형편은 해방 전과 다를 바 없는 처지에 놓였다. 세율이 전체 수확고의 25퍼센트로 책정된 농업현물세제가 실시되었으나, 전반적으로 과다 징수되는 경향이 있었기 때문이다. 뿐만 아니라 농민들은 갖가지 명목의 과중한 부담금과 불공정한 양곡 수매사업에 시달리기까지 했다.

"애국"이라는 명목 아래 시간 외 노동을 강요당한 노동자들의 처지도 마찬가지였다. 이제 그들에게 8시간노동제는 되돌리기 힘든 아련한 꿈이 되고 말았다. 생산계획의 초과 달성과 기한 내 완수를 목표로 추진된 생산 경쟁운동과 돌격운동도 그들에게 큰 부담을 안겼다. 남녀평등권 법령 포고를 계기로 억압과 차별의 굴레에서 벗어날 듯했던 여성들의 지위에도 근본적 변화는 따르지 않았다. 그들은 바깥활동에 구애받지 않을 뿐, 여전히 전통적 성역할을 강요받았고 심지어 강도 높은 남성 노동까지 떠맡아야 했다. 북한체제는 그들의 존재 가치를 부족한 남성 노동력의 공백을 메울 예비 노동력에서 찾는 경향을 보였다.

이상적 국가 건설에 기여하리라 기대되었던 소련식 제도·사상·세계관·가치체계 등도 문제점을 드러내기 시작했다. 만악의 근원은 국가의 가치를 절대시하며 개인을 그에 종속된 부속물로 바라본 세계관이었다. 사법제도와 경찰제도가 궁극적으로 개인이 아닌, 국가를 보위하기 위한 수단으로 활용되었다. 곧 북한의 법은 국가권력을 제한해 개인의 권리를 보호하려는 목표를 지향하기보다, 국가의 이해관계를 침해하고 안전을 위협할 수 있는 개개인들의 일탈을 방지하는 데 역점을 두었다. 국가를 보위한다는 명목 아래 민간인들 사이의 일상적 대화마저 염탐한 경찰제도와 감시제도는 인민들의 권리와 자유를 유린하는 결과를 낳았다. 따라서 지식층과 학생층은 북한체제 초기부터 줄곧 자유를 침해받고 있다고 목청을 높였다.

마르크스주의는 계급의 소멸은 물론 국가의 소멸을 전망했음에도 불구하고, 북한을 비롯한 현실 사회주의 국가들의 상황은 정반대로 흘러갔다. 무제한적 권력을 틀어쥔 국가의 위상이 절대화되었을 뿐만 아니라, 각 계급은 '인민'이라는 통합체 속에 융화되기는커녕 더 차별화된 위계질서하에 놓였다. 1946년에 단행된 개혁 조치들은 노동자와 농민을 속박해온 굴레를 벗기는 데 그치지 않고, 역으로 지주와 부르주아를 비롯한 기존 착취계급을 억압하고 차별하는 결과를 낳았다. 계급 차별의 역사를 청산했다기보다, 차별 대상을 바꿔 새로운 계급질서를 확립한 셈이었다.

소련의 후견과 지원에 힘입어 지도자에 오른 김일성은 북한에 건설되고 있던 체제가 "해방된 국가"라고 자부한 인물이었다. 그가 주도한 1946년의 개혁 조치들과 대중들의 정치 참여를 실현한 인민정권 수립이 큰 반향을 일으킴에 따라, 정치 지도자로서 그의 행보는 순항을 이어가는 듯했다. 게다가 그에게는 가벼이 볼 수 없는 몇 가지 자산들이 있었다. 먼저 보천보 전투와 홍기하 전투를 비롯한 인상적인 항일투쟁 경력은 조선인들 사이에 그의 이름을 널리 알리는 계기가 되었다. 두드러진 혁명경력 외에 훤칠하고 잘생긴 외모, 호탕한 성격, 남다른 사교성을 비롯한 개성적 측면은 그가 정치인으로서 다른 인사들과 원만한 관계를 맺고 대중적 호감을 얻는 데 유리한 요인으로 작용했다. 해방 직후 북한 지역 지도자에 추대된 그가 단기간에 인민들의 추종을 이끌어낼 수 있었던 까닭은 그러한 자산들이 뒷받침된 덕분이었다.

게다가 그는 타고난 정치 감각까지 소유하고 있었다. 노동당원들은 통합과 포용의 정치를 지향하는 부드러운 면모와 정적들을 혹독하게 비판하며 제압하는 단호한 면모를 적시에 활용하곤 했던 그의 정치 전략에 열광했다. 민족통일전선을 표방하며 다른 계열 정치인들까지 포용해 연합정권을 구성한 그는 북한 지역만이 아닌 전 조선을 대표하는 국가의 건설을 주도해 주목을 받았다. 북한의 정치인으로 성장해 당정 간부직에 발탁된 혁명가들은 그의 리더십을 수용했으며, 누구도 그의 지도 방식에 비판적 입장을 내비칠 수 없었다.

그러나 소련의 경험을 모델로 한 개혁 조치들과 인민정권체제가 심각한 문제점들을 드러냈듯, 그의 지도에도 간과하기 힘든 문제점들이 속출하기 시작했다. 농업현물세와 각종 부담금을 비롯한 과중한 수취 탓에 민간사회의 여론이 악화되고 있었음에도 불구하고, "해방된 사회"가 도래했다는 믿음에 사로잡힌 그는 자신과 국가를 향한 비판의 목소리를 용납하지 않았다. 소련에서 도입된 개인숭배도 심각한 문제를 잉태하고 있었다. 북한은 1946년경부터 스탈린 개인숭배를 모방한 선전정책을 추진하며, 김일성의 지도자 이미지를 가공하기 시작했다. 그는 그러한 조치를 마다하지 않았을 뿐만 아니라, 북한이 여러 개혁을 통해 이룩한 공적들을 개인적으로 독점하려는 공명심에 빠져 있었다. 심지어 그는 잠재적 경쟁자들이 누리고 있는 권위와 대중적 신망마저 탐탁지 않게 여겼다. 자신의 인기와 명예를 누군가와 공유한다는 것은 그에게 있을 수 없는 일이었다. 오기섭을 비롯한 그의 유능한 경쟁자들이 미심쩍은 혐의를 뒤집어쓴 채 비판받고 탄압당한 사실도 모든 인기와 권력을 독점하려는 그의 공명심과 무관치 않았다.

전쟁이 시작되자 김일성은 두각을 나타내기 시작한 잠재적 경쟁자들의 활동에 불안감을 느낀 듯하다. 그는 불과 3~4년이란 짧은 기간에 소련과 중국의 반대에도 아랑곳없이, 박헌영·허가이·박일우 등의 걸출한 인사들을 숙청하는 만용을 부렸다. 전쟁은 김일성에게 그들을 제거할 구실을 제공한 반면, 폐허가 된 국토를 재건해야 할 부담스러운 과제를 안겨주었다. 물론 심각한 경제난에 직면한 북한의 재건은 힘겨운 과제일 수밖에 없었다. 문제는 그뿐만이 아니었다. 현실과 동떨어진 경제노선, 김일성 개인숭배가 불러온 숱한 폐해들, 독단적 간부 인선 등을 비롯한 지도부의 실정은 재건에 착수한 북한에 상당한 부담을 안기고 있었다. 그럼에도 지도자와 지도부를 향한 비판의 소리는 들리지 않았다.

바로 그때 비판의식을 상실한 채 미몽에 빠져 있던 혁명가들의 각성을 이끌어낸 사건이 일어났다. 그것은 바로 소련공산당 제20차 대회 마지막 날, 흐루쇼프가 스탈린 개인숭배를 비판한 사건이었다. 흐루쇼프의 스탈린 비판은 동유럽 사회주의 국가들을 혼란 속으로 몰아넣었다. 스탈린주의Stalinism의 억압에 시달려온 폴란드와 헝가리 인민들은 사회개혁을 요구하며 봉기를 일으켰다. 아래로부터의 압력이 폴란드·헝가리·불가리아의 지도부 교체를 불러왔을 만큼, 동유럽 사회주의진영은 큰 혼란에 빠져들었다. 일련의 동유럽 사태에 당황한 중국은 비판적 여론을 누그러뜨릴 목적 아래, "백화제방百花齊放 백가쟁명百家爭鳴" 운동을 추진했다. 이 운동이 인민들에게 사상의 자유를 허용하며 자유로운 언론 활동의 물길을 터주자, 격렬한 체제 비판의 목소리가 터져나오기 시작했다. 결국 위기의식을 느낀 중국은 1957년 중반경부터 다시 체제 비판을 억압하는 태세로 돌아섰다.

전 세계 사회주의진영에 자유화의 열망과 개혁의 요구를 부채질한 흐루쇼프의 스탈린 비판은 북한에도 막대한 영향을 끼쳤다. 바로잡아야 할 정치·경제·사회 문제들이 산적해 있던 북한체제를 비판적 관점에서 바라보기 시작한 정치세력이 등장했다는 점이 가장 주목할 만한 변화였다. 그들 비판세력은 김일성 개인숭배 청산을 비롯한 여러 개혁 과제들을 제기하며 지도부에 반기를 들었다. 그들은 1956년 8월 말 조선노동당 중앙위원회 전원회의가 개최되자, 실정을 일삼아온 당 지도부를 향해 날선 비판을 퍼부었다. "8월 종파사건"으로 알려진 이 당내 분쟁은 북한 역사상 지도부가 내부 인사들로부터 공개적 비판을 받은 유일무이한 사건이었다.

이 사건은 북한체제의 향후 행로에 매우 중대한 영향을 끼쳤다. 사건의 수습 과정에서 비판적 인사들이 모두 제거돼, 이른바 유일지도체제가 확립되기에 이르렀다. 내부적으로 대숙청을 통한 권력의 안정화가 꾀해지고 있던 그 시점에, 대외적으로도 김일성에게 유리한 상황이 조성되어갔다. 북한은 사회주의 주도권을 둘러싼 소련과 중국의 치열한 경쟁 상황을 틈타, 실리를 추구하며 그 두 강대국의 영향권에서 벗어나기 시작했다.

대내외적으로 북한체제의 행로와 발전 양상에 중대한 영향을 끼친 "8월 종파사건"은 한국의 연구자들뿐만 아니라 대중들로부터도 큰 관심을 받아왔다. 사실 이 사건은 발생 직후 남한의 라디오 방송에도 소개되고 반공드라마의 소재로도 각색되었을 만큼 널리 알려져 있었다. 그러나 그 배경과 원인으로부터 경과와 영향에 이르기까지의 전체상은 상당 부분 미궁에 빠져 있었다.

"8월 종파사건"의 전모가 명확히 드러난 계기는 러시아 문서고의 개방과 구소련 자료의 발굴을 통해서였다. 물론 그 이전까지 "8월 종파사건" 관련 연구는 불철저하게 이루어질 수밖에 없었다. 파편적 자료들에 의존해야 했던 연구자들은 공백의 상당 부분을 관련자들의 증언과 추정으로 메워야 했다. 따라서 초기 연구자들의 불철저한 연구는 그 사건을 둘러싼 숱한 오해와 그릇된 정보를 재생산하는 온상이 될 수밖에 없었다.

구소련 자료에 근거한 치밀한 분석의 결과, "8월 종파사건"은 여러 요인들이 복합적으로 뒤얽혀 일어났음이 밝혀졌다. 내부적으로 김일성 개인숭배, 간부 선발정책, 경제노선, 당 역사 해석, 당내 민주주의와 집단지도체제 등을 둘러싼 정치세력들 간 입장 차와 외부적으로 소련공산당 제20차 대회에서 이루어진 흐루쇼프의 스탈린 비판, 폴란드 포즈난 사건과 헝가리 사태를 비롯한 동유럽 사태의 영향 등이 그 사건의 발생에 중대한 영향을 끼쳤다. 정치 계파 간 갈등이나 그들의 경제노선 차이에서 원인을 찾던 기존 연구들의 분석에 불충분한 면이 있었음이 명확해졌다.

"8월 종파사건"을 전후한 1950년대 중후반은 체제개혁의 가능성이 그 어느 때보다 높은 시기였다. 그러나 당시 분출하는 지식층의 개혁 요구는 외면되었고, 체제를 비판하는 목소리는 철저히 억압당했다. 그 결과 일시적 타격을 극복하고 살아남은 스탈린주의가 "주체"라는 이름으로 외피를 갈아입은 채, 지금까지 명맥을 유지하며 북한체제의 발전과 출로 모색을 가로막고 있다. 변화를 거부한 지도부의 선택은 오늘날 북한을 경직된 체제로 만든 결정적 요인이었다. 반면 당시 남한은 3·15부정선거를 반대해 들고일어난 지식층이 4·19혁명을 주도하며 한시적이나마 민주화의 결실을 거둬들일 수 있었다. 4·19는 한국의 민주화를 싹틔운 근원적 힘이자 자양분이 되었다. 결국 1950년대 말~1960년대 초 남북한의 상반된 선택이 두 체제의 발전 양상을 근본적으로 규정한 셈이었다.

1950년대 중후반 북한의 선택은 체제 내의 상황을 넘어, 남북 관계와 북미 관계에 이르기까지 심중한 영향을 끼쳐왔다. 만일 8월 전원회의에서 들고일어난 비판세력이 소기의 성과를 거두어 북한 지도부가 개혁에 착수했더라면, 한반도의 역사는 크게 달라졌을지 모른다. 그러나 비판세력의 야심찬 계획은 참담한 실패로 끝나고 말았다. 그 이유는 "8월 종파사건"이 '예고된 쿠데타'에 다름 아니었기 때문이다. 북한 지도부가 그 사건에 충분히 대비할 수 있었던 까닭에, 비판세력의 새로운 혁명은 실패할 운명을 잉태한 채 착수될 수밖에 없었다.

자료

이 연구는 구소련 자료의 공개와 발굴에 힘입어 착수될 수 있었다. 평양 주재 소련대사관과 소련 외무성 극동과가 생산한 북한 관련 자료가 "8월 종파사건"의 전모를 밝히는 데 결정적 도움이 되었다. 소련 외무성 산하 그 두 기구가 남긴 문건들을 소장하고 있는 러시아 대외정책문서보관소АВПРФ의 자료들 중, 북한 관련 문서들은 "소련 외무성 극동과의 조선에 관한 보고부 문서군(1953~1960)"인 фонд. 0102에 집중적으로 편제되어 있다. 이 연구는 그 가운데 опись(문서목록). 9~16의 자료들을 주로 활용하였다.

북한 관련 자료의 생산과 처리를 담당한 소련 외무성 극동과는 북한 문제를 전문적으로 연구·검토하며 대북정책을 수립했다. 곧 극동과가 수집하고 생산한 북한 관련 자료가 소련의 대북정책 수립을 위한 기초 자료로 활용된 셈이었다. 극동과의 관료들은 "8월 종파사건" 주역들인 비판세력 인사들과도 접촉해 대담을 나누며 북한 내 고급정보를 입수할 수 있었다. 러시아 대외정책문서보관소에 소장되어 있는 그 자료들은 국사편찬위원회의 수집 활동을 통해 국내에도 유입되었다.

국사편찬위원회는 그것들을 선별적으로 번역해, 2013년부터 4년간에 걸쳐 총 8권의 자료집을 발간했다.[1]

소련 외무성 산하 기구들이 생산한 북한 관련 자료는 북한 주재 소련대사 일지, 소련대사관원들과 북한 정치인·관료들 간의 대담록, 모스크바 주재 북한대사관원들과 소련 외무성 극동과 관료들 간의 대담록, 소련 외무성 극동과와 북한 주재 소련대사관이 작성하거나 수집한 문건 등으로 구성되어 있다. 그 가운데 가장 주목할 만한 자료는 북한 주재 소련대사관원들의 일지와 대담록이다. 소련대사와 대사관 직원들은 북한의 정치인·관료들과 대담을 나누며 북한 내부 정보를 수집했다. 특히 일기 형식으로 작성된 소련대사 일지는 김일성을 비롯한 북한의 유력 정치인들과 나눈 면담 내용을 수록하고 있다. 소련 공민으로서 북한 고위 당간부나 내각 관료에 재임 중이었던 소련계 한인들은 정기적으로 소련대사관과 접촉해, 북한의 기밀 정보를 전달하는 역할을 수행했다. 평양 주재 소련대사관이 수집한 정보들은 북한 문제를 전문적으로 다루는 소련 외무성 극동과에 전달돼, 대북정책 수립의 기초 자료로 활용될 수 있었다.

구소련 자료들은 북한체제의 정치·경제·사회·문화적 이슈뿐만 아니라, 고위 간부들의 사생활과 그들 간 은밀한 알력까지 생생하게 드러낸다. 《노동신문》·《인민》·《근로자》 등 북한이 생산한 자료들에 나타나는 무미건조함과 비교될 만큼, 그 자료들은 당시 북한체제의 내밀한 실상을 숨김없이 보여준다. 그러나 뛰어난 사료적 가치에도 불구하고, 구소련 자료의 활용에 유의해야 할 점이 있다. 소련 외무성 극동과나 그곳을 거쳐 소련공산당 중앙위원회에 제출된 그 자료들에, 정보 제공자들과 전달자들의 이해관계를 보호·관철하기 위한 변론적 입장이 반영될 수 있다는 점이 그것이다. 이를테면 북한 정치인들은 소련대사 및 대사관원들과 대담을 나누며 도움을 청하거나 자신들의 과오를 변명하기도 했고, 소련대사관원들은 북한 정보를 기술한 일지와 대담록에 건의 사항을 덧붙이며 사실 관계를 과장하거나 기존의 입장을 번복하기도 했다. 그들이 친밀한 북한 인사들을 긍정적으로 평가한 반면, 그렇지 않은 이들을 부정적으로 평가하는 기술 태도도 흔히 나타나고 있다. 따라서 정보 제공자와 전달자들의 복잡한 이해관계와 사감에 치우친 기술 태도가 사실 관계를 비틀 수 있다는 점이 고려되어야 한다.

이 연구는 "8월 종파사건" 가담자들이 남긴 증언 기록을 비중 있게 활용했다. 조선노동당 지도부의 과오와 결함을 비판하며 김일성과 대립각을 세운 그들 대부분은 사건 이후 처벌을 받은 피해자들이었다. 그들은 소련과 중국의 개입에도 불구하고 "반당 종파분자"라는 혐의를 뒤집어쓴 채 처벌당하자, 자신들과 동지들의 입장을 변호하려는 목적 아래 많은 증언 기록을 남겼다. 김일성을 비롯한 당 지도부의 실정을 낱낱이 고발하며 울분을 토하고 있는 그들의 증언은 공식 기록이 보여주지 못하는 사건의 배경과 내막, 사건 관련자들 사이의 내밀한 관계, 당시의 시대적·사회적 분위기를 생생히 드러낸다. 그러한 증언 자료들을 활용한 이 연구는 "8월 종파사건" 가담자들 개개인의 개성과 심리 상태까지 복원해, 그동안 잘 드러나지 않았던 사건의 은밀한 뒷이야기들까지 재구성하려 시도했다.

증언 기록을 남긴 이들은 주로 연안계 인사들과 소련계 한인들이었다. "8월 종파사건"에 가담한 연안계 인사들이 남긴 증언록들 가운데 가장 널리 알려진 것이 바로 고봉기의 글이다.[2] 그 사건을 주도한 인물 중 한 명이었던 그는 결국 탄압을 피하지 못했다. 북한을 탈출하지 못한 그의 이름으로 증언록이 출판됨에 따라, 원저자가 다른 인물이라거나 그 내용의 진실성을 의심하는 문제 제기가 잇따르기도 했다. 그러나 그 증언록을 둘러싼 진위 논란은 구소련 자료가 공개돼 교차 검토가 이루어진 결과, 대체로 신빙성을 인정받는 양상으로 봉합되고 있다. 원저자 문제를 둘러싼 논란의 경우, 고봉기 본인이 아니라면 거론하기 힘든 대목이 종종 눈에 띈다는 점이 주목할 만하다.

여정呂政이라는 필명을 사용한 인물은 자신이 직접 경험하거나 관찰자의 시각에서 보고 들은 사실을 기록했고,[3] 김학철은 사건에 가담한 자신의 과거 동지들이 걸어온 투쟁의 길을 회고하며 그들이 당한 탄압을 고발했다.[4] 사건 가담자들의 복잡한 인적 관계망에 얽혀 있던 그들은 정의로운 동지들이 "종파분자"라는 혐의를 뒤집어쓴 채 숙청된 사실을 묵과할 수 없었다. 그들은 북한 지도부의 실정을 고발해 왜곡된 역사를 바로잡아야 한다는 확고한 소명의식을 지니고 있었다.

"8월 종파사건" 가담자들을 지지한 소련계 한인들도 상당량의 증언 기록을 남겼다. 장학봉·임은·유성철·이상조 등이 그 대표적 인물들이다.[5] 북소 갈등의 희생양이 된 그들은 소련으로 귀국해 안정적 정착을 이룬 뒤, 자신들의 경험담을 채록하는 작업에 착수했다. 그 결과물이 바로 장학봉을 비롯한 소련계 한인들 약 80명의 증언을 수록한 《북조선을 만든 고려인 이야기》이다.[6] 이 증언록은 북한의 당·국가 건설을 지원하기 위해 파견된 그들이 "8월 종파사건"을 전후한 시기에 어떠한 탄압을 받으며 궁지에 몰렸는지 털어놓고 있다. 임은의 《김일성정전》과[7] 유성철·이상조의 《증언, 김일성을 말한다》는[8] 북한체제의 내밀하고도 민감한 실상들을 여과 없이 폭로하며, "8월 종파사건"의 내막에 대해서도 중대한 정보들을 제공한다.

한편 "8월 종파사건" 당시 소련 주재 북한대사로 활동한 이상조는 북한 지도부의 실정을 고발하는 양질의 풍부한 정보들을 소련 측에 제공했다. 물론 그 정보들은 러시아어로 타자돼 소련 외무성의 문서로 영구 자료화될 수 있었다. 그가 남긴 자료들 가운데 "8월 종파사건" 직후 김일성과 조선노동당 중앙위원회에 발송한 편지는 사료적 가치가 매우 뛰어난 자료이다. 비판세력이 김일성을 비롯한 당 지도부에 반기를 든 이유가 거기에 상세히 소개되어 있다. 그 한글 편지 사본은 《북조선을 만든 고려인 이야기》에 실려 있고, 러시아어 사본은 대외정책문서보관소에 소장되어 있다. 그는 소련에 망명한 뒤에도 북한체제를 비판하는 저술 활동을 중단하지 않았다.

기억에 의존한 증언록은 사료적 가치를 떠나 간과하기 힘든 문제점을 안고 있다. 기억은 다른 기억과 경험의 간섭을 통해 쉽게 오염되고 왜곡될 수 있는 불완전한 상에 지나지 않기 때문이다. 더구나 연안계와 소련계 한인들이 남긴 증언록들은 억울한 피해자의 관점에서 기록되었기 때문에, 내용의 객관성과 사실 관계 면에서 의혹을 피할 수 없었다.

그러나 구소련 자료의 유입과 함께 그 자료들을 대상으로 한 교차 검토의 길이 열리면서, 경탄할 만한 상황이 펼쳐지고 있다. "과연 이런 일이 실제로 일어났을까?"라고 의혹을 받아온 증언 내용들도 구소련 자료와의 교차 검토를 통해 속속 사실로 입증되고 있다. 비판세력에 가담한 최용건의 활동과 소련계 한인들을 향한 연안계의 공세 등이 그 대표적 사례이다. 뿐만 아니라 노동당 주요 간부들 간의 은밀한 알력과 당내에 횡행한 정치 모략 등을 비롯한 소소한 에피소드들에 대해서도 그 두 자료는 같은 목소리를 들려준다. 사건 관련자들의 개성과 평판 등 사사로운 측면까지 드러내는 증언 자료는 "8월 종파사건"의 비공식적이고도 미세한 공백들까지 촘촘히 메울 수 있는 유용한 보조 자료로서의 가치를 인정받고 있다.

I

미몽에서 깨어난 사람들

추락하는
인민경제

식량난과 열악한 보건의료

전쟁이 끝날 무렵, 북한 지역은 적막감이 감도는 폐허로 변해 있었다. 어느 곳보다 미공군의 폭격이 집중된 평양 지역의 피해가 컸다. 전쟁 기간 동안 평양에 투하된 폭탄 43만 개가 민간인 1만 4,000여 명의 목숨을 앗아갔다. 미군의 공습과 함께 막대한 인명 피해를 불러온 다른 요인은 남한 극우세력이 자행한 학살이었다. 유엔군이 북한을 점령한 기간 동안 평양 주민 1만 5,000여 명이 그들로부터 고문을 받거나 학살을 당했다.[1] 가공할 만한 폭격이 끊이지 않자, 평양은 공동화 상태에 빠졌다. 그곳에 남아 있었던 이들은 동굴과 오두막에 기거한 주민들 5만 명뿐이었다.[2] 1953년 7월 27일 휴전협정 체결과 함께 평양복구위원회가 조직되었고, 북한은 소련으로부터 10억 루블의 무상원조를 약속받았다.[3]

전후 인민들에게 닥친 가장 큰 시련은 식량난이었다. 김일성의 고백에 따르면, 전국 100만 농가 중 36퍼센트가 수확기를 5~6개월 앞두고 식량이 바닥나는 상황을 맞았다.[4] 1955년경 북한 주재 중국대사도 "2월에 이미 인민들의 식량이 떨어졌다"고 증언하기까지 했다.[5] 그들은 풀뿌리와 소나무 껍질로 연명할 수밖에 없었다. 그 결과 영양실조 환자들이 급증하고 영유아 사망률이 무려 25퍼센트에 육박했다.[6]

식량난은 쉽게 예측할 수 있는 파급효과를 일으켰다. 암시장 내 식량 가격이 5~6배나 치솟았고,[7] 절도와 횡령이 도처에 만연했다. 국영 및 협동 경제기관의 자금과 원료 3분의 1이 절도나 횡령으로 소실되었을 정도였다.[8] 소설 《임꺽정》의 저자이자 조선민주주의인민공화국 초대 부수상인 홍명희는 1948년경 월북 이전 경험에 근거해, 남한 주민들의 생활수준이 북한 주민들보다 우위에 있다고 털어놓았다. 남한의 경제 상황을 더 높게 평가하며 그가 제시한 다른 근거들은 미국의 잉여물자 원조와 상대적으로 경미한 남한 지역 폭격 피해 등이었다.[9]

식량난 못지않게 인민들의 삶을 위협한 요인은 열악한 위생과 보건 상태였다. 결핵이 만연한 데다, 오염된 우물을 사용하는 주민들 사이에 이질이 퍼져 있었다. 기생충 감염은 북한 주민 80퍼센트 이상이 겪고 있던 일반적 질병이었다. 그 원인은 끓이지 않은 물, 설익은 물고기·가재·게, 충분히 씻지 않은 채소·과일 등의 섭취에 있었다. 어패류의 기생충이 사람의 폐와 간에 침투해 문제를 일으키는 디스토마가 특히 우려되었다. 그럼에도 불구하고 1955년 전체 국가예산 중 2.5퍼센트밖에 배정받지 못한 보건 부문 예산과 비누를 포함한 위생 용품·시설의 부족은 보건방역사업을 궁지로 몰아넣었다.[10]

의료 상황도 열악하기는 마찬가지였다. 1959년경 미생물연구소가 제조한 일본뇌염 백신을 주민들에게 접종했으나, 그들 중 적지 않은 이들이 수족 마비 증상을 보였다.[11] 심지어 내각 부수상 최창익은 정부 병원 의사들의 처방에 따라 약을 복용한 뒤 "매우 심각한 상태"에 빠지기까지 했다. 북한의 고위 관료들은 자국의 의료체계와 의사들을 불신했다.[12] 고위 간부들 가운데 심각한 질환을 앓고 있는 이들은 누구라도 모스크바행을 주저하지 않았다. 이를테면 1958년 초 조선노동당 중앙위원회 부위원장 박금철은 모스크바에서 두 차례 수술을 받았다.[13] 물론 김일성의 주치의는 소련인 의사들이었다. 그는 병세가 악화될 때마다 소련으로부터 의사들을 초청하거나, 자신이 직접 모스크바행 비행기에 몸을 싣는 불편을 감수하곤 했다.[14]

그럼에도 보건의료체계 개선은 식량난 해결보다 절박한 과제는 아니었다. 북한이 직면한 식량난의 원인은 전쟁에 따른 노동력 부족과 경지면적 감소, 함북·함남 일대의 자연재해, 화학비료의 부족 등에 있었다. 휴전협정이 체결된 다음 해인 1954년과 1955년의 곡물 총 수확고 230만 톤과 250만 톤은 국내 소비량을 충족하지 못하는 규모였다. 1955년의 경우 부족분이 약 25만 톤에 달했다.[15] 북한은 공식적으로 1956년에 이르러서야 총 280만 톤 이상의 곡물을 수확해 당장의 식량 문제를 해결할 수 있었다고 천명했으나, 1954년과 1955년의 식량난은 끔찍한 재앙을 불러왔다.[16]

양곡 수매사업

흉작에 더해 국가의 과중한 현물세 징수와 양곡 수매사업도 농민들의 식량 사정을 어렵게 만들었다. 상부의 질책을 우려한 현지 간부들이 실제보다 부풀린 수확고 통계를 보고하는 경향이 있었다는 점이 현물세 과다 징수를 촉발한 요인이었다. 부정확한 통계 집계에 따라 1954년 총 수확고가 실제보다 60만 톤을 초과한 294만 톤으로 추산되었다. 법정 현물세율이 총 수확고의 27퍼센트로 규정되었지만, 상향된 통계 탓에 실질세율은 그보다 7퍼센트를 초과한 34퍼센트에 육박했다. 평균 34퍼센트의 세율이 적용됨에 따라, 수확고의 절반 이상을 현물세로 징수당한 농민들도 적지 않았다.[17]

농민들의 피해는 그것으로 끝이 아니었다. 당국은 현물세 과다 징수에 이어 농민들에게 양곡 수매를 강요했다. 양곡 수매사업은 산업시설 복구를 비롯한 전후 재건에 투입된 노동자 수의 급증에 따라, 국가가 그들에게 배급할 식량을 미리 확보하려는 의도 아래 추진되었다.[18] 1954년 10월 15일, 조선민주주의인민공화국 내각은 농민들로부터 총 27만 톤의 쌀을 한 말(7.5킬로그램) 당 400원에 수매하라는 지시를 내렸다.[19] 사실 1954~1955년의 수매사업은 실시 배경과 추진 방식 및 재앙으로 끝난 결과에 이르기까지, 약 8년 전인 1946~1947년에 실시된 수매사업과 유사한 양상을 띠었다.

북한 지도부는 현지 간부들이 올려보낸 과장된 수확고 통계에 근거해 수매사업의 성공을 낙관했다. 1954년 전국 총 수확고가 294만 톤에 달할 것으로 예측됨에 따라, 농민들이 현물세를 제하고 그들에게 남은 양곡의 15~20퍼센트를 매각하면, 국가의 목표치가 충분히 달성되리라 전망되었다.[20] 그러나 지도부의 예측과 달리, 이미 과중한 현물세를 징수당한 농민들은 더 이상의 양곡을 부담할 여력이 없었다.

8년 전처럼 1954~1955년의 수매사업도 농민들의 자발성에 맡기지 않고, 모든 농가에 책임량을 할당하는 식으로 추진되었다. 곧 그들은 여유 양곡 소유 여부에 관계없이 의무적으로 수매량을 부담해야 했다.[21] 수매가는 쌀 한 말 당 400원, 곧 1킬로그램 당 53원 정도로 책정되었으나 농민들에게 아무런 도움도 되지 않았다. 수매가가 시장가를 훨씬 밑돌았던 데다, 1947년처럼 현금 보상이 아닌 물자 보상이 이루어졌기 때문이다. 더구나 공산품을 제공하는 식으로 실시된 물자 보상도 이미 재고량이 소진된 탓에 제대로 이루어지지 못했다.[22]

농민들은 수매사업을 기피했다. 당국은 비협조적인 농민들에 맞서 가혹한 대책을 내놓았다. 1954년 12월 5일에 포고된 〈양곡 자유 판매 금지령〉이 그것이었다. 이 비상식적인 조치는 당혹스러운 파급효과를 불러왔다. 목화와 담배 등의 공예작물을 생산한 농민들은 쌀을 구입할 길이 없었다.[23] 더 큰 피해를 입은 이들은 상인층이었다. 평양 시내 식당과 주막의 약 90퍼센트를 점한 민간업소 900여 개소가 문을 닫아야 했을 정도였다.[24]

반면 반사이익을 본 이들도 있었다. 그들은 평양 시내 개인 식당의

20퍼센트 정도를 점한 중국 식당 업주들이었다. 그들 화교 상인들은 북한에 주둔한 중국 인민지원군으로부터 식량을 공급받아 대목을 누릴 수 있었다. 물론 그들을 향한 조선인들의 감정은 좋을 리 없었다. "중국 상인들이 조선 상인들을 몰아내고 있다"는 풍문이 도처에 나돌았다. 심지어 "그들이 첩으로 거느린 조선 여성들이 몇 명씩이나 된다"는 중국인들을 겨냥한 혐오성 루머도 급속히 확산되었다.[25]

양곡 수매에 응하지 않은 농민들은 노동당 간부들과 수매사업 담당 일꾼들의 기습적 방문 조사를 받았다. 그들은 수확량이 적어 여유 양곡이 없다고 항변했다. 그러나 간부들은 쥐와 참새가 쪼아 먹은 양, 탈곡과 운반 과정에서 일어난 손실, 계산 착오 등등의 구실을 들먹이며 모든 책임을 농민들에게 떠넘겼다.[26] 수매사업은 강압적으로 이루어졌다. 끝까지 그에 응하지 않은 이들은 체포되거나 축출되었다. 이웃들에게 수매를 강요하면서도 자신의 양곡만은 필사적으로 지키려 한 노동당 간부들과 수매사업 일꾼들의 행태는 농민들의 분노를 자극했다.[27] 봉기가 일어난다 해도 놀랄 만한 상황이 아니었다. 자살하는 농민들이 속출했고, 폭동을 선동하는 움직임이 곳곳에서 포착되었으며, 반체제적 삐라 살포가 줄을 이었다.[28] 그러나 농민들의 저항은 더 이상 진전되지 못한 채 사그라졌다.

강압적으로 추진된 양곡 수매사업의 실적은 당초 목표량 27만 톤의 70퍼센트에 해당한 19만 톤에 그쳤다. 그러나 그것만으로도 농민들이 입은 타격은 치명적이었다. 식량은 물론 종자까지 징수당한 이들이 부지기수였다. 천도교청우당 위원장 김달현의 고백에 따르면, 수매에 응한 농민 당원들의 약 70퍼센트가 봄에 파종할 종곡조차 보유하지 못한 상태였다.[29] 생계에 필요한 양곡마저 징수당한 농민들이 95퍼센트에 달했고, 여유 양곡을 보유한 이들은 5퍼센트에 지나지 않았다.[30]

결국 농민들은 법적으로 금지된 고리대에 손을 뻗쳐 스스로를 궁지로 내몰았다. 배급을 받는 도시민들의 형편이 상대적으로 나았으나, 그들도 양곡 판매가 금지된 뒤 쌀을 구할 수 없긴 마찬가지였다.[31] 궁지에 몰린 쪽은 인간들만이 아니었다. 사료마저 귀해지자 가축 도살이 횡행했다. 북한에 주둔한 중국 인민지원군조차 외면할 수 없는 상황이었다. 그들은 비축해둔 식량을 풀어 북한 주민들을 원조해주었다.[32]

양곡 수매사업이 불러온 가장 비극적인 결과는 많은 이들의 죽음이었다. 수매를 강요당한 농민 300여 명이 분통을 참지 못하고 자살했다.[33] 1955년 봄부터 나타나기 시작한 아사자는 전국적으로 수만 명에 달했다. 걸인과 유랑자가 급증한 데다 절도와 강도 행각이 줄을 이었다. 궁지에 몰린 이들은 농민들만이 아니었다. 일선에서 수매사업을 집행한 하급 간부들의 자살도 심각한 문제였다. 많은 간부들이 수매 실적이 저조하다는 이유로 비판받은 뒤 당적을 박탈당했다. 정치적 사형선고를 받은 그들은 깊은 고뇌에 빠졌고 결국 자살을 택했다. 모든 책임을 뒤집어쓴 채 자살로 삶을 마감한 노동당 간부가 평안북도에서만 130명, 전국적으로 수백 명에 달했다.[34]

양곡 수매사업은 참담한 실패로 끝났다. 1955년 2월 1일부터 3일까지 개최된 조선노동당 중앙위원회 상무위원회 확대회의는 이 사업이 실패했음을 부인하지 않았으나, 당혹스럽게도 그 책임을 각 도당 위원회에 떠넘기는 태도를 보였다. 하급 당들의 "기만행위" 곧 과장된 통계 보고가 양곡 수매사업의 실패를 불러왔다는 입장이었다. 회의석상에서 김일성은 격분한 어투로 독설을 날렸다. "사실상 농민들에게는 식량이 없었습니다. 각 도당 위원회들은 당 중앙위원회를 기만했습니다. 우리는 정치적으로 패배했습니다. 양곡 수매사업을 실시하지 말아야 했습니다."[35] 사실 하급 당에 기만당했다는 그의 고백은 사실이 아니었다. 그것은 자신을 향할지 모를 비판을 다른 이들에게 돌리려는 판에 박힌 술수에 지나지 않았다. 무엇보다 그가 지도자로서 비판받아야 할 점은 1954~1955년의 수매사업이 8년 전의 수매사업과 똑같은 방식으로 추진되었음에도 불구하고, 과거의 역사적 경험으로부터 어떠한 교훈도 이끌어내지 못했다는 사실이었다. 그럼에도 그를 비판한 이는 아무도 없었다.

중공업 우선 정책

결국 모든 피해는 농민들에게 돌아갔다. 그들은 식량난에 시달린 데다 매년 무보수로 실시된 강도 높은 의무 노동에 차출되기까지 했다. 평년의 경우 동원일수가 약 40일에 달했다. 열흘에 한 번꼴로 동원된 셈이었다. 심지어 동원일수가 무려 60일에 달했던 해도 있었다.[36] 전후 식량 부족 및 잦은 노력 동원과 함께 인민들의 생활수준을 나락으로 떨어뜨린 다른 요인은 생필품 부족이었다. 이 문제도 인재에 속하긴 마찬가지였다. 사실 당 지도부는 중공업 우선 정책을 제외한 어떠한 정책에도 관심을 보이지 않았다. 따라서 일부 간부들은 국가가 인민 생활 향상에 이바지할 소비품 생산을 등한시하고 있다고 비판하며, 중 공업보다 경공업 발전에 주력해야 한다고 목청을 높였다.[37]

그에 맞서 당 지도부는 중공업 발전이 우선적으로 이루어져야만 경공업을 비롯한 전체 인민경제의 급속한 발전을 보장할 수 있다는 논리를 펼쳤다. 그러나 그들의 논리는 허울 좋은 수사에 불과할 뿐, 사실상 경공업은 방치되다시피 한 상황에 놓여 있었다. 1954년 6월경 내각 경 공업상 박의완의 고백에 따르면 그는 그 분야에서 일해본 적이 없는 문외한일 뿐만 아니라, 유능한 간부진을 수하에 거느리고 있지도 못했다. 게다가 파견 기한이 만료된 소련인 고문들이 귀국하기라도 하면, 그가 의지할 수 있는 전문가라곤 아무도 없을 터였다. 박의완은 경공업 부문이 관심을 받지 못하고 있고 따라서 업무를 제대로 수행하기 힘들다고 토로했다.[38]

국가가 생필품 부족 문제 해결에 관심을 돌리지 않고 있다는 징후는 전후 소련이 제공한 원조가 생필품 생산과 동떨어진 부문에 소모되고 있다는 간부들의 비판에서도 나타났다.[39] 1953년 휴전협정 체결 직후 소련은 〈조소 경제·문화 협정〉에 의거하여 북한에 10억 루블을 무상으로 원조한다는 약정을 체결했다. 이 약정에 따라 1954년과 1955년에 각각 6.5억 루블과 3.5억 루블이 북한에 제공되었다.[40] 그러나 그 자금의 대부분은 생필품 생산 부문이 아닌 자동차공장, 평양 육류콤비나트, 통조림공장 등의 건립에 투입되었다. 사실 자동차공장은 다른 공장들과의 협력과 연계 없이 단독으로 유지되기 어려운 시설이었다. 마찬가지로 부족한 가축과 축산업의 부진 탓에, 육류콤비나트와 통조림공장도 중단 없이 정상적으로 가동될 수 없었다.[41] 결국 소련의 무상 원조는 상당 부분 헛되이 소모된 셈이었다.

급속한 농업협동화

농민들의 삶을 도탄에 빠뜨린 요인은 식량난과 생필품 부족 사태만이 아니었다. 급속하게 전개된 농업협동화도 그들을 궁지로 몰아넣었다. 1955년 8월 현재 전국 3,930개의 리 행정 단위 중 약 96퍼센트에 해당한 3,757개의 리에 협동조합이 조직되었다. 전국 경작면적의 44.8퍼센트, 전국 농가의 45.1퍼센트를 아우르는 규모였다. 그러나 농민들의 자발성에 맡기지 않고 사실상 강제적으로 추진된 급속한 농업협동화는 심각한 부작용을 낳았다. 다수 협동조합들의 부실화가 대표적 문제였다. 수확고가 기대에 미치지 못한 협동조합이 34퍼센트에 달했고, 그 조합원들의 수입도 협동화 이전보다 현저히 감소했다. 함경북도의 경우 부실한 협동조합이 절반을 넘는 58퍼센트에 육박했을 정도였다.

많은 농민들은 협동화에 반대했다. 협동조합 탈퇴를 바란 이들이 전체 조합원의 38퍼센트에 달했다. 물론 협동화에 불만을 품은 농민들은 조합 활동에 적극성을 보이지 않았다. 1955년 상반기, 전체 조합원의 출근율이 46퍼센트에 불과했을 정도였다. 심지어 조합원 37퍼센트의 근로일은 연평균 기준 근로일 200일에 현저히 미치지 못한 55일 이내에 그쳤다. 협동조합에 참여한 농민들은 소극적 활동을 넘어, 각종 일탈과 적대 행위에 가담하기까지 했다. 개인 텃밭 경작에 주력하는 행위, 가축 도살과 매각 행위, 협동조합 재산의 손괴와 방화 행위 등이 그들이 일으킨 저항의 구체적 방식들이었다.[42]

협동조합 부실화의 책임은 간부들에게도 있었다. 30퍼센트 이상의 조합 간부들이 자격을 갖추지 못한 무능력자들이었던 데다, 심지어 조합 재산을 횡령한 이들도 적지 않았다.[43] 협동조합의 부실화를 조장한 심각한 문제들이 속출하는 와중에도 북한 지도부는 기존 조합들의 견실화에 주력하기보다, 아직 조합에 가입하지 않은 개인농들을 끌어들이는 일에만 관심을 보였다.

전쟁이 끝난 뒤 인민들은 극심한 생활고에 시달렸다. 그러나 국가는 인민들의 생활난 타개에 주력하기는커녕, 중공업 우선 정책과 급속한 농업협동화를 밀어붙임으로써 그들의 삶을 궁지로 몰아넣고 있었다. 뜻밖에도 북한 지도부의 그릇된 경제정책에 가장 먼저 제동을 걸고 나선 쪽은 소련이었다.

#02

북소
갈등

경제노선을 둘러싼 이견

인민들의 생활난 해결보다 사회주의적 공업화와 농업협동조합 확대에 박차를 가한 북한의 조치는 소련의 지지를 얻지 못했다. 북한의 경제노선을 둘러싼 입장 차는 영원할 것만 같았던 양국의 우호 관계에 균열을 일으키기 시작했다. 사실 1950년대 중반 소련이 북한의 경제정책에 제동을 걸기 전에도 양국 관계에 갈등 요인이 전혀 없었던 것은 아니었다. 이를테면 전시 미군의 공습으로부터 무방비 상태에 놓인 북한 인민들은 공군을 파견해 자신들을 보호해주지 않은 소련에 불만을 성토했다. 간부들 사이에서도 전시 소련의 방관적 태도에 불만을 품은 이들이 적지 않았다.[1] 그러나 표면화되지 않은 전시의 갈등 요인과 달리, 전후 북한의 경제정책은 양국 관계에 암초가 될 가능성이 농후했다. 이번의 경우 앙심을 품은 쪽은 북한이 아닌 소련이었다. 게다가 북한이 더 이상 소련을 향해 고분고분한 태도를 보이지만은 않았다는 점도 양국 관계에 변수가 될 가능성이 높았다.

북한의 경제정책을 비판적 시각에서 바라본 소련의 우려는 한국전쟁 직후부터 표출되었다. 소련 측은 1953년 9월 1일부터 약 한 달간 모스크바를 방문한 김일성과 조선민주주의인민공화국 내각 대표단에 경제정책을 둘러싼 진지한 조언을 건넸다. 그 내용은 북한이 중공업 중심의 급속한 공업 발전을 추구하기보다, 농업과 경공업 발전에 주력해 인민들의 생활수준 향상을 꾀해야 한다는 점에 초점이 맞추어졌다. 1954년 4월경 소련을 방문한 조선민주주의인민공화국 외무상 남일도 불편한 상황에 맞닥뜨렸다. 그와 대담을 나눈 소련 외무상 몰로토프Вячеслав Михайлович Молотов 역시 북한이 중공업 발전에만 전념한 채, 농업 발전과 인민들의 생활수준 향상을 등한시하고 있다고 지적했다.[2]

사실 소련이 북한의 경제정책을 비판한 데에는 그럴 만한 이유가 있었다. 1953년경 스탈린Иосиф Виссарионович Сталин 사망과 함께 중공업 우선 정책을 폐기하며 새로운 경제노선을 채택한 소련과 달리, 북한은 변함없이 기존의 경제노선을 고수했기 때문이었다. 스탈린 사후에 집권한 말렌코프Георгий Максимилианович Маленков와 흐루쇼프Никита Сергеевич Хрущёв는 각각 경공업과 농업 중심의 새로운 경제 발전노선을 추구하며, 그것을 "형제국"인 북한에까지 강요해 양국 관계에 심상치 않은 분위기를 조성해온 터였다. 북한은 영향력 있는 우방이자 주요 원조국인 소련의 거듭된 충고를 외면할 수 없었다. 소련의 권고는 1954~1956년에 걸친 북한의 "인민경제 복구 발전 3개년 계획"에 경공업 부문 투자를 확대하는 식으로 반영되었다. 그러나 북한의 경제정책 수정은 근본적 방향 전환이 아닌, 보여주기식 시늉에 그쳤을 뿐이었다.

"형제국"의 진심 어린 조언을 외면한 북한의 태도는 소련의 분노를 촉발했다. 소련은 북한의 현 상황을 정밀하게 진단한 뒤, 공식적 충고를 포함한 몇 가지 권고를 전달해야 한다는 결론에 다다랐다. 1955년 초 소련 외무성 극동과 북한 전문가들의 협의 아래 작성되어, 외무상 몰로토프와 소련공산당 대외정책부장 수슬로프Михаил Андреевич Суслов의 검토를 거쳐 소련공산당 중앙위원회에 제출된 보고서가 바로 그 권고안이었다. 이 보고서는 자신들이 계속해서 제안해온 조언들이 묵살되었다는 결론을 내리며, 북한 지도부에 공식적으로 제기해야 할 몇 가지 요구 사항을 담고 있었다.

그 요구 사항들은 인민경제 복구 발전 3개년계획의 속도를 조절하라는 첫 번째 지침에 이어, 급속한 농업협동화 추진 반대와 기존 협동조합의 견실화, 근로자들의 물질적 생활여건 개선과 생필품 생산 증대, 당내 민주주의 신장과 집단지도체제 확립, 당정의 주요 직위 배분을 통한 권력 분산 등의 과제를 제시했다. 권력 분산 문제의 경우, 흥미롭게도 "김일성 동지에게 주의를 준다"는 지침이 부기되어 있었다.[3]

서면보다 대면 충고의 효력이 더 높을 것으로 판단한 소련은 김일성에게 모스크바행을 독촉했다. 물론 분위기가 심상치 않음을 감지한 그는 1955년 4월 중반까지 국가를 비울 수 없다고 둘러대며 응하지 않았다. 양곡 수매사업이 불러온 파장은 좋은 변명거리가 될 수 있었다.[4] 그러나 결국 그는 1955년 4월 21일, 모스크바행 비행기에 몸을 실었

다. 예상대로 소련 외무성 극동과 북한 전문가들이 작성한 권고안이 그에게 전달되었다.[5]

김일성은 소련의 권고를 수용하겠다고 약속했다. 1955년 6월 15일부터 20일까지 개최된 조선노동당 중앙위원회 상무위원회 확대회의는 그 약속의 이행 차원에서 무리한 공업화 추진 중단, 농업협동조합의 양적 성장 억제, 수매사업 당시 금지된 양곡 매매 허용, 농업 부문 투자 확대 등의 과제를 천명했다.[6] 그러나 김일성은 여전히 소련과의 약속을 진지하게 이행하려는 의지를 보이지 않았다. 사소한 몇몇 문제는 양보할 수 있어도, 소련이 강조한 핵심 요구안인 공업화와 농업협동화의 강행 중단은 그가 결코 받아들일 수 없는 현안이었다. 그는 사회주의로의 이행만이 인민들을 옭아매고 있는 모든 굴레를 걷어낼 수 있다고 확신했다. 곧 사회주의는 그에게 만능적 처방인 셈이었다.

중공업 우선 정책도 그에게 만능적 해결책으로 보였다. 그는 사회주의적 공업화의 관건은 중공업 우선 발전이며, 중공업이 먼저 발전해야만 경공업을 비롯한 모든 공업 부문과 농업의 발전을 보장할 수 있다고 거듭 강조했다.[7] 아울러 급속한 농업협동화도 그에게는 양보할 수 없는 현안이었다. 1955년 11월 말 북한 주재 소련대사관 간부들 및 경제 전문가들과 대담을 나눈 그는 부실한 협동조합이 많은 데다, 전문적 간부들이 부족함에도 불구하고 협동화의 속도가 빨랐다고 털어놓았다. 그가 먼저 과오를 자인한 셈이었다. 그러나 그는 그 과오를 바로잡겠다는 약속 대신, 급속한 협동화가 불가피했다는 변명을 늘어놓기에 급급했다. 전쟁 이후 노동력이 감소한 점, 노인들과 여성 노동력 중심으로 재편된 농업 구조하에서 더 이상 개인 경작이 효과적이지 않다는 점, 전시에 황폐해진 경작지가 개인 경작으로 복구되기에 한계가 있다는 점 등이 그 변명의 골자였다. 마지막으로 그는 농민들이 먼저 협동조합 가입을 희망했다는 전혀 사실과 동떨어진 구실을 덧붙였다.

소련대사 이바노프는 북한의 특수한 상황을 거론하며 약속을 지키지 않고 있는 김일성의 태도에 격분했다. 그는 협동화의 강행이 아닌 기존 협동조합의 견실화가 현재 북한 농업이 지향해야 할 기본 과업임을 다시 한번 환기시킬 생각이라고 업무일지에 기록했다.[8] 몇몇 변명을 둘러대며 자신의 입장을 합리화한 김일성이 소련과 갈등을 빚으면서까지 협동조합 확대를 밀어붙인 데에는 그럴 만한 이유가 있었다. 사실 급속한 농업협동화는 급속한 공업화의 선행조건이었다. 곧 그것은 양곡 수매사업 같은 성가신 과정을 거치지 않고, 공업 노동자들에게 안정적으로 식량을 공급할 수 있는 유일한 방책이었다.[9]

북한의 급진적 공업화와 농업협동화 정책은 더 이상 소련으로부터 제지를 받지 않았다. 소련은 자신의 충고에 예민하게 반응하며 그것을 내정 간섭으로 받아들일지 모를 북한의 인내를 더 이상 시험하지 않았다. 급진적 경제노선이 고수됨에 따라, 인민들의 생활 형편도 나아질 리 없었다.

평화공존론

북한의 경제노선을 둘러싼 입장 차 못지않게 첨예한 북소 갈등을 조장한 다른 요인도 있었다. 스탈린 시대가 막을 내린 뒤 그의 과오를 비판하며 집권한 흐루쇼프의 신노선이 바로 그것이었다. 흐루쇼프가 사회주의권 형제국들에 부과한 신노선은 북한의 국가적 위신을 깎아내렸을 뿐만 아니라, 김일성의 권력 기반을 흔들며 양국 관계를 긴장 상태로 몰아넣었다. 특히 개인숭배 비판과 평화공존론이 북한에 큰 파장을 일으켰다. 대외적으로 서방 세계와의 긴장 완화를 추구한 평화공존론은 소련 인민들의 생활수준 향상을 위한 여건의 조성에 기여하리라 기대되었다.[10] 이 획기적 노선은 1955년경부터 북한에 부과돼, 평화적 남북통일의 기반 구축에 필요한 북미 관계와 남북 관계의 재정립을 모색하는 형태로 구체화되었다.

북한 지도부에 영향력을 행사해온 평양 주재 소련대사관은 본국의 지침에 따라, 한반도 내 평화 분위기 정착에 노력했다. 1955년 8월 11일, 소련대사 이바노프는 조선민주주의인민공화국 민족보위상 최용건을 방문해 대담을 나누었다. 그는 해방 10주년을 맞아 거행될 조선인민군 열병식을 지휘할 최용건에게 한반도 문제의 평화적 해결을 강조하며, 남한 지도자들을 모욕하는 상투적 비난 연설을 자제해야 한다고 조언했다. 자신의 연설이 간단하리라는 최용건의 대답은 이바노프의 권고를 받아들이겠다는 동의의 표현에 다름 아니었다.[11]

Ⅰ

그로부터 20일 남짓 지난 9월 2일, 다시 소련대사가 최용건을 방문했다. 북한이 38선 인근 자국 영공에 출현한 미군기를 격추한 지 보름이 지난 뒤였다. 대담 분위기는 몹시 험악했다. 이바노프는 현재 소련이 평화공존의 기치 아래 형제국들과 더불어 국제적 긴장 완화에 노력하고 있음에도 불구하고, 어째서 북한이 미군기를 격추해 난감한 상황을 조성하고 있는지 따져 물었다. 최용건은 화가 치밀었다. 그는 간신히 참으며 만약 소련에 유사한 사태가 일어나면, 어떻게 대응하겠냐고 되물었다. 이바노프는 포격 대신 신호를 보내 상대편 비행기가 착륙할 수 있도록 유도할 것이라고 냉정하게 대답했다. 최용건은 이미 남쪽에서 올라오는 비행기에 포격하지 말라는 지시를 내렸다고 전하며, 이번에도 자세를 낮출 수밖에 없었다.

이바노프는 기회를 놓치지 않고 다른 문제들까지 도마 위에 올렸다. 북한 지도부에 품고 있던 불만을 모조리 털어놓을 심산이었다. 먼저 그는 국제적 긴장 완화에 역행하고 있는 북한의 언론정책을 문제 삼았다. 북한이 방송과 언론 매체를 이용해 미국과 남한 정부를 모욕하는 욕설을 퍼부어, 남북 간 접촉조차 어렵게 만들고 있다는 점이 그가 건넨 비판의 골자였다. 이바노프가 거론한 그 구체적 표현들은 "미제 침략자들", "이승만 도당", "미제의 주구" 따위였다. 최용건은 이번에도 가만히 듣고만 있지 않았다. 그는 전쟁을 자행해 인민들을 불행에 빠뜨린 자들을 향한 분노와 증오가 그 같은 욕설들에 반영되어 있다고 대꾸했다.[12]

사실 전쟁을 겪으며 막대한 피해를 입은 북한이 교전국인 미국과 남한에 부드러운 태도를 취하기란 쉬운 일이 아니었다. 평화공존론에 입각한 온화한 제스처가 최용건에게 투항행위로 인식되었듯, 북한 지도부 내 다른 인사들도 자세를 낮추라는 소련의 충고에 불만을 품긴 마찬가지였다. 1955년 말 모스크바에서 돌아온 소련계 한인 당 중앙위원회 선전선동부장 박영빈이 북한 언론의 반미 논조를 폐기해야 한다고 제안했을 때, 김일성은 소련의 입장을 대변하고 있는 그의 건의를 일축해버렸다.[13] 그러나 전반적으로 소련이 부과한 긴장 완화 지침들은 북한에서도 관철되는 경향을 보였다. 중국도 평화공존론을 지지한 이상, 북한만이 이견을 고집할 수도 없는 상황이었다. 1956년 5월경 소련과 중국의 지속된 압력을 버티지 못하고, 북한이 조선인민군 병력 8만 명을 감축하기로 결정한 일이 그 대표적 예에 속했다.[14]

소련 문화 배격

흐루쇼프 집권 이후 정치·경제·군사·대외 관계 등 다방면에 걸쳐 압력을 가한 소련의 태도는 북한의 불만을 부채질했다. 북한의 인내는 점점 한계에 다다르고 있었다. 1955~1956년은 북소 관계의 재정립에 중대한 기점이 된 시기였다. 그동안 고분고분한 태도를 보여온 북한은 바로 이 무렵부터 소련을 향한 불만을 공개적으로 표출하기 시작했다.

그 본격적 조짐은 1955년 12월 28일 김일성이 사상·선전·문화 방면의 교조주의와 형식주의를 비판하며 "주체"를 강조한 직후, 소련의 문화적 영향력을 제한하려는 움직임에서 나타났다. 1956년 초 문화선전상 허정숙은 영화 제작사업의 문제점이 도마 위에 오른 내각회의에서 날선 비판을 받았다. 비판자들은 영화에 "조선의 특성"과 "민족적 특성"이 전무한 반면, 소련의 영향만이 두드러지게 나타난다고 목청을 높였다.[15]

그 무렵부터 불만 표출을 넘어, 소련 문화를 겨냥한 북한의 적극적 공세가 시작되었다. 북한은 모스크바로부터 송출받는 라디오 방송 시간을 절반으로 줄인 데 이어, 소련 작가들의 작품을 극장 상연 목록에서 제외해버렸다. 뿐만 아니라 매년 성대하게 개최해온 "조소 친선의 달" 행사가 1956년에 이르러 폐지되었다.[16] 독일민주공화국(동독) 주재 북한대사 박길룡은 소련 문화가 갑자기 배격받는 현실을 우려의 눈길로 바라보았다. 소련계 한인인 그는 현재 북한 당국이 "조선의 민족적 특성"과 "조선의 양식"을 강조하고 있는 반면, 소련으로부터 무언가를 받아들이려는 움직임이 일기라도 하면 "형식주의나 교조주의"로 매도하는 경향이 있다고 털어놓았다.[17] 소련대사관은 북한의 문화정책 동향을 속속들이 꿰뚫어보고 있었으나, 시정을 요구하는 적극적 대응책을 강구하지 않았다.

소련대사관

북한과 소련의 관계에 균열이 일고 있을 무렵, 김일성과 소련대사관의 관계에도 금이 가고 있었다. 소련은 소련대사관을 북한에 영향력을 행사하는 통로이자, 북한 내부 정보를 수집하는 통로로 활용했다. 소련대사는 정기적으로 김일성을 비롯한 고위 인사들과 대담을 나누며 북한 내부 정보를 입수할 수 있었다. 물론 대등한 위치에서 소련대사에게 자국의 내부 정보를 전달한 일국 지도자의 행위는 굴욕적으로 비칠수 있었다. 소련도 국내외 주요 사건과 정세를 둘러싼 정보를 북한에 제공했으나, 양국 간의 정보 교환은 평등한 수준에서 이루어지지 않았다. 소련의 내부 정보 제공은 다분히 형식적 성격을 띠었다. 그럼에도 형제국 간 친선 도모를 명목으로 실시된 소련대사관 직원들과 북한 고위 인사들 간 대담은 조선민주주의인민공화국 수립 직후부터 관례화돼 큰 문제 없이 정착된 터였다.

게다가 전쟁 직후까지만 하더라도 김일성과 소련대사관의 관계는 매우 돈독했다. 언젠가 그는 전임 대사들인 쉬띄꼬프T. Ф. Штыков와 라주바예프B. Н. Разуваев를 떠올릴 때면 가슴이 훈훈해진다고 고백하기까지 했다.[18] 특히 그는 전시에 대사를 역임한 라주바예프와 긴밀한 관계를 맺으며 우의를 쌓았다. 그들은 공식 회동일을 따로 잡기보다, 이웃에 살며 거의 매일 만나 모든 문제를 허심탄회하게 논의했을 정도였다.

그러나 전쟁이 종결된 뒤 신임 대사인 수즈달례프C. П. Суздалев가

쉬띄꼬프와 김일성

1945년부터 1947년까지 연해주군관구 군사평의회 위원을 지낸 쉬띄꼬프는
북한 정치에 가장 큰 영향력을 행사한 소련인이었다. 해방 직후 김일성의 정치 활동은 기본적으로
그의 지시와 승인 아래 이루어졌다. 쉬띄꼬프는 조선민주주의인민공화국 수립과 함께
초대 소련대사에 취임한 뒤에도 북한에 큰 영향력을 행사하며,
수상인 김일성과 돈독한 관계를 유지했다.

부임해오면서 그 관계가 틀어지기 시작했다. 김일성은 무슨 이유 때문인지 소련대사와의 관계가 멀어져 개인적 접촉조차 중단되었다고 털어놓으며, 그 책임을 수즈달례프에게 전가하는 듯한 고백을 남겼다.[19] 1955년 중반까지 북한 주재 소련대사를 지낸 수즈달례프는 대사관 내 부하직원들로부터 신임과 존경을 얻지 못했다. 소련 외무성이 서구식 식사를 제공할 요리사를 평양의 소련대사관에 파견했지만, 그는 그녀를 자신의 개인 "식모"로 부렸다. 뿐만 아니라 대사관 상점에 상품이 입고되기라도 하면, 그는 가장 먼저 창고에 들어가 자신과 가족들의 몫부터 챙겼다. 따라서 판매대에 진열된 물품만을 구입할 수 있었던 부하직원들은 필수품마저 구하지 못하는 일이 비일비재했다. 더 심각한 문제는 수즈달례프에게 사교술이 부족했다는 점이었다. 그는 타인들을 거칠게 대하는 습성이 있었다. 따라서 대사관을 찾는 간부나 손님 수는 점점 줄어들 수밖에 없었다.[20]

03

소련계
한인

중앙아시아 고려인의 기원과 북한 파견

북소 갈등이 고조되는 상황에서 북한은 점증하는 소련의 압력을 지켜보고만 있지 않았다. 북한 지도부는 소련의 문화적 영향력을 제한하기에 앞서, 1955년 중반부터 더 근본적인 조치에 착수했다. 그것은 바로 소련과 소련대사관의 권위를 등에 업고 막강한 영향력을 행사해온 소련계 한인들을 제압하는 일이었다. 그들은 소련이 북한에 정치·경제·사회·문화 시스템을 이식하며 국가적 이해관계를 관철하는 데 주도적 역할을 담당한 이들이었다. 북한이 소련의 영향권에서 벗어나려면 먼저 그들을 확고히 장악하고 통제할 필요가 있었다. 북한 지도부는 그 첫 조치로써 소련을 모국으로 여긴 그들과 소련대사관의 유착 관계를 차단하는 작업에 착수했다.

사실 소련계 한인 간부들이 소련대사관과 긴밀한 관계를 유지해오고 있다는 사실을 모르는 이는 없었다. 그들은 중국대사관을 방문하는 일이 드물었던 연안 출신 간부들과 달리, 수시로 소련대사관을 드나들었다. 게다가 그곳에 들르더라도 연안 출신 간부들처럼 조선노동당 지도부에 방문 이유를 보고하지도 않았다. 소련대사관과 유착한 그들은 주변으로부터 따가운 눈총을 받았다. 이를테면 조선노동당 중앙위원회 조직지도부장 박영빈은 소련대사관을 너무 자주 방문한 탓에, 1954년경 동료 간부들로부터 신랄한 비판을 받았다. 그들의 비판 내용은 그가 국가의 기밀 정보를 소련대사관에 넘기고 있다는 혐의에 집중되었다.[1] 박영빈과 마찬가지로 소련대사관과 긴밀한 관계를 유지해오고 있던 독일민주공화국 주재 북한대사 박길룡도 자신을 비롯한 소련계 한인들의 대사관 방문이 의혹을 받고 있음을 감지했다. 그는 소련대사 이바노프에게 자신과의 대담 내용은 물론, 접견한 사실조차 함구해달라고 신신당부했다.[2]

소련계 한인과 소련대사관 직원들 간 접촉은 점차 은밀하고도 조심스러운 방식으로 전환되어갔다. 그러나 김일성의 인내는 이미 한계에 다다른 상황이었다. 결국 그는 1956년 5월 7일에 개최된 조선노동당 중앙위원회 상무위원회에서 소련계 한인들에게 최후통첩을 내렸다. "당 중앙위원회 조직부가 입수한 정보에 따르면, 우리 일꾼들 중 일부가 위임을 받지 않았음에도 불구하고 외국인들과 접촉하며, 말해서는 안 될 비밀들을 누설하고 있습니다." 그는 국가 기밀 보호를 강조하며 단호한 지시를 내렸다. "현 시각부터 외국인들과 접촉하려면, 반드시 외무성과 대외무역성의 승인을 얻어야 합니다."[3]

북소 갈등 이후 공세의 표적이 된 소련계 한인은 중앙아시아에서 북한에 파견된 조선족 소련 공민들이었다. 그들은 이른바 "까레이스키

Корейский" 곧 "고려인"으로 불렸다. 오래전 조선을 떠나 러시아 극동 지역에 거주해오던 그들은 스탈린으로부터 일제에 협력할 수 있다는 의심을 받았다. 결국 1937년경 그들에게 강제 이주령이 떨어졌다. 목적지는 황무지에 다름없는 중앙아시아 지역이었다. 그곳에 정착해 학교 교사나 지역당 간부가 된 고려인들이 조선의 해방과 함께 선조의 나라에 파견되었다. 그들은 북한 지역의 당 조직과 국가 건설을 지원하며 막강한 영향력을 행사했다.

북한에 진주한 소련군의 뒤를 이어, 중앙아시아 고려인들이 파견된 중요한 이유가 있었다. 조선어와 북한 실정을 전혀 알지 못하는 소련군 장교들의 통역이 필요한 데다, 그들과 북한 주민들 사이에 가교 역할을 담당할 이들이 필요했기 때문이었다.[4] 따라서 그들은 소련군의 조력자로서 파견되기 전, 소임의 완수에 필요한 특별강습을 받았다. 그 내용은 러시아어 교수법, 조선어 회화, 소련공산당 역사, 해외 파견 간부들이 준수해야 할 도덕적 품성 등을 아우르고 있었다.[5] 1945년 8월부터 1950년대 중반까지 수차례에 걸쳐 파견된 전체 고려인 규모는 약 500명에 달했고, 1956년 초 총 196명이 조선노동당과 내각의 간부 및 여러 분야의 전문가로 활동 중이었다.[6] 그들은 파견 직후 주로 통역 업무를 담당했으나, 당·정·군 간부로 발탁되면서 국가 건설의 한 축으로 부상하기 시작했다.

중앙아시아 지역 학교 교사나 지방당 간부 등의 한직에 복무해온 그들은 소련이라는 권위를 등에 업고 출세가도를 달렸다. 실권을 행사

I

할 수 있는 직위를 그들이 독점하다시피 했다. 내각의 경우 명예직의 성격을 띤 상相은 다른 계열 간부들에게 돌아갔을지언정, 실권이 있는 부상副相은 어김없이 고려인들에게 맡겨졌다. 당 조직 내 직위 배분도 마찬가지였다. 북한 지역 8도의 최고위직인 노동당 도당 위원장직이 그들에게 위임되었다. 도당 위원장들은 "팔도 장군"으로 불렸다. 게다가 조선노동당 내 핵심 부서인 조직부와 선전선동부를 장악한 허가이와 박창옥도 고려인이었다.[7] 사실 그들의 전성시대에 그들보다 권력서열이 높았던 이는 김일성뿐이었다.

공격의 빌미

당정 내 실권을 장악한 그들은 다른 계열 간부들로부터 곱지 않은 시선을 받았다. 사실 해방 직후부터 연합정권에 참여해 권력을 분점해오고 있던 소련계 한인, 연안 출신, 만주 빨치산 출신, 국내 공산주의 그룹 등 각 계파들 사이에 경계가 있었다는 점은 부인하기 힘든 사실이었다. 연안 출신 중에는 온화한 선비형, 고려인 중에는 관료형, 만주 빨치산 출신 중에는 순박하면서도 전투적인 투사형 인사들이 많았다.[8] 그들 간에 경쟁의식과 갈등이 싹텄음은 물론이었다. 이를테면 북한 지역 토박이 간부들은 "소시민적 근성이 있는 건방진" 하얼빈 출신 간부들을 "하얼빈 놈들"이라 욕했고, 남한 출신 간부들에 대해서는 "항상

패거리를 지으며 음모를 꾸민다"고 배격했다.[9]

각 계파 간 갈등과 경쟁이 고조되는 상황에서 당정 간부직 배분은 매우 민감한 문제일 수밖에 없었다. 전쟁이 끝난 직후인 1954년 초 현지 조선인 간부들은, 소련계 한인들이 다수의 고위직을 점하고 있는 반면 겨우 몇 개의 직책만이 자신들에게 할당되었다며 불만을 토로했다. 김일성은 그들의 불만을 누그러뜨리려 일부 소련계 한인들의 직책을 조정해야 했다.[10] 타 계열 인사들은 고려인 간부들이 권력의 원천인 소련대사관과 긴밀한 관계를 맺고 있음을 우려스럽게 바라보았다. 특히 연안계 인사들은 그들이 국가의 중대한 기밀 정보를 소련대사관에 넘기고 있는 탓에, 자신들의 명운이 그들에 달려 있다는 불안감에 사로잡히기까지 했다.

소련계 한인들이 좋지 못한 평판을 얻은 다른 이유들도 있었다. 그 중 하나는 무능력이었다. 이를테면 평양 시내 소련 병원에 배치된 고려인 의사들은 의료 수준이 낮음에도 불구하고 책임적 지위를 독점하다시피 했다. 헝가리와 루마니아 병원에서 실습한 적이 있는 북한 의사들은 고려인 의사들과 함께 일하며, 소련의 의료 수준이 헝가리와 루마니아보다 낮다는 생각을 품기까지 했다. 북한 공장에 파견된 고려인 전문가들의 기술 수준도 실망스럽긴 마찬가지였다. 성진제강소에 파견된 한 고려인 기술자는 직장 동료가 된 북한 기술자들과 몇 년 전 같은 대학에서 공부한 적이 있었다. 그러나 그의 대학시절 성적은 북한에서 소련으로 유학 온 그들의 성적보다 좋지 못했다.[11]

I

소련계 한인들이 범한 숱한 과오도 많은 이들의 입방아에 오르내렸다. 경제 범죄는 그들에게서 흔히 목격되는 일탈이었다. 전시에 국영 농장 지배인을 지낸 오가이П. И. Огай는 1킬로그램 당 45원에 무를 판매했다. 그러나 장부에 기입된 무 가격은 그보다 15원이 낮은 30원이었다. 내무성 자료에 따르면, 그가 장부를 조작해 가로챈 횡령금 총액이 무려 900만 원에 달했다. 성격적 결함 탓에 업무를 정상적으로 처리하지 못한 고려인들도 적지 않았다. 내무성 간부인 남 미하일 스피리도노비치는 난폭한 성격을 주체하지 못해 물의를 빚곤 했던 인물이었다. 과격하고 무례한 행동과 그에 따른 원만하지 못한 대인 관계가 그의 업무 수행에 걸림돌이 되었음은 물론이었다. 조선인민군에 복무한 고가이 뾰뜨르 이바노비치(고성운)는 잦은 폭음으로 구설수에 오르곤 했다. 그는 징계를 받고 직장을 옮겼으나, 새 직장에서도 그 버릇을 고치지 못했다.[12]

소련계 한인들의 사생활도 고상한 도덕적 품성과 거리가 있었다. 중앙아시아에 가족을 두고 온 그들 대다수가 조선인 현지처를 구해 새로운 가정을 꾸렸다.[13] 사생활 면에서 가장 큰 물의를 빚은 고려인 간부는 조선노동당 중앙위원이자 황해도당 위원장인 김열이었다. 그는 강요나 기만 등의 수법으로 30여 명에 달하는 "순박한 여성들"을 겁탈했다. 심지어 그의 방탕한 생활 탓에 인민들로부터 거둬들인 전선 원호금 253만 원이 탕진되기까지 했다.[14] 결국 출당 처분을 받고 재판에 회부된 그에게 징역 15년형이 언도되었다. 그 뒤 그는 "처녀 궁둥이"

라는 점잖지 못한 별명을 달고 다녀야 했다.[15]

북소 갈등이 고조되는 상황에서 속출하고 있던 소련계 한인들의 과오와 일탈은 그들을 향한 대대적 공격에 착수할 더할 나위 없는 구실이 될 수 있었다. 1955년경부터 공세가 시작되자, 당사자들인 소련계 한인들 사이에서 자성의 목소리가 터져나온 이유도 바로 그 때문이었다. 1955년 10월경 김일성의 최측근인 박정애는 고려인들이 직면한 현재의 불안한 입지가 자업자득에 지나지 않다는 속내를 내비쳤다. 그녀는 고려인들이 자식들을 일반학교가 아닌 특수학교에 보내 러시아어 실력을 끌어올린 뒤, 소련 대학에 유학 보내는 경향이 있다고 질타했다. 그녀가 못마땅하게 여긴 또 다른 문제는 그들의 아내들이 북한 공민이라면 누구나 참여해야 하는 노력 동원에 불참하고 있다는 사실이었다. 박정애는 고려인들이 자신들을 "일시적으로 조선에 복무하고 있는 일꾼"으로 여기며, "한쪽 발을 소련에 딛고 있다"고 꾸짖었다.[16]

소련계 한인 외무상 남일의 생각도 그녀와 다르지 않았다. 그는 고려인들이 북한에 체류해온 10년 동안, 어째서 현지 주민들에게 신임을 얻지 못했는지 따져보았다. 그의 진단에 따르면 그들은 자신들에게 제공된 주택 구역을 벗어나지 않고, 특권의식으로 무장한 채 그들끼리만 어울렸다. 현지 주민들과 융화하려는 노력은 전혀 보이지 않았다. 따라서 그들은 고위직에 복무하면서도 인민들로부터 고립되는 결과를 자초하고 말았다. 박정애처럼 남일도 "현재 소련계 한인들에게 조성된 어려운 상황의 책임이 바로 우리 동지들에게 있다"고 결론 내렸다.[17]

I

최용건

소련계 한인을 겨냥한 공세는 치밀한 준비 아래 착수되었다. 김일성이 그 공격을 진두지휘할 인물로 염두에 두고 있던 이는 최용건이었다. 1946년 초에 축출된 고당 조만식에 이어 조선민주당 당수가 된 그는 당 지도부 내 "반동분자들"을 제거하고, 반체제적 성향을 지닌 당원들을 체제 내로 견인해야 할 중책을 충실히 수행해왔다.[18] 최용건이 민주당에 파견된 지 약 10년이 지난 1955년 12월 2일, 김일성은 그를 조선노동당에 소환해 당 중앙위원회 부위원장에 발탁했다. 바로 그날 소련계 한인 대표 격이었던 박영빈이 당 중앙위원회 선전선동부장에서 해임되었다. 반면 열렬한 김일성 추종자들인 한상두·이일경·이효순은 각각 당 중앙위원회 조직지도부장·선전선동부장·간부부장에 선출되었다.[19] 제법 견고한 공격 진용이 갖추어진 셈이었다.

최용건은 1900년 6월 21일, 평안북도 태천군에서 태어났다. 정주 오산학교를 나온 그는 뒷날 자신의 비판을 받으며 정계에서 축출될 민족주의계의 거목 고당 조만식의 제자이기도 했다. 중국 내 유명한 군관학교들과 맺은 인연은 그가 정통파 군인으로 성장할 수 있는 길을 열어주었다. 그는 중국공산당 홍군 지도자 주더朱德를 배출한 윈난강무당雲南講武堂에서 군사교육을 받은 뒤, 중국국민당 창립자 쑨원孫文이 세운 황푸군관학교黃埔軍官學校 교관으로 복무했다. 그의 당 활동은 20대 중반에 접어든 1926년경 중국공산당에 입당하면서부터 시작되었다.

1920년대 말부터 가담한 만주 지역 항일무장투쟁은 그의 삶과 운명을 결정적으로 뒤바꾼 계기가 되었다. 그는 만주 지역 중국공산당 부대인 동북항일연합군 내 조선인 간부들 중 가장 돋보이는 경력의 소유자였다. 정식 군사 교육을 받은 유일한 지휘관이자, 가장 오랜 당 활동 경력을 보유한 이가 바로 그였다.[20] 당 활동 경력과 지도력을 인정받은 그는 1940년 이후 러시아 극동 지역에서 활동할 당시, 동북항일연합군 당 조직인 중국공산당 동북당 특별지부국 서기를 지냈다.[21] 그의 권위와 명성을 높이는 데 기여한 요인은 오랜 혁명투쟁 경력만이 아니었다. 그의 아내가 중국인이었다는 점은 그가 동북항일연합군 내 중국인 대원들로부터 신임을 얻고 그들과 원만한 관계를 유지하는 데 도움이 되었다. 해방 후 북한에 들어와 군사 조직을 지휘한 그는 큰 인기와 권위를 누렸다.

최용건
중국에서 군관학교를 나온 최용건은
1920년대 말 만주 지역에 파견돼 항일무장투쟁을
지휘했다. 동북항일연합군이 러시아 극동 지역으로
이동한 1940년대 초부터 그와 김일성 간의
돈독한 관계가 형성되기 시작했다.

최용건은 여러모로 대장부 기질을 타고난 인물이었다. 훤칠하고 장대한 체격, 유달리 검고 숱이 많은 머릿결, 보폭이 큰 걸음걸이, 미소를 띤 온후한 얼굴이 주변 사람들에게 호감을 불러일으켰다.[22] 자존심이 세고 직설적이며 거친 면이 있었지만 뒤끝은 없었다. 그는 학창시절부터 행동파적 면모를 보여, 동맹휴학이 전개되면 늘 선두에 서곤 했다. 운동도 잘해 인기가 있었던 그는 집회와 시위를 주도할 때마다 많은 학생들의 지지와 호응을 이끌어낼 수 있었다.[23]

주변인들 사이에 곧잘 회자된 최용건의 놀랄 만한 담력은 그를 신화 속 인물처럼 가공할 수 있는 소재가 되었다. 전쟁이 한창이던 1951년 11월경, 원산 명사십리 해변의 울창한 솔밭에서 조선인민군 5군단 간부들의 연회가 열린 적이 있었다. 그때 미 공군 "쌕쌕이(B-29기)"가 갑자기 나타나 굉음을 내며 연회장 상공을 두어 번 선회했다. 장성들 모두가 사색이 되어 숨을 곳을 찾았으나, 최용건만이 태연자약하게 술을 들이켜고 있었다.[24] 그는 같은 편에 있다는 이유만으로도 동료들에게 용기를 불어넣을 수 있는 도부수刀斧手 같은 인물이었다.

그러나 이제 최용건은 젊은 시절의 담력과 기백보다, 약점이 더 두드러져 보이는 노년기에 접어들고 있었다. 그는 국가경제에 관한 전문적 소양이 부족한 데다 실무력 면에서도 상당한 약점을 보였다. 여러 동료 간부들이 전문적·실무적 소양이 부족한 그의 중용을 반대했음에도 불구하고, 김일성은 배후에 소련이 버티고 있는 고려인들을 제압하려 누구보다 담력이 센 그를 끌어들였다. 최용건은 여전히 그에게 신뢰할 만한 인물이었다. 그들의 인연은 1940년대 초 동북항일연군 교도려 시절부터 시작된 이래 매우 돈독한 관계로 발전해왔다. 최용건의 나이가 열두 살 더 많았지만, 그들의 관계는 격의 없을 만큼 친밀했다.[25] 따라서 김일성은 1955년 8월 말 늦여름 휴가를 떠나며, 내각 부수상들 중 한 명인 그에게 수상 대리 업무를 맡기기까지 했다.[26]

소련계 한인을 겨냥한 공세의 전면에 그를 내세운 김일성은 한 발짝 물러나 그 공세와 무관한 사람인 듯 행세했다. 그 자신이 소련대사관과의 관계 악화를 바라지 않았을 뿐만 아니라, 흐루쇼프를 비롯한 소련 지도부의 눈 밖에 나는 상황도 원하지 않았기 때문이다. 더욱이 그는 궁지에 몰린 소련계 한인 간부들을 위로하는 척하며, 어떻게든 그들이 받고 있는 과도한 비난이 자신과 무관하다는 인상을 소련대사관에 심어주려 노력했다.[27] 그러나 1955년부터 1956년까지 전개된 반소련계 한인 캠페인의 배후에 김일성이 있었다는 사실을 모르는 이는 없었다. 물론 소련대사관도 그 사실을 충분히 간파하고 있었다.[28]

1955년 4월경 최용건은 조선노동당 중앙위원회 전원회의 결정에 따라 조직된 "반탐오 반낭비 투쟁위원회" 위원장에 선출되었다. 간부들의 경제 비리 적발에 주력한 반탐오 반낭비 투쟁의 주요 표적은 바로 소련계 한인 간부들이었다. 직권을 남용해 소련과 중국에서 들여오는 물자를 착복하고, 밀수입한 귀중품들을 비싼 값으로 암시장에 내다 파는 이들 대부분이 소련계 한인 간부들과 그 가족들이었기 때문이다. 반탐오 반낭비 투쟁은 그들이 도덕적으로 비난받고 약점을 잡히는 계

I

기가 되었다.

흥미롭게도 최용건 외에 이 투쟁의 전면에 내세워진 이들은 연안 출신 인사들이었다. 국가검열성 부상 서휘, 평양시당 위원장 고봉기, 문화선전성 부상 김강이 바로 그들이었다. 따라서 반탐오 반낭비 투쟁은 연안계 인사들이 소련계 한인 간부들을 공격하는 형국으로 전개되었다. 물론 연안계 중심의 공격진 편제를 구상한 이는 한발 뒤로 물러나 팔짱을 낀 채 주시하고 있던 김일성이었다.[29]

#04

희생자들

박창옥

다섯 명의 고위 간부 박창옥·박영빈·기석복·정률·전동혁을 겨냥한 공세는 소련계 한인 탄압의 상징적 사건이었다. 그들 가운데 박창옥과 박영빈은 조선노동당 중앙위원회 정치위원으로서 소련계 한인 간부들 중 최고위 인사들이었다. 그 두 명이 먼저 공격을 받은 데에는 그럴 만한 이유가 있었다. 당 지도부 핵심 간부들인 그들은 소련계 한인을 대표해 주기적으로 소련대사관을 찾아 북한 내부 정보를 전달하는 역할을 수행해왔다. 소련의 이해관계를 관철하는 데 앞장서온 그들은 북소 갈등이 고조되자, 더 이상 조선인이 아닌 타자로 간주되기 시작했다. 박창옥과 박영빈을 겨냥한 공격은 소련계 한인들의 기세를 꺾을 수 있는 효과적 선제공격의 성격을 띠었다.

　그동안 그들이 누린 권세는 "화무십일홍花無十日紅"에 비유될 법했다. 명실상부한 소련계 한인 리더 허가이가 죽은 뒤, 박창옥은 김일성의 신임을 받으며 전후 북한 정계의 실세로 부상하기 시작했다. 1909년 러시아 극동 지역 연해주에서 태어난 그는 조선이 해방되기 전, 한

만韓滿 국경 일대에 파견돼 소련의 첩보 공작원으로 활동한 적이 있는 흥미로운 경력의 소유자였다. 일본군의 동향을 정찰하는 임무를 수행한 그는 그들의 총탄에 맞아 생긴 영광의 흉터를 보유하고 있었다. 가슴을 뚫고 들어온 총알이 옆구리 쪽으로 빠져나간 이 총상은 1946년 11월경, 그에게 "조국전쟁 제2급 훈장"과 "대일對日 승전 메달"을 안겨주었다. 그는 곧잘 동료들에게 당시의 활약상을 들려주었다. 탐정 영화를 방불케 할 만큼 흥미진진한 그의 무용담은 많은 청중들로부터 박수갈채와 탄성을 이끌어내곤 했다.[1]

사실 그는 조선어를 제대로 구사하지 못한 여느 소련계 한인들과 달리, 뛰어난 언변을 소유하고 있었다. 고려인 사범학교를 졸업한 뒤, 교직에 복무한 경력 덕분이었다. 탄탄한 조선어 구사력은 그가 선전선동가로 성장하는 데 긴요한 밑거름이 되었다. 생동감 있는 수사 기교를 총동원한 그의 연설은 청중들의 이목을 사로잡기에 충분했다. 그는

박창옥
조선어 구사력이 뛰어난 박창옥은 선전선동 분야의
실력자로 성장했다. 그는 김일성이 정적들을
제거할 때 수족 노릇을 하며
큰 신임을 얻었다.

"소련이 조선에 휘발유 50만 톤을 대가 없이 원조했다!"는 식으로 사실 관계를 무미건조하게 늘어놓기보다, "소련이 무상원조한 휘발유 통을 이어놓으면 평양에서 신의주까지 3회를 연결할 수 있는 700킬로미터에 달한다!"고 재치 있게 포장하길 좋아했다.[2] 청중들을 사로잡을 수 있는 뛰어난 웅변 실력과 해설 수완 덕에, 그는 선전선동 분야를 관할하는 실력자로 부상할 수 있었다.

그의 급부상에 기여한 결정적 요인은 지도자의 수족 노릇을 한 대가로 얻어낸 막대한 신임이었다. 그는 김일성이 강력한 경쟁자들인 박헌영과 허가이를 제거할 때, 공격의 선봉에 서는 노고를 마다하지 않았다. 박헌영의 남노당계를 겨냥한 최초의 공격은 전쟁 중인 1952년 12월 15일부터 18일까지 나흘간에 걸쳐 개최된 조선노동당 중앙위원회 제5차 전원회의에서 이루어졌다. 그러나 이때 직접 공격에 나선 이는 김일성이 아니었다. 그는 단지 자유주의적 경향과 종파주의 잔재에 사로잡힌 간부들이 적의 스파이로 전락할 수 있다는 암시만을 던졌을 뿐이었다. 그의 암시를 남노당계와 결부해 파상 공격을 퍼부은 이가 바로 박창옥이었다.[3]

흥미롭게도 그는 김일성이 소련계 한인 리더 허가이를 비판할 때에도 공격의 선봉에 섰다. 곧 그는 허가이가 신입 당원을 모집할 때 북한 출신 농민들보다 남한 출신들을 우대했고, 전쟁 중 당증을 분실한 이들을 가혹하게 처벌했으며, 심지어 후퇴 시기에 당 문서고 소각을 지시했다고 신랄한 비판을 퍼부었다.[4] 사실 소련계 한인 간부진의 대표격이었던 그 두 인물 간 관계는 매우 좋지 않았다. 박창옥은 조선어 구사력이 미숙한 허가이가 자신을 비판하며 하대하자 모욕감을 느꼈다. 물론 김일성은 그들의 불화를 해소하려 중재하기보다, 그것을 정략적으로 이용하며 자신의 의도를 관철해나갔다.[5]

박창옥을 이용해 허가이와 박헌영을 제거한 김일성의 계략은 중국의 전통적 오랑캐 통제 방식인 이이제이以夷制夷를 연상케 했다. 이후에도 이 방식에 따라 정적들을 제거한 그는 결코 자신의 손에 피를 묻힌 적이 없었다. 김일성이 "숙청의 돌격대"로 내세운 권력의 실세들 중에는 고려인인 박창옥·박영빈·박정애와 함께 박금철이 포함돼 있었다. 이들 네 명은 모두 "박朴" 씨 성을 지녔기 때문에 이른바 "사박가"로 불렸다. 그와 발음이 비슷한 러시아어 "사바까собака"가 개를 가리키는 용어임을 감안하면, 인민들 사이에 날카로운 풍자 정신이 흘러넘쳤음을 엿볼 수 있다. 사박가는 주군인 김일성의 뜻을 받들어 남노

허가이
허가이는 소련공산당의 조직체계와 규율을 북한의 노동당에 이식했다. 그는 "당박사"라는 별명을 얻었을 만큼, 당 전문가로서 큰 권위를 소유한 인물이었다.

당 간부들과 허가이를 제압했으나, 결국 토사구팽兎死狗烹되는 신세를 면치 못했다.[6]

박창옥은 박헌영과 허가이가 제거된 전쟁 직후부터 출세가도를 달렸다. 그는 최고권력기구인 조선노동당 중앙위원회 상무위원회와 정치위원회의 성원이었을 뿐만 아니라, 조선민주주의인민공화국 내각의 핵심 요직에 속한 부수상과 국가계획위원회 위원장을 겸임하기까지 했다. 김일성이 그를 얼마나 신임했는지 상징적으로 보여주는 에피소드가 하나 있다. 1954년 1월 초, 김일성은 내각의 주요 간부진 교체를 단행하기에 앞서 오직 한 사람을 호출해 논의했다. 그가 바로 박창옥이었다. 원칙대로라면 이 문제는 당 중앙위원회 정치위원회에서 논의되어야 했다.[7]

그들의 사적 관계에도 남다른 면이 있었다. 박창옥은 지도자 김일성을 향해 극존칭을 사용하지 않은 세 사람 중 한 명으로 유명했다. 다른 두 명 중 한 명인 최용건은 "김 장군"이라는 호칭을 사용했다. 나머지 한 명은 동북항일연군 출신 용장 최현이었다. 거칠고 괄괄한 성격의 소유자인 그는 무엄하기 짝이 없게도 그저 "일성이"나 "일성이 개가 말이야……"라고 말해 듣는 이들에게 당혹감을 안겨주곤 했다. 박창옥은 최현에 비하면 너무나 공손하게도 "일성 동지"라 지칭했다. 그와 지도자의 관계가 더 없이 각별한 사이라는 인상을 심어주기에 충분한 호칭이었다.[8]

그러나 김일성의 두터운 신임을 얻은 박창옥은 자신이 맡고 있던 직책들을 감당할 만한 그릇이 못 되었다. 조직 운영과 사업 수완 모두 기대에 미치지 못했다. 사실 그는 동료 간부들의 기피 대상 인물이었다. 당 중앙위원회 정치위원과 내각 부수상이라는 감투를 쓰자, 그는 장관 격인 상相들에게마저 "그들이 일제 치하에서도 들어본 적이 없는" 불호령과 욕설을 일삼으며 파면하겠다고 위협하기까지 했다. 사업상 난관에 직면할 때마다 불같은 성미로 자신의 계획을 밀어붙이기 일쑤인 그의 업무 처리 방식도 원성의 대상이었다. 그 탓에 "내각의 호랑이"라는 별명이 늘 그에게 따라다녔다. 따라서 그는 관료사회 내에서 존경을 얻지 못한 채, 많은 이들로부터 지탄을 받았다.[9]

사업 수행 방식뿐만 아니라 업무 실적을 둘러싼 평가도 부정적이기는 마찬가지였다. 1954년 작황을 지나치게 낙관해 무리한 양곡 수매 사업을 밀어붙인 장본인이 바로 국가계획위원회 위원장 박창옥이었다. 그는 1954년 수확고가 국내 식량난을 완전히 해결할 수 있는 295만 톤에 달하리라 예상했지만, 실제 수확고는 약 230만 톤에 그쳤다.[10] 김일성은 1955년 4월 초에 개최된 조선노동당 중앙위원회 제10차 전원회의에서 "과장되고 믿을 수 없는" 통계를 제공한 그가 모든 사태에 책임을 져야 한다고 몰아붙였다.[11]

박창옥은 농업 부문뿐만 아니라 건설 부문에서도 도달하기 힘든 계획 목표를 설정해 물의를 빚었다. 그는 벽돌과 목재 등의 자재가 부족한 데다 노동력 수급 차질이 예상되었음에도 불구하고, 1955년 건설 부문의 인민경제계획 목표를 비현실적으로 높게 설정했다. 건설성·국

I

가계획위원회 전문가들과 소련인 고문들이 여러 차례에 걸쳐 이의를 제기했으나 그의 고집을 꺾을 수 없었다.[12]

박창옥의 성격적 결함과 사업상 과오는 소련계 한인들을 향한 공격에 앞서 그 구실을 찾고 있던 김일성과 당 지도부에게 더할 나위 없는 호재가 되었다. 사실 그들은 1955년 8월경부터 박창옥을 궁지로 몰아넣을 자료의 수집에 착수해온 터였다.[13] 1955년 10월 21일, "당정 지도일꾼 회의"에서 단행된 김일성의 박창옥 비판은 바로 그 자료들에 근거해 이루어졌다. 김일성은 그가 "탁상에서 현실 여건에 맞지 않게 건설계획을 세웠다는 점", "중앙에서 잘못 세운 계획을 하부에 관료주의적으로 강요했다는 점", "국가계획위원회가 내각 성들에 지나친 간섭을 일삼았다는 점" 등을 조목조목 비판했다.[14] 박창옥이 건설 자재 분배와 노동력 수급 문제를 해결하려 여러 차례 내각 상들과 부상들을 소집해 회의를 열었다는 점도 도마 위에 올랐다. 결국 그는 "소내각"을 조직한 데다 "가족주의적" 과오를 범했다는 혐의를 뒤집어썼다. "가족주의"는 건설 자재를 배분할 때, 그가 고려인 간부들을 우선적으로 배려했음을 의미하고 있었다.[15] 당정 지도일꾼 회의가 막을 내린 지 한 달 남짓 지난 12월 초부터 박창옥을 겨냥한 공세가 본격화되었다.

박영빈

소련계 한인 간부들 중 박창옥과 함께 최고위직에 복무한 박영빈은 초고속으로 출세한 인물이었다. 그는 레닌그라드에 위치한 게르첸Герцен 사범대학을 졸업하고 교직을 전전했지만, 북한에 파견된 뒤 교육성 부상을 거쳐 일약 조선노동당 중앙위원회 조직지도부장과 정치위원에 선출되었다. 그를 발탁한 이는 다름 아닌 박창옥이었다. 이 파격적 인사에 많은 이들이 의구심을 품었다. 내세울 만한 당 활동 경력을 소유하지 않은 데다, 어떠한 공적도 세운 적이 없는 그의 중용은 검증 과정을 거친 인사로 비치지 않았다. 젊고 유능한 고려인 간부인 외무상 남일은 박영빈을 "소인배"라 폄훼하며, "모략적으로" 사업을 추진하는 경향이 있는 그가 권위 있는 간부로 성장하지 못했다고 잘라 말했다. 그의 단평에 따르면, 박창옥의 박영빈 발탁은 명백한 인사정책 실패였다.[16]

노년의 박영빈
박영빈은 창의적으로 사업을 추진하기보다, 윗선의 은밀한 지시를 그대로 집행하는 데 열중하곤 했다. 그는 최고위직에 복무하며 모략과 음해를 일삼은 탓에, 동료 간부들로부터 좋은 평판을 얻지 못했다.

사실 박영빈은 최고위직에 복무하며 모략과 음해를 일삼은 탓에 좋은 평판을 얻지 못했다. 그는 감당하기 힘든 당 중앙위원회 조직지도부장과 정치위원에 발탁되었지만, 북한의 현 정세를 깊이 있게 연구하고 분석하지 않았다. 따라서 그는 창의적이고 주도적으로 사업을 추진하기보다, 윗선 곧 소련이나 김일성의 지시를 그대로 집행하는 데 열중하곤 했다. 평화공존론을 표방한 소련의 노선에 따라 북한 언론의 "반미 논조"를 폐기하라고 지시한 그의 행위가 김일성의 심기를 건드린 적도 있었다. 물론 그는 김일성의 지시를 이행하는 일에도 앞장섰다. 고위 간부 음해를 획책한 김일성의 모략을 은밀히 실행에 옮기며, 그의 하수인으로 나서길 마다하지 않은 이가 바로 박영빈이었다. 이를테면 그는 저명한 작가인 한설야를 매장할 의도 아래 수감 중인 죄수들로부터 그에 관한 정보들을 샅샅이 수집했다. 뿐만 아니라 1954년경 개최된 작가동맹회의에 자신의 심복을 보내, 한설야의 "반소 활동"을 비판하도록 사주한 일도 있었다.[17]

1954년경 그가 주도한 "직업총동맹(직총) 검열사업"도 구설에 올랐다. 직총 사업의 개선을 꾀한다는 명분과 달리, 이 검열의 본 의도는 직총 위원장 서휘를 제거하는 데 있었다. 그러나 상황은 박영빈의 생각대로 돌아가지 않았다. 연안 출신의 유능한 활동가 서휘는 그동안 직총 사업을 지도하며 괄목할 만한 업적을 쌓았을 뿐만 아니라, 부하간부들로부터 절대적 신임과 존경을 얻고 있었다. 직총에 복무한 누구도 서휘를 매장하려는 음해 활동에 가담하지 않았다. 결국 직총 검열사업이 "사람

잡이 음모"에 지나지 않았다는 사실이 밝혀지면서 그 사업은 중단되기에 이르렀다. 물론 직총 검열사업을 배후에서 조종한 이는 김일성이었다. 그가 발을 빼자 박영빈이 모든 책임을 뒤집어쓸 수밖에 없었다.[18]

박영빈의 모략적 사업 방식은 동료 간부들로부터 지탄을 받았다. 연안 출신 원로 최창익은 김일성에게 직접 그의 해임을 건의하기까지 했다. 김일성은 여러 차례 구설에 오른 데다 자신의 은밀한 지시를 매끄럽게 처리하지 못한 박영빈을 끝까지 감싸 안을 생각이 없었다. 그는 박영빈을 불러 당 중앙위원회 조직지도부장 해임을 통고하며 장황한 변명을 늘어놓았다. 자신은 그럴 마음이 없지만, 최창익을 비롯한 몇몇 간부들의 집요한 요구를 더 이상 거부하기 힘들다는 내용이었다.[19]

찬사를 받은 월북 작가들

박창옥·박영빈의 결점과 과오는 소련계 한인 탄압을 기획해온 이들에게 더할 나위 없는 먹잇감이 되었다. 설상가상으로 영화로운 시절을 뒤로한 채 권력의 중심부로부터 밀려나고 있던 그들에게 1955년 말 치명적 악재가 기다리고 있었다. 박창옥·박영빈뿐만 아니라 고려인 간부 몇 명을 더 끼워 도매급으로 매장할 수 있는 효과적 구실이었던 그것은 바로 그들과 남한 출신 문인들 간의 친밀한 관계였다.

해방 직후 북조선노동당 중앙위원회는 사상문화 전선에 복무하고 있

I

는 소련계 한인 간부들인 기석복·정률·전동혁 등에게 "남조선 작가들"을 지원하라는 지시를 내렸다. 그들은 당의 지시에 따라 남한 작가들과 교분을 맺으며 그들의 문학을 섭렵해갔다. 수준 높은 남한 문학은 고려인 간부들을 사로잡기에 충분했다.[20] 특히 이태준·김남천·임화 등이 찬사를 받은 대표적 문인들이었다. 그러나 문제는 그들이 한국전쟁 이후 숙청의 회오리에 휘말려들 남조선노동당계 인사들이라는 점이었다.

사상문화 전선의 고려인 간부들은 남한 출신 월북 작가들을 높이 평가한 반면, 북한 작가들의 문학 세계에 별다른 매력을 느끼지 못했다. 이른바 "북조선 프롤레타리아 작가"로 널리 알려진 한설야도 그들의 안중에 없긴 마찬가지였다. 해방 후 소련군 기관지인 《조선신문》 편집에 관여한 전동혁은 이태준을 비롯한 남한 작가들의 작품을 집중적으로 연재한 반면, 한설야의 작품에 전혀 눈길을 주지 않았다.[21] 기석복도 《노동신문》 주필로 활약할 당시, 이태준의 글만 게재할 뿐 한

이태준
이태준은 재능 있는 월북 작가였다.
사상문화 전선에 복무한 고려인 간부들은
이태준과 같은 남한 출신 작가들을 높이 평가하며
그들의 작품을 널리 보급하기에 힘썼다.

설야의 글은 거들떠보지 않았다. 더구나 그는 덩치 큰 한설야가 "삽살 개처럼" 김일성에게 아첨하는 꼴이 영 못마땅했다.[22] 정률도 이태준에 게 찬사를 보내며 그의 작품만을 널리 보급하기에 힘썼다. 김일성종합 대학 교수였던 그는 문학 과목 30개의 시험표 중 20개의 표에 이태준 작품을 넣은 반면, 한설야의 작품은 겨우 3개의 표에만 넣었다.[23] 이태 준을 라이벌로 여기던 한설야가 기석복·전동혁·정률을 비롯한 고려 인 간부들에 반감을 품었음은 물론이었다.

　이른바 "프롤레타리아 작가"인 한설야를 외면하고 남한 작가들을 우대한 사상문화 전선 고려인 간부들의 과오에 박창옥과 박영빈까지 말려든 결정적 이유가 있었다. 박창옥의 경우 1948년 2월경부터 1951 년 초까지 당 중앙위원회 선전선동부장을 역임하며 기석복·정률·전 동혁의 조력자이자 후견인 역할을 수행해왔다. 곧 사상문화 전선을 지 도한 박창옥은 그들의 과오를 둘러싼 책임을 떠안기에 더할 나위 없는

한설야
"아첨쟁이"로 악명 높았던 한설야는 김일성의
항일투쟁을 찬미하는 여러 편의 작품을 남겼다.
사상문화 전선의 고려인 간부들은 그가 지은 소설의
작품성을 인정하지 않았다.

I

경력의 소유자였다.

박영빈도 1954년 11월경부터 1년 남짓 당 중앙위원회 선전선동부장을 지낸 경력이 있었다. 더구나 그는 한설야를 제거할 모략까지 꾸민 인물이었다. 작가동맹 사업을 검열해 한설야에게 "반소反蘇 혐의"를 씌우려 한 계획이 수포로 돌아가자, 그는 다시 모략을 꾸미며 수감 중인 남노당계 작가 김남천에게 접근했다. 그는 쥐어짜다시피 한설야를 음해할 몇 가지 정보를 얻어냈으나, 정보의 신뢰성을 인정받지 못해 다시 물러서야 했다.[24]

당 지도부는 박창옥·박영빈과 기석복·정률·전동혁까지 옭아맬 구실을 찾아내자, 그들을 비판할 공격진을 편성했다. 한설야·홍순철·김창만 등을 내세운 진용이었다. 라이벌 이태준을 떠받든 고려인들에게 불만을 품고 있던 한설야가 기꺼이 공격의 선봉에 섰다. "아첨쟁이"로 악명 높았던 그는 《개선》, 《혈로》, 《역사》, 《만경대》 등 김일성의 항일 투쟁을 다룬 작품들을 집중적으로 발표하며 그의 신격화에 기여해오고 있었다. 바로 그 때문에 고려인들은 그가 지은 소설의 작품성을 인정하지 않았다.

작가 홍순철도 한설야처럼 좋지 못한 평판을 얻은 인물이었다. 조선작가동맹 핵심 간부인 그는 인민군 협주단 소속 여배우를 겁탈한 전력이 있었다. 심지어 그는 제2차 소련작가대회에 참가하려 모스크바를 방문했을 당시, 여러 차례 추태를 부려 물의를 빚었다. 더 좋은 객실을 제공해달라며 다섯 시간 동안 호텔 복도에서 침묵시위를 한 데

홍순철

조선작가동맹 간부인 홍순철은 인민군 협주단 소속 여배우를 겁탈한 데다,
제2차 소련작가대회 기간 중 여러 차례 추태를 부려 물의를 빚었다.
그는 그러한 과오들 탓에 조선작가동맹 위원장에 추천되고도
비준받지 못하는 불명예를 안았다.

다, 늦은 밤에 김치를 구해달라고 소란을 피우기까지 했다. 그의 지위에 상응하는 저명한 소련 작가가 방문하지 않은 점도 그의 화를 돋우었다. 소련에서 받은 푸대접 때문인지, 그는 모스크바에 유학 중인 북한 학생들에게 소련 작가들로부터 전혀 배울 점이 없다고 충고했다. 간과하기 힘든 여러 과오 탓에 그는 조선작가동맹 위원장에 추천되고도 비준받지 못하는 불명예를 안아야 했다. 자신의 과오를 누구보다 잘 알고 있던 그는 과열된 충성 경쟁에 동참함으로써 지도자의 마음을 되돌리려 애썼다. 그는 "박창옥이 죽을죄를 지었다!"고 격한 비난을 퍼부은 이들 가운데 한 명이었다.[25]

박창옥·박영빈 비판에 가세한 또 다른 인물은 연안 출신 김창만이었다. 반소적 성향을 지닌 그는 박창옥의 라이벌이라 할 만한 인물이었다. 사실 조선노동당 선전선동 부문은 그 두 인물의 각축장이라 해도 과언이 아니었다. 해방 직후 북조선노동당 선전선동부장에 취임한 김창만은 김일성을 북한의 지도자로 옹립하는 데 결정적 역할을 수행했다. 그러나 그는 1948년 초 "반소 활동"에 연루되었다는 혐의 아래 사동간부학교 교장으로 좌천되었다.[26]

그 뒤 박창옥의 시대가 막이 올랐으나, 소련계 한인을 겨냥한 공세가 시작된 1950년대 중반에 들어 다시 김창만에게 기회가 찾아왔다. 반소적 성향을 지닌 그는 지도자의 부름을 받자, 기대에 어그러지지 않는 활약을 펼치기 시작했다. 언젠가 김창만은 고려인 문화인들이 "조선의 문화예술 발전에 기여한 일이라고는 화냥년이나 집시 계집애가 사랑에 빠져 이리저리 날뛰는 광경을 무대 위에 올려놓은 일뿐"이라고 혹평했다.[27] 박창옥을 비롯한 사상문화 전선 고려인 간부들이 남한 작가들을 칭송하고 한설야를 외면한 전력은 그에게 더할 나위 없는 먹잇감이 되었다.

고려인 간부 5인 탄압사건

박창옥·박영빈·기석복·정률·전동혁을 겨냥한 조직적 공세는 어떠한 예고나 징후도 없이 갑작스럽게 이루어졌다. 1955년 12월 2일, 조선노동당 중앙위원회 전원회의의 막이 올랐다. 이 회의에 상정된 주요 안건은 제3차 당대회 준비 상황 점검과 농업 문제였다. 그러나 연설에 나선 김일성은 갑자기 화제를 돌려 사상문화사업의 문제점을 끄집어내 박영빈·기석복·정률·전동혁 등을 비판하기 시작했다. 그들이 남한 작가인 이태준을 추켜세운 반면, "무산계급 작가"인 한설야를 깎아내렸다는 점이 비판의 근거였다.[28] 고려인 간부들은 전혀 예상하지 못한 갑작스러운 비판에 당혹감을 감추지 못했다. 며칠 뒤 한자리에 모인 기석복·정률·전동혁은 대응책을 모색하며 당 지도부를 비난하는 푸념을 늘어놓았다. 그러나 불행히도 그들의 은밀한 회동과 불만 표출은 상부의 정보망에 포착되고 말았다. 누군가가 밀고한 탓이었다.[29]

내각의 상들과 제1부상들, 고위 당 간부들, 문학 부문 간부들의 참석 아래 1955년 12월 26일부터 27일까지 이틀간 개최된 조선노동당 중앙 상무위원회는 그들의 반발 움직임에 직격탄을 날렸다. 과오를 반성하기는커녕 불만을 표출한 그들은 다시 혹독한 비판을 받았다. 비판의 포문을 연 이는 문학평론가 안막이었다. 저명한 무용가 최승희의 남편인 그는 남한 출신인 데다 월북 작가들과 긴밀한 교분을 맺은 약점이 있었기 때문에, 누구보다 적극적으로 과열된 충성 경쟁에 뛰어들었다.

그도 사상문화 전선 고려인 간부들이 "부르주아 작가"인 이태준에게 우호적이었던 반면, "프롤레타리아 작가"인 한설야와 이기영을 배척했다고 비판했다. 그가 든 근거들은 기석복이 이태준을 칭송하는 문학 비평을 기고한 점, 한설야의 작품이 러시아어 번역 목록에서 제외되었다는 점 등이었다. 안막은 소련계 한인 대표 격인 박창옥과 그가 사상문화 전선에 배치한 동료들인 기석복·전동혁·정률 등의 사적 관계에도 주목했다. 사실 그들은 북한에 파견되기 전 소련에서 학창시절

정률
조선민주주의인민공화국 문화선전성 부상을 지낸
정률은 남한 출신 "부르주아 작가들"을
높이 평가하며, 그들의 작품을 유포했다는
혐의를 받았다. 여러 차례 사상검토회의에 소환되어
비판을 받은 그는 과학도서관장으로 좌천되었다.

을 함께 보낸 오랜 친구들이었다.

안막이 그들 간의 친밀한 사적 관계를 끄집어낸 데에는 그럴 만한 이유가 있었다. 서로를 감싸고 도는 고려인 공동체 특유의 "가족주의"는 그들을 한통속으로 몰아 일거에 매장할 수 있는 효과적 구실이었기 때문이다. 안막에 따르면 김일성은 여러 차례에 걸쳐 박창옥에게 다음과 같이 충고하곤 했다. "한설야 동지를 중심으로 조선 문학의 프롤레타리아적 토대를 구축할 필요가 있습니다. 그러려면 기석복 동지와 전동혁 동지의 그릇된 견해를 즉시 비판하고 교정해주어야 합니다." 안막은 박창옥이 가족주의를 청산하지 못해 지도자의 거듭된 충고를 무시했다고 성토했다.

신랄한 비판을 받은 박창옥·기석복·정률·전동혁은 그들의 입장을 변호할 기회조차 얻지 못했다. 박창옥은 전혀 그답지 않게 머리를 숙이며, 당 앞에 엄중한 죄를 저질렀다고 참회했다. 그는 만약 자신에게 기회가 주어진다면, 당성을 입증해 보이겠다는 각오의 표명도 잊지 않았다. 그것이 빈말이 아님을 항변하기라도 하듯, 그는 과오를 교정할 수 있도록 자신을 공장에 내려보내 달라고 요청하기까지 했다.[30]

사상문화 전선 고려인 간부들이 비판받은 다음 날인 1955년 12월 28일, "전국선전선동일꾼대회"가 소집되었다. 이 대회에 참가한 김일성은 〈사상사업에서 교조주의와 형식주의를 퇴치하고 주체를 확립할 데 대하여〉라는 유명한 연설을 했다.[31] 바로 이 연설에서 자주성을 의미하는 "주체"라는 용어가 최초로 등장했다. 사상·선전·문화 부문 간부들이 지적받곤 했던 교조주의와 형식주의는 기계적으로 소련을 모방하는 태도를 가리켰다. 물론 그 과오를 시정할 처방책으로 강조된 "주체"의 표적은 교조주의자들로 지목된 고려인 간부들이었다. 요컨대 반소 정신을 고취할 목적 아래 고안된 주체는 소련의 영향력을 막아내기 위한 장벽으로 활용되었다. 주체사상의 창안에 결정적 역할을 담당한 이가 반소적 성향을 지닌 김창만이라는 점도 그를 뒷받침하고 있다.[32]

1956년 1월 18일에 개최된 조선노동당 중앙 상무위원회는 주체의 반대편에 서 있다고 여겨진 박창옥·박영빈·기석복·정률·전동혁을 처벌하기로 결정했다. 이 회의의 결정서 〈문학·예술 분야에서 반동적 부르죠아 사상과의 투쟁을 더욱 강화할 데 대하여〉는 남노당계 작가들을 지원한 그들에게 "간첩분자"가 아닌 "반동적 부르죠아 분자"라는 낙인을 찍었다. 물론 소련 공민들이자 소련대사관과 긴밀한 관계를 맺고 있던 그들 고려인들을 간첩으로 몰기에는 적잖은 부담이 있었다. 반면 "반동적 부르죠아 분자"라는 꼬리표는 무난하면서도 뒤탈을 걱정하지 않아도 될 만큼 편리한 낙인이었다.

북한 당국이 박헌영·이승엽·이강국 등 남노당계 간부들을 숙청하며 그들이 꾸몄다는 음모의 시나리오를 공개했듯, 이번에도 누군가가 고심해 만든 흔적이 엿보이는 시나리오가 발표되었다. 당 중앙 상무위원회 결정서에 부분적으로 인용된 그 시나리오의 줄거리는 다음과 같다. 부르주아 반동 작가들인 이태준·임화·김남천을 북한 지역에 파견한 이는 다름 아닌 박헌영이었다. 그는 북한 인민들 사이에 부르주아 사상을 퍼뜨려 그들의 혁명의식을 마비시키려는 목적 아래 그 작가들을 이용했다.

남노당계의 불순한 계략은 뜻밖에도 고려인 간부들의 호응을 얻었다. 사상문화 전선 담당기구에 자신의 심복들을 심어둔 박창옥은 박헌영이 파견한 작가들과 사상적으로 결탁해 진보적 작가들을 탄압하기 시작했다. 이 상황을 간파한 조선노동당 중앙위원회는 박창옥에게 이태준이 아닌 한설야를 중심으로 문학예술 단체를 재정비하라고 지시했다. 그러나 고려인 간부들은 그 지시를 따르기는커녕 월북 작가들의 작품을 추켜세우는 한편, 그들의 작품을 비판한 진보적 평론가들을 억압했다. 이를테면 기석복은 이태준의 작품들을 《노동신문》에 연재했을 뿐만 아니라, 북한의 개혁 성과를 부정하고 소련군의 해방자적 역할을 외면한 그의 소설 《호랑이 할머니》에 찬사를 보내는 평론을 발표했다. 심지어 그는 "이태준이 반동으로 몰렸을지언정 그의 작품은 진보적"이라고 비호하기까지 했다.

조선노동당 중앙 상무위원회는 박창옥·박영빈·기석복·정률·전동혁이 범한 과오의 원인을 설명하며, 그것은 그들이 "의도치 않게 저지른 실수가 아니라 부르죠아 사상에 사로잡혀 의식적으로 범한 반당적 오류"라고 규정했다. 결국 그들은 엄중한 처벌을 받았다. 박창옥은 당 중앙위원회 정치위원회에서 제명되었고, 박영빈은 정치위원회뿐만 아니라 중앙위원회에서마저 제명되었다. 기석복도 더 이상 당 중앙위원 직위를 유지할 수 없었다. 아울러 조선노동당 중앙 상무위원회는 자아비판에 소극적이었을 뿐만 아니라 자신들의 과오를 은폐하고 합리화하려 했다는 이유를 들어, 기석복·정률·전동혁을 계속 조사하라고 당 중앙 검열위원회에 지시했다.[33]

고려인 간부들의 수난은 그것으로 끝이 아니었다. 그들은 1956년 1월 23일부터 24일까지 이틀간에 걸쳐 개최된 조선노동당 평양시당 열성자회의에 소환되었다. 평양시 하급 당원들까지 참가한 이 회의에서 비판의 포문을 연 이는 한설야였다. 그는 조선노동당 중앙 상무위원회 1월 18일 결정서를 낭독한 데 이어, 그동안 문학전선 내 투쟁이 어떻게 전개되었는지 그 역사를 개괄했다. 박창옥과 고려인 간부들이 이태준을 비롯한 남한 작가들을 지지했다는 점,《조선신문》편집에 관여한 전동혁과 조기천이 이태준의 작품만을 적극적으로 소개한 점 등 이미 잘 알려진 사실들이 다시 거론되었다. 한설야는 허가이에 이어 박창옥도 "고려인 가족주의"를 고수해왔다고 비판한 뒤, 자신과 직접적 원한 관계에 있는 박영빈을 도마 위에 올렸다. 그는 박영빈이 자신을 음해하려 했다고 거칠게 몰아붙였다.

한설야의 보고에 이어 격렬한 토론이 전개되었다. 작가동맹 서기 홍순철이 박영빈을 겨냥한 공세를 이어나갔다. 그는 한설야를 최고인민회의 대의원에서 몰아낸 이가 바로 박영빈이라고 쏘아붙였다. 박영빈의 지난날 심복도 비판 토론에 가세했다. 누군가가 그를 협박해 상관을 배신하도록 사주했음이 틀림없었다. 그는 박영빈이 미국인들을 "침략자"로 지칭해온 기존 관행에 종지부를 찍어야 한다는 지시를 내린 적이 있다고 털어놓으며, 그 지시를 우경적 과오라고 비판했다.

득달같이 달려드는 토론자들의 공세에 다섯 명의 고려인 간부들은 죄인처럼 고개를 숙였다. 박창옥은 이태준을 옹호한 반면 한설야를 외면했다고 시인한 데 이어, 줄곧 지적받아온 가족주의와 관료주의 과오에 대해서도 반성하는 태도를 보였다. 박영빈·기석복·정률도 자아비판에 동참했다. 그들은 항변이나 변명이 현 상황 타개에 아무런 도움도 될 수 없음을 잘 알고 있었다. 다만 전동혁은 자신을 향한 비판을 수용하면서도, 한설야를 반대하는 활동에 동참했다는 이유를 들며 조기천과 이태준까지 걸고넘어지는 태도를 보였다. 김일성의 항일무장투쟁을 찬미한 장편 시 《백두산》을 집필한 시인 조기천도 소련에서 파견된 고려인이었다. 전동혁에 따르면 그는 호시탐탐 작가동맹 위원장직을 노려 상관인 한설야와 대립각을 세웠고, 이태준은 박헌영의 지시에 따라 작가동맹의 와해를 꾀하기까지 했다.

평양시당 열성자회의가 끝난 다음 날인 1월 25일, 박영빈은 여느 때처럼 소련대사관을 찾아 당내 기밀 정보를 전달했다. 자신의 과오를 둘러싼 해명도 이번 방문의 주요 목적 가운데 하나였다. 그는 한설야를 반대하는 활동에 관여했다고 시인한 뒤, 문학에 관한 한 자신은 문외한이라고 털어놓았다. 그는 어느 작가의 작품도 읽은 적이 없으며, 다만 조기천의 평론에 의거해 작가들과 작품들을 평했을 뿐이라고 둘러댔다. 그의 해명은 주로 책임을 면하려는 변명성 진술에 집중되었다. 그러나 그는 자신이 몹시 거만했을 뿐만 아니라, 가족주의적 과오

를 저질렀다는 자아비판만큼은 회피하지 않았다.[34]

　고려인 간부들의 기세는 완전히 꺾여버렸다. 이제 그들을 기다리고 있는 것은 거친 시련뿐이었다. 권력의 정점에까지 올라섰던 박영빈은 내각 무역성 부상으로 밀려났다. 가늠하기조차 힘든 아득한 추락이었다. 평소 위장병을 앓고 있던 그는 귀국해 치료를 받고 싶다는 청원을 거듭한 끝에, 1961년경 북한을 떠나 우즈베키스탄 타슈켄트로 돌아갔다.[35] 과학도서관장으로 밀려난 전 문화선전성 부상 정률과 기석복·전동혁도 우여곡절 끝에 귀국할 수 있었다.[36] 북한에 남겨진 고려인들에게 가혹한 운명이 기다리고 있었음을 감안하면, 그들에게 귀국은 크나큰 행운인 셈이었다. 그들과 달리 정치적 소용돌이에 휘말려 북한을 벗어날 수 없었던 박창옥은 결국 비극적 운명을 맞이할 터였다. 고려인들로부터 찬사를 받았던 재능 있는 월북 작가 이태준의 말로도 좋지 않았다. 그는 강원도 산기슭에 위치한 장동탄광의 노동자로 힘겨운 말년을 보내야 했다.[37]

05

위기에 빠진
고려인들

의도적 공세

고려인 간부 5인 탄압사건의 여파는 좀처럼 가라앉지 않았다. 반소련계 한인 캠페인의 선두에 선 최용건과 임해는 그들을 "강도·살인" 혐의로 기소한 데 이어, 고려인 간부들을 죄다 "소련 간첩"인 양 싸잡아 비난했다.[1] 소련계 한인 간부들은 그들 다섯 명이 범한 과오 탓에, 고려인 전체를 불신하는 분위기가 조성되었다고 성토했다. 그들은 자신들을 향한 주변의 시선이 달라지고, 자신들이 주요 사업에서 배제되고 있으며, 심지어 자신들을 배척하는 움직임이 확산되고 있음을 충분히 감지하고 있었다.[2] 내각 국가건설위원회 위원장 박의완은 이른바 "박창옥·박영빈 사건" 탓에 고려인 간부들을 억압하는 상황이 지속됨에 따라, 그들의 정상적 업무 수행이 불가능하다고 토로하기까지 했다.[3]

물론 다수의 관료들은 박창옥으로 대표되는 5인 간부의 과오가 반소련계 한인 캠페인으로 발전하는 상황이 부당하다고 생각했다. 내각 부수상인 《임꺽정》의 저자 홍명희도 고려인들이 핍박을 당하며 귀국하는 현 사태가 사상문화 전선 내 그들 5인 간부의 과오와 무관치 않다고 보았다. 그는 그들이 그토록 가혹한 처벌을 받을 만큼 심각한 과오를 저지르지는 않았다고 김일성에게 솔직한 입장을 전달하기까지 했다.[4] 홍명희의 눈에도 고려인 간부들이 받은 과중한 징계는 상식선을 넘어선 처벌이었다.

고려인 건설상 김승화는 더 적극적으로 불만을 표출했다. 그는 일부 논평을 문제삼아 고려인 간부들이 남한 "부르주아 작가들"과 결탁했다고 비난하는 태도는 옳지 않다고 보았다. 더구나 남한 작가들의 작품을 교과서와 교양서에 실은 일선 간부들의 과오는 묵과한 채, 슬그머니 그 서적들만 폐기하고 있는 당국의 대응은 도무지 그에게 납득되지 않았다. 그는 당 중앙위원회의 사상노선에 오류가 있다고 문제를 제기하며 곤혹스러운 상황을 조성해 물의를 빚었다.

김일성의 측근인 고려인 박정애는 그의 지시에 따라 김승화를 두 차례에 걸쳐 소환해 설득을 시도했다. 그녀는 그가 기석복의 친척이기 때문에, 그들을 감싸고돌며 노동당 결정에 불만을 품은 것은 아닌지 따져 물었다. 김승화는 그녀의 비판에 물러서지 않았다. 그는 박창옥이 무례한 데다 몇몇 과오를 범했음을 인정했지만, 그를 "반당분자"로 규정하고 부르주아 사상과 결부하는 행태는 옳지 않다고 항변했다.[5]

김승화의 인식이 그러했듯 사상문화 전선 간부들이 직면한 탄압은 명백히 고려인들을 겨냥한 의도적 공세의 결과였다. 몇 달간에 걸친 소련계 한인 뒷조사를 통해 축적된 자료들이 방출돼, 그들을 적대시하는 캠페인으로 발전해온 터였다. 고려인 간부들에 대한 미행도 은밀히 이루어졌다. 특별 허가 없이 "외국인을 만나면 안 된다"는 김일성의 지시가 하달됨에 따라, 소련대사관을 방문한 고려인들은 "외국인 접선" 혐의로 조사받고 기소되었다.[6]

이이제이以夷制夷

그들의 입지는 반소련계 한인 캠페인의 와중에 현저히 위축되었다. 김일성을 비롯한 당 지도부의 치밀한 전략과 공격의 선봉에 선 연안계 인사들의 역할이 주효했던 까닭이었다. 사실 김일성은 고려인들과 연안계 인사들 간 관계가 원만하지 않음을 간파하고 있었고, 바로 그 점을 이용해 이이제이 전략을 구사하며 그들 간 불화를 부채질했다. 두 세력 간 갈등이 고조된 데에는 여러 이유가 있었다. 특히 고려인들을 불신한 김창만과 최창익의 배타적 태도는 연안계를 향한 그들의 불만과 분노를 크게 자극한 요인이었다. 고려인들은 반소적 성향의 인물로 알려진 김창만을 "포악무도한 아첨쟁이"라 비난하며, 그가 당 사업보다 자신들을 겨냥한 "사람 잡이"에 골몰했다고 성토했다.[7] 내각 부수상에 복무한 연안 출신 원로 최창익을 향한 그들의 반감도 극에 달해 있었다. 한국전쟁 당시 북한 주재 소련대사를 역임한 라주바예프는 소련계 한인 전체 간부들에게 그를 조심하라는 경고성 메시지를 보낸 적이 있을 정도였다.[8]

물론 연안계 인사들도 아무 이유 없이 고려인들을 배척한 것은 아니었다. 거만하기 이를 데 없고 소련군사령부에 빌붙어 "통역정치"를 일삼으며, 자식들에게 러시아어만을 가르치려 한 고려인들의 행태는 오래전부터 그들의 심기를 건드려온 터였다.[9] 김일성은 고려인들과 반목해온 그들을 부추겨 반소련계 한인 캠페인의 선두에 세웠다. 행동대장 격으로 낙점된 인물은 김일성의 비서를 지낸 뒤, 조선노동당 평양시당 위원장에 복무하고 있던 고봉기였다. 그가 고려인들에게 악명이 높았던 까닭은 그들을 심의하고 처벌한 주동자였기 때문이다.[10] 1956년 1월 23~24일, 평양시당 열성자회의를 열어 박창옥·박영빈 등 다섯 명의 고려인 간부들에게 최후 일격을 날린 이도 다름 아닌 고봉기였다.

연안계의 공격을 받은 고려인들은 사상문화 전선에 복무한 5인 간부들만이 아니었다. 그들이 첫 비판을 받은 1955년 12월 2~3일의 조선노동당 중앙위원회 전원회의 직후, 전체 고려인 간부들을 겨냥한 광범위한 사상검토회의가 준비되고 있었다. 이 공격을 주도한 기관은 평양시당이었고, 조직부장 김충식을 제외한 위원장 고봉기와 부위원장 홍순관 등 평양시당의 주요 간부들 대부분이 연안 출신 인사들이었다. 평양시당은 남일이 지도한 외무성, 김승화가 지도한 건설성, 박창옥이 지도한 국가계획위원회, 기석복이 주필을 지낸 노동신문사 등 고려인 간부들이 지도한 기구들에서 기습적으로 당 회의를 열었다. 고려인 간부들을 겨냥한 당원들의 맹렬한 비판을 유도해 그들을 제압하려는 의도에서였다.

　동시다발적이고도 기습적으로 소집된 당 회의는 곳곳에서 큰 파장을 일으켰다. 이를테면 1955년 12월 9~10일에 걸쳐 "외무성 초급당총회"가 개최되었을 때, 무방비 상태에 있던 고려인 외무상 남일과 부상 이동건은 동료 당원들로부터 거센 비판을 받았다. 회의를 주도한 평양시당 조직부장 김충식은 "소련계 한인 박멸"을 호소하기까지 했다. 그러나 남일은 조금도 위축되지 않고 "숫사자 같은 용맹성"을 보였다. 그는 파상적 비판 공세를 막아낸 뒤, 당 회의를 주도한 김충식을 추궁하고 질책했다. 소련계 한인을 겨냥한 조직적 공세에 의구심을 품은 그가 할 수 있는 일이라고는 김일성을 찾아가 그 내막을 확인하는 일뿐이었다. 그러나 김일성은 자신도 모르는 일이라며 시치미를 뗐다. 교활하게도 그는 남일을 위로하는 척하며 그 공세의 배후에 연안 출신 원로 최창익이 있을지 모른다는 암시를 흘렸다.

　결국 외무상 남일과 부상 이동건의 반격으로 평양시당 조직부장 김충식이 문책을 받는 선에서 사태가 마무리되었다. 고봉기도 얼마 뒤 황해남도당 위원장으로 좌천되었다. 평양시당 간부들이 사태의 책임을 뒤집어쓴 채 처벌을 받았으나, 고려인들을 겨냥한 사상검토회의를 기획하고 김충식에게 집행을 위임한 뒤 발을 뺀 이는 당 중앙위원회 조직지도부 부부장에 복무하고 있던 김일성의 친동생 김영주였다. 물론 막후에서 그를 움직인 이는 다름 아닌 김일성이었다.[11]

국적 전환

반소련계 한인 캠페인의 착수와 함께 당 지도부는 그들을 합법적으로 통제할 수 있는 방안을 모색하고 있었다. 그것은 다름 아닌 고려인 국적 전환사업이었다. 여전히 소련 국적을 보유하고 있는 고려인들에게 조선민주주의인민공화국 국적을 부여함으로써, 그들을 장악하고 통제할 수 있는 권한을 확보하려는 의도가 그 사업의 이면에 숨겨져 있었다.[12] 그러나 이 과감한 조치에는 소련과 고려인들이 거부할 수 없는 명분이 필요했다. 김일성은 그와 관련해 두 가지 명분을 내세웠다. 하나는 한반도의 평화통일을 이룩해 남북 연합정부가 수립될 경우, 소련 국적을 보유한 고려인들이 의회기구 대의원에 선출되기 어렵다는 점이었다. 다른 하나는 고려인들의 국적 전환이 그들을 "일시적 체류자"로 간주하고 있는 현지인들과의 관계 개선에 도움이 될 수 있다는 명분이었다.[13]

1955년 8월 22일, 김일성은 8·15해방 경축사절로 평양을 방문한 소련 대표단에게 고려인 국적 전환 문제를 공식적으로 제기했다. 그로부터 석 달 남짓 지난 11월 29일 소련 최고소비에트 상임위원회는 정령을 발표해, 북한 국적을 취득한 고려인들의 소련 국적 포기를 허용한다고 천명했다. 그러나 이 정령은 예외 규정을 두고 있었다. 그것은 북한 국적을 취득하고도 소련 국적을 유지하길 바라는 이들에게 두 국적을 모두 승인한다는 규정이었다. 이중 국적이 허용되었음을 의미했

I

다. 일괄적 국적 전환이 아니라 고려인 간부들 개개인의 자율적 선택을 존중하고 이중 국적을 허용한 이 조치는 문제를 복잡하게 만들 소지가 있었다. 곧 이 조치가 소련 공민인 그들에게 출구를 터주었다는 점은 북소 갈등의 또 다른 불씨가 되기에 충분했다.[14]

김일성은 고려인들이 빠져나갈 출로를 터준 소련의 결정에 불만을 품었다. 그러나 그 결정을 거부할 수 없었던 그는 일종의 타협안을 제시했다. 지도적 직위에 복무하고 있는 고려인들은 북한 국적만을 취득해야 하는 반면, 전문가로 파견된 이들과 고려인 간부들의 가족들은 자유롭게 국적을 선택할 수 있다는 제안이었다. 결국 소련대사관은 김일성의 제안을 받아들여 고려인 국적 전환사업에 착수했다.[15]

그들의 국적 전환 절차는 복잡하지 않았다. 소련대사관을 방문해 소련 국적의 포기나 이중 국적 보유를 신청한 뒤, 조선민주주의인민공화국 외무성에 들러 북한 국적 취득 신청서를 제출하는 수속으로 모든 절차가 마무리될 수 있었다. 소련 국적 유지가 고려인들의 보호막이었음에도 불구하고, 직위를 잃고 싶지 않았던 고위직 인사들은 어쩔 수 없이 그것을 포기해야 했다. 1956년 4월 10일 현재 양쪽 기관을 모두 방문해 북한 국적 취득 신청과 함께 소련 국적 포기 의사를 밝힌 이가 84명, 이중 국적 보유 의사를 밝힌 이가 11명이었다. 그러나 당혹스럽게도 적지 않은 이들은 확실한 입장 표명을 보류하고 있었다. 기존 직위를 그대로 유지해야 할지 아니면 소련이라는 보호막 아래 남아 있어야 할지, 선택의 기로에 선 그들의 고민은 커질 수밖에 없었다.[16]

고려인들에게 닥친 불안한 상황이 종식될 수 있을지 불투명했지만, 한 가지 확실한 사실은 그들이 언제든 소련으로 돌아갈 출로를 터줄 이중 국적은 여러모로 유리한 면이 많다는 점이었다. 자식들 교육 문제, 소련에 거주하는 가족·친척 방문 문제, 친족 간 관계에서 발생할 수 있는 숱한 문제들은 소련 국적 유지를 통해서만 해결될 수 있었다. 그럼에도 불구하고 고위직에 있는 고려인들 대다수는 직위와 안정된 생활에 대한 미련을 버리지 못한 채 소련 국적을 포기했다. 독일민주공화국 주재 북한대사인 고려인 박길룡은 국적 전환 수속을 밟으며 자신의 심경을 허심탄회하게 털어놓았다. 그는 고려인들이 공격받고 있는 현 상황에서 소련 국적을 포기하기가 매우 고통스럽다고 밝혔다. 아울러 자신이 만난 고려인들 중 소련 국적을 포기해 후회하고 있는 이들이 많다는 고백도 잊지 않았다.[17]

물론 고위직에 복무한 모든 고려인들이 소련 국적을 포기한 것은 아니었다. 머지않아 김일성종합대학 총장에 영전될 인민경제대학 학장 유성훈은 현지처를 얻어 새 가정을 이루었음에도 불구하고 보다 안전한 길을 택했다. 사실 그는 행실이 좋지 않았던 전 부인과의 관계를 청산한 뒤, 북한에 들어와 새 아내를 얻어 그녀의 부모까지 모시고 있었다. 소련대사관은 그에게 새로운 가족 관계를 거론하며 소련 국적 포기를 권고했다. 그러나 그는 소련 공민으로서 형제국을 도와 국제주의적 과업을 수행하고 있는 자신의 현재 위치와 활동에 만족한다며 거절 의사를 밝혔다.[18]

Ⅰ

이중 국적을 보유하고도 김일성종합대학 총장에 발탁된 유성훈과 달리, 소련 국적을 포기하지 않은 다른 고위 간부들은 기존 직위를 유지할 수 없었다. 내각 농업성 부상 김재욱과 본궁공장 지배인 장철이 그 대표적 인사들이었다. 조선노동당 제3차 대회를 앞두고 당 중앙위원에 추천된 후보들을 비준하기 위한 심사회가 개최되었을 때, 김일성은 이중 국적을 취득한 이들이 아닌 참된 혁명가들을 중앙위원으로 선출해야 한다고 목청을 높였다. 최용건도 "두 개의 의자에 걸터앉아 있는 자들을 모조리 축출해야 한다!"며 그를 거들고 나섰다. 결국 김재욱과 장철은 조선노동당 중앙위원회에서 제명되는 수모를 겪었다.

그들의 당 중앙위원 유임이 좌절되자 고려인 간부들 사이에서 불만의 소리가 터져나왔다. 건설상 김승화는 "미국이나 일본 의자"도 아닌 "소련과 조선 의자"에 앉아 있다는 이유로 그들을 축출한 조치는 부당하다고 항변했다. 내각 국가건설위원회 위원장 박의완은 김재욱과 장철이 과거에 당 중앙위원으로 선출되었을 당시, 그들은 북한 국적을 취득하지도 않은 상태였다고 비꼬기까지 했다.[19]

다시 소련으로

허가이가 죽은 데다 박창옥·박영빈이 제압되고 이중 국적 보유자들마저 주요 직에서 배제되자, 조선노동당 핵심 간부진 내 고려인 비중은 현저히 감소할 수밖에 없었다. 1956년 5월경 당내 대남사업과 검열사업 지도가 최용건에게, 간부부와 교육부 사업 지도가 박정애에게, 조직부 사업 지도가 박금철에게, 사상사업 지도가 김창만에게, 공업부 사업 지도가 정일룡에게 위임되었다. 당 중앙위원회 각 부의 책임적 지위에 김일성 측근인 박정애를 제외한 소련계 한인은 더 이상 남아 있지 않았다. 고려인 간부들 상당수가 당 중앙위원회에서 제명된 데다, 현지 조선인 간부들이 당 중앙위원회를 이끌어야 한다는 통념이 일종의 노선처럼 강조된 점도 고려인 고위 간부진의 몰락을 불러온 요인이었다.[20]

반소련계 한인 캠페인의 와중에 국적 전환사업이 본격화됨에 따라, 고려인들의 입지는 현저히 위축되었다. 고려인 내각 국가건설위원장 박의완은 교통상 김회일로부터 업무 보고를 받고자 몇 차례 그를 방문했으나 만날 수 없었다. 그는 교통상의 냉대가 다분히 의도적임을 간파할 수 있었다. 얼마 뒤 김회일은 만일 그의 대담 요청에 응했다면, 자신이 고려인과 긴밀한 관계를 맺고 있다는 의심을 살 수밖에 없는 상황이었다고 솔직히 털어놓았다.[21] 그의 고백은 고려인들과 접촉하는 행위마저도 약점을 잡힐 구실이 될 수 있었음을 보여준다.

고문으로 파견된 고려인 전문가들의 입지도 불안하긴 마찬가지였다. 현지인들의 신임을 상실한 그들은 "이방인" 취급을 받았다. 그들에게 맡겨진 일이라고는 기술적 사고가 필요하지 않은 단순하고 번거로운 업무뿐이었다. 심지어 중요 회의 참석조차 그들에게 허용되지 않았다. 이제 현지인 간부들은 고려인 고문들의 조언을 귀담아들으려 하지 않았다. 그들은 현지 실정에 무지한 고려인들의 조언이 북한의 현 상황에 전혀 들어맞지 않는다는 논리를 펼쳤다. 따돌림을 당한 고려인들은 자신들이 더 이상 "선조의 나라"에 필요 없는 존재가 되었다고 탄식했다.[22]

경제적 압박도 그들을 궁지로 몰아넣었다. 이전과 달리 상태가 좋지 못한 주택이 그들에게 배정되었다. 그보다 더 심각한 문제는 보잘 것없는 임금이었다. 그들이 받는 월 임금 4,000~5,000원은 시장에서 물품을 구입하며 생계를 이어가기에 턱없이 부족한 액수였다. 월 임금 4,500원을 받은 내각 직속 인민경제대학 부학장 박태화는 매달 주택 임차료와 식량 배급료로 각각 500원과 1,500원을 지불했다. 배급 식량에 쌀·간장·조미료·기름이 포함되었을 뿐, 육류·설탕·빵 등은 포함되지 않았다. 그의 가족은 나머지 2,500원으로 부족한 물품을 구입해야 했지만, 워낙 비싼 물가 탓에 생필품조차 구하기 힘들었다.[23]

자녀들의 교육여건도 악화되었다. 현지인들은 일반학교가 아닌 특수학교에 자녀들을 보내고 있는 고려인들을 고운 눈길로 바라보지 않았다. 그들이 자식들을 특수학교에 보낸 까닭은 러시아어를 교육받을 수 있는 환경과 각종 혜택 때문이었다. 물론 자식들의 러시아어 습득과 소련 유학에 목을 매는 그들의 태도는 현지인들에게 특권의식의 발로이자, 조선 민족의 정체성을 포기하는 행위로 간주되었다. 결국 김일성의 제의에 따라 고려인 자녀들을 특수학교로부터 방출한다는 결정이 내려

졌다. 이제 그들은 일반학교에 편입해 조선어로 교육받아야 했다.[24]

정치·경제·사회적 입지가 위축된 데다 공공연한 탄압을 받은 고려인들은 서둘러 귀국을 준비했다. 귀국은 그들의 안전을 보장받을 수 있는 가장 확실한 출구였다. 1955년 말부터 소련대사관에 귀국을 요청하는 고려인들의 발길이 줄을 이었다. 그러나 압박의 끈이 조여오는 현실로부터 도피하려는 그들의 바람은 뜻대로 이루어지지 않았다. 김일성의 측근인 고려인 외무상 남일은 그들의 귀국 움직임을 비판적 관점에서 바라보았다. 그는 이럴 때일수록 "우리 고려인들이 자신의 과오를 시정하고 대중들과의 관계를 개선하는 데 열중할 필요가 있다"고 강조했다. 반성적·실천적 태도만이 일부 인사들의 과오를 구실삼아 전체 고려인들을 매장하려는 이들의 의도가 옳지 않음을 입증할 수 있다는 논리였다.[25] 당혹스럽게도 그는 소련계 한인을 겨냥한 공세를 지도자의 머리에서 나온 계략이 아닌, 고려인들에 반감을 품고 있는 이들의 음해로 간주하는 태도를 보였다.

눈앞에 닥친 위기를 모면하려는 고려인들의 귀국 시도는 당국의 방해에 직면하기 일쑤였다. 조선인민군 총정치국 부국장에 복무한 고려인 김일은 군사 규율을 위반했다는 혐의를 받았다. 군사 규율 위반 혐의는 고려인 장교들을 궁지에 빠뜨리려는 일반적 구실로 이용되는 경향이 있었다. 결국 그는 군복을 벗어야 하는 상황에 봉착하자, 북한 당국에 귀국을 요청했다. 다행히 승인을 얻은 그와 가족들은 서둘러 떠날 준비에 착수했다.

그러나 귀국 승인 결정은 얼마 가지 않아 번복되고 말았다. 그는 곤경에 빠질 수밖에 없었다. 주택을 이미 처분한 탓에 아내와 두 아이를 포함한 그의 가족들은 가구도 없는 좁은 단칸방을 얻어 지내야 했다. 소유품을 처분해가며 며칠간 근근이 연명했으나, 그렇게 버틸 수 있는 기간은 한계가 있었다. 그가 의지할 곳이라고는 소련대사관밖에 없었다. 그는 소련으로 돌아갈 수 있도록 도와달라고 간청했다. 그러나 야속하게도 소련대사관은 북한 측의 동의가 없는 한 귀국을 허용할 수 없다고 선을 그었다.[26]

고려인 간부들 대다수는 자신들의 귀국을 적극적으로 지원하지 않는 소련대사관의 냉담한 태도에 위기의식을 느꼈다. 소련대사관은 외무상 남일이 견지한 입장과 마찬가지로 고려인들이 처벌을 피해 귀국하기보다, 북한에 남아 직무를 수행하며 과오와 결함을 시정해야 한다고 그들에게 권고했다. 굳이 귀국을 원하는 이들은 북한 당국의 승인부터 얻어야 한다는 충고가 소련대사관의 일관된 대응이었다.[27] 소련대사관과 유착해 강력한 권세를 누렸던 그들의 영화로운 시기는 이제 막을 내리고 있었다. 해방된 조선으로의 파견이 그들의 벼락출세를 약속하는 증표였다면, 이제 소련으로의 귀국은 그들이 험난한 여생을 피하고 목숨을 부지할 수 있는 마지막 기회인 셈이었다.

귀국 기회를 놓친 소련계 한인 대다수는 사상검토회의에 소환돼 혹독한 심문을 받았다. 조선노동당 중앙당학교 교장을 지낸 허익은 허가이를 추종한 "종파주의자"이자 "가족주의자"라는 비판을 받은 뒤, 함경남도 수동탄광으로 쫓겨났다. 고된 막노동에 시달리며 형편없는 식량을 배급받아 연명해야 했던 그는 영양실조에 걸려 급속히 건강을 잃었고 결국 지병을 앓다 사망했다.[28] 허익이 맞닥뜨린 비극적 운명은 결코 예외적 사례가 아니었다. 해방 이래 북한에 파견된 전체 소련계 한인 약 500명 가운데, 1950년대 말부터 1960년대에 이르기까지 그처럼 사상 검토를 받고 숙청되거나 행방불명된 이들이 약 50명에 달했다.[29] 1990년대 초 현재까지 귀국하지 않고 북한에 남아 여전히 건재를 과시하고 있는 이들은 민족보위성 부상을 지낸 김봉률, 내무상을 지낸 방학세, 재정성 부상을 지낸 김학인 등 세 명뿐이었다.[30]

개인숭배
비판

소련공산당 제20차 대회

북소 갈등의 와중에 고려인들이 탄압을 받고 있던 1956년 2월경, 소련 공산당 제20차 대회가 개최되었다. 1952년 10월에 열린 제19차 대회에 이어, 스탈린 사후 처음으로 소집된 전당대회였다. 김일성은 이 대회에 직접 참가해 자리를 빛낸 사회주의권 각국 지도자들과 달리 대리인들을 파견했다. 박정애가 김일성의 참석을 적극 권했으나, 그는 몇 달 뒤 독일민주공화국 방문이 예정되어 있다는 이유를 들어 모스크바 방문은 무리라고 선을 그었다.[1]

사실 그가 밝힌 거절의 명분은 변명에 지나지 않았다. 그는 북소 관계에 갈등이 깊어지고 있는 데다 자신이 소련 공민인 고려인들을 탄압하고 있는 이 시점에, 소련공산당 지도부와의 대면이 불러올 불편하고 난감한 상황을 피하고 싶었을 뿐이었다. 조선노동당 중앙위원회 위원장 김일성의 대리인으로 위촉된 이는 부위원장 최용건이었다. 그는 당 중앙위원회 간부부장 이효순, 황해북도당 위원장 허빈, 주소 대사 이상조 등으로 구성된 조선노동당 대표단을 이끌고 소련공산당 제20차 대회에

참석했다.[2]

이 대회는 1956년 2월 14일부터 25일까지 12일간 모스크바 크렘린 궁에서 개최되었다. 스탈린 개인숭배 비판과 소련공산당의 새로운 노선 제시가 이미 예고돼 있었기 때문에, 이 대회가 어떤 파장을 몰고 올지 가늠하기란 쉽지 않은 상황이었다. 참석자들이 촉각을 곤두세우고 있던 대회 마지막 날인 2월 25일, 비공개로 전환된 회의에서 놀랄 만한 상황이 펼쳐졌다. 바로 전 참석자들을 충격에 빠뜨린 흐루쇼프의 연설문 〈개인숭배와 그 결과들에 대하여О Культе Личности и его Последствиях〉가 발표되었다. 소련은 물론 사회주의진영 국가들을 넘어 서방 세계에까지 엄청난 파문을 일으킨 이 연설은 그동안 숭배 대상이었던 스탈린 비판에 초점이 맞추어져 있었다. 그 구체적 내용은 개인숭배를 조장하고 집단지도체제와 당내 민주주의를 외면하며 대숙청을 일삼아온 스탈린의 과거 행적들을 요목조목 비판하는 데 집중되었다. 흐루쇼프의 연

스탈린
1922년부터 1953년까지 30여 년간 집권한
스탈린은 개인숭배와 대숙청을 통해
자신의 권력 기반을 강화하며,
중공업 우선 정책과 농업 집단화를 추진했다.
그의 정치·경제 노선은 북한의 지도자 김일성에게
지대한 영향을 끼쳤다.

흐루쇼프

소련공산당 제20차 대회 마지막 날, 흐루쇼프는 개인숭배를 조장하며
대숙청을 일삼았던 스탈린의 과오를 비판했다.
그동안 억압적 체제에 시달려온 사회주의권 동유럽 국가의 대중들은
그의 스탈린 비판에 고무되어, 개혁과 변화를 요구하는 목소리를
쏟아내기 시작했다. 흐루쇼프의 신노선은 동유럽을 넘어
북한과 중국의 정치에까지 큰 파장을 일으켰다.

설 도중 몇몇 참석자들이 실신했을 만큼 그 내용은 매우 충격적이었다.[3]

흐루쇼프가 제시한 새로운 정책은 스탈린 개인숭배가 소련 사회의 변혁을 가로막는 장애물이라는 진단 아래 추진되었다. 그는 인민 생활 수준 향상을 비롯해 소련의 발전을 꾀하려면, 먼저 스탈린주의의 유산을 청산해 냉전 이후 조성된 서방 세계와의 긴장을 완화할 필요가 있다고 보았다.[4] 곧 그가 제시한 평화공존론은 궁극적으로 소련의 내부 발전을 모색한 신노선이었다. 흐루쇼프의 이 과감한 결단은 북한을 비롯한 사회주의진영 국가들에 막대한 파장을 몰고 왔다.

소련공산당 제20차 대회에 참가한 북한 대표단원들 중에도 흐루쇼프의 비밀 연설에 깊이 공명한 이가 있었다. 그는 1955년 7월 20일 소련 주재 조선민주주의인민공화국 대사에 취임한 이상조였다. 1916년 3월 7일 부산 동래에서 태어난 그는 십대 후반에 들어 반일운동에 첫발을 내디뎠다. 민족주의운동을 지지해온 그의 세계관과 투쟁관에 큰 변화가 일어난 시점은 그가 중국에 망명한 이후인 1930년대 중반이었다. 그 무렵 막 20세에 접어든 그는 민족주의운동의 한계를 자각함과 동시에 무장투쟁의 잠재적 가치를 발견하자, 그동안 열렬히 추종해온 백범 김구와 미련 없이 결별하는 길을 택했다. 투철한 사회주의자로 변신한 그는 1942~1946년경 조선독립동맹 북만지구 특별위원회 책임자와 조선의용군 제3지대장을 지냈다. 1946년 초 북한에 들어온 그는 북조선노동당 중앙위원회 간부부장, 조선민주주의인민공화국 내각 상업성 부상, 조선인민군 총참모부 부참모장, 정전 담판회의 수석대표

등을 역임했고 이제 막 주소 대사에 취임해 다섯 명의 가족과 함께 모스크바에 정착한 터였다.[5]

정의롭고도 열정적인 혁명가인 이상조는 스탈린 개인숭배를 비판한 흐루쇼프의 연설을 곱씹으며 조국의 현실에 비추어보았다. 그는 흐루쇼프가 비판의 표적으로 삼은 스탈린을 "김일성"이라는 이름 석 자로 바꾸어도, 그의 비밀 연설 내용에 한 치 오차가 없다고 확신했다. 이상조에게 김일성 개인숭배는 민주주의를 억압하고 독재를 공고화하며, 인민들을 기아 상태로 몰아넣은 만악의 근원이었다. 북한에서도 개인숭배는 청산되어야 했다.

감히 떠올리지 말아야 할 불경한 생각을 품은 그는 모스크바에 체류하고 있는 절친한 선배 동지 최용건에게 속내를 털어놓았다.[6] 놀랍

이상조, 조선의용군 제3지대장 시절
흐루쇼프의 스탈린 비판은 열정적 혁명가로
성장한 이상조에게 각성의 계기를 부여했다.
그는 김일성 개인숭배가 민주주의를 억압하고
독재를 공고화한 만악의 근원이라고 생각했다.

I

게도 최용건은 한참이나 어린 후배 동료의 충격적 고백을 꾸짖기는커녕 묵묵히 듣기만 했다. 그의 생각도 다르지 않았기 때문이었다. 사실 "김일성의 사람"인 줄로만 알았던 최용건이 그의 정치에 불만을 품고 있다는 사실은 이상조에게도 놀랍게 와닿았다. 김일성이 인민과 혁명을 위한 정치가 아니라, 자기 자신의 영달을 위한 정치에 매몰되어 있다는 점에서 그들의 생각은 다르지 않았다. 이상조는 함께 밀담을 나눈 뒤 귀국한 최용건에게 모스크바 주재 북한대사관 3등 서기관 이희상과 문화부원 김준근이 수집한 자료들을 보내주었다. 한글로 번역된 흐루쇼프의 비밀 연설문을 비롯해 소련공산당의 새로운 노선과 정책을 기록한 문건들이 그 자료집에 포함되어 있었다.[7]

3월 전원회의

김일성은 소련공산당 제20차 대회가 막을 내린 지 25일이 지난 3월 19일에 흐루쇼프의 비밀 연설문 〈개인숭배와 그 결과들에 대하여〉를 소련대사 이바노프로부터 전달받았다. 이바노프는 스탈린 개인숭배를 비판한 흐루쇼프의 논점을 상세히 설명했으나, 김일성 본인의 개인숭배 문제로까지 논의를 확장하지는 않았다. 그러나 소련공산당의 결의를 전달하고 있는 그의 메시지는 명백히 북한도 도처에 만연한 김일성 개인숭배를 청산해야 한다는 무언의 압력을 담고 있었다. 김일성은 소련공산당 제20차 대회가 제시한 새로운 정책들을 면밀히 검토한 뒤, 조선노동당의 활동에 반영하겠다는 수긍의 입장을 내비칠 수밖에 없었다.[8]

사실 김일성은 이바노프와 대담을 나누기 전에 이미 소련공산당 제20차 대회의 분위기를 파악하고 있었다. 이 대회 기간 중 연일 타스통신 발 속보가 떴고, 《노동신문》이 그것을 제공받아 전문을 게재했기 때문이다.[9] 흐루쇼프의 비공개 연설이 있었던 2월 25일 이전부터 개인숭배를 비판하는 국제적 분위기가 조성되자, 북한 매체에서도 "김일성"이라는 이름 석 자 뒤에 어김없이 따라붙었던 경어인 "수령" 따위의 칭호가 사라졌다.[10]

김일성이 이바노프를 만난 다음 날인 1956년 3월 20일, 조선노동당 중앙위원회 전원회의가 개최되었다. 소련공산당 제20차 대회의 결정을 토의하고 대응책을 마련할 목표 아래 열린 회의였다. 사안의 중요성을 감안해 참석자 범위가 당 중앙위원들로부터 중앙기관과 도당 위원회의 지도급 간부들로까지 확대되었다. 회의는 침통한 분위기 속에서 진행되었다. 기조연설에 나선 이는 조선노동당 대표단 단장 자격으로 소련공산당 제20차 대회에 참가한 최용건이었다. 그는 무려 세 시간에 걸쳐 긴 보고문을 낭독해 주목을 받았다. 이효순은 흐루쇼프의 비공개 연설 〈개인숭배와 그 결과들에 대하여〉의 번역문을 낭독했다. 토론에 나선 이는 김일성 외에 외무상 남일과 조선노동당 중앙위원회 선전선동부장 이일경뿐이었다.

김일성은 조선노동당 중앙위원회 전원회의·상무위원회·정치위원회가 정기적으로 소집되었을 뿐만 아니라, 전쟁 시기에도 취소되지 않았을 만큼 당의 집단지도체제가 정상적으로 작동해왔다고 자찬을 늘어놓았다. 그러나 초미의 관심사인 개인숭배 문제를 거론하는 순간, 그의 기세는 한풀 꺾이기 시작했다. 그는 본인의 의도와 달리 당 간부들과 출판 매체가 자신을 지나치게 많이 언급하고 있다고 비판했다. 그의 반성은 그것으로 끝이었다.

뻔뻔하게도 그의 다음 발언은 변명과 책임 회피 일색이었다. 그는 얼마 전에 당 중앙위원회 정치위원회가 개인의 역할이 아닌 인민 대중과 노동당의 역할을 선전하는 데 더 많은 관심을 돌려야 한다는 지시를 내렸다고 강조했다. 이어 그는 뜬금없이 과거에 남한 지역에서 박헌영 개인숭배가 만연했다는 장광설을 늘어놓았다. 분노 섞인 그의 주장에 따르면, 박헌영 개인숭배가 횡행한 탓에 그의 이적행위가 쉽게 폭로되지 않고 은폐될 수 있었다. 김일성은 모든 당원들이 흐루쇼프의 보고를 깊이 연구하고 이해해, 개인숭배가 얼마나 해로운 결과를 불러올 수 있는지 자각해야 한다고 역설하며 토론을 마무리했다. 터무니없게도 자신이 아닌 박헌영에게 비판의 화살을 돌린 셈이었다.[11]

결국 1956년 3월 전원회의는, 김일성의 역할과 공로를 지나치게 찬미하는 식으로 개인숭배가 발현되었으나 노동당이 견지해온 집단지도체제에 어떠한 악영향도 끼치지 않았다는 결론을 이끌어냈다. 개인숭배를 형식적으로 인정할 뿐, 사실상 부인하는 태도에 다름 아니었다.[12]

회의 시간 내내 무거운 침묵이 감돌았다. 회의가 끝나자 참석자들은 상갓집에 조의를 표하고 나오는 조문객들처럼 숙연한 모습으로 귀가했다. 그러나 이 회의는 많은 당 중앙위원들에게 뒤늦은 각성의 계기를 가져다주었다. 충격을 받은 그들의 가슴속에 붉은 피가 요동치기 시작했다.[13]

얼마 뒤 "소련공산당 제20차 대회 결정서"와 "3월 전원회의 결정서"가 조선노동당 중앙위원회 산하 전체 당 단체들에 전달되었다. 물론 이 문건들은 "절대 비밀"에 속하는 중요 자료로 취급되었다. 정치부 중대장 이상 당 간부들에게만 문건 회람이 허용된 한 부대에서는 그 내용을 "여편네한테도 발설하지 말라!"는 지시와 함께, 만일 누설자가 있으면 가차 없이 군사재판에 회부할 방침이라는 엄포가 떨어졌다.[14]

언젠가 김일성은 그 문건의 전달 범위가 노동당원들에 국한되었다고 고백한 적이 있었다. 철저한 스탈린주의자였던 그는 스탈린이라는 이름과 그를 향한 조선 인민들의 흠모를 따로 떼어놓기 힘든 이상, 개인숭배를 비판한 소련공산당 문건을 전체 인민들에게 공개할 수 없었다고 털어놓았다.[15] 그러나 문건 내용은 급속히 각지에 퍼졌고, "개인숭배"라는 용어가 당 간부들과 인텔리들 사이에 유행어가 되다시피 했다.

하급 당 조직들에 전달된 당 중앙위원회의 메시지는 3월 전원회의 결정과 동일했다. 조선노동당은 집체적 지도원칙을 일관되게 견지해왔고, 스탈린 집권기에 나타난 소련의 개인숭배를 답습한 이는 오로지 박헌영뿐이라는 내용이었다. 개인숭배 청산 과제가 조선노동당 내에서 공론화될 기미를 보이지 않자, 소련대사 이바노프는 불편한 심기를 드러냈다. 그는 조선민주주의인민공화국만큼 집체적 지도원칙이 경시되는 곳은 어디에도 없다고 지적했다. 그의 직설적 비판에 따르면 한 인물이 당 중앙위원회 위원장과 내각 수상과 조선인민군 총사령관을 겸임한 이상, 북한의 집단지도체제는 훼손될 수밖에 없었다.

그는 도처에 만연한 김일성 개인숭배에 더 큰 우려를 표했다. 아첨하는 간부들과 "할렐루야 간부들"을 낳기 마련인 개인숭배는 참혹한 현실을 미화해 엉뚱한 정책을 밀어붙이는 토대가 되어왔다. 그는 잡지와 신문에 도배된 김일성 관련 기사, 도처에 설치된 김일성 동상과 초상화, 그의 지혜와 용기를 찬미하는 노래와 문학·예술 작품 등 모든 개인숭배의 표상들이 지난 3월 전원회의에서 아무런 비판도 받지 않았다고 성토했다. 물론 소련공산당 제20차 대회 이후 신문과 잡지에서 김일성의 이름이 전보다 덜 거론되고, "조선 인민의 경애하는 수령"이라는 판에 박힌 수식어가 사라진 점은 고무적인 현상이었다. 그러나 이바노프는 3월 전원회의 경과에 비추어볼 때, 김일성 개인숭배의 즉각적 청산은 쉽지 않다고 전망했다.[16]

자취를 감춘 개인숭배

사실 고질적 병폐인 김일성 개인숭배를 비판하는 목소리는 소련공산당 제20차 대회 이전부터 흘러나왔다. 인민경제대학 학장에 복무한 고려인 유성훈은 대학 강사들이 역사를 이끌어나가는 힘과 관련해, 인민 대중과 개인의 역할을 혼동하고 있다고 지적했다. 그의 비판에 따르면 그들은 인민 대중이 아닌 지도자가 역사의 진전에 추진력을 제공한다고 믿고 있었다. 반면 실질적으로 역사를 이끌어왔다고 그에게 인식되어온 인민 대중의 역할은 북한의 출판물에서 전혀 거론되지 않는 실정이었다. 조선민주주의인민공화국 내의 모든 현안이 오직 김일성의 지시에 따라 해결될 수 있다는 일반의 통념은 개인숭배가 무감각해지고 당연시되었음을 의미했다.[17]

그러나 소련공산당 제20차 대회는 개인숭배가 얼마나 심각한 해악을 끼쳤는지 많은 이들이 각성할 수 있는 계기를 제공했다. 김일성은 딜레마에 빠졌다. 소련공산당의 결정을 외면할 수도, 자신을 향한 개인숭배가 불러온 악영향을 인정할 수도 없는 노릇이었기 때문이다. 결국 그는 양면 전략을 구사했다. 그동안 일상화되어온 개인숭배의 표상과 표현을 거둬들이고 금지한 '보여주기식 조치'와 개인숭배가 북한에서 발현된 적이 없다는 입장을 고수한 '잡아떼기식 대응'이 그것이었다. 가능한 소련을 자극하지 않으면서 출구를 찾으려는 의도였음이 분명했다. 김일성과 북한 지도부는 1956년 3월 전원회의 이후 줄곧 이양면 전략에 의존한 해법을 밀어붙였다.

1956년 3월 29일부터 4월 1일까지 개최된 조선노동당 평양시당 대표자회도 동일한 전략을 구사했다. 토론에 나선 시당 위원장 이송운은 스탈린 개인숭배로부터 부정적 영향을 받은 소련공산당과 달리, 조선노동당은 개인숭배의 해악에 사로잡힌 적이 없다고 발뺌했다. 그의 달콤한 아첨에 따르면 김일성은 "독재자"이기는커녕, 인민들의 존경을 한몸에 받고 있는 자애로운 성품의 인격자였다. 이송운은 마지막으로 평양시에 조성된 "김일성광장"의 명칭이 지도자 본인의 제의에 따라 결정되지 않았다고 강조하며, 그와 개인숭배를 결부하는 시각이 어불성설임을 입증하고자 했다.[18]

더 나아가 당 지도부는 김일성을 향한 인민들의 존경과 자발적 추종이 개인숭배로 오해되어왔다는 논리를 구축하는 데에도 힘을 쏟았다. 1956년 4월 중순경 당 중앙위원회 선전선동부장 이일경은 "우리나라에 개인숭배는 없다!"고 잘라 말하며, "인민들이 수상 동지의 혁명전통을 계승하려 항일빨치산 역사를 연구하는 행위를 어떻게 막을 수 있겠습니까?"라고 반문하기까지 했다. 그는 한 개인을 지나치게 우상화하는 태도는 미신행위이나, "우리 지도자"를 존경하는 행위는 인민들의 자발적 태도라고 결론지었다.[19]

개인숭배가 발현된 적이 없다는 발뺌과 함께 보여주기식 시정 조치도 병행되었다. 먼저 개인숭배의 상징이라 할 수 있는 초상화 속 인물에 변화가 따랐다. 그동안 공공장소에 걸린 초상화는 김일성의 것이 유일했으나, 1956년 평양 5·1절 기념시위에 최고인민회의 상임위원회 위원장 김두봉의 초상화가 나타났다. 마르크스Karl Marx와 레닌Владимир Ильич Ленин의 초상화가 시위 행렬의 맨 앞줄에 섰고, 김일성

마르크스, 엥겔스, 레닌, 스탈린, 김일성 초상화
해방 직후 각종 기념행사가 열릴 때마다 마르크스주의 사상가·혁명가들의 초상화를
맨 앞에 세운 시위대의 장엄한 행진이 벌어졌다. 북한의 경우 시간이 지남에 따라
시위대의 초상화 속 인물들은 스탈린과 김일성으로 압축되는 경향을 보였다.

과 김두봉의 초상화가 그 뒤를 따랐다. 흐루쇼프와 불가닌Николай Ал ександрович Булганин의 초상화도 눈에 띄었지만, 군중들에게 친숙한 스탈린 초상화는 자취를 감추었다.[20]

지도자 개인보다 당과 인민의 역할을 더 강조하는 목소리도 들려왔다. 토지개혁기 농민들에게 분여된 경작지를 "지도자의 하사품"이 아닌, "혁명의 전취물"이라고 정정해 선전한 사례가 대표적이었다. 신문·잡지와 선동가들의 입에 흘러넘쳤던 지도자를 찬양하는 화려한 수식어들이 사라졌다는 점도 주목할 만한 변화였다.[21]

그러나 이상의 대응은 근본적 해결책이라기보다, 눈앞의 위기를 모면하려는 임기응변식 조치에 지나지 않았다. 북한 지도부는 국내에서도 나타나기 시작한 개인숭배 반대의 목소리를 억압하기보다 한동안 방관하는 태도를 보였다. 그러나 그들의 비밀 지시를 받은 내무기관 요원들은 분주히 내사에 착수해 개인숭배 비판자들의 명단을 작성했다. 출판물에 실린 글, 강사들의 강의 내용, 회의석상의 토론, 개별적 담화 등에 걸쳐 치밀한 조사가 이루어졌다.[22]

김일성 개인숭배의 역사적 배경

개인숭배를 청산할 생각이 없었던 북한 지도부의 행태에 누구보다 실망한 이는 주소 대사 이상조였다. 그는 1956년 3월 전원회의에서 개인숭배의 부분적 현상들만을 인정한 뒤, 그것이 어떠한 해악도 일으키지 않았다고 잡아뗀 김일성의 태도에 격분했다. 개인숭배가 얼마나 심각한 폐해를 낳았는지 그가 꼽을 수 있는 근거들은 한두 개가 아니었다. 그가 떠올린 가장 최근의 사건은 해방 직후 강원도당 위원장을 지낸 적이 있는 한 노동당 간부 피살사건이었다. 어느 회의석상에서 김일성의 혁명 활동을 둘러싼 과찬이 오갔을 때, 그는 자제하자는 목소리를 내며 들뜬 분위기를 가라앉혔다. 결국 그는 실종되었고, 1956년 봄 평양의 외진 곳 눈 더미 속에서 꽁꽁 얼어붙은 채 발견되었다.[23]

이상조는 김일성 개인숭배 탓에 얼마나 많은 인민들이 탄압을 받았는지 곱씹어보았다. 그가 보기에 그 대표적 사례는 형법 제72조와 제76조에 의거하여 구금된 인민들이 무려 1만여 명에 달했다는 점이었다.[24] 당혹스럽게도 김일성 초상화를 조악한 종이에 인쇄하거나, 그의 초상화가 실린 신문으로 책을 싼 이들이 그 희생자들 가운데 포함되어 있었다.

김일성
스탈린 개인숭배를 모방한 김일성 개인숭배는
북한에 억압적 분위기를 조성했다. 김일성을
비판하거나 폄훼한 많은 인민들이
조선민주주의인민공화국
형법에 의거해 엄중한 처벌을 받았다.

그들은 김일성 초상화에 낙서하거나 어색한 부분을 연필로 보정한 이들과 마찬가지로 징역 5년형을 언도받았다. 강제적 양곡 수매사업에 격분한 나머지 김일성 초상화를 가리키며, "당신은 인민들 사정을 모르고 있어!"라고 성토한 어느 농민은 징역 7년형을 언도받기까지 했다.[25]

이상조는 김일성을 "조선의 레닌"이나 "조선의 모택동"이라고 추켜세우는 선전정책에도 실소를 금치 못했다. 그는 "김일성 동지를 위대한 레닌이나 모택동 동지와 비교하는 행위는 양심을 저버린 짓"이라고 일갈하며, 그들과 같은 선상에서 논의하기조차 부끄러운 그의 빈약한 이론적 소양을 조롱했다. 사실 그의 이론적 소양이 보잘것없다는 평가는 당대인들의 일관된 목소리였다. 한 논자는 "이론 면에서 그는 보통 이하이다. 글을 써서 저술한다는 것은 그에게 전혀 어울리지 않으며 그럴 능력도 없다"고 혹평했다. 소련군사령부 산하 민정국 국장 레베데프Николай Георгиевич Лебедев도 그가 "마르크스-레닌주의 이론 수준을 끌어올리려는 노력을 체계적으로 실행하지 않고 있다"고 지적한 적이 있었다.

이론적 소양이 부족했던 김일성은 동료들의 공로를 가로채는 일도 서슴지 않았다. 이상조는 《김일성선집》을 거론하며 다음과 같이 말했다. "나는 거기에 실린 논문들의 질과 수준을 논하기를 원하지 않는다. 다만 그 선집에 수록된 논문과 보고문 중 과연 몇 편이 김일성 동지가 직접 집필한 것이겠는가?" 그는 그 글들을 김일성 명의가 아닌, 조선노동당 명의의 보고집으로 출판했어야 마땅하다고 보았다. 한 연안계 인사도 이상조의 주장을 그대로 되풀이했다. "그는 남이 써준 것을 몽땅 차지했다. '말은 바른 대로 하고 큰 고기는 자기 중태기(망태기의 북한어)에 넣어야 한다'는 신조를 어디에서나 발휘했던 것이다."[26]

이상조는 김일성 개인숭배가 북한 지역에 만연할 수밖에 없었던 원인 분석에 착수했다. 먼저 그는 김일성이 지도자로 부상할 당시의 상황을 반추해보았다. 그의 분석에 따르면 일제 시기 한반도·만주·옌안延安 등지에서 활동한 혁명세력들 사이에 일정한 연계가 없었고 통일적 공산당이 존재하지 않은 탓에, 그들은 유력한 지도자를 확보하지 못한 채 해방을 맞았다. 그럼에도 여러 혁명세력 지도자들 가운데 한 명이었던 김일성이 두각을 나타낸 이유가 있었다. 바로 그가 해방군인 소련 군대와 함께 귀국했기 때문이었다. 조선의 모든 공산주의자들에게 절대적 권위가 있었던 소련이 김일성을 지지하고 후견함에 따라, 그들도 자연스레 그를 옹호하기 시작했다.

김일성을 지도자로 추대하는 데 반대한 이들도 있었으나 대체로 지지세가 우세했다. 따라서 그의 권위에 힘을 실어주고 그의 위신을 높일 수 있는 대책들이 강구되었다. 이를테면 다른 이들이 집필한 논문들이 그의 이름으로 발표되었고, 도처에 그의 초상화가 스탈린 초상화와 함께 나붙었으며, "20개조 정강"도 그의 이름으로 발표되었다. 북한의 모든 성과가 "김일성"이라는 이름 석 자와 결부되었고, 많은 이들이 힘들여 일궈낸 공로의 영예가 오직 그에게 돌려졌다.

이상조는 소련에서 유입된 개인숭배가 북한에 만연할 수 있었던 여건도 따져보았다. 그의 진단에 따르면, 조선인들은 누구나 봉건시대 왕을 향한 개인숭배에 길들여져 있었다. 봉건시대로부터 식민통치기를 거쳐 계승된 "관존민비" 사상이 전 인민들의 머릿속에 각인되어, 개인숭배가 횡행할 수 있는 사회환경이 조성된 터였다. 따라서 국가와 동일시된 왕을 반대하는 행위가 곧 국가를 배반하는 행위로 간주되었듯, 김일성을 비판하는 행위는 당과 국가의 전복을 꾀하는 행위로 규정되었다.

이상조는 한국전쟁도 개인숭배의 조장에 일조했다고 진단했다. 전선의 수요가 권력의 집중화를 요구함에 따라 전쟁의 확대와 함께 모든 권력이 김일성 수중에 집중된 반면, 당원들과 인민들의 민주주의적 권리는 제약을 받을 수밖에 없었기 때문이다. 결국 당과 정부와 모든 인민들을 딛고 올라선 그는 "신성불가침한 존재"가 되기에 이르렀다. 이상조는 김일성이 절대자로 군림하고 개인숭배가 도처에 만연할 수 있었던 원인을 낱낱이 규명했으나, 혁명가로서 그가 이룬 공적들을 모두 부정한 것은 아니었다. 그럼에도 그는 지도자의 과거 공적을 찬양하며 과대 포장하는 행위는 양심 있는 당원의 태도가 아니라고 덧붙였다.[27]

소련공산당 제20차 대회가 불러온 개인숭배 반대운동은 이상조와 같은 정의로운 혁명가들의 비판의식을 일깨웠다. 북한의 현 상황이 과연 그들이 꿈꿔온 해방된 세상의 모습인지 의문을 품었던 많은 혁명가들이 그의 생각에 공감했다. 개인숭배 반대운동의 물결은 정의로운 혁명가들의 가슴에 불을 지피고, 그들이 불의에 맞서 들고일어나도록 용기를 북돋운 도화선이 되었다.

07

조선노동당
제3차 대회

소련과 거리 두기

소련공산당 제20차 대회는 스탈린 집권기에 훼손되었던 공산당의 기본 원칙들을 복원하려는 목표를 지향했다. 그 가운데 가장 중시된 두 개의 제도는 집단지도체제와 당내 민주주의였다. 전당대회는 그 두 가치를 동시에 구현할 가장 상징적이고 대표적인 조치로 인식되었다. 소련이 그동안 외면해온 집단지도체제와 당내 민주주의의 회복을 강조하며 전당대회를 개최하자, 북한도 지켜보고만 있을 수 없었다.

1956년 4월 23일부터 29일까지 1주일간에 걸쳐 조선노동당 제3차 대회가 개최되었다. 조선민주주의인민공화국 수립 직전인 1948년 3월 말에 소집된 제2차 대회에 이어 무려 8년 만에 열린 전당대회였다. 전체 당원 116만 4,945명을 대표해 914명의 당원들이 이 대회에 참석했다. 아울러 외국의 축하 사절단으로 브레즈네프Леонид Ильич Брежнев를 단장으로 한 소련공산당 대표단, 녜룽전聶榮臻을 단장으로 한 중국공산당 대표단, 일본공산당 대표단 등 13개국 공산당계 대표단이 참가했다.[1]

이전 당대회의 분위기와 달리 개인숭배의 상징물과 표상은 자취를 감추었다. 대회장의 장식이나 토론자들의 발언에서도 개인숭배의 징후는 눈에 띄지 않았다. 〈김일성 장군의 노래〉를 비롯해 김일성의 업적을 찬미하는 축시 낭독, "김일성 장군 만세!"를 외치는 큰 함성은 이제 과거의 유물이 된 듯했다. 여전히 모든 성과를 김일성의 공로로 돌리며 입에 발린 소리를 한 한설야를 제외하고, 지도자에게 극존칭과 과도한 찬사를 바친 토론자는 목격되지 않았다. 설령 그들이 어떤 성과와 공로를 칭송한다 해도, 이제 그 주인공은 지도자가 아닌 당이었다. 그러나 소련공산당 제20차 대회가 조선노동당 제3차 대회에 끼친 영향은 그 정도에 지나지 않았다.[2]

대회 첫날 4월 23일, 당 중앙위원회 위원장 김일성이 당 사업 총결 보고에 나섰다. 장시간에 걸친 그의 보고는 국제 정세와 국내 정세를 포함한 당 사업 전반을 다루었다. 보고의 형식은 특별할 게 없었으나, 의미심장한 내용이 참석자들의 이목을 끌었다. 그는 다시 한번 교조주의와 형식주의를 비판하며 "주체"를 강조했다. 그는 다음과 같이 말했다. "우리 당 사상사업에 존재하는 교조주의의 엄중한 표현들 가운데 하나는 우리나라 역사에 대한 연구와 선전이 망각되거나 무시되고 있다는 점입니다. 우리의 많은 일꾼들과 당원들은 외국의 혁명역사에 정통한 반면, 조국의 혁명역사 연구를 등한시하고 있습니다." 조선의 혁명역사보다 소련 혁명역사에 더 관심을 보인 당원들을 꾸짖은 그는 "당 선전사업에서 주체를 확립"해야 한다고 역설했다.[3]

대담하게 "주체"를 강조한 그의 보고는 소련공산당 대표단을 갸우뚱하게 만들었다. 그러나 그는 거기에 만족하지 않고 그동안 양국 관계에 균열을 일으킨 정치·경제·외교적 문제들을 재검토하며, 소련공산당 제20차 대회의 결정을 우회적으로 회피하는 결론을 도출해나갔다. 이를테면 흐루쇼프의 신노선인 평화공존론을 지지하면서도, 미제국주의의 침략성을 경계하며 그것을 아시아와 한반도에 그대로 적용하기 어렵다는 입장을 밝혔다. 공업화 전략과 농업협동화운동을 둘러싼 입장도 마찬가지였다. 그는 북한의 현 상황에 비추어 중공업 우선 정책과 급속한 농업협동화가 정당하다는 주장을 되풀이했다.[4] 그러나 그는 소련의 권고를 무턱대고 배척하기보다, 받아들이는 시늉이라도 보여야 했다. "중공업의 우선적 발전을 보장하며, 동시에 농업과 경공업의 급속한 발전을 꾀한다"는 그의 유명한 경제노선은 분명 소련을 의식한 수사의 성격을 띠었다.

김일성
북소 갈등이 고조되자 김일성은 소련의
영향권에서 벗어나려는 전략을 구사했다.
그는 교조주의와 형식주의를 비판하고
"주체"를 강조하며, 의식적으로
소련과 거리를 두기 시작했다.

그러나 이상의 현안들보다 훨씬 주목받은 것은 바로 개인숭배를 둘러싼 입장 표명이었다. 한 달 전에 개최된 3월 전원회의에서 김일성은 형식적이나마 자신을 향한 개인숭배가 발현되었다고 시인했다. 그러나 3차 전당대회가 시작되자 그는 망각에 빠진 듯 기존 입장을 완전히 뒤엎어버렸다. 개인숭배를 둘러싼 모든 책임을 박헌영에게 전가할 뿐, 자신의 과오에 대해서는 단 한 마디도 언급하지 않았다. 그는 박헌영 개인숭배가 만연한 탓에 반당 활동을 감행한 남노당 "종파분자들"에 맞서 적극적 투쟁을 전개할 수 없었다고 성토하기까지 했다.[5] 논점으로부터 벗어난 변명성·회피성 발언 일색이었다.

사실 김일성은 측근들과 함께 3차 당대회를 준비하며, 개인숭배를 겨냥한 비판을 봉쇄하기 위한 조치에 착수했다. 그는 당대회 참석자들 앞에 자신의 과오를 공식적으로 시인하면, 향후의 권력 유지에 문제가 생길 수 있다는 결론에 다다랐다. "스탈린 꼴"이 나지 않으려면 개인숭배를 둘러싼 모든 과오를 발뺌할 필요가 있었다. 3차 당대회의 전반을 기획했을 뿐만 아니라, 개인숭배를 겨냥한 비판 토론을 봉쇄해야 한다고 김일성에게 조언한 이는 그의 최측근인 당 중앙위원회 부위원장 박금철이었다. 그는 "외국 공산당 대표단들이 조선노동당 내부 문제에 그릇된 의혹을 품을 수 있다"는 구실을 내세우며, 동료 간부들에게 비판 토론을 개진하지 말라고 지시했다.[6]

당 간부들의 비판 토론을 봉쇄할 수 있었던 결정적 조치는 토론 원고의 사전 검열이었다. 지정된 토론자들은 발표문을 당 중앙위원회 선전선동부에 제출해 철저한 검열을 받아야 했다.[7] 물론 비판적 내용은 삭제되거나 수정되었다. 사전 검열 탓에 김일성 개인숭배에 불만을 품고 있던 여러 인사들의 토론은 아예 취소되기까지 했다. 이상조·고봉기·김승화·박창옥 등이 토론자 명단에서 제외되거나, 수정된 원고를 들고 토론에 나서야 했다.

토론

3차 당대회 둘째 날인 4월 24일부터 시작된 토론은 대체로 김일성의 총결 보고를 지지하는 양상으로 전개되었다. 당 지도부 내 김일성의 측근 인사들은 그의 보고 내용을 각각 주제별로 분담해, 지지 입장을 피력하며 보충 설명을 덧붙이는 식으로 공동 대응했다. 조직지도부장 한상두는 가장 민감한 현안인 개인숭배 문제를 맡았다. 그는 박헌영 개인숭배가 당원들의 혁명의식을 마비하고 혁명운동에 악영향을 끼쳤다고 성토했다. "종파분자들이 혁명운동에 끼친 해악"을 박헌영 개인숭배와 연결한 지도부의 기존 입장을 되풀이한 견해였다. 뿐만 아니라 그는 역사에서 "지도자들의 역할"을 부정하면 무정부주의적 사태가 일어날 수 있다고 지적하며, 김일성을 향한 인민들의 추종과 찬미가 개인숭배와 다른 결에 있는 정당한 행위라고 강조했다.[8]

박금철은 중공업 우선 정책의 정당성을 설파하는 토론을 맡았다.

그는 식량·소비품·주택 부족을 거론하며 인민들의 생활수준이 열악한 상태임을 인정했다. 그러나 그에게는 만능적 해결책이 있었다. 인민경제 전 부문의 확대재생산, 부단한 기술적 진보, 급속한 생산력 향상 등을 보장할 수 있는 그것은 다름 아닌 중공업 우선 정책이었다. 그는 소비품 생산의 성패가 중공업 발전 여부에 달린 이상, 인민들의 생활수준 향상도 중공업 발전과 국가의 사회주의적 공업화를 통해 실현될 수 있다고 보았다.[9]

소련계 한인 외무상 남일은 평화공존론을 지지하는 토론을 맡았다. 그는 먼저 남북 관계를 개선한 뒤 상호 교류를 활성화한 기반 위에 평화통일을 이룩해야 한다고 강조했다. 그의 제언에 따르면 남북한의 군비를 축소하고 "정전 상태"를 "종전 상태"로 전환하는 과정을 거쳐 평화통일의 여건을 조성할 수 있을 터였다. 그러나 토론이 끝나갈 즈음 그도 김일성의 입장을 좇아 "남조선의 경찰 테러 독재"를 비판하며, "남조선에 대한 미제국주의의 정치·경제·군사적 침략"을 경계하는 태도를 보였다.[10] 그의 마지막 발언은 미국과 남한을 자극하는 언사가 평화로운 분위기의 조성을 방해한다는 소련의 입장에 부합하지 않았다.

교조주의와 형식주의를 비판하고 "주체"를 강조한 김일성의 보고를 지지하며 토론에 나선 이는 교육상 김창만이었다. 반소적 인물로 잘 알려진 그는 소련계 한인들을 향해 비판의 날을 세웠다. 그는 "선진국"의 고귀한 경험들을 우리나라의 현실과 구체적 조건에 맞게 창조적으로 적용해야 함에도 불구하고, "선전 박사"로 추앙받는 일부 일꾼들이 그에 역행하는 태도를 보였다고 질책했다. 그가 비판의 표적으로 삼은 "선전 박사들"은 다름 아닌 박창옥·기석복·정률·전동혁을 가리키고 있었다.

그는 그들을 "교조주의자들"이라 지칭하며 다음과 같이 쏘아붙였다. "교조주의자들의 특징은 말과 행동이 불일치하며 목표 없는 공대포를 쏘아대고 수박 겉핥기만 하며 빛은 화려하고 소리는 요란스러우나 속은 텅 비었고 결과는 아무것도 없다는 점입니다." 그는 우리 조선을 깊이 연구할 뿐만 아니라 "까불지 말고 침착하게 조선 실정에 맞게 굴라!"고 그들에게 충고한 뒤, 자신이 관할하고 있는 교육 부문에서의 "주체"를 강조했다. 학생들이 "그리 소문나지 않은" 소련의 역사적 인물들을 "척척 외워대는" 반면, 우리나라의 위인들을 모르고도 수치스럽게 생각하지 않는 경향이 있다는 일침이 그것이었다.[11]

한편 김일성의 측근 인사들과 달리 독자적 정견을 표출해온 간부들의 토론도 특별할 게 없긴 마찬가지였다. 소련계 한인 국가건설위원회 위원장 박의완은 자신이 관할한 교통·운수·건설 부문의 성과와 향후 계획을 소개하며 원론적인 입장을 표명하는 데 그쳤다. 연안 출신 원로인 내각 부수상 최창익도 당의 정책을 적극 옹호하는 태도를 보였다. 그는 조선노동당이 평화적 시기나 전쟁 시기에 관계없이 "인민들의 물질적·문화적 복리 향상에 최대한의 배려를 돌려왔다"고 밝혀 객관적 사실과 다른 견해를 내비쳤다.[12]

자화자찬 일색의 토론이 지속되었으나, 비판적 의견을 개진한 이가 아예 없었던 것은 아니었다. 개인숭배가 만연한 상황에서도 자신의 독자적 정견을 밝히길 주저하지 않았을 만큼 권위가 있었던 최고인민회의 상임위원회 위원장 김두봉이 그 주인공이었다. 그러나 그도 민감한 사안인 김일성 개인숭배 문제를 외면한 채, 민주주의가 유린되고 있는 현 실태의 문제점들을 지적하는 데 그쳤다. 그는 자신이 관할한 지방 인민회의의 운영 상황을 비판의 표적으로 삼았다. 그의 진단에 따르면 현재 지방 인민회의가 정상적으로 소집되지 않을 뿐더러, 대의원들의 경우 그동안 수행해온 사업 경과를 유권자들에게 보고하지 않는 관행이 일반적이었다. 심지어 그들은 "민주주의적 선거"가 아니라, 아무런 권한도 부여받지 못한 회의에서 선출되는 경향이 있었다. 김두봉은 지방 인민회의의 그러한 운영 실태를 "민주주의를 난폭하게 유린하는 폐단"이라고 비판하며, 민주주의적 선거를 실시해 그를 재정비할 필요가 있다는 처방을 제시했다. 사실 최고인민회의 선거와 지방 인민회의 선거는 각각 1948년과 1949년을 끝으로 한 번도 치러진 적이 없었다.[13]

한편 김일성 개인숭배를 탐탁지 않게 여긴 최용건도 토론에 나섰으나, 당 지도부의 입장을 되풀이하는 데 그쳤다. 그는 개인숭배를 둘러싼 모든 책임을 박헌영에게 돌렸을 뿐만 아니라, 조선노동당은 시종일관 집체적 지도원칙을 준수해왔다고 강조했다. 김일성 개인숭배가 끼친 부정적 영향에 대해서는 한 마디도 언급하지 않았다.[14]

사실 이제 최용건은 무엇 하나 두려울 게 없었던 과거의 그가 아니라, 자신의 안위를 걱정해야 할 처지가 된 한 원로에 지나지 않았다.

I

더구나 대부분의 고위 간부들처럼 그도 감시를 당하고 있었다. 그의 운전수와 경호원들 중에도 정보원이 끼어 있을 가능성이 높았다. 모스크바 주재 북한대사관의 사정도 다를 바 없던 터라, 김일성은 이상조가 최용건에게 동유럽의 개인숭배 반대운동 관련 자료들을 넘겨주었음을 간파하고 있었다.[15] 따라서 최용건의 활동은 위축될 수밖에 없었다. 3차 당대회 셋째 날 토론자로 나선 그가 김일성의 보고 연설에 영합한 발언을 한 까닭은 그러한 이유에서였다.

당대회를 둘러싼 불만의 소리들

형제국 잔치에 찬물을 끼얹을 생각이 없었던 외국 공산당 대표들의 축하연설 논조도 호의적이기는 마찬가지였다. 대회 이틀째인 4월 24일 회의에 등단해 축하문을 낭독한 소련공산당 대표단 단장 브레즈네프도 최대한 예의를 갖췄다. 그는 소련공산당 제20차 대회가 그러했듯, 조선노동당 제3차 대회도 개인숭배의 발현을 막아 당내 집체적 지도원칙의 확립에 기여하길 바란다는 입장을 전달했다.[16] 북한에서도 개인숭배가 만연해 있고 집체적 지도원칙이 준수되지 않고 있음을 암시하는 발언이었으나, 형제당 지도부의 기분을 언짢게 할 만한 수위의 언사는 아니었다.

　3차 당대회가 막을 내린 다음 날인 4월 30일, 브레즈네프는 김일성

브레즈네프와 김일성
조선노동당 제3차 대회 기간 중 김일성을 만난 브레즈네프는
만면에 웃음을 잃지 않은 채 최대한 예의를 갖춰 대담에 임했다.
그러나 그의 유화한 태도는 예의상의 표현에 지나지 않았다.
그가 모스크바에 제출한 보고서는
북한을 신랄하게 비판하는 내용으로 가득 차 있었다.

을 비롯한 북한 지도부와 회동했다. 4시간 30분에 걸친 긴 회담 시간 동안 북한의 경제 상황이 검토되고 소련의 대북원조 문제가 논의되었다. 축하사절로 파견된 만큼 브레즈네프는 이번에도 직접적 비판을 삼간 채 요령 있게 소련의 입장을 전달했다.[17] 그는 김일성에게 정치범으로 구금되어 있는 간부들을 재심의할 필요가 있다는 요청도 조심스레 건넸다. 흐루쇼프가 스탈린−베리야Лаврентий Павлович Берия 체제하에서 숙청된 많은 간부들을 복권했듯, "형제국들"에서도 동일한 조치가 필요하다는 입장이었다. 독일민주공화국의 경우 이미 2만여 명의 인사들이 소련의 권고에 따라 석방된 상황이었다. 김일성은 브레즈네프의 면전에서 시종일관 미소를 잃지 않았으나, 그의 조심스런 권고를 가차 없이 묵살해버렸다.[18]

겉으로만 환대했던 김일성처럼, 북한 지도부에 끝까지 격식을 갖춘 브레즈네프의 태도도 예의상의 표현에 지나지 않았다. 사실 모스크바에 제출된 그의 보고서는 형제국을 신랄하게 비판하는 내용으로 가득차 있었다. 그는 3차 당대회 토론자들의 발언 대부분이 극심한 과장으로 포장된 데다, 내용 없는 미사여구의 나열이었다고 혹평했다. 그는 특히 김일성에게 지나친 아첨을 일삼은 한설야를 지목하며, 북한에 여전히 개인숭배가 만연해 있다는 증거로 들었다. 그가 내린 결론에 따르면 조선노동당 지도부는 참혹한 현실을 미화하고 자화자찬하는 정서에 사로잡혀 있을 뿐만 아니라, 무능한 아첨꾼들에 둘러싸여 있었다.[19]

조선노동당 제3차 대회가 개인숭배 청산에 관심을 돌리지 않은 채 막을 내리자, 8년 만에 개최된 이 당대회를 부정적으로 평가하는 목소리들이 연거푸 터져나왔다. 독일민주공화국 주재 북한대사 박길룡은 3차 당대회가 비판과 반성에 중점을 두기는커녕, 당내 "집체적 지도원칙"이 준수되어왔다고 자화자찬하는 분위기 속에서 진행되었다고 꼬집었다. 그는 소련공산당 제20차 대회의 정신이 이 대회에 전혀 반영되지 않았다고 결론내렸다.[20]

외국인 사절들의 평가도 다르지 않았다. 3차 당대회에 외국 공산당 대표단 일원으로 참가한 불가리아·알바니아·헝가리·루마니아 인사들은 조선노동당의 치명적 과오와 결함이 전혀 논의되지 않았을 뿐더러, 박헌영이 애꿎은 희생양이 되었다고 수군거렸다. 게다가 그들은 집체적 지도원칙을 고수해왔다는 조선노동당의 입장에도 냉소적 태도를 보였다. 북한의 간부들에게 어떤 현안을 둘러싼 입장 표명을 요구할 때마다, "주인께서 아직 그 문제를 검토하시지 않았다"거나 "내가 주인께 보고하겠다"는 답변만을 들어온 그들에게 조선노동당이 집체적 지도를 준수해왔다는 입장은 어불성설에 지나지 않았다. 그들은 조선노동당이 아닌 김일성을 조선민주주의인민공화국의 "주인"으로 인식하고 있었다.[21]

조선노동당 제3차 대회가 당 지도부의 바람대로 비판적 문제 제기 없이 막을 내렸으나, 대회 기간 중 어떠한 잡음도 일지 않았던 것은 아니었다. 사실 개인숭배를 비롯한 북한의 정치 현실에 불만을 품고 있던 인사들은 3차 당대회를 그들의 입장을 공론화할 절호의 기회로 여겠다. 이 대회에 누구보다 큰 기대를 걸고 있었던 이들은 소련계 한인들이었다. 소련의 이해관계를 대변해온 그들은 소련공산당 제20차 대회의 결의에 따라 개인숭배 반대운동에 동참할 뜻을 품고 있었다.

아울러 1955년 중반부터 공공연한 탄압을 받아온 그들은 3차 당대회가 자신들의 지위와 처우를 원상태로 돌리고, 더 나아가 김일성 독재정치를 청산할 수 있는 계기가 되길 기원했다. 소련계 한인을 대표한 간부들인 박의완·박창옥·김승화·박영빈은 소련공산당 대표단을 이끌고 방북한 브레즈네프와의 면담이 그들의 바람에 출로를 터줄 것으로 기대했다. 만약 그 면담이 성사된다면 소련계 한인들이 처한 상황과 개인숭배를 비롯한 폭넓은 문제들이 심도 있게 논의될 터였다. 그러나 그들을 둘러싼 열악한 상황 탓에 면담은 성사되지 못했다. 다만 내각 부수상 박의완이 브레즈네프를 만나 북한의 현실을 알릴 기회가 있었으나, 그들 간에 깊이 있는 의견 교환은 이루어지지 않았다.[22]

브레즈네프와의 면담을 통한 문제 해결이 무산되었음에도 불구하고, 소련계 한인들에게는 아직 기회가 남아 있었다. 그것은 3차 당대회에서 토론권을 부여받아 공개적으로 입장을 표명하는 방안이었다. 때마침 박창옥에게 자아비판 토론에 나서라는 동료 간부들의 요구가 빗발치고 있었고, 그도 얼마든지 토론에 나설 용의가 있었다. 그러나 반소련계 한인 캠페인을 주도한 최용건과 박금철이 완강하게 반대했다. 김일성 개인숭배를 비판할지 모를 그의 발언이 형제국 공산당 대표단에게 조선노동당 지도부가 분열되어 있다는 인상을 심어줄 수 있

다는 이유에서였다. 결국 김일성이 그들의 의견을 받아들여, 박창옥의 토론은 무산되고 말았다.[23]

사실 박창옥이 준비하고 있던 토론 내용은 개인숭배 문제까지 망라하고 있었다. 지난날 박헌영과 허가이 숙청에 앞장선 그는 누구보다 적극적으로 김일성 개인숭배를 조장한 이가 자신임을 잘 알고 있었고, 바로 그 과오를 자아비판하며 토론에 나설 심산이었다. 그러나 의욕적으로 원고를 준비하던 그는 토론을 불허한다는 통고를 받았다.[24] 한편 당 중앙위원회 선전선동부에 토론 원고를 제출한 건설상 김승화는 검열의 벽을 넘지 못했다.[25] 수정된 원고를 들고 토론할 수 있었던 몇몇 간부들과 달리, 그에게 토론의 기회조차 주어지지 않았다는 점은 그도 김일성 개인숭배 문제를 둘러싼 비판적 토론을 준비하고 있었음을 시사한다.

이상조의 이의 제기

소련계 한인들 못지않게 3차 당대회에 큰 기대를 걸고 있던 이는 주소 대사 이상조였다. 당대회 직전에 귀국한 그는 연안 출신 인사들과 두루 접촉하며 대책을 논의했다. 어떻게든 개인숭배 반대운동에 불을 지필 심산이었다. 그는 윤공흠 자택을 두 차례 방문해 그와 허심탄회한 대화를 나누었다. 윤공흠은 내각 상업상에 재임 중이었음에도 불구하고, 그에게 고기라고는 생선이 전부인 아주 검박한 식사를 대접했다.[26]

Ｉ

연안 출신 인사들과 접촉하며 당대회를 기다리던 이상조가 개인숭배를 더더욱 혐오하게 된 계기가 있었다. 그는 "조선인민혁명투쟁역사박물관"을 관람하던 중 이른바 "갑산 체계도"라는 자료를 목격했다. 김일성이 지도한 항일유격대와 조국광복회를 중심으로 연결된 운동가들의 인적 관계망을 보여주는 조직도였다. 이상조는 그 조직도가 지방 수준을 넘어 한반도 전역에 걸쳐 있을 만큼 과대포장되고, 별 관련이 없는 이들까지 망라하고 있다는 점에 아연실색했다. 심지어 그 조직도에 이름을 올려 벼락출세한 이도 있을 정도였다.

그는 다짜고짜 박물관 관장에게 물었다. "대체 누가 이것을 작성했소? 김일성 동지도 보았습니까?" 관장은 대답했다. "중앙당이 직접 작성해 보내왔습니다. 얼마 전 수령님도 보시고 대단히 흡족해하셨지요."[27] 이상조는 위조된 역사에 격분했다. 그는 김일성의 항일투쟁사만이 조선 민족해방운동의 모든 영예를 독식하고 있는 반면, 자신이 관여한 독립동맹과 조선의용군 역사를 비롯한 여타 조선 민족의 숭고한 항일투쟁사가 뒷전으로 밀려나는 현실에 분노를 금할 수 없었다.

좀처럼 화를 가라앉힐 수 없었던 그는 김일성을 찾아갔다. 그와 동행한 이는 연안 출신 직업총동맹 위원장 서휘였다. 의로운 일에 소신을 굽히지 않았을 뿐만 아니라 대담하기까지 한 서휘는 "타고난 정치가"라는 평을 얻고 있던 인물이었다.[28] 이상조는 그가 옆에 서자 그 무엇도 두려울 게 없었다. 그들은 진솔한 대화를 통해 엇나가고 있는 지도자를 바로잡을 수 있다고 생각했을 만큼 때묻지 않은 순수한 혁명가들이었다. 그들의 진심 어린 충고는 당과 내각 지도부에 포진한 "아첨꾼들"이 개인숭배를 조장한 결과 집체적 지도원칙이 훼손되었다는 점, 북한의 역사 서술과 교육이 김일성의 항일무장투쟁 위주로 이루어지고 있는 반면 다른 지사들의 항일운동사는 철저히 외면되고 있다는 점에 초점이 맞추어졌다.[29] 이상조는 김일성에게 개인숭배와 일인 독재정치를 청산한다면, 적극적으로 그를 돕겠다고 약속했다. 반가운 웃음으로 두 손님을 맞았던 김일성의 얼굴은 완전히 일그러져 있었다. 그는 대꾸도 하지 않은 채 불편한 심기를 내비쳤다.[30]

대화를 통한 설득에 실패한 이상조는 3차 당대회를 기약할 수밖에 없었다. 이제 그가 김일성 개인숭배 문제를 공론화할 수 있는 현실적 해법은 당대회 토론에 나서 공개적 비판을 감행하는 길뿐이었다. 이상조와 함께 연안 출신 황해남도당 위원장 고봉기도 비판 토론 준비에 착수했다. 그는 당내 민주주의와 집체적 지도원칙 확립, 독단적 일인지도 방식 폐기, 무고한 간부들에게 씌워진 "반당" 혐의 재심사 등의 과제를 제기할 생각이었다. 그러나 토론원고 사전 검열 탓에, 그의 비판적 제언은 깡그리 삭제되었다. 그는 "알맹이" 없는 원고를 들고 토론에 나서야 했다.[31]

토론이 허용된 고봉기는 그나마 운이 좋은 편에 속했다. 이상조는 토론의 기회조차 부여받지 못했다. 그는 격분한 나머지 대회 서기부를 거치지 않고, 자신의 입장을 기록한 서한을 두 차례에 걸쳐 직접 주석단에 전달했다. 소련이 스탈린 개인숭배 청산에 주력하고 있는 이상,

조선노동당도 이 문제를 적극 검토해야 한다는 내용이 서한에 적혀 있었다.[32] 물론 이번에도 그의 제안은 받아들여지지 않았다. 이상조의 돌발행동은 브레즈네프에게도 포착되었다. 그는 무언가 심상치 않은 일이 벌어지고 있다는 낌새를 챘다. 그의 직감이 틀리지 않았음을 입증하듯, 김일성의 표정은 몹시 일그러져 있었다.[33]

당 지도부의 눈 밖에 난 이상조는 김창만에게 불려가 정치적으로 성숙하지 못하다는 따끔한 질책을 받았다.[34] 그는 격분했다. 중국 쭝산대학中山大學 시절부터 함께 공부하며 혁명적 우의를 다져온 지난날의 동지가 자신의 정당한 문제 제기를 외면하며 충고하자 이상조는 화가 머리끝까지 치밀어올랐다. 그의 거친 항변과 완강한 태도에 당황한 김창만은 최용건·박금철·한상두에게 도움을 요청했다. 그들 김일성 측근들은 이상조를 주소 대사직에서 해임해야 한다고 목청을 높였다. 그러나 김두봉이 제지해 가까스로 그의 해임을 막을 수 있었다.[35]

당 중앙위원회 핵심 간부진 개편

3차 당대회가 개인숭배 문제의 공론화에 불을 지피지 못한 채 막을 내리자, 당내 의식 있는 인사들의 불만도 높아졌다. 이상조와 깊이 있는 대화를 나눈 연안 출신 인사들, 흐루쇼프의 신노선에 공명한 소련계 한인 간부들이 그들이었다. 개인숭배 문제와 함께 그들의 불평불만을 조장한 다른 요인은 3차 당대회 무렵에 이루어진 핵심 간부진 개편이었다. 물론 과거에 김일성과 동고동락한 만주 항일빨치산계 군부 인사들이 당 중앙위원회에 대거 발탁되었다.

당 중앙위원회 위원장에 김일성이 유임되었고, 최용건·박정애·박금철 3인에 두 명을 증원한 부위원장에 정일룡과 김창만이 선출되었다. 기존의 최고의결기구인 당 중앙위원회 정치위원회가 폐지됨에 따라, 당 중앙위원회 상무위원회가 그 역할을 승계했다. 11명의 상무위원에 김일성·김두봉·최용건·박정애·김일·박금철·임해·최창익·정일룡·김광협·남일이, 4명의 상무위원회 후보위원에 김창만·이종옥·이효순·박의완이 선출되었다. 상무위원회를 구성한 총 15명의 위원들 가운데 독자적 정견을 표출해온 이들은 연안 출신 김두봉·최창익과 소련계 한인 박의완뿐이었고, 나머지 인사들은 모두 김일성 측근에 속했다. 김일성·최용건·박정애·박금철·정일룡·김창만·한상두로 구성된 7인의 당 중앙위원회 조직위원회는 사실상 거수기구의 성격을 띠었다.[36] 조선노동당 핵심 기구들의 간부 구성상 이견을 제시할 수 있는 공간이 더욱 협소해짐에 따라, 집단지도체제의 운영도 형식화될 수밖에 없었다.

3차 당대회를 전후해 가장 큰 타격을 받은 세력은 소련계 한인들이었다. 이미 1년 전부터 공세에 직면한 그들은 당내 요직에서 밀려나는 경향을 보였다. 최고의결기구인 당 중앙위원회 상무위원회의 고려인 멤버는 박정애·남일과 후보위원 박의완뿐이었다. 박의완은 독자적 정견을 표출해온 원칙주의자였으나, 박정애·남일은 김일성 측근에 속한

I

인사들이었다. 총 71명으로 구성된 당 중앙위원회 내 소련계 한인 수도 15명에서 10명으로 감소했다. 박정애·박창옥·방학세·김승화·한일무가 유임되었을 뿐, 소련 국적을 포기하지 않은 이들을 비롯해 무려 10명이 제명되었다. 새로이 선출된 고려인 당 중앙위원 5명은 남일·박의완·최종학·허빈·박일령이었다.[37] 혹독한 비판을 받은 박영빈과 박창옥의 유임은 희비가 엇갈렸다. 제명된 박영빈과 달리 박창옥은 "당 대열의 통일과 단결을 유지"할 필요가 있다는 명목을 내세운 김일성의 제안에 따라 재등용될 수 있었다.[38]

소련계 한인 당 중앙위원이 10명에 지나지 않은 반면, 연안 출신 당 중앙위원은 19명에 달했다. 연안계 인사들의 점유율이 다른 세력보다 높았다 해도, 그들이 최고의결기구인 당 중앙위원회 상무위원회에서마저 가장 큰 비중을 점한 것은 아니었다. 김두봉·최창익·임해가 정위원에, 김창만이 후보위원에 선출되었으나, 김창만·임해는 사실상 김일성 측근에 속한 이들이었다. 김두봉·최창익만이 연안계를 대표해 독자적 입장을 고수하며, 다른 세력과 경쟁하기란 쉽지 않은 상황이었다.

한편 김일성 개인숭배에 반대해 비판적 입장을 내비친 연안 출신 인사들 중에도 당 중앙위원에 발탁된 이들이 있었다. 서휘·윤공흠·고봉기가 중앙위원에, 이상조가 후보위원에 선출되었다. 김일성이 그들의 동향을 속속들이 파악하고 있었음을 감안하면, 그들의 등용이 불만을 품고 있던 간부들을 달래려는 회유책 성격을 띠었음을 엿볼 수 있다.[39]

#08

비판세력의
등장

서휘

조선노동당 제3차 대회가 개인숭배 반대운동에 불을 지피지 못한 채 끝나자 당내 불만의 목소리도 높아져갔다. 가장 격한 불만을 표출한 이들은 연안 출신 소장인사들이었다. 3차 당대회 기간 중 이상조와 만나 허심탄회한 대화를 나눈 그들은 김일성 개인숭배를 심각한 문제로 인식했을 뿐만 아니라, 전후 북한의 상황이 전반적으로 열악하다는데 의견 일치를 보았다. 그들은 커다란 포부를 안고 혁명 활동을 시작한 시절에 꿈꾸었던 세상과 너무도 다른 현실이 펼쳐져 있음에 낙담하고 있었다. 진심으로 조국의 앞날을 우려한 그들은 전혀 개선의 여지가 없는 지도자의 독선을 두고만 볼 수 없었다.

이상조 못지않게 북한의 현실을 우려하며 김일성의 독재정치에 반감을 품고 있던 이는 서휘였다. 이상조와 동갑인 그는 1916년 4월 10일, 평안북도 박천군에서 농촌학교 교사의 아들로 태어났다. 그는 서울의 한 중학교에 진학한 십대 중반 무렵부터 반일학생운동에 가담했을 만큼, 부당한 사회 현실을 비판적으로 바라보는 안목을 소유하고 있었다. 1932년경 학내 시위에 참가해 퇴학을 당한 뒤, 그가 미련 없이 택한 길이 바로 혁명운동이었다. 1932년 4월에 조선을 떠나 만주에 당도한 그는 이듬해 중국 대륙으로 건너가기까지 항일투쟁에 가담하며 혁명 경험을 쌓기 시작했다.

유능한 혁명가로 성장한 그는 1935년경 중국공산당에 입당했다. 중국공산당은 그에게 특수 임무를 맡겨 장쉐량張學良의 동북군東北軍에 파견했을 만큼, 조선 청년인 그의 활약에 큰 기대를 걸었다. 1936년 말 시안사변西安事變 당시 중대장에 임명된 그는 그 기대에 부응해 장제스蔣介石의 경호원들을 무장해제하는 공로를 세웠다. 이후에도 그는 중국공산당의 비밀지령을 받아 특수 임무를 수행했으며, 조선이 해방될 때까지 중국공산당 주력 부대인 팔로군 1사단 정치 지도원으로 활약했다.

그가 조선을 떠난 지 10년 만에 해방의 날이 왔다. 연안계 동료들과 함께 귀국한 그에게도 정치 활동의 문이 열렸다. 북조선공산당 평양시

서휘
서휘는 시안사변 당시 장제스의 경호원들을
무장해제하는 공로를 세웠다. 정의롭고 열정적이며
배짱이 두둑했던 혁명가인 그는 동료들로부터
"타고난 정치가"라는 평판을 얻었다.
※사진 출처: РГАСПИ, ф. 495, оп. 228, д. 810, л. 7.

중앙구역당 위원회 서기장과 북조선노동당 흥남시당 위원장을 지낸 그는 1950년대 초 30대 중반의 나이가 되도록 독신 생활을 영위하고 있었다. 자신의 청춘을 송두리째 혁명에 바친 결과였다.[1] 전후 서휘는 해직된 남노당계 간부 현훈에 이어 조선직업총동맹 위원장에 발탁되었다. 그는 대담하게도 국가의 이해관계보다 노동자들의 이해관계를 우선시하는 정책을 추진해 물의를 빚었다. 노동자들의 물질적 이해관계를 옹호하며 노동조합 조직인 직업동맹과 국가의 대립을 당연시한 그의 태도는 "생디칼리즘적 과오" 곧 "조합주의적 편향"에 지나지 않다는 비판을 받았다.

사실 1947년 초에 노동자들의 파업과 사보타주를 옹호한 북조선인민위원회 노동국장 오기섭도 그와 동일한 입장을 표명해 큰 파문을 일으킨 적이 있었다. 그는 "모든 착취와 압제로부터 해방된" 노동자들이 파업을 일으켜서는 안 된다는 국가의 공식입장에 반대했다는 이유로 당 중앙위원회 상무위원에서 해임되었다.[2] 국가의 입장과 상반된 노동정책을 추진한 탓에 비판을 받고 실각한 오기섭의 전례가 있었음에도 불구하고, 서휘는 소신을 굽히지 않았다. 심지어 그는 국가의 입장을 지지하며 자신을 비판하는 간부들을 가차 없이 해고하기까지 했다.[3]

노동자들의 이해를 우선시한 서휘와 국가의 이해를 앞세우며 그들의 희생을 대수롭지 않게 여긴 당 지도부의 충돌은 불가피했다. 당 지도부는 모략에 의존한 해결책을 구상했다. 1954년 여름, 당 중앙위원회 조직지도부장 박영빈이 주도하고 막후에서 김일성이 조종한 서휘 제거 공작이 그것이었다. 이 공작은 직업총동맹 검열사업 형태로 실시되었다. 박영빈의 지시 아래 조직된 10여 명의 "당 중앙 지도검열 그루빠"가 직총의 사업 검열에 착수했다. 그들은 직총의 사업을 철저히 분석해 결함을 시정하고 올바른 발전 방향을 제시하기보다, 서휘와 측근 간부들의 뒷조사에 골몰했다. 물론 그들의 표적은 서휘였고 그의 전화는 도청되었다. 정전 담판에 참가한 중국 측 간부들과 접촉했다는 점을 구실삼아, 그에게 "국제 간첩" 혐의를 씌우려는 시나리오도 준비되어 있었다.

그러나 상황은 박영빈의 구상대로 흘러가지 않았다. 서휘를 존경하고 지지한 직총 간부들은 "당 중앙 지도검열 그루빠"에 협력하지 않았다. 그들은 일제히 들고일어나 직총 검열사업이 간부진 숙청을 의도한 "사람 잡이" 모략에 다름 아니라고 폭로했다. 사태는 걷잡을 수 없는 상황으로 치달았다. 결국 서휘 제거 공작이 실패로 돌아가자, 주도자인 박영빈이 모든 책임을 뒤집어쓴 채 당 중앙 조직지도부장에서 해임되었다. 김일성은 아무것도 몰랐다는 듯 시치미를 떼며 박영빈을 희생양으로 삼은 뒤, 그를 대체할 인물로 박금철을 내세웠다.[4]

함정에서 벗어난 서휘는 움츠러들기는커녕, 실정을 일삼고 있는 당 지도부를 향해 비판의 날을 세웠다. 그가 무엇보다 용납할 수 없었던 점은 인민들의 생활이 도탄에 빠져 있다는 점과 노동당이 비민주적으로 운영되고 있다는 사실이었다. 그는 김일성을 찾아가 당과 국가가 직면한 전반적 어려움을 지적하며, 그 원인을 제공한 개인숭배를 청산해야 한다는 비판적 조언을 건넸다. 아울러 당 지도부에 포진한 최용건·박금철·김일 등을 방문해, 3차 당대회의 과오를 둘러싼 자신의 입장을 허물없이 털어놓았다.

윤공흠

이상조와 깊이 있는 대화를 나누었던 내각 상업상 윤공흠도 서휘 못지않게 비판적 태도를 보인 인사들 가운데 한 명이었다. 윤공흠은 1914년 5월 18일, 평안북도 박천군의 한 지주 집안에서 태어났다. 1927년경 서울의 한 중학교에 입학했으나, 2년 뒤 학생운동에 가담하다 퇴학을 당했다. 그도 서휘만큼이나 의식 있는 청년으로 성장해갔다. 1931년 2월부터 1933년 초까지 일본에 건너가 생활한 2년간의 기간은 그의 경력에서 의문에 싸인 시기라 할 수 있었다. 그 기간 동안 그는 비행기 조종사를 양성하는 도쿄의 한 항공학교에 입학해 조종 훈련을 받았다. 1933년경 비행사가 되어 서울로 돌아온 그는 반일운동에 투신해 노동자 조직을 지도했다. 그러나 그의 활동은 얼마 가지 않아 경찰에 적발되었고, 2년간의 수감 생활이 그를 기다리고 있었다.

감옥을 나온 윤공흠은 1937년경 중국에 망명해 항일투쟁을 재개했다. 중국공산당 근거지 화베이華北 지역을 거점으로 활동한 조선독립동맹은 그를 비롯한 연안 출신 조선 혁명가들의 조직적 기반이었다. 그는 독립동맹 집행위원회 후보위원으로 선출된 1942년 이래, 줄곧 독립동맹의 조직사업을 이끌었다. 옌안延安에 거점을 두고 항일투쟁을 벌인 여느 조선인 혁명가들처럼, 그도 1942년 5월 1일에 중국공산당 입당 수속을 밟았다. 그러나 얼마 뒤 조선의 해방을 맞아 귀국길에 오르면서, 3년 남짓에 걸친 그의 중국공산당 생활도 종료되었다. 9년 만에 다시 조선 땅을 밟은 그는 1947년 초 북조선노동당 평안북도당 위원장에 발탁되어 해방된 조국의 간부로서 본격적 정치 활동을 시작했다.[5]

한국전쟁 이전 윤공흠은 김일성을 추켜세우는 글을 발표해 내각 부수상 김책으로부터 호된 비판을 받은 일이 있었다. 유물론적 세계관을 견지해야 할 노동당원이 유심론적으로 한 개인을 찬양하는 태도가 옳지 못하다는 이유에서였다. 윤공흠은 그의 비판에 설득되었고, 역사의 전개 과정에서 개인의 역할을 해명하는 문제에 대해 안목을 키울 수 있었다.[6] 물론 3차 당대회 기간 중 이상조와 나눈 대화도 그의 문제의식을 일깨우는 데 도움이 되었다. 그도 서휘처럼 김일성을 방문해 3차 당

윤공흠
윤공흠은 도쿄의 한 항공학교에 입학해
비행기 조종 훈련을 받고 비행사 자격을 취득했다.
1937년경 중국에 망명한 그는
화북조선독립동맹에 가입해 조직사업을 이끌었다.
※사진 출처: РГАСПИ, ф. 495, оп. 228, д. 826, л. 10.

I

대회의 과오를 지적했다. 그의 확고한 신념에 따르면 3차 당대회의 오류를 시정하지 않는 한, 조선 혁명의 전도는 불확실할 수밖에 없었다.[7]

이필규

김일성 개인숭배와 당 지도부의 실정을 비판한 인사들 중 직위 강등에 불만을 품은 이들도 있었다. 내무상 박일우의 숙청과 함께 내각 직속 건재공업국장으로 좌천된 전 내무성 부상 이필규가 그 대표적 인물이었다. 그는 1910년에 함경남도 함주군의 한 빈농가에서 태어났다. 1924년경 소학교를 마친 뒤 생계 전선에 뛰어들어야 했을 만큼 그의 가정 형편은 좋지 못했다. 그가 그해에 처음으로 얻은 직종은 잡지 행상이었다. 그는 많은 사람들과 접촉하며 부당한 사회 현실에 눈을 떴고 의식 있는

이필규
빈농 가정에서 태어나 일찍부터 생계 전선에
뛰어든 이필규는 고된 노동을 하며
혁명가로 거듭난 인물이었다. 해방 후
경찰기구인 내무 계통에서 경력을 쌓아오던
그는 내무상 박일우의 숙청과 함께
내리막길을 걷기 시작했다.
※사진 출처: РГАСПИ, ф. 495, оп. 228, д. 821, л. 11.

청년으로 성장해갔다. 1925년에 만주로 건너가 3년간의 중학교 교육 과정을 마친 뒤에도, 고된 노동은 그의 삶과 분리되지 않았다. 세탁소 노동자, 광산 노동자, 마차꾼 등이 그가 거쳐간 직업이었다.

그는 중학교를 졸업한 1928년경 광부로 일하며 공산주의운동에 투신했다. 그에게 맡겨진 임무는 광산 지역 내 공산당 조직 결성이었다. 그러나 얼마 가지 않아 그의 활동은 일제 경찰에 적발되었고, 결국 그는 1932년에 체포돼 징역 9년형을 언도받았다. 1926년부터 1945년까지 총 일곱 차례 체포된 경력이 있던 그에게 내려진 가장 과중한 형벌이었다. 그는 해방 직후부터 함경남도 검사, 함경남도 내무부장, 북조선인민위원회 내무국 부국장, 조선민주주의인민공화국 내무성 부상을 역임하며 오랜 기간 경찰기구인 내무 계통에서 경력을 쌓아나갔다.[8] 서휘와 윤공흠처럼 그도 북한의 심각한 경제난과 당 지도부의 실정에 우려의 눈길을 보내고 있었다. 그는 조선노동당 중앙위원회 부위원장들인 박금철·박정애·김창만을 찾아가 3차 당대회의 결정에 동의할 수 없다는 입장을 전달했다.[9]

고봉기

반소련계 한인 캠페인에 앞장선 고봉기도 서휘·윤공흠·이상조와 함께 비판적 입장을 견지한 연안 출신 소장그룹 인사였다. 그는 1917년에 함경남도의 한 중농가에서 태어났다. 해방 후 중국에서 귀국한 그는 북조선공산당 평안북도 정주군당 책임비서, 북조선노동당 중앙위원회 기요과장, 조선노동당 함경북도당 위원장, 루마니아 주재 북한대사, 조선민주주의인민공화국 외무성 부상, 조선노동당 평양시당 위원장, 조선노동당 황해남도당 위원장을 지냈다. 당 중앙위원회 후보위원이었던 그가 3차 당대회 기간 중 중앙위원에 발탁된 점도 그의 경력상 눈길을 끌 만한 대목이었다.[10]

고봉기는 평양시당 위원장에 복무할 당시, 당 지도부의 은밀한 지시에 따라 소련계 한인 비판을 주도한 적이 있었다. 그러나 비판 공세 직후 그는 그들의 반격을 받아 황해남도당 위원장으로 밀려났다. 김일성의 지시에 따른 비판 공세였음에도 불구하고, 그만이 좌천되었다는 점은 사태의 책임이 고스란히 그에게 전가되었음을 의미했다. 당 지도부는 희생양으로 전락해 불만을 품고 있던 그를 방치하지 않았다. 3차 당대회 직전 그를 당 중앙위원에 발탁한 지도부의 배려가 회유책의 성격을 띤 인사였음은 의심의 여지가 없었다. 그러나 그의 불만은 가라앉지 않았다. 여타 연안 출신 동료들처럼 그도 실정을 일삼고 있는 당 지도부의 행태를 두고만 볼 수 없었다. 따라서 그는 3차 당대회 기간 중 비판 토론을 준비했을 뿐만 아니라, 허물없는 사이인 최용건과 접촉하며 용기를 북돋아주기에 여념이 없었다. 사실 그도 이상조처럼 개인숭배 반대운동의 선두에 내세울 인물로 최용건을 염두에 두었고, 그의 활용 가치에 누구보다 큰 기대를 걸고 있었다.[11]

최창익

연안 출신 원로인 내각 부수상 최창익도 김일성과 그의 측근들에 반대한 대표적 인물이었다. 흥미롭게도 그의 불만은 3차 당대회 이후에 싹텄을 뿐만 아니라, 불만의 원인도 지극히 개인적인 문제에서 비롯되었다. 사실 최창익은 3차 당대회 토론에 나섰을 때 조선노동당이 인민들의 생활수준 향상에 이바지했다고 자찬하며 전혀 불만을 내비치지 않았다. 일제 시기 엠엘ML파 공산당에 관여한 그의 분파 활동 전력이 문제시되었음에도 불구하고, 큰 잡음 없이 당 중앙위원회 상무위원으로 선출된 점도 그가 3차 당대회에 호의를 보인 요인이었다.[12]

그러나 명민한 이론가인 그의 자존심이 처참하게 짓밟힌 일이 일어났다. 3차 당대회가 끝난 직후인 1956년 5월 7일, 조선노동당 중앙위원회 상무위원회 제1차 회의가 열렸다. 이 회의에서 김일성은 새로이 선출된 상무위원 세 명을 평정하며, 그중 한 명인 최창익을 신랄하게 비판했다. 독자들을 혼동에 빠뜨릴 수 있는 집필 활동을 당장 중단하라는 충고가 그 비판의 골자였다. 마지막으로 김일성은 그의 가슴에 비수를 꽂는 독설을 날렸다. "당 중앙위원회는 더 이상 동무를 이론가로 생각하지 않소!"[13]

최창익은 김일성의 비판에 자괴감을 느꼈다. 집필 활동을 중단하라는 충고는 더 이상 독자적 입장을 개진하지 말라는 의미에 다름 아니었다. 그는 조선노동당 내 지도부를 구성하고 있는 자신이 죽은 사람

I

처럼 아무짝에 쓸모없는 존재가 되었다고 탄식했다.[14] 김일성을 향한 분노는 최창익이 그동안 찬미해 마지않았던 지도자인 그를 더 객관적 시선으로 바라볼 수 있는 계기를 제공했다. 최창익은 개인숭배를 조장하며 역사를 왜곡하는 그의 태도뿐만 아니라 인생관에까지 혐오감을 느꼈다. 그리고 더 나아가 남노당계와 소련계 한인을 겨냥한 공포정치, 중공업과 대공장 건설을 우선시한 반면 인민들의 생활난 해결을 등한시하고 있는 경제정책에도 회의를 품었다.[15] 3차 당대회를 바라보는 그의 관점에도 변화가 있었음은 물론이었다. 그는 소련공산당이 당내 과오와 결함을 어떻게 밝혀내고 청산했는지 모범을 보였음에도 불구하고, 조선노동당 제3차 대회는 전혀 그를 본받으려는 의지를 드러내지 않았다고 성토했다.[16]

실의에 빠진 최창익은 연안 출신 소장그룹의 주목을 받았다. 물론 그들 소장그룹은 김일성 개인숭배에 반대하며 당 지도부를 비판한 이

최창익

김일성은 1956년 5월 7일에 개최된 조선노동당 중앙 상무위원회 제1차 회의에서 무례한 독설로 최창익을 비판하며 그의 자존심을 짓밟았다. 이 사건은 최창익이 그동안 찬미해 마지않았던 지도자인 그를 더 객관적 시선으로 바라볼 수 있는 계기를 제공했다.

상조·서휘·윤공흠·이필규·고봉기 등 비교적 젊은 축에 속한 인사들이었다. 당시 40대 초중반의 연령대에 걸쳐 있던 그들의 가슴속에는 여전히 연안과 만주 일대를 누비던 시절의 뜨거운 피가 흐르고 있었다. 그러나 그들은 당 지도부의 실정을 바로잡고, 엇나가는 조국을 올바른 방향으로 견인할 새로운 혁명이 자신들의 힘만으로 가능하다고 생각할 만큼 순진한 이들은 아니었다. 그들은 자신들의 앞에 내세울 권위 있는 원로들의 도움을 절실히 필요로 했다. 물론 최창익은 그에 가장 걸맞은 인물 중 한 명이었다. 그는 과거 연안 시절부터 그들의 지도자이자 스승으로 통했던 데다, 당과 내각의 요직에 복무해왔을 만큼 권위 있는 인물이었다. 결과적으로 명민한 이론가 최창익의 자존심을 건드린 김일성의 무례한 태도는 비판세력 인사들의 세를 키운 한 요인이 되었다.

그와 함께 소장그룹이 주목한 다른 원로는 김두봉이었다. 명목상의 국가 원수에 해당한 최고인민회의 상임위원회 위원장 김두봉은 큰 권위를 소유한 데다 만인으로부터 존경을 받는 인물이었다. 물론 그도 최창익처럼 연안계 인사들의 지도자이자 스승으로 통했다. 한편 소장그룹이 계파를 떠나 포섭에 주력한 대표적 인물은 조선노동당 중앙위원회 부위원장 최용건이었다. 그는 군부를 지휘한 민족보위상으로서 단지 같은 편에 서 있다는 이유만으로 비판세력 인사들에게 큰 의지가 될 수 있는 대담한 성격의 소유자였다. 이상조·서휘·윤공흠·이필규·고봉기로 대표되는 소장그룹은 최창익·김두봉·최용건과 접촉해, 당과 정부가 범한 실정을 비판하며 지속적 설득에 나섰다.

연안 종파설

김일성은 연안계 인사들을 중심으로 자신을 반대하는 세력이 형성되고 있음을 간파했다. 당 지도부에 면담을 요청하며 거리낌 없이 간언하는 그들의 활동이 공개적으로 이루어졌기 때문이었다. 그는 점점 세를 확장해가는 그들의 활동을 두고만 볼 수 없었다. 그렇다고 소련공산당 제20차 대회의 결정에 근거하여 정당하게 자신을 비판한 그들을 탄압할 수도 없는 노릇이었다. 고민 끝에 나온 그의 해법은 그들에게 고위직을 제안하는 식의 회유책이었다. 김일성은 자신을 찾아와 간언한 윤공흠과 서휘를 각각 내각 부수상과 당 중앙위원회 상무위원에 추천했다. 고봉기는 당 중앙위원회 부장급 직책을 제안받았다.[17]

그들 가운데 윤공흠 등용 문제는 매우 진지하게 논의되었다. 제3차 당대회가 막을 내린 직후인 1956년 5월 7일, 조선노동당 중앙위원회 상무위원회 제1차 회의가 개최되었다. 이 회의에서 상업상 윤공흠을 내각 부수상에 등용하자는 김일성의 제안이 토론에 붙여졌다. 그러나 민족보위성 부상 김광협의 이견 표명에 이어, 남일·임해·이효순 등이 잇따라 그에 동조하는 토론을 벌였다. 그들은 윤공흠이 일본 군사학교에 입학해 비행사 자격을 취득했다는 점을 문제삼았다. 당혹스럽게도 연안계 지도자인 김두봉마저 그의 중용을 반대했다. 그는 윤공흠이 이른바 "조선의 기념비적 사상인 김일성주의"를 소개하는 아첨성 소책자를 저술한 전력이 있다고 비판했다. 외무상 남일을 비롯한 고려인 간부들도 반소련계 한인 캠페인에 적극 가담했던 그의 중용을 달가워하지 않았다. 결국 윤공흠의 내각 부수상 취임은 무산되고 말았다. 김일성이 추천한 후보자가 선출되지 않은 이례적 사건이었다.[18]

김일성의 연안계 견제 방식은 회유책에 국한되지 않았다. 그는 그들이 소련계 한인들과 연대하는 상황을 막아야 했고, 더 나아가 "이이제이" 전략을 활용해 반격에 나설 여건을 조성할 필요도 있었다. 3차 당대회 이후 소련계 한인을 겨냥한 공세가 중단된 까닭은 바로 그러한 이유에서였다. 김일성은 갑자기 태도를 바꿔 고려인 간부들을 위로하기 시작했고, 아울러 그들의 과오를 대하는 방식에 변화가 따라야 한다는 입장을 천명하기도 했다. 소련계 한인 간부의 등용에도 배려의 움직임이 일었음은 물론이었다.[19]

이어 김일성과 그의 측근들은 연안계를 향한 고려인들의 적개심을 부추길 목적 아래, 반소련계 한인 캠페인의 책임을 그들에게 전가하는 한편 이른바 "연안 종파설"을 유포하기 시작했다. 그들은 이 모략을 실행에 옮기기에 앞서 평양시당 조직부장 김충식을 회유했다. 1955년 말 각 성과 기관 내에서 기습적 당 회의를 소집해 소련계 한인들을 공격한 그는 여느 평양시당 간부들과 달리 연안계에 속한 인물이 아니었다. 김일성의 측근들은 그 사건이 평양시당 위원장 고봉기와 부위원장 홍순관을 비롯한 연안계가 주도적으로 기획한 뒤, 그를 사주해 일어났다는 식으로 진상을 왜곡해 폭로하라고 김충식을 꼬드겼다. 물론 그들은 그에게 넌지시 고위직을 제안하는 감언도 잊지 않았다. 이제 그가

I

반소련계 한인 캠페인이 연안계의 모략이라고 폭로하며 "연안 종파설"을 입증할 몇몇 근거들을 제시하면, 자연스레 그들을 향한 소련계 한인들의 반감도 증대할 터였다.

그러나 상황은 김일성의 생각대로 돌아가지 않았다. 김충식은 자신이 어떤 제안을 받았는지 연안계 인사들에게 솔직히 털어놓았다. 결국 그 소문은 서휘의 귀에까지 들어갔다. 격분한 그는 김일성을 찾아가 항의했다. 그러나 김일성은 처음 듣는 이야기라며 전혀 모르는 일인 듯 시치미를 뗐다. 뻔뻔하게도 그는 서휘가 돌아갈 때 입버릇처럼 판에 박힌 인사를 건넸다. "동지나 나나 과거에 중국에서 함께 고생하며 싸우지 않았소?"[20]

비판세력에 가담한 소련계 한인들

비록 실패로 돌아갔으나 김일성이 그 두 세력을 이간하며 갈등을 조장한 까닭은 양자 간 연대를 막고 아울러 자신들을 향한 소련계 한인들의 불만을 연안계에 돌리려는 의도에서였다. 사실 반소련계 한인 캠페인을 겪으며 타격을 받은 고려인들은 당 지도부에 큰 불만을 품고 있었다. 누구보다 크게 분노하며 상심에 빠져 있던 이는 박창옥이었다. 그는 개인숭배 조장에 앞장섰을 뿐만 아니라, 중공업 우선 정책과 급속한 농업협동화를 강조한 김일성의 경제노선을 지지해온 인물이었다.[21] 그럼에도 불구하고 토사구팽의 처지에 놓인 그는 과거 행적을 후회하며 출구를 찾기 시작했다. 소련이 주도한 개인숭배 반대운동이 자신에게 출로를 터줄 수 있다고 생각한 그가 비판세력의 입장에 동조했음은 당연한 일이었다.

독일민주공화국 주재 북한대사 박길룡도 자신을 비롯한 고려인들이 탄압받는 현실을 부당하게 여겼다. 그는 무엇보다 박창옥·박영빈·기석복 등이 월북 작가들과 결탁해 조선 문학에 부르주아 사상을 주입했다는 당 지도부의 비판에 동의하지 않았다. 그의 불만을 더 자극한 문제는 고려인 고위 간부들에 한해 소련 국적을 포기하고 북한 국적을 취득하라는 국적 전환사업 지침이었다. 그는 소련 국적이야말로 고려인들을 향한 공세가 지속되고 있는 상황에서, 자신을 지켜줄 확실한 안전장치라고 생각했다. 반소련계 한인 캠페인은 박길룡처럼 북한의 당·정 기구에 복무하고 있는 고려인 간부들의 소련 지향성을 더욱 강화하는 계기가 되었다. 그는 "주체"를 강조하며 소련의 양식을 "교조주의적"이라 배척하는 북한의 태도에도 비판적 입장을 보였다. 아울러 개인숭배를 비판한 소련공산당 제20차 대회의 정신을 본받지 않은 조선노동당 제3차 대회에 대해서도 비판적 시선을 거두지 않았다.[22]

내각 부수상이자 국가건설위원회 위원장 박의완도 박길룡만큼이나 소련 지향성이 강하며 소련대사관과 밀접한 관계를 유지해온 고려인이었다. 당과 내각의 주요 간부들 다수가 그를 "극단적 소련 숭배자"로 여겼을 정도였다.[23] 사실 그의 이름 "의완"은 러시아어 본명인 "이

반Иван"의 조선식 표기에 다름 아니었다. 그는 박길룡과 마찬가지로 "민족전통을 수호하자!"는 기치 아래 소련과 대립각을 세우며, 친소적 선전을 억제하고 있는 당 지도부의 태도에 의구심을 품었다. 소련 국적을 포기하지 않은 이중 국적자들을 당정 요직에서 밀어낸 조치도 그를 자극하긴 마찬가지였다.[24]

소련과 소련계 한인에 대한 당 지도부의 배타적 태도 못지않게 박의완의 불만을 자극한 요인은 그가 시종일관 견지한 원칙주의적 태도였다. 결코 어떠한 부정과도 타협하지 않았던 그는 최고의결기구인 당 중앙위원회 정치위원회에서조차 누구의 눈치도 보지 않고 소신을 밝힌 까닭에, 동료 간부들로부터 "정치위원회의 입장을 존중하지 않는 논쟁가"라는 평판을 얻었다.[25] 그는 좀처럼 동료들의 호감을 사기 어려운 성격의 소유자였다. 김일성도 그에게 "상급자를 존중하지 않으며, 앉아서 말만 하는 관료주의자"라고 질책했다. 물론 납득하기 힘든

박의완
박의완은 어떠한 부정과도 타협하지 않은
원칙주의자였다. 어느 회의석상에서나
주변 분위기를 고려하지 않고
직설적 비판을 쏟아낸 까닭에
동료 간부들로부터 호감을 얻지 못했다.

지도자의 질책을 가만히 듣고만 있을 성격이 아니었던 그는 "동의할 수 없소!"라고 큰 소리로 쏘아붙였다.[26] 소신을 굽히지 않은 원칙주의자 박의완에게 당 지도부가 범해온 과오는 결코 눈감아줄 수 있는 수준의 사소한 오류가 아니었다.

소련계 한인들 중 박창옥과 더불어 김일성에게 가장 큰 불만을 품고 있던 이는 내각 건설상 김승화였다. 《미제국주의 조선 침략사》의 저자이자 김일성종합대학 부총장을 지낸 그는 전형적 학자형의 관료로 이론교육 분야의 권위자였다. 관료들 사이에 상당한 권위가 있었던 그는 김일성과 매우 돈독한 관계를 유지해왔다. 김일성은 동향 출신인 데다 총명하기까지 한 그의 제안들을 곧잘 받아들이곤 했다.

그러나 소련계 한인들을 겨냥한 공격이 본격화되자, 그들 간의 관계에 금이 가기 시작했다. 문제는 그가 박창옥과 친밀한 관계를 유지하며 그의 후견을 받아왔다는 점에 있었다. 뿐만 아니라 조선노동당 중앙당학교 교장에 복무하다 건설상에 등용된 학자 출신 관료인 그가 행정사업 수행에 좀처럼 재능을 보이지 못했다는 점도 물의를 빚기 시작했다. 이를테면 그는 주택 건설사업을 추진하며 소련 양식을 그대로 모방해 비판을 받았다. 전통적 온돌 대신 소련식 벽난로인 페치카를 도입한 데다, 지하 60센티미터 깊이에 매설하면 동파를 막을 수 있는 수도관을 소련식으로 1미터 이상 깊이에 매설하도록 지시했다. 그 결과 연료 낭비가 큰 주택들이 세워졌고, 노력이 배가 드는 수도관 매설 작업 탓에 경제적 손실도 증가할 수밖에 없었다.[27] 행정관료로서 범한

Ⅰ

사업상의 과오가 그를 밀어낼 효과적 구실이 되었음은 물론이었다.

3차 당대회 직전인 1956년 4월 중순경 김승화는 김일성으로부터 신랄한 비판을 받았다.[28] 이 무렵 그의 입지도 여느 고려인 동료들과 다를 바 없었다. 그는 고려인들을 억압하는 분위기가 조성됨에 따라, 소련 국적을 포기할 수밖에 없었다. 그럼에도 김일성은 의도적으로 그를 피하며 대화를 나누려는 의지를 보이지 않았다. 자신이 소외되고 있음을 간파한 김승화는 더 이상 직무를 수행하기 힘들다고 소련대사에게 하소연하기까지 했다.[29]

북조선노동당 중앙당학교 교장 시절의 김승화
김일성종합대학 부총장을 지낸 김승화는
전형적 학자형의 관료로 상당한 권위를 지닌 인물이었다.
그는 최고의결기구인 조선노동당 중앙위원회 상무위원회에서
제명되자 참기 힘든 모욕감을 느꼈다.

박창옥·박길룡·박의완처럼 그도 소련계 한인들이 탄압받는 현실을 묵과하지 않았다. 그는 박창옥·기석복·정률·전동혁이 월북 작가들과 결탁해 부르주아 사상을 유포했다는 비판은 온당치 않다고 보았다. 그들의 과오가 정말 막중하다면 부르주아 작가들의 작품을 교과서와 교양서에 실은 다른 많은 간부들도 처벌받아야 마땅했기 때문이었다. 소련계 한인 탄압을 이해할 수 없었던 김승화의 불만은 3차 당대회를 향한 비판의식으로 발전해갔다. 그도 조선노동당 3차 대회에 소련공산당 20차 대회의 정신이 전혀 반영되지 않았다고 단언했다. 그가 보기에 당 중앙위원회 운영에 집체적 지도원칙이 준수되어왔고, 개인숭배의 악영향이 나타나지 않았다는 발뺌은 누가 보더라도 "속이 뻔히 들여다보이는" 수작에 지나지 않았다.[30]

고려인이라는 이유로 탄압을 받았을 뿐만 아니라, 부당한 인사정책의 피해 당사자였다는 점도 김승화를 낙담에 빠뜨린 요인이었다. 사실그는 3차 당대회 이전까지 최고권력기구인 조선노동당 중앙위원회 상무위원회에 적을 두고 있었다. 그러나 3차 당대회가 발표한 상무위원명단에 그의 이름은 끼어 있지 않았다. 물론 그의 강등은 김일성의 의중이 반영된 결과였다. 그는 참기 힘든 모욕감을 느꼈을 뿐만 아니라, 자신이 밀려난 이유를 도무지 납득할 수 없었다.[31] 그가 보기에 새로이상무위원으로 선출된 이들은 하나같이 지도자의 비위나 맞추는 아첨꾼들에 지나지 않았다. 그는 아첨을 일삼는 간부들이 혁명가로 대접받고 있는 이상, 신뢰할 만한 일꾼들이 사업에 열중할 수 있는 공간은 점

I

점 더 협소해지리라 전망했다.[32]

연안계 인사들로부터 소련계 한인들에 이르기까지 여러 이유로 당 지도부 인사들과 불화를 빚거나 그들에게 반감을 품은 이들이 나타나고 있었다. 반소련계 한인 캠페인, 소련공산당 제20차 대회, 조선노동당 제3차 대회 등은 그들의 불만이 표면화된 결정적 계기들이었다. 이제 그들에게 남은 다음 단계 과제는 결집을 통해 저항의 기반을 마련하는 일이었다.

II

#01

아첨꾼들

그릇된 인사정책의 폐해

소련공산당 제20차 대회의 개인숭배 비판은 조선노동당 내 비판세력의 형성을 촉진한 도화선이 되었다. 개인숭배 반대운동 촉발 조짐과 비판세력의 형성은 김일성에게 위기의식을 불러일으켰다. 그는 비판세력의 공세에 대비해 당을 확고히 장악하려는 움직임에 착수했다. 그의 당 장악 방식은 중앙위원회를 비롯한 최고의결기구들에 자신의 심복들을 집중 배치하는 식으로 이루어졌다. 3차 당대회를 계기로 새로이 편제된 간부 진용은 바로 그러한 김일성의 의중을 반영하고 있었다. 따라서 당 지도부에 발탁된 인사들 중 지도자에 아첨하는 이들과 친일 전력이 있는 이들이 적지 않았다.[1]

흥미롭게도 당 지도부 내 핵심 간부들 개개인을 둘러싼 평가는 비판세력 인사들 각자의 이해관계에 따라 편차가 있었다. 독일민주공화국 주재 북한대사인 소련계 한인 박길룡은 원칙이 없고 무능하며 민족주의적 정서에 사로잡힌 최용건, 반소적 성향을 지닌 김창만, "지주의 자식이자 한량 출신"으로 일본 공군 조종사 자격을 취득한 윤공흠 등이 당과 내각의 지도부에 끼어 있다고 비판했다.[2] 그들은 하나같이 소련계 한인 탄압에 앞장선 이들이었다. 비판세력이 공격의 표적으로 삼은 이들은 각 계파 간 이해관계에 따라 다를 수 있었으나, 그들은 한결같이 아첨을 일삼고 무능하며 고분고분한 이들이 지도부에 포진해 있다고 비판의 날을 세웠다.

주소 대사 이상조는 아첨꾼들이 김일성 주위에 "그림자처럼" 늘어서서 그를 "하늘같이 떠받든다"고 당 지도부 내의 분위기를 묘사했다. 그는 권력에 굴종하는 "아첨분자들"의 태도가 개인숭배에서 비롯되었다고 보았다. 그러나 그가 보기에 모든 책임을 아첨꾼들에게 전가할 수만도 없는 노릇이었다. 지도자가 단호히 아첨을 거부했다면, 그것은 조장될 리가 없었기 때문이다. 이상조는 "김일성 동지의 동의 없이 어떻게 위대한 수령, 천재적 영장, 전설적 영웅 따위의 극존칭이 생겨났겠냐"고 반문했다.[3] 그는 아첨꾼들을 당 지도부에 등용하고 그들의 아첨을 조장한 일차적 책임이 지도자 본인에게 있다고 강조했다.

사실 이상조가 비판한 김일성의 간부 등용 방식에는 상당한 정치적 계산이 깔려 있었다. 그는 계파 안배를 중시했다. 곧 당과 내각의 주요 간부진을 편제할 때 소련계 한인, 연안 출신, 만주 빨치산 출신, 갑산계, 국내 공산주의 그룹 등을 구분하며 계파 간 일정 비율의 유지에 힘썼다.[4] 그러한 간부 선발 방식은 서로 각축하며 견제한 각 계파들의 불만을 누그러뜨릴 수 있는 효과적 수단이었다. 김일성은 계파 안배를 중시하는 한편, 당 지도부를 자신의 측근들로 채우려는 노력도 아끼지 않았다. 소련계 한인 박정애·남일, 연안계 출신 김창만·임해, 갑산계 박금철·이효순 등이 그 대표적 인물들이었다. 그들은 김일성이 당과 내각 의결기구에서 자신의 의도를 쉽게 관철할 수 있도록 지원하는 친위대의 역할을 수행했다.

종종 홍명희처럼 명망성 있는 인물들을 중용한 김일성의 인사 취향에도 정치적 계산이 깔려 있었다. 소설 《임꺽정》의 저자로서 일제에 굴복하지 않은 그는 대중들로부터 큰 신망을 얻은 인물이었다. 언젠가 그는 "빵 조각이 아닌 조선민주주의인민공화국 제도가 마음에 들어" 칠십 줄에 접어든 지금까지 이곳에 눌러앉아 있다고 김일성에게 고백한 적이 있었다. 그러나 따뜻한 격려를 기대하고 있던 그에게 돌아온 것은 당혹스럽고도 불쾌한 충고뿐이었다. 김일성은 그에게 일을 많이 할 필요가 없다고 잘라 말하며, 단지 그들에게 필요한 것은 "홍명희라는 사람의 형상"뿐이라고 강조했다.[5]

홍명희
소설 《임꺽정》의 저자 홍명희는
조선민주주의인민공화국 초대 부수상을 역임했다.
김일성은 그가 중용된 까닭이
대중적 명망성에 있다고 털어놓았다.

정치적 계산이 빠르고 술수에 능한 데다 당·정 요직마저 측근 인사들로 채운 김일성은 무리 없이 자신의 이해관계를 관철시킬 수 있었다. 물론 본인의 묵인 아래 조장된 개인숭배도 그의 입지를 공고화하고 권위를 절대화하는 데 도움이 되었다. 이제 김일성의 지시와 언사는 누구도 거역하기 힘든 이른바 "교시"의 반열에 오르기 시작했다. 언젠가 외무상 남일이 당 중앙 상무위원회 회의석상에서 치료와 휴식이 필요한 간부들에게 소련 여행을 허용하자고 제안한 적이 있었다. 그때 김일성이 훌륭한 시설과 자연조건이 구비된 휴양지가 국내에도 많다고 지적하자, 누구도 감히 소련에 병을 치료하러 가고 싶다는 말을 꺼낼 수 없었다. 선진 의술의 도움 없이 고질병 치료가 불가능했던 당 중앙위원회 부위원장 박정애조차 소련행을 단념해야 했다.[6]

김일성의 의견이 불문율처럼 받아들여졌음을 보여준 상징적 사례는 최용건의 전당 조치였다. 김일성은 1955년 4월 초에 열린 제10차 조선노동당 중앙위원회 전원회의에서 그동안 조선민주당을 이끌어온 최용건을 당 중앙위원 겸 정치위원에 발탁하자고 제안했다. 그는 국가와 당의 중대사 처리에 최용건의 도움이 절실하다는 명분을 내세웠다. 물론 그의 실제 속셈은 소련에 맞서 아군 진영을 강화하는 한편, 소련계 한인들을 공격할 첨병으로 그를 이용하려는 데 있었다. 그러나 문제는 노동당원 경력이 전혀 없는 타 당원을 핵심 요직인 당 중앙위원과 정치위원으로 발탁하는 조치가 과연 합당한가라는 점이었다. 첨예한 논쟁이 불가피한 사안이었음에도 불구하고, 제안자가 김일성이었

던 까닭에 최용건 등용은 토론조차 없이 만장일치로 승인되었다.[7]

김일성의 절대적 권위는 당정 관료들의 아첨과 추종을 부채질했다. 그는 그것을 마다하기는커녕, 되레 아첨을 일삼는 이들을 요직에 등용했다. 자강도인민위원회 위원장에 복무한 고려인 박창식은 당 중앙위원들과 내각 지도급 간부들이 김일성에게 아첨하는 행위가 심각한 문제를 일으키고 있다고 보았다. 내각과 당 사업의 중대한 결점들이 은폐됨에 따라, 정확한 정보의 입수에 한계가 있다는 점이 그것이었다. 따라서 그는 북한의 현 상황을 둘러싼 지도자의 인식이 객관적이지 않고, 상당 부분 과장에 치우칠 수밖에 없다고 진단했다. 물론 옳지 않은 정보에 근거한 그릇된 정책 추진은 부정적 결과를 불러오기 일쑤였다. 1954년 부정확한 수확고 산정에 따른 현물세 과다 징수와 무리한 양곡 수매사업 추진이 그 대표적 사례였다.[8]

주소 대사 이상조도 김일성이 실정을 일삼는 하나의 원인이 아첨꾼들에 있다고 보았다. 그가 보기에 지도자를 에워싸고 있는 측근들은 해방 전까지 일본 옷을 입고 일본 말을 쓰며 "천황폐하 만세!"를 외치던 "아첨분자들"과 "출세주의자들"뿐이었다. 진실하고 정의로운 혁명가들이 배척받고 있는 반면, 독자적 정견을 소유하지 못한 이들이 그의 주변에 들끓고 있었다. 그럼에도 불구하고 김일성의 인사정책을 비판하기란 쉬운 일이 아니었다. "아첨분자들"을 향한 사소한 비판조차 "반당적 종파행위"로 간주되었기 때문이다.[9]

누구도 당과 내각 지도부에 아첨꾼들이 포진해 있음을 부인하지 않앉으나, 그들이 과연 누구인가에 대해서는 저마다 조금씩 의견이 갈렸다. 이를테면 독일민주공화국 주재 북한대사 박길룡은 자신과 같은 계열에 속한 고려인 박정애를 제외하고, 최용건·임해·정준택·박금철을 지목해 지도자 주변을 에워싼 "고분고분한 인물들"이라고 비판했다.[10] 연안 출신 이상조는 박금철·김창만·박정애·남일·한상두를 가리켜 "더럽게 아첨하는 분자들"이라고 낙인을 찍었다. 그들과 함께 그가 비판의 표적으로 삼은 이는 수천 명의 인사들을 불법적으로 체포·투옥해, "인민의 원수"이자 "인간 백정"으로 불린 내무상 방학세였다.[11] 그는 소련계 한인을 한 명도 거론하지 않은 박길룡과 달리, 박정애와 남일에 이어 방학세까지 세 명의 고려인을 아첨꾼으로 지목했다.

박금철

"아첨분자"로 지목된 당 지도부 내 여러 인사들 중 가장 큰 지탄을 받은 이들은 박금철·박정애·김창만이었다. 박금철과 박정애는 박창옥·박영빈이 중앙 정치무대의 주변으로 밀려난 뒤, 김일성의 최측근이 된 이른바 "사박가"의 나머지 두 인물이었다. 그들은 3차 당대회 직전부터 최용건·정일룡·김창만과 함께 당 중앙위원회 부위원장직을 수행해오고 있었다. 실세가 된 그 두 인물 가운데 김일성으로부터 더 큰 신임을 얻은 쪽은 박금철이었다. 그는 박창옥에 이어 당 중앙위원회 사업을 실질적으로 주관하며, 간부 선발과 배치 권한까지 장악하고 있었다. 박정애에게도 인사정책에 관여할 수 있는 권한이 부여되었으나, 대부분의 실권은 박금철에게 집중되었다.[12]

박금철이 중용된 까닭은 그의 모략과 권모술수가 김일성의 취향에 너무도 잘 들어맞았기 때문이었다. 그는 김일성이 원하는 방향으로 일을 매끄럽게 처리하는 능력을 소유하고 있었다.[13] 게다가 김일성이 배후에 있음을 드러내지 않은 채, 모략을 꾸미고 실행에 옮기는 수완을 발휘하기까지 했다. 그것은 김일성이 결코 박영빈에게서 찾을 수 없었던 재능이었다. 지도자와 정략적 호흡이 너무도 잘 맞았기 때문에, 그는 당내 2인자로 급부상할 수 있었다.

박금철은 1912년에 함경남도 단천군의 한 농민 가정에서 태어났다. 혁명가로 성장한 그는 1934년부터 1937년에 걸쳐 자신의 경력상 가장 인상적인 활약을 펼쳤다. 그는 이 시기에 결성된 갑산공작위원회와 조

박금철
박금철은 김일성이 배후에 있음을 드러내지 않은 채,
모략을 꾸미고 실행에 옮기는 수완을 발휘했다.
지도자와 정략적 호흡이 너무도 잘 맞았기 때문에,
그는 당내 실력자로 급부상할 수 있었다.

선민족해방동맹의 주요 활동가로 활약하며 김일성과 연계 활동을 벌였다. 당시 그의 아내는 갑산공작위원회 혁명가들과 김일성이 지도한 항일유격대를 연결하는 연락원의 임무를 수행했다.[14] 박금철 외에 함경남도 갑산군 일대에서 활동한 혁명가들로 이효순·허석선·이송운·김도만 등이 있었다. 바로 이들이 주축을 이룬 그룹에 훗날 "갑산파"라는 별칭이 붙여졌다.

박금철은 1937년 10월경 일제 경찰에 체포돼 장기형을 언도받고 수감되었다. 그는 약 8년간의 수감 생활을 마치고 나서야 해방과 함께 석방되었다고 고백했으나, 다른 동료 운동가들은 그가 동지들을 밀고한 대가로 훨씬 전에 풀려났다고 믿고 있었다. 해방 후 여느 혁명가들처럼 그에게도 정치 활동의 문이 열렸다. 1948년 3월 말에 개최된 북조선노동당 제2차 전당대회에서 당 중앙위원에 선출된 그는 군대 내 정치사업을 담당하며 경력을 쌓아나갔다. 그가 역임한 주목할 만한 직책은 조선인민군 제4군단 군사위원과 총정치국 부국장이었다.

한편 전시에 허가이를 제거한 김일성은 당 중앙위원회를 확고히 장악할 의도 아래 믿을 만한 심복들을 중용하기 시작했다. 해방 전 그와 긴밀한 협력 관계를 유지했던 박금철도 그들 중 한 명이었다. 1953년 7월경 당 중앙위원회 간부부장 취임을 시작으로 파격적 승진을 거듭한 그는 1953년 8월에 당 중앙위원회 상무위원, 1954년 11월에 당 중앙위원회 조직지도부장, 1955년 12월에 당 중앙위원회 부위원장에 발탁되었다.[15] 정치적 수완이 뛰어난 그는 박창옥이 밀려난 뒤, 김일성의 유일무이한 파트너로 급부상했다.

　그러나 결국 그도 다른 "사박가" 인사들처럼 숙청을 피할 수 없었다. 박금철과 과거 그의 동지들인 이른바 "갑산파"의 몰락은 남북 통일 문제를 둘러싼 지도부 내 갈등에서 비롯되었다. 김일성과 군부 지도자들은 빨치산 투쟁 전술을 활용해 남한 내 혁명적 상황의 성숙을 거쳐 통일에 이르는 베트남식 모델을 지지하고 있었다. 반면 대남사업을 주관해온 갑산 출신 이효순은 산지가 적은 남한에서 벌일 빨치산 투쟁은 성공할 가능성이 낮다는 논리로 맞섰다.

　김일성과 군부의 입장이 관철되었음은 물론이었고, 더 나아가 그들의 통일론은 경제정책에까지 반영되었다. 1966년 10월경 조선노동당 대표자회가 결의한 "경제 건설과 국방 건설의 병진노선"이 그것이었다. 인민경제의 군사화를 지향한 이 노선은 인민들의 물질적 생활수준 향상이 통일 이후에야 실현될 수 있다고 강조하며, 조국 통일을 무엇보다 절박한 과제로 규정했다. 반면 국제 정세와 남한 상황에 비추어 조속한 통일은 무리라고 생각한 박금철과 이효순은 급속한 경제 발전과 인민 생활수준 향상이 현시점에서 우선시되어야 한다는 주장을 굽히지 않았다. 결국 그들은 1967년 5월경 비공개로 개최된 당 중앙위원회 제4기 제15차 전원회의에서 신랄한 비판을 받았다. 경제·국방 병진노선에 반대했다는 혐의를 받은 데다, 대남사업 실패의 책임까지 떠안은 그들은 "반당 종파집단"으로 몰려 숙청되었다.[16]

　중앙 정치무대로부터 밀려난 박금철은 견디기 힘든 수모를 당했다.

온갖 비판이 그에게 쏟아졌다. 특히 해방 전 서대문형무소에 수감되었을 당시의 변절 전력이 집중포화를 받았다. 그의 밀고 탓에 갑산 출신 혁명가들인 권영벽·이제순·오중흡 등이 처형되었다는 혐의가 많은 이들의 공분을 불러일으켰다.[17] 사실 박금철의 전향은 그가 권세를 누릴 당시 공론화되지 않았을 뿐, 당 중앙위원회와 내각 인사들에게 잘 알려진 공공연한 비밀이었다. 김일성이 일제 주구들에 둘러싸여 있다는 여러 인사들의 성토는 일정 부분 그를 향한 비판이었다.

물론 김일성과 그가 긴밀히 공조하던 1950년대에 그를 향한 비판은 섣불리 이루어질 수 없었다. 변절한 그가 일제의 주구 노릇을 했다고 폭로한 최고검찰소 검사총장 장해우는 출당 처분까지 받아야 했다.[18] 그러나 1960년대 중반에 들어 그가 지도자로부터 버림받자,《항일 빨치산 참가자들의 회상기》보급과 선전에 소극적이었다는 질책을 시작으로 그를 둘러싼 온갖 비난이 봇물처럼 터지기 시작했다. 고향에 사치스러운 양옥집을 지은 사실과 아내를 혁명가로 과장해 기념비를 세운 사실도 폭로되었다.[19]

박정애

박금철과 함께 비판세력으로부터 큰 지탄을 받은 박정애는 북한 여성계를 대표하는 인물이었다. 그녀는 러시아 극동 지역으로 이주한 조선인 빈농 가정에서 태어났다. 1907년에 출생해 김일성과 박금철보다 다섯 살 연상인 그녀의 본명은 "최베라Цой Вера"였다. 당시의 여느 청년들처럼 그녀도 1923년과 1926년에 각각 소련공산주의청년동맹과 소련공산당에 가입해 활동하며 체제의 버팀목으로 성장했다. 1932년까지 공장 노동에 종사한 그녀는 공청 선전 간부와 모스크바시 정부위원으로 선출돼 일과 공무를 병행했다.[20]

그녀의 활동가다운 면모는 프로핀테른Profintern(적색노동조합 인터내셔널)의 주목을 받았다. 국제 노동운동을 지도한 이 기구는 1932년경 그녀를 식민지 조선에 파견했다. 그녀는 이때부터 해방을 맞이하기까지 10여 년간 지하 혁명운동에 자신의 청춘을 바쳤다. 평양 고무공장 직공으로 위장해 비밀 공작을 수행한 그녀는 수차에 걸쳐 일제 경찰에 체포·투옥되었다. 때로는 소련계 한인으로 때로는 국내 공산주의 그룹 일원으로 분류되는 그녀의 이중적 소속은 해방 직후부터 북한에 파견된 여느 고려인들과 달리, 오랫동안 조선 혁명운동에 참여해 조국에서 해방을 맞은 그녀의 특이한 경력에서 비롯되었다.

러시아어를 유창하게 구사할 수 있었던 그녀는 해방 직후 이른바 "통역정치"의 시대라 일컬어진 소련군정기에 소련군사령부와 긴밀한 관계를 유지했다. 더 나아가 그녀는 소련군사령부와 김일성을 연결하는 가교 역할을 수행하며, 유력한 지도자로 부상하고 있던 그와 깊은 친분을 쌓아나갔다.[21] 그녀의 남편은 조선공산당 북조선분국 초대 책임비서를 지낸 김용범이었다. 모스크바 동방노력자공산대학을 나온 그도 소련이

박정애

북한 여성계 지도자 박정애는 사람을 끌 만한 부드러운 언변과 수완을 소유한 데다
재치 있고 총명한 인물이었다. 김일성은 자신의 곁에 밀착해 갖은 편의를 제공하며,
때론 부드럽게 조언하는 그녀를 마다하지 않았다.
그녀는 지도자를 보필하는 재능을 개발함으로써 자신의 입지를 다질 수 있었다.

밀파한 인물이었다. 1930년대 초 식민지 조선에 파견된 그들은 부부로 위장해 활동하던 중 사랑에 빠졌고, 결국 결혼에까지 이르러 혁명과 사랑을 동시에 쟁취할 수 있었다. 그러나 1947년경 남편이 위암으로 사망한 뒤, 그녀는 순탄치 않은 독신 생활을 영위해야 했다.[22]

북조선민주여성동맹 위원장으로서 북한 여성들을 국가 건설에 동원해온 그녀가 급부상한 계기는 1956년 4월에 개최된 조선노동당 제3차 대회였다. 당 중앙위원회 장악을 모색한 김일성이 자신의 심복들을 대거 중용함에 따라, 그녀는 당 중앙위원회 상무위원과 조직위원으로 선출된 데 이어, 일약 당 중앙위원회 부위원장에 발탁되었다. 그녀가 누린 권세는 일반인들에게도 매우 위압적으로 와닿았다. 그 작은 여인이 검은 자동차를 타고 지나갈 때면, 도로변에 늘어선 사람들의 허리가 절로 구부러질 정도였다.[23]

조직을 장악하고 지도할 수 있는 리더로서의 자질에 약점을 보여, 당 사업의 주요 문제 결정에서 배제되곤 했던 그녀가 당 지도부 성원으로 발탁된 데에는 그럴 만한 이유가 있었다. 그녀는 사람을 끌 만한 여성 특유의 부드러운 언변과 수완을 소유한 데다 재치 있고 총명하기까지 했다. 김일성은 그림자처럼 자신의 곁에 밀착해 갖은 편의를 제공하며 때론 부드럽게 조언하는 그녀를 마다하지 않았다. 회의 중에 늘 지도자의 주변을 맴돌며 그의 겉옷을 받아 걸어주고, 차를 따라주며, 담배를 챙기는 일도 그녀의 일상 업무였다.[24] 독신인 그녀는 김일성의 가족과도 가깝게 지냈고, 그의 첫 번째 부인 김정숙이 죽기 전에

는 가족 여행에도 동참하곤 했다.[25]

조직가이자 리더로서의 역량이 부족해 실권을 행사하지 못한 그녀는 김일성을 보필하는 재능을 개발함으로써 자신의 입지를 다질 수 있었다. 따라서 그녀에게는 "김일성의 몸종"이나 "정치 시녀" 따위의 조롱 섞인 별명들이 따라다녔다. 정치적 역량이 부족한 그녀가 김일성의 최측근으로서 최고권력기구에 참여해 아첨을 일삼고 있다는 점은 비판세력 인사들에게 곱게 비칠 리 없었다.

김창만

소련공산당 제20차 대회가 몰고 온 파장에 위기의식을 느낀 김일성이 중용한 대표적 인물은 연안 출신 김창만이었다. 그는 1912년에 함경남도 영흥군에서 태어났다. 서울 중동학교 재학시절 축구선수로 활동한 경력 탓에 "축구쟁이"라는 별명을 얻었다. 물론 그를 탐탁지 않게 여긴 이들이 그 별명을 즐겨 사용하곤 했다.[26] 어린 시절에 결혼한 조강지처의 지식 수준에 불만을 품고 이혼한 뒤, 젊은 처녀와 새 출발을 했다는 점을 제외하고 그의 사생활에 큰 흠집은 없어 보였다.[27] 게다가 그는 술과 담배 따위를 절대 입에 대지 않는 "청교도적" 삶을 지켜오고 있었다.

그의 중국 망명 생활은 1930년경부터 시작되었다. 흥미롭게도 그는 중국 쭝산대학 동문인 이상조와 함께 백범 김구를 추종했으나, 공산주의자들을 배척한 이 "노완고老頑固"의 태도에 불만을 품고 좌익 성향의 "조선민족혁명당"으로 넘어간 이색적 경력을 소유하고 있었다. 그의 혁명 활동은 1939년 중국공산당에 입당하면서부터 본격화되었다.[28]

선전 전문가인 그는 대중들의 이목을 휘어잡을 수 있는 선동적 연설에 재간이 있었다. 같은 재능을 소유한 덕에 중용된 박창옥은 그가 증오해 마지않은 숙명의 라이벌이었다. 해방 직후 선전·사상 부문을 둘러싼 양자 간 경쟁에서 한발 앞서 나간 이는 김창만이었다. 그는 1946년 초부터 북조선공산당 선전부장을 지냈고, 1946년 8월 말 북조선노동당 창당과 함께 초대 선전선동부장에 발탁되었다.

그가 해방 직후 귀국하자마자 유리한 고지를 선점할 수 있었던 까닭은 뛰어난 처세술 덕분이었다. 그는 조직의 리더를 포착하고 그에게 들러붙는 데 남다른 재능을 보였다. 사실 김일성은 김창만이 일생 동안 섬긴 "주인들" 중 다섯 번째 인물에 지나지 않았다. 그는 1930년대에 중국 난징南京에서 활동할 당시 "주인 제1호"로 백범 김구를 떠받들었으나, 그와 결별한 뒤 조선민족혁명당으로 넘어와 "약산 김원봉 동무"를 염불 외듯 외쳐댔다.

얼마 뒤 우한武漢으로 거점을 옮긴 그가 충성을 맹세하며 섬긴 최창익은 그의 세 번째 주인에 해당했다. 그러나 그는 1940년대에 들어 다시 헌신짝 내팽개치듯 최창익에게 등을 돌렸다. 더 유망해 보이는 다른 주인이 나타났기 때문이다. 중국공산당 부대 팔로군 포병단 단장으로 위세를 떨친 무정이 바로 그의 네 번째 주인이었다. 김창만은 "자나

깨나 무정 동무만을 외치며 '무정실'이라는 선전실까지 차려놓고 야단법석을 쳤을" 정도였다. 그러나 해방 후 귀국과 함께 그의 주인은 다시 바뀌었다. 소련군사령부의 후견을 받고 있던 "떠오르는 샛별"이 그의 눈에 포착되었기 때문이다. 그는 네 번째 주인 무정을 "한심한 군벌주의자"라 비방하며 떠오르는 신성의 품안으로 뛰어들었다.[29]

북조선공산당 선전부장에 취임한 김창만은 김일성을 조선 공산주의운동의 지도자로 옹립하기 위한 선전사업에 착수했다. 그는 1946년 4월경 당의 역사가 채 1년도 안 되는 시점에 당 지도자가 생겨날 리 없다고 강조하며, 조선공산당을 재건한 박헌영의 지도적 위상에 의문을 제기하고 나섰다. 이어 그는 다음과 같이 주장했다. "그동안 북조선 지역 당의 노선을 바로잡고, 각종 정책을 정확히 세우고, 당이 근로대중 속에 뿌리를 내리는 데 공헌한 일성 동지의 결정적 영도를 우리는 똑똑히 인식해야 한다. 일성 동지를 지도자로 추대한 조선공산당 북조선분국의 영도에 더 굳게 단결해야 할 것이다. 아울러 민주주의 조선 임시정부 수립을 앞두고 이 정부의 최고 지도자로 일성 동무를 추대해야 함은 결정적으로 중요한 일이다." 그는 박헌영과 무정을 비롯한 여러 인사들이 조선공산주의운동의 지도자로 추앙받고 있던 해방 당시의 혼선을 바로잡고, 김일성을 지도자로 추대해 영도의 통일과 당의 통일을 이루어야 한다고 역설했다.[30] 아울러 그는 개인숭배 정책을 주도하며 김일성의 지도자 이미지를 인위적으로 가공하는 한편, 북한 좌익진영 내 다른 지도자 후보군인 무정과 오기섭을 견제하는 일에도 혁혁한 공을 세웠다.[31]

그러나 그의 영화로운 시기는 오래가지 못했다. 문제가 된 것은 많은 이들의 구설에 오르내린 그의 반소적 성향이었다. 그는 소련 병사들을 가리켜 "누더기를 걸친 해방자들"이라고 조롱한 데다, 소련으로부터 수입한 옷감 무늬가 조선인들에게 어울리지 않는다고 발설해 "반쏘" 혐의를 받았다.[32] 소련군사령부 산하 민정국 국장 레베데프는 소련 비방을 멈추지 않는 그의 태도에 우려를 표하며, 더 이상 그를 신임하지 않겠다고 다짐하기까지 했다.[33] 결국 그는 1947년경 북조선노동당 선전선동부장에서 해임되어 중앙간부학교 교장으로 밀려났다. 이후 그는 내각 교육성 부상, 외무성 부상, 조선노동당 황해남도당 위원장 등 한직을 전전해야 했다.[34]

그렇게 10년 가까이 중앙 정치무대의 주변을 맴돌던 그에게 기회가 찾아왔다. 소련공산당 제20차 대회가 몰고 온 파장에 위기의식을 느낀 김일성은 다시 그를 중앙 정치무대로 불러들였다. 황해남도당 위원장과

김창만

김창만은 친중·반소적 성향을 지닌 연안계 인사였다. 북한과 소련의 갈등이 고조되는 와중에 소련공산당 제20차 대회가 개인숭배를 비판하며 막대한 파장을 일으키자, 위기의식을 느낀 김일성은 다시 그를 중용했다.

※사진 출처: РГАСПИ, ф. 495, оп. 228, д. 652, л. 15.

내각 교육상에 재임 중이던 그는 일약 당 중앙위원회 부위원장에 발탁되었다. 뿐만 아니라 체제 운영의 상징적 부문이라 할 수 있는 사상사업 지도도 그에게 맡겨졌다.[35] 필생의 라이벌 박창옥이 주관해온 그 업무가 다시 그에게 위임되었다는 점은 김창만이 양자 간 경쟁에서 종국적 승리자가 되었음을 의미했다. 사실 1950년대 중반 김창만의 중용은 그리 놀라운 일이 아니었다. 개인숭배 반대운동을 재촉하는 소련의 압박에 대처하고 소련계 한인들을 견제해야 할 필요성에 직면한 김일성으로서는 반소적 성향을 지닌 그의 도움이 절실했기 때문이다.

그 기대에 부응해 김창만은 박금철과 함께 조선노동당이 소련공산당의 신노선을 수용하지 말아야 한다고 김일성에게 조언했다. 조선노동당이 소련이 제시한 길을 따라야 할지 고민하고 있던 김일성은 결국 그들의 의견을 받아들였다. 당 지도부가 소련에 등을 돌린 이 무렵, 갑자기 나타난 "주체"노선에 반소적·민족주의적 메시지가 함축되어 있었음은 의심의 여지가 없었다. 물론 김창만은 "주체"노선의 등장에 결정적 역할을 수행한 인물이었다.[36]

김일성은 그를 소련에 맞설 중심축으로 활용하며, 소련계 한인들을 겨냥한 공세에 앞장세웠다. 흥미롭게도 그를 활용한 김일성의 이이제이 전략이 표적으로 삼은 것은 소련계 한인들만이 아니었다. 연안계 인사들이 주축을 이룬 비판세력을 상대할 임무도 그에게 맡겨졌다. 그는 자신이 연안 출신임에도 김일성의 항일무장투쟁과 조국광복회운동만을 조선 민족해방운동사의 정통으로 추켜세우며, 독립동맹과 조선의용군의 투쟁사를 폄훼하기까지 했다.

중국에 망명해 김창만과 동고동락했던 이상조는 그가 역사를 위조한 대가로 당 중앙위원회 부위원장에 등용되었다고 비판했다. 이상조에게 그의 행태는 "지난날 적탄에 쓰러져간 연안 출신 동지들의 고귀한 희생을 외면한" 변절행위에 지나지 않았다. 그는 자신들의 투쟁 업적이 김일성 유격대의 성과에 미치지 못했다는 김창만의 견해를 받아들일 수 없었다. 더구나 김일성이 1940년경부터 줄곧 안전지대인 하바롭스크Хабаровск에 피신해 있는 동안, 독립동맹과 조선의용군 대원들은 조선이 해방되는 날까지 목숨조차 돌보지 않은 채 투쟁하지 않았던가?[37] 지난날 혁명적 우의를 나눈 동지들을 억압하고 그들의 역사까지 위조한 김창만의 태도는 배신행위로 간주되었다. 따라서 이상조와 고봉기를 비롯한 연안 출신 소장그룹은 김일성의 인사정책을 비판하며, 누구보다 김창만을 중용한 조치에 거부감을 보였다.

한편 김일성은 김창만이 섬긴 마지막 주인이었음에도 불구하고, 끝까지 그의 뒤를 봐주지는 않았다. 김일성에게 옛 동지들을 잡아다 바치며 "사냥개 노릇"을 한 그도 결국 토사구팽의 처지를 면할 수 없었다. 1960년대 중반에 양강도 지역 깊은 산골 임산사업소로 쫓겨 내려간 그는 졸지에 소달구지꾼이 되었다. 소가 끄는 달구지에 통나무를 싣고 운반하는 일이 그의 일과였다. 그러나 어느 날 소를 몰며 비탈진 굽잇길을 내려오던 그는 그만 통나무를 가득 실은 달구지가 중심을 잃고 뒤집히는 바람에 그 밑에 깔려 비명횡사하고 말았다.[38]

정준택과 김영주

비판세력이 지목한 아첨꾼들 가운데 한 명인 정준택은 혁명가가 아닌 테크노크라트 출신이었다. 그는 1911년에 경기도의 한 관료 가정에서 태어났다. 1936년경 경성고등공업학교 광산학과를 졸업한 뒤, 줄곧 광업 부문 전문가의 길을 걸었다. 해방 후 기술자 부족난에 직면한 북한체제는 일제에 협력한 그의 전력을 문제삼기는커녕 그에게 경제 부문 요직을 맡겼다. 북조선인민위원회 기획국장과 조선민주주의인민공화국 국가계획위원회 위원장을 역임한 그는 인민경제계획 수행을 지휘하며 정통 경제관료로서 입지를 굳혀나갔다. 심약하다는 부정적 평판도 있었으나, 국가경제에 정통하고 치밀하며 실무능력이 뛰어나다는 평가가 지배적이었다.[39]

전후 그의 지위는 상당한 부침을 겪었다. 국가계획위원회 위원장에

정준택
정준택은 혁명가가 아닌 테크노크라트 출신 관료였다. 그는 조선민주주의인민공화국 국가계획위원회 위원장을 역임하며 정통 경제관료로서 입지를 굳혀갔으나, 친일적 인물이라는 구설에 오르내렸다.

복무하던 그는 박창옥의 부상과 함께 화학건재공업상과 화학공업상으로 밀려났다. 그러나 3차 당대회 전후 자신의 추종자들을 중용하며 측근 진영을 강화한 김일성은 그를 내각 부수상에 발탁하는 파격적 인사를 단행했다. 그는 김일성이 기용한 몇 안 되는 유능한 경제 전문가였음에도 불구하고, 비판세력 인사들에게 신뢰를 얻지 못했다. 문제는 그의 과거 경력에 있었다. 일본인들과 함께 광산 기사장을 지낸 그는 "친일적 인물"이라는 구설에 오르내리며 손가락질을 받았다. 게다가 그의 친척들도 일제 시기에 경찰관료를 지낸 전력이 있었다.[40] 비판세력의 표현을 빌리자면, 그도 지도자를 둘러싸고 있던 친일적 아첨꾼들 중 한 명에 속했다.

전후 당 중앙위원회 조직부 지도원에 김영주를 발탁한 인사도 비판을 피하지 못했다. 그는 당·정 지도부에 포진한 아첨꾼 간부들 중 지도자의 혈육이라는 특수한 위치에 있던 인물이었다. 가족 관계를 떠나

노년의 김영주
김영주는 당·정 지도부에 포진한 간부들 중 지도자의 혈육이라는 특수한 위치에 있던 인물이었다. 해방 직후 김일성은 친동생인 그의 친일 전력이 첨예한 문제로 비화하는 상황을 사전에 차단할 의도 아래 그를 급히 소련으로 유학 보냈다.

그에게 문제가 된 것은 바로 일제 시기에 변절한 전력이었다. 경찰에 체포돼 전향한 그는 관동군 통역관에 복무하며 일제에 부역한 치명적 약점을 가지고 있었다.[41]

해방 직후 김일성은 친동생 김영주의 전력이 첨예한 문제로 비화하는 상황을 사전에 차단할 의도 아래 그를 급히 소련으로 유학 보냈다.[42] 그러나 실망스럽게도 그의 유학 생활은 형의 기대에 부응하지 못했다. 그는 친구들과 패거리를 지어 다니며 방탕한 짓을 일삼았다. 북조선노동당 초대 부위원장을 지낸 주소 대사 주영하가 그를 소환해 호되게 꾸짖었을 정도였다.[43] 전후 주영하가 남노당사건에 가담했다는 혐의를 받고 숙청된 반면, 그는 일약 당 중앙위원회 조직부 지도원에 발탁되었다. 1960년대 중반 그의 조카이자 지도자의 아들인 김정일이 급부상하며 밀려났으나, 그는 10여 년간 박금철과 함께 김일성이 꾸민 모략을 충실히 실행에 옮긴 인물이었다.

집체적 지도의 기능 상실

비판세력은 아첨꾼들을 중용한 김일성의 인사정책을 우려했다. 그들은 당 중앙위원회와 내각의 간부 평정이 그릇된 정보나 음해에 기초해 이루어지는 경향이 있다고 보았다. 이제 일반적 현상이 된 당내 반목, 비방과 중상, 자유로운 논의의 결여, 이견에 대한 억압 등이 정보의 왜곡과 음해를 부추기는 요인이 되었다. 더 나아가 반당분자를 날조해내려는 목적 아래 무수한 뒷조사와 자료 수집이 횡행했으며, 그러한 활동이 당의 사상 통일에 기여할 혁명투쟁인 듯 포장되기까지 했다. 물론 당 지도부에 만연한 음해와 모략은 간부들 사이에 불안과 불신과 의심을 키우게 마련이었다.[44] 간부 인선에 모략이 통용됨에 따라 아첨꾼들이 대거 등용되었음은 피할 수 없는 귀결이었다.

그릇된 인사정책은 심각한 문제를 일으켰다. 곧 그것은 그릇된 정책을 입안하는 구조적 폐단을 낳았다. 1955년 말 현재 최고권력기구인 당 중앙위원회 정치위원회의 구성은 그릇된 인사가 정책 입안에 어떠한 영향을 끼칠 수 있는지 중대한 시사점을 제공한다. 당혹스럽게도 김일성·박정애·박금철·박영빈·김두봉·최용건으로 구성된 6인의 정치위원들 가운데 전문가 출신 관료는 단 한 명도 없었고, 경제 문제에 관한 한 모두가 문외한이었다. 따라서 경제 문제가 논의될 때마다 김일성의 제안이 "집체적" 검토와 토론 없이 그대로 채택되는 경향을 보였다. 물론 그렇게 채택된 결정은 참담한 결과로 이어지기 일쑤였다.[45]

3차 당대회를 기점으로 정치위원회가 폐지된 뒤, 그 역할을 계승한 당 중앙위원회 상무위원회에도 전문가 출신 관료들이 배제되긴 마찬가지였다. 박정애·박금철·김창만 등 이른바 "아첨분자들"이 김일성의 의중을 헤아려 그가 제안한 의견을 지지하고 밀어붙이는 역할을 수행했다. 물론 김일성의 입장과 다른 견해를 밝히기란 쉬운 일이 아니었다. 자유롭게 이견을 내놓으려면, 자리에 연연하지 않을 각오가 되어 있어야 했다. 따라서 집체적 지도원칙이 준수될 리 만무했다. 소련공산당 제20차 대회의 영향으로 집체적 지도가 강조되었을 때, 김일성은 다음과 같이 말한 적이 있다. "집체적 영도도 별것 없어! 어디 말하는 사람이 있어야지!"[46]

모스크바
외교

소련계 한인을 대표한 박길룡의 대소 외교

비판세력이 당 지도부에 맞서 세를 규합하고 있을 무렵, 모스크바에서도 그들의 활동을 지원하기 위한 외교 활동이 펼쳐지고 있었다. 박길룡과 이상조가 그 주인공들이었다. 이상조와 연락 없이 독자적 활동을 벌인 박길룡은 독일민주공화국 주재 북한대사에 재임 중인 소련계 한인이었다. 1920년에 태어난 그는 25세에 접어든 1945년 10월 중순경 북한에 파견돼 평양교원대학과 조소문화협회에서 근무한 경력이 있었다. 1952년 말 체코슬로바키아 주재 북한대사관 참사로 외교 업무에 첫발을 내디뎠고, 1954년경 독일민주공화국 주재 북한대사로 발탁된 터였다. 소련계 한인 탄압에 큰 불만을 품고 있던 그는 북한의 실태를 낱낱이 소련 당국에 고발하며, 고려인 비판세력 인사들과 연계 활동을 벌여오고 있었다.

조선노동당 제3차 대회에 참석해 실망스러운 광경을 목격한 그는 동일한 문제의식을 가지고 있던 고려인 간부들인 박창옥·박의완·김승화·박영빈 등과 회동해 대응책을 논의했다. 그들은 고려인들의 소련대사관 출입이 금지되고 학수고대해온 브레즈네프와의 면담마저 무산되자, 어떤 식으로든 고려인 탄압을 비롯한 북한 내 실정을 소련에 알려야 한다는 합의에 도달했다. 그 임무를 수행할 적임자가 바로 박길룡이었다. 북한에서 동독으로 직행하는 비행편이 없었기 때문에 모스크바를 경유해야 했던 그는 잠시 짬을 내 외교 활동에 착수할 수 있었다. 그는 예정보다 이른 5월 중순경에 출국했다. 북한 대표단의 동유럽 순방에 앞서, 동독으로부터 얻어낼 수 있는 원조의 규모를 미리 타진해보라는 김일성의 지시가 떨어졌기 때문이었다.

박길룡이 모스크바에 도착해 도움을 청한 이는 소련 외무성 극동과 제1서기관 V. I. 이바넨코였다. 1951~1953년경 북한에 파견근무를 나온 이바넨코는 박길룡과 업무상 연락을 주고받으며 친분을 쌓은 적이 있었다. 박길룡이 전화를 걸어 만나고 싶다는 의향을 밝히자, 그는 기꺼이 면담을 수락했다. 박길룡은 조선노동당 제3차 대회에 참가한 브레즈네프와의 면담이 무산된 탓에 북한의 구체적 실상을 알릴 기회가 없었다고 운을 떼며, 자신이 털어놓으려는 이야기들은 박의완·박창옥·김승화·박영빈 등과 의견 조율을 거친 내용이라고 덧붙였다.

그는 먼저 북한의 심각한 경제 상황을 화제에 올렸다. "지금 조선인민 절반이 식량과 입을 옷이 없이 지내고 있습니다. 그들이 엄혹한 시련에 익숙해져 있다 해도, 언제까지 버틸 수 있을지 의문입니다. 지금으로선 인민들의 물질적 생활수준을 높이는 일이 급선무이나, 현실은 전혀 다른 방향으로 돌아가고 있습니다. 소련과 중국을 비롯한 인민민주주의 형제국들이 1953년부터 대규모 원조를 제공했음에도 불구하고, 그것은 적절하게 이용되지 못했습니다. 이를테면 충분한 가축들을 보유하지 못한 채, 대규모 육류콤비나트가 건립되었지요. 막대한 자금이 투입된 기업소들이 세워졌지만, 방치되고 있는 게 한둘이 아닙니다." 박길룡은 인민들이 그들의 생활수준 향상에 전혀 도움이 되지 못하고 있는 중공업 우선 정책에 불만을 품고 있다고 강조했다.

그의 고백은 점점 핵심적 문제에 접근하고 있었다. "소련공산당 제20차 대회 이후 실망스러운 상황이 지속되고 있습니다. 김일성 동지를 비롯한 당 지도부는 소련공산당대회의 결정을 교훈 삼아 그들의 과오를 바로잡기는커녕, 되레 역행하는 태도를 보이고 있습니다. 북조선에 만연한 개인숭배는 도무지 시정될 기미가 보이지 않습니다. 김일성 동지는 모든 것을 자신의 손아귀에 틀어쥔 채, 누구의 의견도 듣지 않고 혼자 결정을 내립니다. 그에게 건넨 지극히 사소한 지적도 병적으로 받아들이며, 두각을 나타내는 간부가 있기라도 하면 그가 자신의 자리를 넘본다고 의심합니다. 따라서 당 중앙위원회 상무위원들 중 누구도 그의 입장에 반대하는 견해를 표명하지 못하고 있습니다. 조선노동당이 집체적 지도원칙을 고수해왔다는 그들의 주장은 허울에 불과합니다."

이어 박길룡은 소련에 거리를 두고 있는 북한의 최근 선전정책을 도마 위에 올렸다. "지금 북조선은 소련 선전을 외면하고 있습니다. 언론은 소련의 공업·농업·문화 발전을 다룬 기사들을 전보다 훨씬 적게 보도하고 있지요. 조소문화협회 지부들은 폐쇄되었고, 서클과 선전실은 소련에 관한 전시물과 표어를 철거했습니다. 소련 영화 상영도 크게 줄어든 상태입니다. 소련 선전을 억제하는 분위기가 조성됨에 따라, 간부들은 소련이 쌓아올린 위업을 소개하는 일마저 부담스러워하고 있습니다."

박길룡은 김일성의 중대한 과오인 인사정책 실패도 묵과하지 않았다. 그는 김일성 주위에 최용건·임해·박금철·정준택 등 무능하고 고분고분한 아첨꾼들이 포진해 있다고 강조했다. 그러나 그에게 인사 문제는 소련계 한인 탄압 문제에 비하면 부차적 관심사에 지나지 않았다. "고려인들은 1955년경부터 탄압을 받기 시작했습니다. 우리는 지금 종파 활동에 가담했다는 터무니없는 의혹을 뒤집어쓰고 있지요. 심지어 '소련의 첩자들'이라 매도되고 있는 실정입니다. 지금 고려인 간부들은 미행당하고 있고, 소련대사관을 방문하다 발각된 이들은 '외국인 접선' 혐의로 조사받고 있습니다." 박길룡은 자신의 명운이 걸린 이 문제를 다른 문제들보다 더 간곡하게 털어놓았다.

이어 그는 내각 교육성 부상 박영빈이 중병을 앓고 있다고 운을 뗀 뒤, 그가 치료를 받을 수 있도록 귀국을 도와달라고 요청했다. 박영빈의 개인적 부탁을 받고 전달한 요청이었음이 분명했다. 박길룡은 준비해온 모든 정보를 건넨 뒤에야 비로소 미소를 지으며 입을 열었다. "동지가 믿을 수 있는 분이라는 걸 잘 알기에 모든 사실을 솔직하게 털어놓을 수 있었습니다. 가능하면 이 대담 내용을 소련공산당 중앙위원회에 전달해주시길 부탁드립니다." 본국에 도움을 호소하는 그의 간절한

요청과 함께 대담이 종료되었다.[1]

연안계를 대표한 이상조의 대소 외교

3차 당대회 주석단에 개인숭배 문제를 토론하자고 제의했으나, 매몰차게 묵살당한 주소 대사 이상조도 모스크바에 돌아와 필사적 외교 활동을 펼쳤다. 물론 그의 외교는 연안계 비판세력 인사들과 긴밀한 협의를 거쳐 이루어진 활동이었다. 박길룡이 이바넨코와 대담을 나눈 지 12일이 지난 5월 29일, 이상조는 소련 외무성 부상 N. T. 페도렌코에게 면담을 요청해 승낙을 얻었다. 그들은 사흘 앞으로 다가온 북한 대표단의 동유럽 순방 문제부터 논의를 시작했다. 이상조는 경제난을 겪고 있는 북한이 소련에 추가적 경제원조를 요청할 계획이라고 알렸다. 이어 그는 곧 연수 차 소련을 방문할 북한 내무성 일꾼들에게 그들의 그릇된 사업작풍을 바로잡을 수 있도록 소련공산당의 풍부한 경험을 전수해달라고 당부했다.

통상적 논의가 오간 뒤 페도렌코는 화제를 틀어 조선노동당 제3차 당대회 문제를 끄집어냈다. 아마도 대담을 요청해온 이상조의 의도를 간파한 듯했다. 이상조는 북한의 식량난·주택난과 농업 부문이 직면한 심각한 상황을 간략하게 설명한 뒤, 3차 당대회를 둘러싼 자신의 입장을 털어놓았다. "당 지도부는 3차 당대회가 큰 성과를 거두었을 뿐만 아니라, 우리 당의 통일성을 입증했다고 자부하고 있습니다. 그러나 그것은 단지 지도부의 생각일 뿐입니다. 사실 당내에는 많은 이견이 존재하고 있습니다. 내가 보기에 이번 당대회에서 비판과 자아비판은 전혀 이루어지지 않았습니다. 소련공산당 20차 대회가 제기한 문제를 철저히 외면했다는 말입니다. 우리 당 지도부는 흐루쇼프 동지가 비판한 문제들이 소련공산당에만 해당할 뿐, 조선노동당과는 아무런 관계가 없다고 발뺌하고 있습니다. 많은 당원 동지들은 다른 생각을 품고 있으나, 공개적 입장 표명을 제지당했습니다."

거침없이 비판을 쏟아내던 이상조는 갑자기 입을 닫으며 난색을 표했다. 그는 머뭇거리다가 다시 어렵게 입술을 뗐다. "아무래도 내가 대사직에 있다보니, 당내 문제를 시시콜콜히 털어놓기가 조심스럽군요. 그러나 나는 대사이기 이전에 한 공산주의자로서 이 문제를 형제당과 기탄없이 논의할 필요가 있다고 생각합니다. 물론 내 솔직한 생각을 숨기는 행위는 공산주의자로서의 도리가 아니겠지요. 사실 내가 제공할 정보들은 더 이상 비밀도 아닙니다. 이미 당 지도부에 내 입장을 밝힌 서한을 전달했으니까요. 결론부터 말하자면 김일성 동지 개인숭배가 북조선에 만연한 데다, 당내 집단지도체제는 작동하지 않고 있습니다. 김일성 동지가 만사를 독단적으로 결정하며, 그의 측근들은 아첨만을 일삼을 뿐입니다."

물론 이상조에게는 김일성과 당 지도부의 과오를 입증할 많은 근거와 사례들이 준비되어 있었다. 그는 3차 당대회 기간 중 박물관을 관람한 기억을 떠올리며 입을 열었다. "항일투쟁 시기에 많은 유격대들이 활약했고, 숱한 혁명가들이 지하운동을 벌였습니다. 그러나 현 상황을 지켜보면 그들 가운데 오직 김일성 동지의 빨치산만이 회자될 뿐입니다. 평양에 있는 '조선인민혁명투쟁역사박물관'은 사실상 '김일성혁명투쟁역사박물관'으로 탈바꿈했습니다. 이 박물관에 소장된 기념물과 예술작품은 모두 김일성 동지 1인에게 헌정된 것들일 뿐입니다. 다년간에 걸친 수많은 인민들의 영웅적 투쟁과 노력의 결실들이 한 개인의 공적으로 돌려지고 있는 현실을 보노라면 씁쓸하기 그지없습니다."

더 나아가 이상조는 김일성 개인숭배가 어느 단계에 와 있는지 냉정한 평가를 내렸다. "《김일성선집》은 다른 이들이 집필한 논문들로 가득 차 있습니다. 놀랍게도 소련 동지들이 쓴 글들도 거기에 수록되었을 정도입니다. 선전 일꾼들은 뻔뻔하게도 김일성 동지의 업적을 마오쩌둥 동지의 업적과 같은 반열에 올려놓고 있습니다. 심지어 김일성 동지의 전기는 그가 열 살 때부터 항일투쟁을 지도했다고 소개하고 있죠."

이상조는 김일성 개인숭배를 조장한 그의 측근들을 겨냥한 비판도 잊지 않았다. 흥미롭게도 그의 비판은 박길룡과 달리 소련계 한인 간부들에 집중되었다. 그는 아첨을 일삼는 대표적 간부들로 남일과 박정애를 지목했다. 물론 과거에 김일성을 열렬히 찬양하고 그의 전기 집필에 참여한 박창옥도 비판 대상에서 배제되지 않았다. 다만 핍박을 당하고 있는 그의 현재 처지를 의식해서인지 비판의 수위는 높지 않았다. 부당한 탄압을 받았다며 적극적으로 고려인들을 변호한 박길룡과 달리, 그는 박창옥이 문학 부문에서 범한 과오와 그릇된 업무 처리 방식 탓에 박해를 받았다고 털어놓았다.

이상조는 시종일관 냉정한 태도를 유지했으나, 때때로 흥분한 표정을 감추지 못했다. 특히 마오쩌둥의 조언을 무시한 김일성의 과오를 고발할 때 그의 언성이 높아졌다. "1950년경 북조선이 군사적 승리를 구가하고 있을 때의 일입니다. 그때 마오쩌둥 동지가 미국의 침공에 대비한 방책을 강구해야 한다고 김일성 동지에게 조언한 적이 있습니다. 그러나 김일성 동지는 그 조언을 철저히 묵살해버렸지요. 이 사실을 알고 있는 이는 김일성 동지와 전 주중 대사 이주연 동지 그리고 마오쩌둥 동지의 조언을 직접 김일성 동지에게 전달한 나 이상조 세 사람뿐입니다." 그는 조선노동당 지도부를 향한 소련공산당 중앙위원회의 진지한 충고와 이데올로기적 조언이 필요하다고 강조하며 제언을 마쳤다. 현재로서는 소련의 충고야말로 김일성으로 하여금 자신의 과오를 바로잡을 수 있도록 압박할 유일한 해결책으로 보였기 때문이다.[2]

이상조는 페도렌코에게 전달한 많은 정보들 가운데 마오쩌둥의 조언을 무시한 김일성의 그 과오에 비판의 초점을 맞추었다. 그는 그동안 누구에게도 발설한 적이 없는 이 비밀을 공개하면, 김일성이 치명적 타격을 받으리라 확신했다. 김일성은 그에게 단단히 약점을 잡힌 셈이었다. 이후 이상조는 그를 공격할 기회가 있을 때마다 이 카드를 꺼내들었다.

전시 김일성의 과오를 고발하다

마오쩌둥이 등장하는 그 은밀한 사건은 한반도가 전란에 빠진 1950년 경에 일어났다. 북한군은 전쟁의 시작과 함께 파죽지세로 남진했다. 그러나 1950년 8월 초부터 조선인민군과 남한 국군은 낙동강 전선을 사이에 두고 긴 교착 상태에 빠졌다. 바로 그 무렵 이상조가 공적 임무를 띠고 베이징을 방문해 마오쩌둥과 대담을 나누었다.

마오쩌둥은 그로부터 교착 상태에 빠진 전황 소식을 전해들은 뒤 몇 가지 조언을 건넸다. 통속적 비유를 적재적소에 활용한 그의 조언은 이상조에게 깊은 인상을 남겼다. 마오쩌둥은 낙동강 지역까지 몰려 결사항전을 벌이고 있는 적들의 방어력이 워낙 견고해 치명타를 입히기 어렵다고 진단했다. 그는 이상조를 향해 주먹을 꽉 쥐어 보였다. 조선인민군이 공격을 멈추지 않고 압박해도 적들은 그 단단한 주먹처럼 결속을 더 강화할 뿐이라는 의미였다. 따라서 그는 조선인민군이 공세를 늦추고 전술적으로 후퇴할 필요가 있다고 제안했다. 어느새 그의 주먹은 활짝 펴져 있었다. 그는 아군이 공세를 늦추면 적들은 꽉 쥐었던 주먹을 푸는 식으로 대응할 것이며, 바로 그때 분산된 적을 타격해 손가락을 하나하나 잘라내듯 각개격파해야 한다고 역설했다.

마오쩌둥이 그보다 더 강조한 것은 최악의 상황을 고려한 대책이었다. 그는 적들이 증원 부대의 지원을 얻거나 조선인민군의 후방에 상륙해 반격해올 우려가 있다고 전망했다. 곧 후퇴 가능성까지 열어두어야 한다는 제언이었다. 그는 작전상 필요에 따라 전 조선인민군이 후퇴할 수 있다는 이데올로기적 준비와 함께 치밀한 대책이 마련돼야 한다는 처방을 제시하며, 자신의 생각을 김일성에게 꼭 전해달라고 당부했다. 물론 이상조는 북한에 돌아와 마오쩌둥의 조언을 그에게 자세히 전달했다. 그러나 김일성은 퉁명스러운 반응을 보였다. "조선인민군의 계획에 후퇴란 있을 수 없소! 모택동 동지가 조언했다는 사실을 입 밖에 내면 곤란하오." 이상조에게 돌아온 대답은 엄중한 경고뿐이었다.

당혹스럽게도 마오쩌둥의 불길한 예언은 그대로 적중하고 말았다. 퇴각에 대비하지 않은 탓에 조선인민군은 막대한 손실을 입었다. 포로로 잡은 적군 수보다 인민군 포로병이 몇 배나 많았을 정도였다. 이상조는 김일성이 "국제 노동운동 진영의 가장 권위 있는 이론가이자 활동가인 모택동"의 "고귀한 충고"를 무시한 탓에, 북한이 전쟁 역사상 유례없는 손실을 입었다고 강조했다. 아울러 그는 형제당의 고귀한 충고마저 묵살해버리는 행태에 비추어볼 때, 김일성이 조선노동당 간부들의 의견과 비판을 어떻게 받아들일지 충분히 짐작할 만하다고 꼬집었다.

그는 지금까지 누구에게도 공개한 적 없는 마오쩌둥의 조언과 김일성의 과오를 소련 외무성 부상 페도렌코에게 털어놓았다. 이제 그의 과오는 페도렌코를 통해 소련공산당 중앙위원회에도 전달될 터였다.[3]

해외
순방

소련의 내정 개입을 요청하며

개인숭배와 그릇된 인사정책을 둘러싼 각계의 불만이 높아져가는 가운데, 비판적 입장을 견지한 이들의 세력화 움직임이 속도를 내기 시작했다. 이 첨예한 국면에 김일성을 비롯한 북한 정부 대표단은 1956년 6월 1일부터 7월 19일까지 약 50일간에 걸친 해외 순방길에 올랐다. 소련·동독·루마니아·헝가리·체코슬로바키아·불가리아·알바니아·폴란드·몽골 방문이 예정된 이 순방의 목적은 1957~1961년에 걸쳐 추진될 "인민경제 발전 제1차 5개년계획"의 재원을 마련하는 데 있었다.[1] 사실 전후 복구에 이은 북한의 경제 건설은 사회주의권 형제국들의 지원 없이 독자적으로 달성하기 힘든 과제였다.

한편 김일성이 이 위태로운 시점에 감행한 동유럽 순방의 목적은 경제적 이유에만 있지 않았다. 그는 사회주의권 형제국들이 소련공산당 제20차 대회가 불러온 파장에 어떻게 대처하고 있는지 직접 확인하고 싶었다. 물론 자신을 향한 소련공산당 지도부의 입장을 명확히 파악하는 일도 그의 중대한 관심사 중 하나였다.[2] 김일성을 단장으로 한 조선민주주의인민공화국 정부 대표단은 당 중앙위원회 부위원장 박정애, 내각 외무상 남일, 국가계획위원회 위원장 이종옥, 민족보위성 부상 최현, 주소 대사 이상조 등 11명으로 구성되었다. 대표단의 활동을 지원하고 보조할 임무를 맡은 수행원 19명이 그들의 긴 여정에 동행했다.[3]

대표단원이 30명, 순방 기간이 49일에 달한 이 성대한 여정의 가장 큰 관심사는 소련 지도부와 북한 대표단 간에 이루어질 대면 회담이었다. 이 회담은 북한 대표단이 동유럽 순방을 마친 뒤 마지막 순방국인 몽골 방문을 앞두고 체류할 소련에서 7월 6~16일 사이에 열릴 예정이었다. 한편 주소 대사 이상조는 소련 외무성 부상 페도렌코와 대담을 나눈 지 18일이 지난 6월 16일, 예정된 북소 회담과 북한 대표단의 소련 체류 문제를 논의하자고 제안하며 소련 외무성 극동과 과장 I. F. 쿠르듀코프에게 면담을 요청했다. 물론 북소 회담을 둘러싼 사전 논의 요청은 면담의 표면적 구실에 지나지 않았다. 그는 김일성의 독재정치와 개인숭배를 종식할 수 있는 유일한 해법은 소련의 개입뿐이라고 확신했다.

이상조와 쿠르듀코프의 대담은 중국어로 진행되었다. 베이징 주재 소련대사관에서 근무한 경력이 있는 쿠르듀코프는 중국통으로서 유창하게 중국어를 구사할 수 있는 인물이었다. 그가 북한 대표단의 소련 체류 일정이 기록된 계획안을 건네며 추가해야 할 사항이 있을지 묻자, 이상조는 대충 훑어본 뒤 충분하다고 대답했다. 그제서야 쿠르듀코프는 이상조가 다른 목적으로 면담을 요청했음을 직감할 수 있었다.

이상조는 심각한 표정을 지으며 입을 열었다. "소련 지도부와 우리 대표단 간 회담에 경제 문제뿐만 아니라, 당과 정치 문제를 둘러싼 논의도 포함돼 있습니다. 그런데 이 중대한 문제들이 논의될 회담에 우리 측 대표로 김일성·박정애·남일 세 동지만이 참석한다는 통보를 받았습니다. 나는 그들 세 명뿐만 아니라 우리 측 대표단에 포함된 조선노동당원 전원이 회담에 참석해야 마땅하다고 생각합니다. 만일 세 동지만이 참석한다면, 소련공산당 중앙위원회의 고귀한 조언과 충고가 우리 당 중앙위원회에 제대로 전달되지 않을 수도 있습니다."

이상조는 김일성의 핵심 측근인 박정애와 남일만이 북소 회담에 참석한다면, 소련공산당의 충고가 공개되지 않은 채 그대로 묻힐 우려가 있다고 보았다. 따라서 그는 누구보다 자신이 직접 그 회담에 참석하길 원했다. 그의 본심을 간파한 쿠르듀코프는 본능적으로 이 면담이 형제국의 고급 정보를 입수할 수 있는 절호의 기회임을 포착했다. 사실 이상조도 형제국이 개입해 조국의 상황을 바로잡을 수 있다면, 소련이 북한과 조선노동당 내 실상을 낱낱이 파악해야 할 필요가 있다고 보았다.

쿠르듀코프는 먼저 남한의 경제 상황이 궁금하다고 운을 뗐다. 이상조는 현재 남한 노동자들의 실질임금이 일제 시기에 비해 감소했지만, 북한 노동자들보다 높다고 대답했다. 그는 남한의 경제 상황을 짧게 설명한 뒤, 북한의 실상으로 화제를 돌렸다. "현재 북조선 근로자들이 받고 있는 임금과 물질적 혜택은 소련 근로자들보다 열 배 정도 낮습니다. 그런데도 북조선 당국은 인민들의 생활수준이 현저히 향상되었다는 허위 선전에 열을 올리고 있지요. 물론 인민들은 현실과 동떨어진 선전을 믿지 않으며, 진실을 숨기려는 당국의 행태에 불만을 품고 있습니다."

쿠르듀코프가 깊은 관심을 보이자, 이상조는 거리낌 없이 북한의 고질적 문제들을 털어놓았다. 그는 개인숭배 탓에 조국의 혁명투쟁사가 왜곡되었다고 성토하며, 먼저 조선 민족해방운동사를 바로잡아야 한다고 역설했다. "조선인민혁명투쟁역사박물관은 김일성혁명투쟁역사박물관으로 변질되었습니다. 김일성 동지가 지휘한 유격대는 조선 혁명세력의 일부에 지나지 않았을 뿐더러, 가장 규모가 큰 세력도 아니었습니다. 중국공산당의 지도를 받은 조선인 유격대들 가운데 수적 규모에서 김일성 부대보다 열 배 이상 큰 조직도 있었으니까요. 그런데도 조선 민족해방운동의 모든 공적이 김일성 동지 한 개인에게 돌려지고 있는 현실을 보노라면 기가 막힐 따름입니다."

이상조의 고백은 점점 핵심에 다가가고 있었다. 그는 소련공산당 20차 대회가 제기한 과제들을 지지하며 비판의 화살을 조선노동당에 돌렸다. "유감스럽게도 북조선은 소련공산당대회의 의의를 주의 깊게 연구하지 않았습니다. 조선노동당의 과오와 결함은 3차 당대회를 포함한 어느 자리에서도 진지하게 논의되거나 비판받은 적이 없습니다. 많은 당원들이 그러한 실태에 불만을 품고 있지만, 탄압을 받을까봐 공개적 비판을 꺼리고 있는 실정입니다."

이상조는 잠시 말을 멈춘 뒤 간절한 표정으로 쿠르듀코프를 바라보앉다. "그 어느 때보다 귀국의 도움이 절실한 시점입니다. 현재 최선의 해결책은 흐루쇼프 동지나 마오쩌둥 동지가 우리 당 지도부와 회동해 대화를 나누는 길뿐입니다." 이어 그는 그들의 비판과 충고가 불가피하며, 그 비판 내용이 김일성의 측근들뿐만 아니라 전체 조선노동당원들에게 전달돼야 한다는 입장을 덧붙였다. 그것이 바로 그가 다가올 북소 회담에 김일성·박정애·남일뿐만 아니라, 자신을 비롯한 대표단 내 모든 당원들이 참석해야 한다고 요청한 이유였다.

대담이 끝나갈 무렵 이상조는 김일성에 대한 평정을 내렸다. "사실 조선노동당 지도부의 과오는 상당 부분 김일성 동지의 이론적 소양 부족에서 비롯되었습니다. 그는 비교적 양호한 혁명 경력을 지닌 젊은 지도자입니다. 그러나 배움과 수양이 부족한 탓에 미처 사상적 단련이 이루어지지 못했습니다. 그가 범하고 있는 과오의 원인은 바로 거기에 있지요."[4]

소련의 개입 곧 소련공산당 지도부의 직접적 비판과 충고로써 조선노동당의 결함을 바로잡아야 한다는 발상은 이상조만의 생각이 아니었다. 조선노동당 제3차 대회에 소련공산당 대표단을 이끌고 참가한 브레즈네프와 북한 주재 소련대사 이바노프도 소련공산당 제20차 대회의 결정에 등을 돌린 조선노동당 지도부에 엄중한 충고를 건네야 한다는 입장을 밝혔다.[5] 이바노프의 경우 소련의 개입을 요청한 이상조와 페도렌코의 대담이 열린 열흘 뒤, 최창익으로부터 동일한 요청을 받고 공감한 일이 있었다. 다가올 북소 회담 의제들 가운데 당과 정치 문제를 둘러싼 논의가 포함되어 있었다는 점은 소련공산당 중앙위원회에 북한 내정 개입을 건의한 브레즈네프·페도렌코·이바노프의 제안이 수용돼, 조선노동당 지도부를 향한 소련의 비판과 충고가 기정사실화되었음을 의미했다.

비공개 회담과 소련의 충고

동유럽 순방을 마친 북한 대표단은 7월 6일 소련에 도착했다. 그로부터 사흘이 지난 7월 9일, 대북 경제원조를 둘러싼 회담이 열렸다. 소련공산당 중앙위원회 제1비서 N. S. 흐루쇼프, 소련공산당 중앙위원회 비서 L. I. 브레즈네프, 소련공산당 중앙위원 B. N. 포노마료프, 내각 수상 N. A. 불가닌, 외무상 D. T. 셰필로프, 국가계획위원회 위원장 N. K. 바이바코프, 외무성 극동과 과장 I. F. 쿠르듀코프, 북한 주재 소련 대사 V. I. 이바노프 등이 소련 측 대표로 참석하고 김일성·박정애·남일·이종옥·이상조 등이 북한 측 대표로 참석했다. 소련 측 대표들 가운데 쿠르듀코프와 이바노프는 각각 이상조와 최창익으로부터 소련이 북한 문제에 개입해달라는 요청을 받은 당사자들이었다.

회담이 시작되자 김일성은 북한의 경제 상황을 설명한 뒤, 단도직입적으로 소련이 원조를 제공하지 않는 한 인민경제계획 완수는 불가능하다고 강조했다. 그는 전시 차관의 상환 면제와 비전시 차관의 상환 유예를 요청한 데 이어, 식량·생필품·기계류·공산품 등을 지원해 달라고 호소했다. 흐루쇼프는 그의 요청을 검토하겠다고 답한 뒤, 북한이 식량난을 해결하려면 옥수수와 감자 재배면적을 넓히고 아울러 어업에도 관심을 돌려야 한다고 지적했다. 그가 견지해온 농업 중심의 경제 발전노선이 반영된 해법이었다.[6]

북한의 경제 문제를 논의한 양국 간 회담 자료가 남아 있는 반면, 당과 정치 문제를 둘러싼 비공개 회담 자료는 남아 있지 않다. 그러나 주소 대사 이상조와 몇몇 관련자들의 증언에 비추어볼 때, 그 회담이 개최되었을 뿐만 아니라 김일성의 면전에서 소련 지도부의 충고와 비판이 개진되었음은 의심의 여지가 없다. 비공개 회담에 직접 참석한 박정애는 그로부터 약 10개월이 지난 1957년 5월경, 북한 주재 소련 대사 푸자노프와 대담을 나누며 당시의 상황을 털어놓았다. 그녀는 포노마료프가 북한의 농업협동화 추진 강행과 반소련계 한인 캠페인을 겨냥해 비판의 날을 세웠다고 증언했다.[7]

물론 소련이 충고와 비판을 건넸다는 사실은 조선노동당 중앙위원회에 공개되지 않았다. 쿠르듀코프에게 비공개 회담 참석자 수를 늘려 달라고 건의한 이상조의 요청이 받아들여지지 않은 탓이었다. 그러나 다행스럽게도 그 내막은 은폐되지 않았다. 북한 대표단의 기차 여행에 동행한 소련공산당 중앙위원회 국제부의 한 간부가 이상조에게 비공개 회담이 개최된 사실과 그 내용을 전해준 덕분이었다.[8]

1956년 10월경, 이상조는 조선노동당 중앙위원회와 당 중앙위원회 전원회의 앞으로 보낸 두 통의 편지를 통해 소련 지도부의 충고 내용을 공개했다. 그 내용은 조선노동당이 인민들의 생활난 해결을 등한시하고 있다는 점, 김일성 개인숭배가 사회 전 부문에 심각한 악영향을 끼치고 있다는 점, 노동당의 혁명역사와 조선 인민의 해방투쟁사가 김일성 개인의 역사로 대체되고 있다는 점, 권력에 빌붙어 출세를 도모하는 "아첨분자들"이 득세하고 있다는 점, 인민들의 곤궁한 현실을 미화하는 거짓 선전이 난무하고 있다는 점 등을 아우르고 있었다.[9]

소련 지도부가 김일성을 비판한 근거는 주로 이상조가 페도렌코와 쿠르듀코프에게 제공한 정보들에 기초하고 있었다. 평양 주재 소련대사관을 비롯해 그동안 소련 측이 자체적으로 수집해온 정보보다 이상조가 제공한 정보들이 소련 측 충고의 골간을 이루었음에 비추어볼 때, 그의 외교 활동이 상당한 결실을 맺었음을 엿볼 수 있다. 그는 소련 지도부가 김일성을 비판했다는 소식을 듣자, 곧장 북한의 동지들에게 알렸다. 그들은 마침내 출로를 찾았다고 환호하며 고무적인 분위기에 젖어들었다.[10]

한편 소련 지도부로부터 날선 비판을 받은 김일성은 그들의 충고를 수용해 자신의 과오를 바로잡겠다고 약속했다. 그러나 그는 소련 지도부가 건넨 충고 내용을 공개하지 않았을 뿐만 아니라, 그들과 맺은 약속마저 깡그리 내팽개쳐버렸다. 북한 대표단이 해외 순방을 마치고 귀국한 뒤, 당 중앙위원회 부위원장 박금철과 선전선동부장 이일경이 각각 평양시당과 중앙당학교에서 연설한 일이 있었다. 그들은 입이라도

II

맞춘 듯 북한에 개인숭배는 발현된 적이 없다고 강조했다.[11] 이상조는 소련의 충고를 묵살한 당 지도부의 행태에 격분했다. 형제국 소련의 개입으로도 김일성 개인숭배를 비롯한 조선노동당의 결함이 청산되지 않자 그는 깊은 좌절에 빠졌다.

한편 마지막 순방국인 몽골 방문을 마치고 귀국길에 오른 김일성의 발걸음도 무겁긴 마찬가지였다. 소련 지도부의 비판이 계속 머리에 맴돌았을 뿐만 아니라, 형제국들로부터 얻어낸 원조의 성과도 초라하기 이를 데 없었기 때문이다. 약 5억 루블의 무상원조를 기대했던 소련 방문의 성과는 3억 루블을 확보하는 데 그쳤다. 북한으로부터 3천 만 루블의 무상원조와 가스관 압연기 지원을 요청받은 동독은 몇 대의 압연기만을 제공했다. 사실 소련으로부터 원조를 받고 있던 동독은 난처해질 수 있는 대소 관계를 우려해, 대북 무상원조를 제공하기 어려운 상황이었다. 다른 형제국들인 루마니아·체코슬로바키아·헝가리·알바니아·몽골 등이 약속한 원조의 규모도 기대에 미치지 못했다. 심지어 포즈난 사건의 발생과 함께 혼란에 휩싸인 폴란드는 아무런 원조도 제공하지 않았다.[12]

장기간에 걸친 해외 순방의 초라한 성과는 김일성에게 큰 실망감을 안겨주었다. 그는 몹시 지쳐 있었다. 그러나 그를 기다리고 있던 첨예한 국내 상황은 그에게 휴식을 허락하지 않았다.

#04

소련의
지지를 찾아

연안계와 소련계 한인 간 연대

약 50일간에 걸친 북한 대표단의 해외 순방은 비판적 인사들의 세력 규합에 유리한 여건을 조성했다. 서휘·윤공흠·이필규·고봉기·이상조가 주축을 이룬 소장그룹의 문제의식에 공감한 최창익은 그들의 리더 역할을 마다하지 않았다. 연안 출신 인사들의 결속과 의기투합보다 더 눈부신 진전은 그들과 소련계 한인들 간 연대였다. 그들은 부당한 탄압을 당한 뒤 불만을 품고 있던 소련계 한인들의 처지를 그대로 지나치지 않고 화해의 손을 내밀었다. 그동안 김일성의 이이제이 전략에 이용당하며 반목해온 두 계파는 개인숭배와 그릇된 인사정책 청산이라는 대의에 공감하며 오랜 원한을 씻을 수 있었다.

세력 규합에 나선 연안계 인사들이 가장 주목한 소련계 한인은 박창옥이었다. 조선 문학에 부르주아 사상을 유포했다는 혐의를 받고 탄압당한 그는 김일성에게 누구보다 큰 불만을 품고 있었다. 부당한 박해를 당한 뒤 분노를 삭이지 못하고 있던 그에게 연안 출신 인사들이 접근했다. 소련계 한인 탄압에 앞장선 전 평양시당 위원장 고봉기가 그를 비판한 전력을 사과했다. 그는 박금철과 한상두가 소련계 한인을 겨냥한 공격을 부추겼다고 털어놓으며, 그들의 배후에 김일성이 있었다는 고백도 빠뜨리지 않았다.[1]

박창옥은 김일성 개인숭배와 그릇된 인사정책을 비판한 연안계의 입장에 동조했다. 그의 뒤를 따라 내각 건설상 김승화도 비판세력에 합류했다. 당 중앙위원회 상무위원에서 밀려나 자존심에 큰 상처를 입은 그는 오랫동안 돈독한 관계를 유지해온 박창옥과 한배를 타는 길을 택했다.[2] 다른 소련계 한인 거물급 인사인 내각 부수상 박의완의 합류도 순조롭게 이루어졌다. 원칙주의자로서 독자적 정견을 표출해온 그가 당 지도부의 결함을 바로잡자는 비판세력 인사들의 정당한 제안을 마다할 이유는 없었다. 게다가 그도 부당한 소련계 한인 탄압에 큰 불만을 품고 있었다. 연안계와 소련계 한인 간 연대의 상징적 두 인물은 최창익과 김승화였다. 신뢰에 기초한 협력이 지속됨에 따라, 두 계파 간의 해묵은 반목이 해소될 수 있었다.[3]

이상조·서휘·윤공흠·이필규·고봉기 등이 주축을 이룬 소장그룹에 다른 연안 출신 인사들이 가세하고 소련계 한인들이 합류하면서부터 비판세력의 조직화가 이루어졌다. 그들의 리더 격으로 단연 돋보이는 역할을 수행한 이들은 최창익과 박창옥이었다. 항일투쟁 시기부터 연안 출신 인사들을 지도해온 최창익은 자연스레 비판세력의 대표로 추대되었다. 그는 해외 순방에 나선 김일성이 평양을 비운 사이, 소련 측의 지지를 이끌어낼 막중한 임무를 띠고 비판세력을 대표해 소련대사관과 접촉했다. 박창옥의 역할은 주변 인사들을 포섭해 세력 확장을 꾀하는 일에 집중되었다. 기분파적 기질이 있었던 데다 달변가인 그는 상황을 낙관하며 권위와 신망이 있는 이들을 두루 접촉하기에 여념이 없었다.

비판세력이 포섭을 염두에 두고 있던 이들 가운데 가장 적극적으로 구애한 인물은 김두봉이었다. 그는 지도자의 기분 상태를 살피지 않고 독자적 정견을 표출해왔을 만큼 담대하고 권위 있는 인물이었다. 김일성도 마냥 편히 대할 수 없었던 그는 명목상의 국가 원수인 최고인민회의 상임위원회 위원장에 재임 중이었다.

김일성 개인숭배에 불만을 품고 있던 최용건도 비판세력에 큰 도움이 될 수 있는 인물이었다. 그는 단지 같은 편에 서 있다는 이유만으로 그들에게 자신감을 불어넣고 의지가 될 만한 존재였다. 이상조와 고봉기에게 본심을 내비친 그는 자연스레 비판세력의 일원으로 받아들여졌다. 그는 소원한 사이였던 최창익과 만나 여러 차례 속 깊은 대화를 나누었다. 최창익은 그를 만날 때마다 용기를 북돋아주었다. "용건 동지가 들고일어나면, 많은 이들이 호응할 겁니다."[4]

두 계파 간 연대를 통해 비판세력의 틀이 형성되자, 소장그룹은 자신들이 불씨를 키워 만든 새로운 혁명의 무대를 거물급 인사들에게 넘겨주었다. 이후 그들은 한발 뒤로 물러나 막후 지원 활동에 주력했다. 상황은 여러모로 비판세력에 유리했다. 소련이 이상조로부터 다량의 정보를 건네받아 북한 정세와 조선노동당의 문제점을 상세히 파악하고 있었을 뿐만 아니라, 여전히 북한에 주둔하고 있는 중국 인민지원군도 김일성을 심적으로 압박하고 있었다.[5] 게다가 소련공산당 제20차 대회의 파장이 불가리아와 헝가리의 지도부 교체를 불러왔다는 점도 비판세력의 기대감을 한껏 높여주었다.[6]

반역의 명분

물론 비판세력에 무엇보다 유리한 상황은 전혀 해소될 기미가 보이지 않는 북소 갈등이었다. 비록 스탈린 시기만 못하다 해도, 소련은 여전히 북한에 막강한 영향력을 행사할 수 있는 형제국이었다. 소련의 지지를 등에 업고 김일성과 그 측근들을 공격한다면 승산은 낮아 보이지 않았다. 북소 갈등은 그들에게 더할 나위 없는 호재였고, 그들은 그것을 충분히 이용할 심산이었다. 다행스럽게도 북한의 경제노선을 둘러싼 양국 간 갈등에 더해, 새로운 갈등 요인이 속출하는 유리한 국면이 지속되었다. "교조주의"에 반대한다는 구실을 내세워 민족전통을 강조하고 소련 선전을 억제한 북한의 "주체"노선은 여전히 양국 관계에 잡음을 일으키고 있었다.

과거 남조선노동당 지도자 박헌영사건 처리 문제도 양국 관계에 미묘한 긴장을 조성했다. 조선노동당 제3차 대회 개최 직전인 1956년 4월 19일, 김일성을 방문한 소련대사 이바노프는 박헌영 문제를 거론하며 그에게 언도된 사형 집행을 철회하라고 권고했다. 그가 형 선고를

II

받은 지 많은 시간이 지난 데다, 정치적으로 고립되고 무력해졌다는 이유에서였다. 이바노프는 그의 처형이 대외적으로 바람직하지 못한 결과를 불러올 수 있다는 이유도 덧붙였다.

김일성은 소련 지도부의 입장을 전달한 그의 제안에 당황하며 매우 불쾌한 심기를 내비쳤다. 그는 단호하게 말했다. "박헌영 재판에 오류는 전혀 없었습니다. 사전 심리와 공개 재판을 거쳐 그가 미국의 간첩임이 입증되었습니다. 인민들이 판결 내용을 일관되게 지지하고 있는이상, 그에게 선고된 사형 집행은 정당합니다." 아울러 김일성은 재판 내용을 재검토할 근거가 없다는 입장을 밝힌 뒤, 소련 측이 이견을 보인 이상 당 중앙위원회 정치위원회를 소집해 한번 논의해보겠다고 약속했다.[7] 그러나 그의 약속은 빈말에 지나지 않았다. 소련의 입김도 박헌영의 처형을 막지 못했을 만큼, 북한에서 소련의 영향력은 점점 효력을 상실해가고 있었다.

소련의 조언과 충고를 유야무야 회피한 김일성의 태도는 양국 관계를 더욱 불편한 상황으로 몰아갔다. 양국 간 갈등을 충분히 간파한 비판세력은 그들이 당 지도부에 반기를 들어야 했던 명분을 찾는 데 어려움을 겪지 않았다. 그들은 소련이 북한을 비판한 근거들을 그대로 제시하며, 자신들이 들고일어설 수밖에 없었던 명분으로 내세웠다. 사실 노동당 지도부가 인민들의 생활난 해결을 외면하고 있다는 소련의 비판만큼이나 정당하고 정의로운 명분도 없었다. 인민 생활 개선은 당 지도부를 공격할 명분으로서 손색없는 슬로건이었을 뿐만 아니라, 당면한 경제 위기의 극복에 꼭 필요한 조치이기도 했다. 소련이 무상으로 원조한 13억 루블을 공장 건설을 비롯한 공업화 방면에 활용하자고 주장한 당 지도부에 맞서, 비판세력이 생필품 수입을 비롯한 소비적 목적에 활용하자고 주장한 까닭은 그러한 이유에서였다.[8]

인민 생활 개선과 함께 비판세력이 내세운 다른 핵심 슬로건은 개인숭배의 청산이었다. 그들은 흐루쇼프가 소련공산당 제20차 대회에서 제기한 이 과제를 적극 수용해 소련의 지지를 쟁취하고자 했다. 아울러 비판세력이 집요하게 요구한 그릇된 인사정책 시정 과제도 소련 측의 공감을 얻었다. 황해남도당 위원장 고봉기는 자신을 비롯한 비판

박헌영
소련은 사형 선고를 받은 혁명가 박헌영을 구하기 위해 각방으로 북한을 압박했다.
그러나 소련의 입김도 그의 처형을 막지 못했을 만큼, 북한에서 소련의 영향력은
점점 효력을 상실해갔다.

세력의 요구가 개인숭배 종식, 인민들의 물질적 생활수준 향상, 실무적 자질을 고려하지 않은 채 이루어지고 있는 당과 내각의 인선 방식 개선에 집중되어 있다는 입장을 밝혔다.[9]

주소 대사 이상조가 소련 측에 전달한 조선노동당의 당면 과제들에도 그 세 가지 문제가 모두 포함돼 있었다. 그는 인민 생활 개선, 김일성 개인숭배 청산, 당내 민주주의와 집체적 지도원칙 확립, 당 지도부와 내각의 아첨분자들 제거, 김일성의 항일무장투쟁으로 도배되다시피 한 조선 민족해방운동사 재검토 등의 과제를 제기했다.[10] 그가 제기한 문제들은 소련 지도부가 해외 순방 중인 김일성에게 건넨 충고의 핵심 내용들에 다름 아니었다. 요컨대 비판세력은 소련이 조선노동당을 비판한 근거들을 기치로 내세워, 소련의 지지를 등에 업고 김일성을 비롯한 당 지도부에 맞설 계획이었다.

최창익과 소련대사의 비밀 회동

소련의 지지를 얻어야 승산이 있다고 본 비판세력은 해외 순방에 나선 김일성이 평양을 비우자, 소련대사관과 접촉하며 대소 외교에 총력을 기울였다. 그들의 활동을 측면에서 지원한 이상조는 소련 외무성 부상 페도렌코를 상대로 이미 모스크바에서 외교 활동에 착수한 터였다. 명민한 연안 출신 원로 최창익이 비판세력을 대표해 대소 외교를 주도했다. 그러나 러시아어를 구사하지 못한 그가 홀로 외교에 나서기란 쉬운 일이 아니었다. 최창익과 소련대사관 사이에 다리를 놓아줄 인물이 필요했다. 학자 출신 관료로 그와 가깝게 지낸 고려인 내각 건설상 김승화가 기꺼이 가교 역할을 자청해 나섰다.[11]

김일성을 비롯한 북한 정부 대표단이 동유럽 순방에 나선 지 나흘이 지난 6월 5일, 최창익은 김승화와 함께 평양 주재 소련대사 이바노프를 방문했다. 1955년 중반경 대사에 취임한 그는 북한의 정치와 지도부를 부정적으로 바라보았을 뿐만 아니라, 적극적으로 형제국 내정에 개입해 소련의 이해관계를 관철해야 한다고 생각한 외교관이었다.[12] 그는 때때로 유람을 즐기며 북한 측으로부터 간략한 자료를 건네받을 뿐이라고 털어놓은 평양 주재 동독대사에게, 그러한 활동은 외교가 아닌 관광사업에 불과하며 북한 간부들에게 적극적으로 영향력을 행사해야 한다고 권고하기까지 했다.[13] 이바노프의 성향에 비추어볼 때, 최창익의 방문은 큰 환대를 받을 만한 행보인 셈이었다.

여느 대담처럼 그들의 대담도 통상적이고 시의성 있는 주제로부터 시작되었다. 육류콤비나트 건설을 둘러싼 담화가 짧게 오간 뒤, 약 한 달 앞으로 다가온 북한 정부 대표단의 소련 방문 일정이 화제에 올랐다. 이바노프는 예정된 소련 지도부와 북한 정부 대표단의 회담을 어떻게 전망하는지 물었다. 최창익은 개인적 견해라 전제한 뒤, 북한의 경제 문제뿐만 아니라 당과 국가의 영도 방식을 둘러싼 정치적 문제도 논의될 듯하다고 대답했다. 이어 그는 "우리 당과 국가의 정치적 영도에 과학적 지식과 풍부한 경험이 반영되지 못하고 있다"는 의미심장한 견해를 덧붙였다.

순간 이바노프는 그가 예사롭지 않은 대담을 원하고 있음을 직감했다. 그는 최창익으로부터 보다 내밀한 고백을 끄집어내고 싶었다. "현재 조선의 당과 국가를 이끌고 있는 이들은 과거에 항일투쟁을 지도한 혁명가들입니다. 그들은 전시에도 외부 침략자들에 맞서 투쟁을 이끌었습니다. 앞으로 조선에 집체적 영도가 뿌리내리면, 많은 유익한 성과들이 뒤따를 것입니다." 최창익은 자신에게서 내밀한 이야기들을 끄집어내려는 그의 유혹을 굳이 거부하지 않았다. "조선에 집체적 지도 원칙이 준수되고 있는가에 대해서는 의견이 분분합니다." 아쉽게도 최창익은 이 의미심장한 고백을 끝으로 말문을 닫아버렸다. 이바노프는 그가 허심탄회하게 정견을 교환할 수 있는 더 내밀하고도 준비된 회동을 바라고 있음을 간파할 수 있었다. 그가 사흘 뒤에 다시 만나자고 제안하자, 최창익은 흔쾌히 승낙했다. 1시간 10분간에 걸친 그들의 첫 대담은 서로의 의중을 확인한 채 마무리되었다.[14]

그로부터 이틀이 지난 6월 7일, 이바노프는 홀로 찾아온 김승화에게 저녁식사를 대접했다. 김승화는 최창익의 편지를 그에게 전달했다. 다음 날에 이루어질 회동의 방식을 제안하고 있는 간략한 내용의 편지였다. 통역을 배제한 채 김승화만이 참석한 삼자 회동을 바란다는 내용이 적혀 있었다. 이바노프는 최창익의 제안에 동의했다. 회동 장소는 평양 서포에 위치한 이바노프의 별장으로 결정되었다.[15]

김일성이 평양을 비운 지 1주일이 지난 6월 8일, 비장한 분위기 속에서 삼자 회동이 이루어졌다. 통역은 김승화가 맡았다. 의례적 대화가 오간 뒤, 최창익이 조심스럽게 입을 열었다. "외국인을 접견하는 일은 외무상에게만 허용된 권한입니다. 나는 부수상임에도 불구하고 그 권한을 부여받지 못했습니다." 그는 조심스러울 수밖에 없는 자신의 처지를 해명하자 곧장 본론으로 직행했다. "우리 당과 국가의 영도에 바람직하지 못한 상황이 조성되어 있습니다. 나를 비롯한 여러 동지들이 바로 그 때문에 반기를 들었지요."

최창익은 먼저 인사정책의 문제점을 털어놓았다. "현재 간부 등용은 개개인들의 실무적 역량에 관계없이 이루어지고 있습니다. 소련계 한인, 연안 출신, 만주 빨치산 출신, 남한 출신 등 출신 비율을 우선적으로 고려한 인선이 이루어지고 있지요. 각 계파 간 갈등과 당 대열 내 통일성 약화의 원인이 바로 거기에 있다 해도 과언이 아닙니다." 최창익은 갑자기 화제를 틀어 몇 해 전 숙청당한 뒤 사망한 허가이 문제를 끄집어냈다. "허가이는 최근까지도 당 회의가 열릴 때마다 인사정책 실패의 책임을 뒤집어쓴 채 비판을 당하고 있습니다. 그가 간부 발탁을 주도할 당시 가족주의적 과오를 범했다는 이유에서였죠. 곧 그가 소련계 한인들을 집중적으로 발탁한 탓에, 당 조직사업이 파탄에 이르렀다는 의미입니다."

물론 최창익은 동의하지 않았다. 그는 인사정책 실패의 장본인들인 당 지도부가 허가이에게 모든 책임을 떠넘겼다고 비판하며 그를 비호해 나섰다. "허가이 동지는 사업상 과오를 범하긴 했으나, 유능하고 정력적인 일꾼이었습니다. 그는 소련계 한인 동지들을 올바른 길로 이끌었습니다." 최창익은 허가이를 변호하는 데 그치지 않고, 소련계 한인들의 입장을 대변하기까지 했다. "일부가 범한 과오를 구실로 전체 소련계 한인들을 적대시하고 탄압한 당 지도부의 태도는 정당하지 못했습니다. 심지어 당 지도부는 허가이 동지의 과오를 남노당계 지도자들인 박헌영·이승엽의 활동에 연결하려는 계략을 꾸미기까지 했지요." 이바노프와 김승화의 면전에서 소련계 한인들을 비호한 최창익의 태도는 계산된 전략에 다름 아니었다. 그동안 소련계 한인들을 적대시해온 그는 그들과 전략적으로 제휴해야 했고, 더 나아가 소련 측의 지지를 얻어야 했기 때문이었다.

두 계파 간 연대 의지를 확고히 밝힌 최창익은 다시 원점으로 돌아와 당 지도부의 그릇된 인사정책을 비판했다. 그가 거명한 아첨꾼들은 박금철·김창만·정준택·정일룡이었다. 물론 소련계 한인들은 그 명단에서 제외되어 있었다. "이 자들은 사업에 필요한 지식과 경험이 부족하며, 위임된 업무를 제대로 수행하지 못하고 있습니다. 전혀 준비된 일꾼들이 아닐 뿐더러, 민감한 사안을 논의할 때면 원칙조차 고수할 줄 모릅니다. 그들에게 일관적으로 나타나는 특징이라곤 아첨과 굴종 뿐이죠." 그는 일제 시기에 경관을 지낸 친척을 둔 정준택이 내각 부수상에 등용되었다며 언성을 높였다.

이제 최창익에게 조심스러운 태도는 보이지 않았다. 그는 3차 당대회의 과오를 설명하는 순간 흥분한 표정을 숨기지 못했다. "우리 당 3차 대회는 소련공산당 20차 대회의 정신을 본받으려 하지 않았습니다. 당의 발전에 필요한 비판과 자아비판은 전혀 이루어지지 않았죠. 이 모든 게 박금철 동지가 비판 토론을 가로막은 데다, 사전에 토론문을 검열하라고 지시한 탓입니다." 이 지점에서 최창익은 갑자기 화제를 틀어 북한의 주체노선이 대소정책에 끼친 영향을 지적했다. "3차 당대회는 조선 해방에 기여한 소련의 역할을 언급조차 하지 않은 채 지나쳤습니다. 여러 간부들은 교조주의와 형식주의를 겨냥한 투쟁을 강조하며 소련 문화에 반대하고 있습니다." 노동당 지도부를 향한 소련의 반감을 부추기려는 그의 계산된 고백이었다.

최창익은 3차 당대회의 민감한 현안이었던 개인숭배 문제도 묵과하지 않았다. "당 지도부는 김일성 개인숭배가 발현된 적이 없다고 잡아떼며, 당내에 집체적 지도원칙이 준수되어왔다고 주장합니다. 그들은 남조선의 박헌영과 북조선 허가이 동지에게만 개인숭배 책임을 떠넘길 뿐입니다." 최창익은 개인숭배 상징물이 도처에 만연한 책임을 그의 전 부인인 내각 문화선전상 허정숙에게 덮어씌운 당 지도부의 행태에도 격분했다. "각지에 김일성 동지 기념비와 동상이 세워졌고, 광장과 거리마다 그의 이름이 붙여졌습니다. 그를 찬미하는 출판물과 문학작품이 넘쳐날 정도입니다. 그런데도 허정숙 동지가 모든 비난을 뒤집어쓰고 있습니다. 이 모든 게 그녀가 김일성 동지에게 아첨할 목적으로 벌인 일인 양 곡해되고 있기 때문이죠. 사실을 말하자면 그 지시를 내린 장본인은 그녀가 아니라 당 중앙 정치위원회입니다. 최근에 잡지 《새조선》 편집장이 해임된 뒤, 당적을 박탈당한 일이 있습니다. 김일성 동지를 과도하게 찬양하는 행위를 자제하라고 지시한 이유에서였죠. 북조선에 개인숭배가 만연해 있다는 증거는 이것만으로 충분합니다. 이상조 동지가 개인숭배 문제를 논의하자고 3차 당대회 주석단에 건의했지만 철저히 묵살되고 말았지요."

그의 흥분은 가라앉을 기미가 보이지 않았다. "당 중앙 상무위원회와 내각 회의가 개최될 때마다 김일성 동지의 제안이 무조건적으로 채택되는 경향이 있습니다. 다른 동지들의 제안이 채택될 가능성은 전무합니다. 아니, 그들은 도무지 입을 열려고 하지 않습니다. 만약 어떤 동지가 새로운 의견을 제안하기라도 하면, 그는 의심을 피할 수 없을 테니까요." 열변을 토하던 최창익은 다시 화제를 돌려 인민들의 생활난 문제를 도마 위에 올렸다. 그러나 그는 해외 순방 중인 북한 정부 대표단이 형제국들로부터 많은 원조를 약속받아, 그 문제가 해결되길 바란다는 입장을 밝히는 데 그쳤다.

당 지도부 비판을 마친 최창익은 이바노프와 눈을 맞추며 간절한 표정을 지었다. "지금 조선노동당 내 상황은 소련공산당 중앙위원회의 도움을 절실히 필요로 합니다. 우리에게는 당의 과오와 결함을 바로잡을 수 있는 세력이 없기 때문입니다." 그는 잠시 말을 멈추었다. 이바노프와 김승화는 촉각을 곤두세운 채 그를 바라보았다. "소련공산당은 공산주의 건설 경험을 풍부히 축적해왔습니다. 아쉽게도 우리 당은 그렇지 못합니다. 우리 당 지도부는 형제당에게 배워야 합니다. 부디 소련공산당 중앙위원회가 김일성 동지에게 냉철한 충고를 건네도록 도와주시기 바랍니다. 형제당의 따끔한 충고야말로 우리 당의 과오와 결함을 바로잡을 수 있는 효과적 방편일 테니까요."

최창익은 준비해온 입장을 모두 전달한 뒤에야 의자에 등을 기댔다. 그러나 그는 이바노프가 자신의 메시지를 소련공산당 중앙위원회에 제대로 전달할지 확신할 수 없었다. 그는 자신이 직접 소련공산당 중앙위원회를 방문해 비판세력의 입장을 명확히 전달할 수 있도록, 모스크바 방문을 알선해달라고 넌지시 부탁했다.[16] 그러나 그의 소련 방문은 성사되지 않았다.

한편 최창익이 이바노프와 대담을 나누기 열흘 전인 5월 29일, 주소 대사 이상조도 소련 외무성 부상 페도렌코를 만나 소련의 개입을 바란다는 동일한 요청을 건넨 적이 있었다. 모스크바와 평양에서 열흘간의 시차를 두고 벌어진 이상조와 최창익의 대소 외교는 노동당 지도부에 반기를 든 비판세력의 당면 목표가 소련의 북한 문제 개입을 이끌어내는 데 있었음을 보여준다. 결국 북한 정치를 부정적으로 바라본 이바노프와 페도렌코는 최창익과 이상조의 메시지를 소련공산당 중앙위원회에 전달했고, 그들의 바람대로 소련을 방문한 김일성은 따끔한 비판과 충고를 받았다.

비판세력은 소련의 개입에 큰 기대를 걸었으나, 자신들의 운명을 전적으로 그들에게만 맡길 수도 없었다. 사실 소련의 충고가 효력을 발휘할지도 미지수였다. 실패에 대비한 다른 대안도 준비해야 했다. 그 유력한 대안으로 떠오른 해법이 바로 당 지도부를 겨냥한 전면적 비판 공세였다. 이 전략은 이미 동유럽 형제국 불가리아에서 효력을 입증해 보인 적이 있었다. 김일성이 해외 순방을 마치고 돌아온 뒤에 개최될 조선노동당 중앙위원회 전원회의야말로 그들이 비판 공세를 취할 절호의 기회였다. 비판세력은 소련의 지지를 등에 업고 공세를 단행하면, 그들에게 승산이 있다고 전망했다.

05

가담자들과
지지자들

동요하는 원로들

북한 대표단이 해외 순방에 나서자, 비판세력은 대소 외교와 함께 세력 확장에 주력했다. 세력 확장은 그들에게 소련의 지지를 확보하는 일만큼이나 밀모密謀의 성패를 좌우할 중대 과제였다. 많은 인사들과 물밑 접촉을 벌이며 세력을 규합하고 있던 비판세력이 가장 주목한 인물은 최고인민회의 상임위원회 위원장 김두봉이었다. 누구보다 권위 있고 존경받는 인물인 그가 합세한다면, 그들의 사기 진작에도 큰 도움이 될 터였다. 사실 연안 출신 인사들은 그들의 오랜 스승이자 지도자인 김두봉의 참여를 낙관하며 그에게 큰 기대를 걸고 있었다.

1956년 6월 8일 이바노프와 은밀한 대담을 나눈 최창익은 며칠 뒤 김승화와 함께 김두봉을 찾아갔다. 그는 이바노프와 주고받은 밀담 내용을 전하며, 형제당인 소련공산당이 그들을 지지하고 있다고 털어놓았다.[1] 김두봉을 방문한 인사들은 그들만이 아니었다. 계파를 막론하고 비판세력에 가담한 이들 상당수가 최고 어른인 그를 찾아와 협조를 요청했다. 그들 중에는 연안 시절 동고동락한 그의 제자들인 서휘와

윤공흠이 끼어 있었다. 이필규와 원칙주의자인 소련계 한인 박의완도 그를 방문해 조언을 구했다.[2]

김두봉은 당 지도부에 반기를 든 비판세력의 입장에 충분히 공감하고 있었다. 그는 종종 김일성이 당과 국가를 올바른 방향으로 이끌고 있는지 의구심을 품었다.[3] 두 차례에 걸쳐 그를 방문한 김승화는 식사 대접을 받으며 그의 솔직한 생각을 들을 수 있었다. 김두봉은 북한의 경제난과 인민들의 궁핍한 생활 형편, 청산될 기미가 보이지 않는 김일성 개인숭배, 체제를 비판한 이들에게 가해지고 있는 가혹한 탄압 등에 부정적 입장을 내비쳤다.

그의 생각을 확인한 김승화는 놀랄 만한 고백을 털어놓았다. "몇몇 동지들이 다가올 당 중앙위원회 전원회의에서 김일성 동지를 비판할 계획을 세우고 있습니다." 당황한 듯 김두봉의 침묵은 한참이나 지속되었다. 그는 아주 힘겹게 입술을 뗐다. "바람직한 일이오. 그러나 먼저 우리 당내에 그 계획을 주도적으로 밀어붙일 만한 세력이 있는지 곰곰이 따져봐야 합니다. 과연 김일성 동지를 비판하려 나설 이들이 몇이나 되겠습니까?" 다분히 회의적 입장을 내비친 그는 현재로선 소련의 지지를 확보하는 일이 관건이라고 덧붙였다.[4]

김두봉은 당 지도부를 반대한 비판세력의 입장에 공감하고 있었으나, 그들의 밀모가 성공할 가능성을 극히 회의적으로 내다보았다. 따라서 비판세력 인사들이 방문할 때마다 그는 소극적 태도를 보였다. 폴란드 포즈난 사건에 고무된 최용건이 찾아와 의기양양하게 낙관적 전망을 내비쳤을 때에도, 그는 "그저 고개만 끄덕일 뿐 가타부타 말이 없었다." 연안 출신 고봉기는 과거 은사인 그의 소극성을 감싸며 진심으로 이해하려는 태도를 보였다. 그는 권모술수를 모르는 학자형의 정치가 김두봉의 고결한 인품을 누구보다 깊이 존경해온 터였다.[5] 그러나 이상조의 평가는 달랐다. 김두봉의 소극성에 적잖이 실망한 그는 "그가 진솔한 면이 있다 해도, 충분한 용기를 가지지 못한 데다 정치에 별 관심이 없는 인물"이라고 혹평했다.[6]

비판세력 인사들은 김두봉의 소극적 태도에 실망했으나, 그에게 걸고 있던 기대마저 내려놓지는 않았다. 김일성이 해외 순방을 떠날 무렵, 그들은 소련의 개입을 요청하며 북한 문제의 해결책을 찾으려는 노력에 온 힘을 쏟았다. 소련대사관과 소련 외무성을 상대로 벌인 최창익과 이상조의 필사적 외교 활동이 바로 그 목표를 겨냥하고 있었다. 물론 비판세력은 그들의 외교 활동이 실패할 경우에 대비한 다른

김두봉
명목상의 국가 원수인
최고인민회의 상임위원회 위원장 김두봉은
만인의 존경을 받은 인물이었다.
비판세력은 독자적 정견을 표출해왔을 만큼
큰 권위가 있었던 그의 포섭에 공을 들였다.

대안의 준비에도 관심을 기울였다. 김일성이 자신의 과오를 깨닫고 시정할 수 있도록, 그에게 공개적으로 간언하자는 방안도 그 대안들 가운데 하나로 제시된 것이었다.

그러나 문제는 그 임무를 떠맡겠다고 자청하는 이가 없었다는 점이었다. 물론 비판세력 인사들은 김두봉이야말로 김일성에게 직언할 수 있는 유일한 인물임을 잘 알고 있었다. 소련대사 이바노프와 대담을 나눈 뒤 김두봉을 방문한 최창익·김승화가 그에게 지도자의 반성을 이끌어낼 간언을 부탁한 까닭도 그러한 이유에서였다. 사실 담력과 용기가 필요한 그 임무를 김두봉에게 떠넘긴 그들은 자신들이 직접 나설 경우에 뒤따를 후환을 두려워하고 있었다.[7]

비판세력 내 다른 인사들도 그들의 입장을 김일성에게 전달해줄 "대변인"이나 "전달자" 역할을 수행할 수 있는 김두봉의 효용 가치에 큰 기대를 걸었다. 최창익·박창옥·윤공흠 등이 김두봉을 방문해 향후 전략을 논의한 일이 있었다. 그때 해외 순방을 마치고 돌아올 김일성에게 직언해 당의 결함을 바로잡자는 제안이 나오자, 최창익은 박창옥이 그 임무를 맡길 바란다는 의견을 건넸다. 그러나 지도자의 보복을 우려한 박창옥은 고려인인 자신보다 김두봉이 그 임무의 적임자라고 말하며 한발 물러서는 태도를 보였다. 다수가 그의 생각에 동의하자, 결국 김두봉은 그들의 제안을 받아들였다.[8] 그는 분명 비판세력의 밀모에 적극적으로 가담하지 않았으나, 그들의 입장에 충분히 공감하고 있었다. 따라서 "대변인"이나 "전달자"로서의 역할을 수행해달라는 그들의 요청을 거부하지 않았다.

한편 최용건도 김두봉만큼이나 비판세력의 기대에 부응하지 못하긴 마찬가지였다. 그러나 김일성의 최측근으로 통했던 그의 합류는 매우 고무적인 일로 받아들여졌다. 누구보다 박창옥이 그에게 큰 기대를 걸었다. 사실 그는 불과 몇 달 전까지만 해도 소련계 한인 탄압을 주도한 최용건에 큰 반감을 품고 있었다. 김일성이 그를 내각 지도부에 등용하자고 제안했을 때, 당시 부수상이었던 박창옥은 그가 경제 문제에 식견이 부족할 뿐더러 성격도 무뚝뚝해 업무를 제대로 처리할 수 있을지 미지수라고 대답하며 반대 의사를 밝혔다.[9] 그러나 이제 비판세력의 핵심 성원이 된 박창옥은 소련계 한인 탄압에 앞장섰던 그가 태도를 바꿔 그들과의 관계를 개선하려 노력하고 있다고 평가했다.[10]

최용건은 소련계 한인들과 대립해온 반면, 연안 출신 인사들과 원만한 관계를 유지해왔다. 이상조와 고봉기는 그와 기탄없이 속내를 터놓을 수 있는 사이였다. 그들과 대화할 때 최용건은 마음에 들지 않는 이들을 가리켜 "개새끼"라는 욕설을 입버릇처럼 내뱉곤 했다. 물론 최용건의 욕설은 뒤끝이 없어 주변인들에게 그의 일상어로 받아들여졌다.[11] 그는 절친한 연안 출신 동료들 앞에서 경애하는 지도자 동지를 겨냥해 그 점잖지 못한 일상어를 내뱉은 적도 있었다. "그 개새끼는 지도자 자격이 없어! 그게 무슨 혁명가야? 군벌 두목이지! 제거해야 한다구!" 고봉기는 김일성에게 분개하는 최용건의 거친 고성을 들을 때마다, 그가 비판세력의 든든한 일원이 되었다고 생각했다.

그러나 그는 동요하고 있었다. 심상치 않은 그의 동향을 감지한 김일성이 그를 은근히 압박하고 회유하며 자신의 주위에 묶어두려 획책했기 때문이었다. 따라서 그는 돌아서서 비판할 뿐, 자신을 능수능란하게 다룰 줄 알았던 김일성의 면전에서 아무 소리도 하지 못했다. 선두에 서서 꿋꿋이 비판세력을 지휘해주길 바란 소장그룹 인사들의 기대와 달리, 그가 계속해서 사태를 관망하며 주저한 까닭은 그러한 이유에서였다. "용건 동지가 손만 한 번 쳐들면 모두 일어날 준비가 돼 있습니다. 언제까지 형세만 살피려 하십니까? 행동에 나서야지요!"라고 고봉기가 일침을 놓자, 그는 "이봐 봉기, 그 개새끼가 아직 살아 있어. 아직 살아 있단 말이야!"라고 역정을 냈다. 최용건의 비판세력 가담은 그들에게 큰 힘이 되었으나, 그의 동요하는 기색은 점차 실망감을 안겨주었다.[12]

광범한 지지자들

비판세력은 중앙 정치무대의 권위 있는 인사들뿐만 아니라, 지방 유력 간부들에까지 손을 뻗쳤다. 연안계와 소련계 한인들의 광범한 인맥이 그들의 세력 규합에 이용되었다. 황해남도당 위원장 고봉기와 부위원장 박두일·김갑곤, 황해남도 인민위원장 백순제, 해주시당 위원장 최만수, 황해북도당 위원장 허빈, 황해북도 인민위원장 곽서, 개성시당 위원장 유철목, 개성시 인민위원장 이달진, 평안남도 인민위원회 부위원장 송원석, 평안북도당 위원장 고려인 서춘식, 평안북도 인민위원장 김승섭, 강원도당 위원장 김원봉, 강원도 인민위원장 문태화, 원산시당 위원장 안중옥, 함경남도 인민위원장 이유민, 함경북도당 부위원장 주영봉, 함경북도 인민위원장 김학걸, 청진시당 위원장 태경룡, 청진시 인민위원장 이종식 등이 지방에 거점을 두고 활동한 비판세력 지지자들이었다.[13]

비판세력의 지지 기반이 가장 견고한 지역은 평양이었다. 고봉기가 좌천된 지 얼마 지나지 않은 1956년 4월경, 이송운이 평양시당 위원장에 발탁되었다. 갑산계에 속한 그는 최고검찰소 검사총장을 지낼 당시 박헌영사건 공판을 지휘하며, 김일성의 의중에 따라 일을 처리해온 인물이었다. 그러나 고봉기를 지지한 부위원장 홍순관·김명욱과 조직부장 김충식이 여전히 건재한 이상 그는 고립될 수밖에 없었다. 평양시 인민위원장 정연표와 평양시당 산하의 당 단체 책임자들 상당수도 김일성을 반대하는 편에 서 있었다.

평양 지역 주요 공장과 기업소의 상황도 마찬가지였다. 특히 동평양 건설트레스트와 서평양 제2건설트레스트의 열악한 노동환경은 그 두 기업소에 배치된 거제도 포로수용소 출신 귀환병 노동자들의 불만을 부채질했다. 우대를 받기는커녕 정치적 차별을 받으며 혹사당한 그들은 태업을 단행하기까지 했다. 흥미롭게도 동평양 건설트레스트 지배인에 복무하며 그들의 이해관계를 대변한 인물은 좌천당한 연안 출신 노간부 한효삼이었다. 1만 명 이상의 노동자들을 보유한 평양방직공장의 상황도 다르지 않았다. 규정된 8시간 노동뿐만 아니라 정치학습·회의·군사훈련·무상노력 동원 등에 참가해야 했던 노동자들은 점점 지쳐갈 수밖에 없었다. 그들의 입장을 대변한 평양방직공장당 위원장 김완이 군사훈련 시간을 줄이자고 제의했으나 받아들여지지 않았다. 그는 고봉기의 측근인 평양시당 부위원장 홍순관과 연락하며 현상황의 타개를 모색했다.[14]

비판세력이 군부 인사들의 지지를 받았다는 점도 놀랄 만한 일은 아니었다. 군부 지휘관들 상당수가 연안계 인사들이었기 때문이다. 비판세력을 지지한 군부의 대표적 인물은 중국 중앙군관학교를 나온 노철용과 장평산이었다. 중국공산당 부대 신사군 출신으로 조선인민군 제2군단 참모장을 지낸 노철용은 한국전쟁 당시 적군에 포위된 2군단장 최현을 구출하는 전공을 세웠다. 이 일은 최현이 그를 전폭적으로 신임하는 계기가 되었다. 그러나 그는 동료 군사 지휘관으로서 뛰어난 역량을 발휘한 4군단장 장평산과 함께 점차 김일성의 눈 밖에 나기 시작했다. 이미 숙청된 방호산처럼 연안 출신 군부 지휘관들인 그들도 김일성에게 잠재적 위협이 될 수 있다는 의심을 받았기 때문이다.[15]

남노당계 인사들 중에도 비판세력을 지지한 이들이 있었다. 문두재·류축운·허성택·박광희 등이 그 대표적 인물들이었다. 류축운과 남한 전평 위원장을 지낸 허성택은 직업총동맹 부위원장 문두재의 주선으로 서휘와 접촉했다. 그들은 그의 영향을 받아 비판세력에 동조하는 태도를 보였다. 소련 유학을 마치고 돌아와 평양시인민위원회 부위원장을 지낸 남노당계 박광희도 소련공산당의 신노선에 공감하며, 김일성 개인숭배에 반대한다는 입장을 내비쳤다.[16]

심지어 1937~1938년경 이른바 "혜산사건"에 연루돼 옥고를 치른 갑산계열 인사들 중에도 비판세력에 동조한 이들이 있었다. 내각 체신상 김창흡이 그 대표적 인물이었다. 병 치료차 소련에 머무르고 있던 그는 흐루쇼프의 개인숭배 반대운동을 목격하며 큰 깨우침을 얻었다. 그는 모스크바에 체류 중인 북한 간부들과 유학생들을 끌어들여 체제비판 활동에 나섰다. 그러나 그의 동향이 김일성에게 보고되자, 즉시 탄압이 시작되었다. 그는 평양으로 소환되었고 자동차와 전화기를 압수당했다.[17] "혜산사건"에 연루돼 수감된 적이 있는 최고검찰소 부장검사 허성진도 비판세력에 동조한 갑산계 인사였다. 그는 과거 동지인 박금철과 김영주의 부정한 전력을 속속들이 파헤쳐 폭로하며 김일성과 대립각을 세웠다.[18]

김일

분별력 있는 많은 인사들이 현 상황을 우려하며 비판세력의 입장을 지지했다. 그럼에도 그들에 합류하지 않고 김일성과 공조하며 사태를 관망한 몇몇 권위 있는 인사들이 있었다. 비판세력은 그들의 포섭까지 염두에 둘 만큼 세력 규합에 적극성을 보였다. 그들 중 비판세력이 가장 관심을 보인 대표적 두 인물이 내각 농림상 김일과 외무상 남일이었다.

김일은 내각 민족보위성 문화부상에 복무하며 군대 내 정치사업을 지도해온 인물이었다. 한국전쟁 당시 미군의 가공할 만한 공습에 당황한 그는 "비행기 없이 적들에 맞서 싸울 수 없다"는 고백을 은연중에 털어놓았다. 격노한 김일성은 "패배주의적 경향"에 빠져 있다고 비판하며 그를 파면해버렸다. 그러나 김일성의 과거 전우였던 그는 길지 않은 자숙 기간을 거쳐 다시 중용될 수 있었다. 그의 중용에 어떠한 이견도 없었던 까닭은 그가 유능한 데다 좋은 평판을 얻고 있었던 인물이었기 때문이다. 연안계 인사들은 그가 성격이 온후하고 인간성이 좋은 데다, "동지적 의리를 지킬 줄 아는" 혁명가라고 평가했다. 소련계 한인 박정애도 재능 있고 정력적이며 소통을 중시하는 그가 간부들 사이에 큰 권위를 소유하고 있다고 추켜세웠다. 계파를 떠나 동료 간부

김일
한국전쟁 당시 미군의 가공할 만한 공습에 당황한 김일은 "비행기 없이 적들에 맞서 싸울 수 없다"고 고백해, "패배주의적 경향"에 빠져 있다는 비판을 받았다. 유능한 데다 평판이 좋았던 그는 소련이 북한 지도부에 권력 분산 과제를 요구했을 때, 유력한 수상 후보로 거론된 인물이었다.

들 대부분이 그를 존경하고 신뢰했다. 게다가 그는 실무능력까지 갖추고 있었다. 따라서 소련이 북한 지도부에 권력 분산 과제를 요구했을 때, 유력한 내각 수상 후보로 거론된 인물이 바로 그였다.[19]

물론 김일도 김일성 개인숭배와 그의 독재정치에 비판적 시각을 가지고 있었다. 그가 허물없이 속내를 터놓을 수 있는 사이인 고봉기에게 그러한 본심을 내비친 적도 한두 번이 아니었다. 그러나 그는 항일 유격투쟁에 투신한 이래 오랜 기간 김일성과 동고동락해온 까닭에, 그를 배척하지 못하고 중간에 서서 사태를 관망하는 태도를 보였다.[20]

\#06

형제국
조력자들

이필규와 페트로프의 대담

해외 순방에 나선 북한 정부 대표단의 귀국이 임박하자, 비판세력 인사들의 움직임도 분주해졌다. 소련의 충고가 아무런 효력도 발휘하지 못했음에 실망한 그들은 다른 해결책을 찾아야 했다. 그 유력한 대안으로 떠오른 해법이 바로 다가올 당 중앙위원회 전원회의에서 김일성을 비롯한 당 지도부를 비판할 구상이었다. 구체적으로 그 계획은 김일성을 당 중앙위원회 위원장에서 끌어내린 뒤, 그에게 집중되었던 권력을 분산해 집단지도체제를 확립하려는 목표를 겨냥하고 있었다. 사실 이 계획이 비판세력 인사들의 지지를 받은 까닭은 합법적 방식이었던 데다 성공한 전례가 있었기 때문이다.

흐루쇼프의 스탈린 격하운동이 동유럽 사회주의진영에 큰 파장을 일으키고 있던 1956년 4월경, 불가리아인민공화국 수상인 스탈린주의자 체르벤코프Вълко Вельов Червенков가 불가리아공산당 중앙위원회 전원회의에서 신랄한 비판을 받고 실각한 일이 있었다. 형제국 불가리아의 경험은 같은 문제의 해결 방안을 고민하고 있던 비판세력 인사들에게 큰 영감을 주었다. 특히 연안 출신 서휘가 불가리아식 해법에 큰 기대를 걸고 향후 전략 수립을 주도해나갔다. 그는 김두봉·최용건을 비롯한 원로들에게서도 그 방식의 채택에 동의하는 입장을 이끌어낼 수 있었다.[1]

흥미롭게도 비판세력 인사들이 구상하고 있던 김일성 제거계획은 그에 국한되지 않았다. 보안·내무 계통에서 경력을 쌓으며 경찰 조직·군사 단체와 긴밀한 관계를 유지하고 있던 이필규는 보다 과감한 방식을 염두에 두고 있었다. 김일성이 귀국하기 닷새 전인 1956년 7월 14일, 그는 결연하게 소련대사관을 방문했다. 소련대사 이바노프가 최창익·김승화의 방문에 호의를 보인 점이 그에게 용기를 북돋웠음은 의심의 여지가 없었다. 본국에 체류하고 있는 이바노프의 일정상, 그를 맞이한 이는 임시대사 A. M. 페트로프였다. 평양 주재 소련대사관 직원들로부터 존경을 받고 있던 그도 이바노프만큼이나 북한 정치를 부정적으로 바라본 인물이었다.[2]

이필규는 담담하게 자신의 경력을 소개했다. "나는 열여섯 살 무렵 중국으로 건너가 혁명운동에 참가했습니다. 3년 뒤 다시 조선에 잠입해 공산주의운동을 지속했으나, 일제 경찰에 체포돼 다년간 수감 생활을 해야 했지요. 해방 이후에는 소련군사령부 산하 민정부 지도 아래 보안 업무를 담당했고, 이어 북조선인민위원회 내무국 부국장을 지냈습니다. 1948년부터 1950년경까지 모스크바에 체류하며, 소련공산당 중앙위원회 산하 당 학교에 입학해 교육받은 경험도 있습니다. 그 뒤 조선에 돌아와 다시 인민군대와 내무성에서 경력을 쌓았지요." 이필규는 연안 출신 내무상 박일우가 숙청되자, 그 여파가 내무성 부상이었던 자신에까지 미쳤다고 털어놓았다.

자신의 정체를 밝힌 그는 곧장 본론으로 넘어가 김일성 개인숭배가 참기 힘든 지경에 이르렀다고 성토했다. 아첨을 일삼는 간부들이 중용되고 있다는 비판도 그가 전달한 핵심 정보들 중 하나였다. 그의 고백에 따르면 18명의 내각 상들 가운데 절반 이상이 심각한 오점을 지닌 이들이었다. 자신의 방문 목적을 에둘러 말하거나 조심스러운 기색을 내비치지 않았을 만큼 적극적이고 대담한 태도를 보인 그는 김일성을 비롯한 당·정 지도부를 교체하려는 밀모가 진행 중이라고 솔직하게 털어놓았다.

그 구체적 방식까지 거론했을 정도로 그의 고백은 놀라운 구석이 있었다. "지도부 교체에 두 가지 방식이 있습니다. 첫 번째는 단호한 비판을 활용하는 방식입니다. 그러나 김일성 동지가 이 방식에 백기를 들 가능성은 희박합니다. 두 번째는 무력을 동원하는 방식입니다. 누군가의 희생이 따를 수밖에 없는 까다로운 방식이죠." 군사 쿠데타를 암시한 그는 현재 준비에 착수한 이들이 있다고만 덧붙였다. 페트로프가 그들이 누구인지 물었으나, 그는 답변을 피한 채 다른 문제로 화제를 돌렸다.

이필규는 대담이 끝나갈 무렵, 비판세력을 이끌고 있는 유력인사들을 소개했다. 당과 내각의 가장 권위 있는 인사들이 지도부 교체를 바라고 있음을 알리려는 의도에서였다. 그는 먼저 최용건이 김일성에게 불만을 품고 있다는 사실을 넌지시 언급한 뒤, 그보다 더 중요한 역할을 맡게 될 최창익과 김두봉을 화제에 올렸다. "인상적인 혁명 경력을 소유한 최창익 동지는 당 지도부를 겨냥한 공세가 본격화될 때, 김일성 동지의 대척점에 서게 될 인물입니다. 김일성 동지를 맹목적으로 추종하지 않는 김두봉 동지도 우리 측과 협력 관계를 유지하고 있습니다."

박창옥을 둘러싼 그의 평가는 이중적이었다. "박창옥 동지는 김일성 개인숭배 확립에 기여한 장본인입니다. 그러나 현재 그는 지난날의 과오를 반성하며, 자아비판적 토론에 나설 날만을 학수고대하고 있습니다. 그가 벼르고 있는 날이 바로 다가올 당 중앙위원회 전원회의 소집일입니다." 이필규가 거론한 비판세력 내 마지막 유력인사는 소련계 한인 원칙주의자 박의완이었다. 그의 간략한 평가에 따르면, 박의완은 지도급 간부들 가운데 매우 덕망이 높은 인물이었다.

비판세력 내 유력인사 소개를 마친 이필규는 당 지도부에 포진한 김일성 측근들을 신랄하게 비판했다. 그는 박정애·박금철·김창만·한설야·김일 등을 지목해 "아첨만을 일삼는 소인배들"이라고 성토했다. 특히 그의 비판은 김일성을 찬미한 장편소설 《역사》의 저자 한설야에 초점이 맞추어졌다. 그는 그 책을 집필해 개인숭배를 조장한 책임을 물어서라도, "쓸모없는 인간이자 아첨꾼"인 한설야를 축출해야 한다고 목청을 높였다.

1시간 30분에 걸친 대담이 끝나갈 즈음, 가만히 듣고만 있던 페트로프가 입을 열었다. "당신들의 은밀한 계획을 굳이 소련대사관에 알리려는 의도가 무엇입니까?" 이필규는 그의 반응이 실망스러웠으나 당황하

II

지 않고 대답했다. "나는 형제국 대사관이 조선민주주의인민공화국 내에서 일어나고 있는 일들을 모두 알아야 한다고 생각합니다. 내 의도는 단지 그뿐입니다." 그도 다른 비판세력 인사들처럼 소련의 지지 여부가 밀모의 성패를 좌우할 결정적 변수임을 잘 알고 있었다. 따라서 그는 비판세력의 은밀한 계획이 적어도 소련의 반대에 부딪히는 상황을 사전에 차단하는 일이야말로 급선무라고 생각했다. 요컨대 그의 소련대사관 방문은 비판세력의 계획을 미리 알려 소련 측의 협조를 구하거나, 적어도 그들의 중립적 태도를 이끌어내려는 목적 아래 이루어졌다.[3]

필라토프

이필규가 소련대사관을 방문했을 무렵, 비판세력의 사기를 드높인 소식이 전해졌다. 바로 모스크바를 방문 중인 김일성이 소련 지도부로부터 준엄한 비판을 받았다는 사실이었다. 흥미롭게도 그 소식을 비판세력에게 전달한 이는 이상조만이 아니었다. 또 다른 주인공은 평양 주재 소련대사관 참사 S. N. 필라토프라는 인물이었다. 그는 소련대사관과 비판세력 사이에 가교 역할을 담당한 김승화 편을 통해 소련 지도부가 북한의 열악한 인민 생활수준, 개인숭배, 당 역사 서술 문제, 그릇된 인사정책 등을 비판했다고 전해주었다.[4]

물론 김일성이 충고를 받았다는 소식을 전해 비판세력의 사기를 높인 그도 대사인 이바노프와 동료 참사인 페트로프만큼이나 북한 정치를 부정적으로 바라본 인물이었다. 그러나 그는 인격적 결함 탓에 주변인들의 신망을 얻지 못했을 뿐만 아니라, 대사관 직원들 사이에 불신을 조장하는 인물로 악명이 높았다. 이를테면 전임 대사들인 수즈달레프나 라자레프처럼 그도 대사관 매점에 상품이 진열되기 전 창고에 들어가 자기 몫부터 챙겼다. 심지어 그는 자신의 자가용 운전수까지 동원하여 대사관 직원들을 감시해 원성을 샀다. 그의 동료들은 여가 시간에 모여앉아 술을 마실 때에도 주정한다는 트집을 잡힐까봐 노래조차 부르지 못하는 실정이었다.[5]

필라토프가 김승화에게 소련이 북한 지도부를 비판했다는 소식을 전한 시점은 김일성이 해외 순방을 마치고 귀국한 직후였다. 그는 북한 지도부의 교체를 바라는 비판세력의 입장에 적극 공감하는 태도를 보였다. 밀모의 성패가 소련의 지지 여부에 달려 있다고 생각한 비판세력 인사들은 그의 역할에 큰 기대를 걸 수밖에 없었다.[6] 그들은 김일성이 평양에 돌아온 직후, 김승화의 주선에 따라 한 명 한 명 소련대사관을 방문해 그와 대담을 나누었다.

7월 21일, 가장 먼저 필라토프를 방문한 이는 소련계 한인 박창옥이었다. 그는 김일성을 비판할 의향이 있다고 밝힌 뒤, 다가올 당 중앙위원회 전원회의에서 토론할 내용을 귀띔해주었다. "나는 김일성 동지와 그 측근들이 개인숭배를 근절하지 못했다는 점을 비판할 생각입니다. 물론 개인숭배를 조장한 책임이 내게도 있는 이상, 나도 자아비판을 회피하지 않겠습니다. 우리 고려인들을 향한 김일성 동지의 부당한 태도도 깊이 있게 다루고 싶은 토론 주제입니다. 나와 박영빈을 비롯한 고려인 동지들을 조직적으로 공격한 행태는 당 기강 확립에 기여하기보다, 당원들 사이에 의혹과 불신을 부채질했습니다. 소련에서 파견되었다 해도 과오를 범한 이가 있다면 비판받아야 마땅합니다. 그러나 정당한 이유 없이 모든 고려인들을 싸잡아 배척할 목적으로 탄압하는 행위는 용납될 수 없습니다. 나는 김일성 동지의 그릇된 인사정책도 거론할 생각입니다. 그는 자질이 부족할 뿐만 아니라 여러 차례 파면된 적이 있는 자들을 중용했습니다. 김창만·박금철·정일룡·한상두·이종옥·정준택 등이 바로 그들입니다. 물론 이 자들은 당원 동지들로부터 신임을 얻지 못했습니다." 박창옥은 다가올 당 중앙위원회 전원회의에서 자신도 김일성 비판에 힘을 보태겠다는 의지를 확고히 드러냈다.[7]

그로부터 이틀이 지난 7월 23일, 최창익과 김승화가 필라토프를 방문했다. 최창익은 지도자의 과오를 준엄하게 꾸짖었다. "김일성 동지는 당 중앙위원들과 지도급 간부들의 창의적 의견 개진을 가로막고 있습니다. 그들이 독자적 의견을 표명하지 못하도록 압박합니다. 조금이라도 비판적 입장을 내비친 이들은 탄압을 피할 수 없습니다. 그가 주변에 거느리고 있는 이들은 아첨꾼들과 무능한 자들뿐입니다." 냉정을 유지하던 최창익은 개인숭배 문제를 거론하면서부터 갑자기 언성을 높이기 시작했다. "그는 지도 방식의 쇄신을 탐탁지 않게 여깁니다. 도무지 자신을 향한 비판을 받아들이려 하지 않습니다. 우리 당내에 만연한 김일성 동지 개인숭배는 민주주의적 합법칙성과 레닌 동지의 집체적 지도원칙을 무너뜨렸습니다." 대담 말미에 최창익은 당 지도부를 향한 대대적 비판이 준비되고 있다는 박창옥의 고백을 되풀이했다. "위험 부담이 있지만, 다가올 전원회의에서 김일성 동지를 준엄하게 비판할 계획입니다. 이 계획을 미리 동지에게 알리는 까닭은 그것이 내 의무를 다하는 길이라고 생각하기 때문입니다."[8] 최창익은 형제국 조력자와 눈을 맞추며 결연한 의지를 내비쳤다.

다음 날 7월 24일에도 내각 건설상 김승화가 필라토프를 방문했다. 그러나 그의 이번 방문에 동행한 이는 없었다. 그가 필라토프에게 독대를 요청한 까닭은 전날 최창익이 제공한 정보들 가운데 박정애에 관한 평가를 바로잡으려는 이유에서였다. 물론 최창익도 다른 연안계 인사들처럼 박정애를 부정적으로 바라보았고, 필라토프와 대담을 나누던 중 김일성의 인사정책을 비판하며 그녀를 아첨꾼들 가운데 한 명으로 지목한 터였다. 그때 김승화는 침묵을 지킬 수밖에 없었으나, 필라토프와 독대하게 되자 적극적으로 그녀를 두둔하는 태도를 보였다. "박정애 동지를 둘러싼 좋지 않은 평판이 나돌고 있습니다. 물론 그것은 그녀를 매장하려는 음해에 불과합니다." 박길룡과 마찬가지로 박정애를 감싼 그의 태도는 그녀가 여전히 고려인 동료들로부터 큰 신임을 얻고 있었음을 보여준다. 한편 김승화는 필라토프에게 김두봉의 근황을 둘러싼 소식도 전해주었다. 자신이 그에게 당 지도부를 비판할 계획을 털어놓으며 조언을 구했다는 내용이었다.[9]

비판세력 인사들의 필라토프 방문은 그 후에도 계속되었다. 내각 상업상 윤공흠은 8월 2일 그를 방문해 대담을 나누었다. 필라토프는 자신을 찾아온 이들을 접견하는 데 만족하지 않고, 직접 비판세력 인사들을 찾아가 의견을 교환하기도 했다. 고봉기는 7월 말에 몸소 찾아온 그를 황해남도의 유명한 휴양지인 신천온천에서 맞았다. 그는 의연하게 말했다. "지방 간부들도 대부분 김일성 동지를 반대하고 있습니다. 사태의 향방은 중앙 수준에서 결판이 날 공산이 큽니다. 무엇보다 최용건 동지의 태도 여하가 결정적 변수로 작용할 가능성이 있습니다." 고봉기는 조심스럽게 사태의 결과를 점치기까지 했다. "만일 당 중앙 전원회의가 다수결 방식에 따라 문제를 처리한다면, 우리 쪽에도 승산이 있습니다. 다만 김일성 동지와 측근들이 무력을 동원해 탄압할 우려가 있다는 점이 문제입니다." 그때 필라토프가 손을 내저으며 그의 말을 가로막았다. "소련공산당이 동지들을 탄압하지 말라고 미리 경고한 이상, 그들이 무력을 사용하는 일은 일어나지 않을 것입니다." 그의 태도는 너무도 낙관적이었다.[10]

비판세력은 필라토프와 긴밀히 접촉하는 동안 그들의 대담한 밀모가 성공하리란 기대에 부풀어 있었다. 그러나 김일성과 그 측근들도 가만히 바라보고만 있지 않았다. 그들도 분주히 소련대사관과 접촉하며 대응책을 모색했다. 김일성이 해외 순방을 마치고 귀국한 직후부터 소련대사관은 형제국의 지지를 얻으려 경쟁하는 두 세력의 빈번한 출입으로 문턱이 닳아 없어질 지경이었다.

#07

밀모의
폭로

남일

소련계 한인 외무상 남일도 비판세력이 눈독 들인 유능하고 권위 있는 인물이었다. 큰 키에 훤칠한 외모가 돋보인 그는 성격까지 쾌활해 타인들로부터 큰 호감을 얻었다. 양심적이고 정직한 성품과 솔선수범하는 자세도 그가 좋은 평판을 얻을 수 있었던 요인이었다. 1913년경 러시아 극동 지역 빈농가에서 태어난 그의 본명은 "남 야코프 페트로비치Нам Яков Петрович"였다. 1939년에 노보시비르스크주 톰스크국립대학을 졸업한 그는 수학교사 직을 얻어 사회에 첫발을 내디딘 이래 줄곧 교육계에서 경력을 쌓아나갔다. 1941년부터 우즈베키스탄 소비에트사회주의공화국에 정착해 중학교 교사로 근무했고, 얼마 지나지 않아 타슈켄트주 인민교육부 부부장에 발탁되었다.

전도유망한 교육가로 성장한 그에게 몇 해 뒤 해외 파견 지시가 떨어졌다. 1946년경 그는 해방된 조선 땅에 첫발을 내디뎠다. 여느 고려인들처럼 그도 소련군사령부 산하 민정부 통역원을 거쳐 요직에 등용되었다. 소련에서 쌓아온 경력의 연장선에서 그에게 교육 부문 업무가 맡겨졌다. 북조선인민위원회 교육국 부국장과 조선민주주의인민공화국 교육성 부상을 역임했을 만큼, 그는 사실상 교육 분야의 업무를 주관하는 위치에 있었다.

1950년에 일어난 한국전쟁은 그에게 잠재한 뛰어난 재능을 찾아내는 계기가 되었다. 군 경험이 전혀 없었던 그가 조선인민군 총참모장에 기용되는 파격적 인사가 이루어졌다. 전 총참모장 강건의 갑작스러운 사망에 따른 조치였다. 그는 정전회담이 시작되자 북한·중국 측 수석대표로 활약하며 두각을 나타냈다. 1954년에 개최된 제네바회담에서도 북한을 대표해 주목할 만한 행보를 보이며 국제적 명성을 얻었다. 연이은 국제 회담의 대표로서 자신의 역량을 유감없이 발휘한 그에게 큰 보상이 따랐음은 물론이었다. 그는 전쟁이 끝난 직후인 1953년 8월경 내각 외무상에 등용되었고, 조선노동당 제3차 대회가 개최된 1956년 4월경 최고권력기구인 당 중앙위원회 상무위원에 선출되었다. 김일성의 측근으로 부상한 그는 과감히 소련 국적을 포기하고, 조선민주주의인민공화국 공민권을 취득하는 길을 택했다. 관료로서 그의 경력은 1957년경 내각 부수상 취임과 함께 정점을 찍었다.

그러나 2년 뒤 외무상 해임을 기점으로 그의 시대는 저물어갔다. 국가적으로 학수고대해온 흐루쇼프의 북한 방문이 무산됨에 따라, 그가 문책성 해임을 당했다는 관측이 지배적이었다. 그는 1960년경 내각 국가건설위원회 위원장에 발탁되며 다시 주목을 받았으나, 그 직위를 유지한 기간은 2년 남짓에 지나지 않았다. 소련계 한인 대다수가 제거된 데 이어, 당시 중소 분쟁의 와중에 북한이 중국을 지지함에 따라 그의 입지는 몹시 불안한 상황이었다. 그는 여전히 최고의결기구인 당중앙위원회 정치위원에 재임 중이었지만, 정치위원회를 소집하기 하루 전에 회의 시간만 통보받았을 뿐 회의 안건은 전달받지 못했다. 게다가 그는 중대한 정치 문제가 논의될 때마다 배제되곤 했다. 물론 당중앙 정치위원회에서 그를 고립 상태에 빠뜨린 이는 반소적 성향을 지닌 친중적 인사 김창만이었다.

설상가상으로 남일은 "소련의 스파이"라는 오명까지 뒤집어썼다. 그가 야밤에 은밀히 소련대사관을 드나든다는 소문이 나돌았다. 고려인 간부 대다수가 숙청됨에 따라 소련대사관과 접촉할 만한 이는 그와 방학세 정도였음에 비추어볼 때, 그 소문은 허위가 아니었을 가능성도 있다. 남일의 불행은 자신에게 닥친 시련으로 끝나지 않았다. 그의 가족들도 일상적 감시를 받는 상황에 놓였다. 1960년대부터 줄곧 내리막길을 걸으며 한직인 내각 철도상과 노동상을 역임한 그는 64세에 접어든 1976년 3월 7일에 사망했다. "뜻하지 않은 사고"가 사인이었다는 모호한 발표가 따랐다.[1]

비록 말로는 좋지 못했으나, 그는 한국전쟁이 끝난 직후 주목할 만한 인물로 급부상했다. 김일성은 소련대사 푸자노프와 대담을 나누던 중, 정전회담 수석대표로 활약한 그의 공로를 다음과 같이 추켜세웠다. "정전회담이 개최되었을 당시, 남일 동지는 내게 아내보다 더 가까운 존재였습니다. 그가 없었다면 나는 무사하지 못했을 뿐더러 제대로 일할 수조차 없었을 것입니다." 김일성은 당시 그가 북·중·소 3국의 입장을 원활하게 조율했을 뿐만 아니라, 두 강대국 사이에서 자국의 이해관계를 관철하는 데 공을 세웠다고 치하했다. 아울러 1954년에 개최된 제네바회담에서도 그가 기대에 걸맞은 활약을 펼쳤다며 아낌없는 찬사를 늘어놓았다. "그는 덜레스John Foster Dulles를 두려워하지 않고 당당하게 논쟁을 벌였습니다. 우리는 남일 동지의 업적을 높이 평가하고 있습니다. 어떤 동지들은 그가 소련에서 왔기 때문에 외무상에 발탁되었다고 수군거립니다. 그러나 사실은 그렇지 않습니다. 그는 외교 업무에 정통하며 조선노동당 중앙위원회 노선을 누구보다 올바르게 실천하고 있습니다."[2]

김일성은 그의 등용이 출신 안배를 고려한 인사라기보다, 개인 역량에 근거한 인사였음을 강조했다. 잇따른 국제 회담에서 외교적 수완을 유감없이 발휘해 명성을 얻은 그는 1950년대 중반경 매우 권위 있는 인물로 부상했다. 비판세력이 남일을 포섭하는 데 관심을 보인 까닭은 그가 매우 권위 있는 인물인 데다, 소련공산당 노선에 동조해 개인숭배를 반대했기 때문이었다. 사실 그는 개인숭배 반대 입장을 표명한 직후, 노상에서 테러를 당하다 구출된 일이 있었다.[3] 그러나 그가 김일성의 측근이었다는 점은 여전히 비판세력의 의혹을 불식시킬 수 없는 요인이었다. 이상조가 격렬하게 비판했다시피, 그는 조선노동당 지도부를 향한 소련의 충고를 공개하지 않고 비밀에 부친 용의자들 중 한 명이었다. 소련계 한인 박길룡도 그가 독자적 주견을

남일

줄곧 교육계에서 경력을 쌓아온 남일은 한국전쟁 중 강건의 사망 직후
조선인민군 총참모장에 발탁되었다. 그는 정전회담 당시 북한·중국 측
수석대표로 활약하며 두각을 나타냈고, 1954년에 개최된 제네바회담에서도
북한을 대표해 주목할 만한 행보를 보이며 국제적 명성을 얻었다.

밝히지 않은 채, "요리조리 피해 가느라 안간힘을 쓰고 있다"고 평가 절하했다.[4]

성급한 고백

남일이 김일성을 지지하며 끝까지 그의 옆자리를 지킬 가능성이 있는 이상, 그에게 접근해 의중을 떠보는 일은 조심성이 요구될 수밖에 없었다. 그러나 기분파적 기질이 있는 성미 급한 박창옥에게 그 임무가 맡겨졌다. 밀모의 성공 가능성을 높게 점친 그는 성급히 남일을 찾아 갔다. 김일성과 그가 해외 순방을 마치고 돌아온 다음 날인 7월 20일에 방문했을 만큼, 박창옥은 너무도 들떠 있었다. 게다가 그의 남일 자택 방문은 이번이 처음이었다.

박창옥은 그의 의중조차 떠보지 않은 채, 다짜고짜 비판세력의 계획을 털어놓았다. 김두봉·최창익·서휘·고봉기·이필규·윤공흠·김승화와 자신이 곧 개최될 당 중앙위원회 전원회의에서 당 지도부 비판을 준비하고 있다는 내용이었다. 그의 고백에 따르면 반기를 든 비판세력이 내세운 기치는 개인숭배 청산과 인민들의 생활난 해결이었다. 박창옥은 김일성의 소련계 한인 탄압에 대해서도 불만을 내비치며, 그가 지난 10여 년간 이이제이 방식 곧 "간부들 사이에 마찰을 조장하는" 전략을 교묘히 구사해 권력 기반을 다져왔다고 목청을 높였다. 그는 권위 있는 유력인사들의 동향까지 소개하며 남일의 마음을 돌리려 애썼다. 김두봉이 김일성의 지도 방식에 의구심을 품고 있다는 점과 당 지도부 비판에 최용건도 가세할 수 있다는 점이 그것이었다.

박창옥은 "아첨꾼들"을 중용한 김일성의 인사정책도 묵과하지 않았다. 그는 일제 시기에 노동자들을 탄압한 대가로 기사 자격을 취득한 정일룡, 친일적 여성단체에 가입한 전력이 있는 박정애, 전향서에 서명하며 혁명 활동을 포기하겠다고 선언한 박금철 등을 신랄하게 비판한 뒤 다음과 같이 말했다. "독자적 주견이 없는 아첨꾼들인 이 자들의 해임 문제를 다가올 전원회의에서 제기할 계획이오." 박창옥은 남일과 눈을 맞추며 진중한 목소리로 물었다. "어떻소, 동지도 이 자들을 비판할 토론 대열에 합류하지 않겠소?" 남일은 그의 충격적 제안에 명확한 태도를 취하기보다, 요리조리 피하며 원론적인 입장을 건네는 데 그쳤다.[5]

그는 나흘이 지난 7월 24일, 소련 임시대사 페트로프를 외무성에 초청해 박창옥으로부터 전해 들은 밀모의 전말을 털어놓았다. 그러나 그의 진술 태도는 전혀 박창옥의 기대에 부응하지 못했다. 그는 대담 내내 김일성의 입장을 변호하기에 여념이 없었다. "현재 북조선 상황에 비추어볼 때 개인숭배 반대운동은 바람직하지 않은 결과를 불러올 수 있습니다. 당 지도부와 정부의 권위는 물론, 김일성 동지의 권위마저 실추될 우려가 있기 때문입니다. 때마침 김일성 동지 본인도 개인숭배 과오를 시정하기 위한 조치에 착수했습니다. 비록 김일성 동지가 과오를 범했다 해도 현재 조선민주주의인민공화국에서 그를 대체할 인물을 찾기란 쉬운 일이 아닙니다." 남일은 김일성의 입장을 변호한 뒤, 당 지도부 비판을 준비하고 있는 비판세력의 동향을 그에게 알려야 할지 페트로프에게 조언을 구했다. 페트로프는 그것은 남일 자신이 결정해야 할 일이지만, 김일성에게 귀띔하더라도 비판세력에 가담한 이들의 명단은 발설하지 않는 편이 나을 것이라고 조언했다.[6]

방어 태세

해외 순방을 마치고 귀국한 김일성은 소련 지도부의 날선 충고에 풀이 죽어 있었다. 반면 그가 충고를 받았다는 소식을 전해 들은 비판세력의 사기는 하늘을 찌를 듯했다. 그들 한 명 한 명이 소련대사관 참사 필라토프와 만나 향후 계획을 털어놓으며 조언을 구하고 있을 무렵, 김두봉이 의기소침해 있는 김일성을 찾아갔다. 비판세력 동료들의 요청에 따라 그들의 건의 사항을 전달해, 그의 태도 변화를 이끌어내려는 의도에서였다.

김두봉은 비판세력의 "대변인"이자 "전달자"로서 개인숭배 청산, 인민 생활 개선, 국가의 민주화, 간부진 개편, 집단지도체제 확립 등의 과제를 제기했다. 그는 무엇보다 간부진 개편 과제를 강조하며, 치명적 결함을 소유한 아첨꾼들을 한 명 한 명 지목했다. 바로 당 지도부에 포진한 박정애·박금철·정일룡·김창만과 내각의 정준택이 그 장본인들이었다. 그는 일제에 투항한 그들을 용서할 수 없다고 성토한 뒤, 그들의 과오를 구체적으로 열거했다. 그의 지적에 따르면 박정애는 친일적 여성단체에 가입했고, 박금철은 수감 생활 중 혁명 활동을 포기하겠다는 전향 의사를 밝힌 뒤 석방될 수 있었으며, 정일룡은 노동자들을 억압하고 학대한 대가로 기사 자격을 취득할 수 있었다. 김두봉은 단호하게 말했다. "전원회의를 개최하기 전에 그자들을 당과 내각 지도부에서 축출해야 합니다."

몹시 낙담해 있던 김일성은 그의 단호한 직언에 반박하지 못하고 체념하는 듯한 태도를 보였다. "모두 내 책임입니다. 내게 책임이 있음에도 불구하고, 무고한 동지들에게 비난이 쏟아지고 있습니다. 당의 이익에 필요하다면, 내가 언제든 자리에서 내려올 준비가 되어 있습니다." 전혀 마음에도 없는 소리였으나, 김두봉이 두 손을 내저으며 그의 말을 가로막았다. "동지가 현직에서 직접 지도력을 발휘해, 당내 결함들을 제거해나가야 합니다."[7]

사실 김일성에게 당내 결함의 시정을 요구한 이는 김두봉만이 아니었다. 이필규, 서휘, 소련계 한인 내각 부수상 박의완과 건설상 김승화도 당당하게 지도자의 면전에서 쓴소리를 날렸다. 물론 김일성이 그들의 용기에 감복해 관용을 베푸는 일은 일어나지 않았다. 그는 자신과의 관계에서 불미스러운 일로 악감이 생긴 이를 마음속에 담아두었다가 뒤에 보복하는 옹졸한 면이 있었다.[8] 내각 건재공업국장 이필규가 직설적으로 충고하자, 그는 분을 삼키며 은밀한 보복에 착수했다. 건재공업국당 위원장에게 이필규의 일거수일투족을 감시하라는 지시가 떨어졌다. 그에게 직접 지시를 내린 이는 친형의 사주를 받은 당 중앙위원회 조직부 부부장 김영주였다.[9]

한편 소련 임시대사 페트로프로부터 조언을 얻은 남일은 김일성에게 박창옥으로부터 전해 들은 비판세력의 계획을 털어놓았다. 안팎으로부터 거센 도전과 압력에 직면한 김일성은 위기의식을 느꼈다. 그는 방어 태세를 취하며 불만을 품은 간부들을 구슬리기 시작했다. 1956년 7월 30일, 당 중앙위원회 부장·부부장 급과 내각 상들의 참석 아래 개최된 간부회의도 당·정 고위 간부들의 회유에 목적이 있었다. 이 회의에서 연설한 박금철과 박정애는 당 중앙위원회 사업에 오류가 있었음을 인정하며 어느 정도 뉘우치는 기색을 내비쳤다. 뜻밖에도 박금철은 당내에 개인숭배가 발현되었다고 시인했다. 그러나 그는 김일성 개인숭배가 소련공산당의 스탈린 개인숭배만큼 심각한 수준에 달하지 않은 이상, 광범한 토론 방식의 해결책은 적절하지 않다고 선을 그었다. 다가올 전원회의에서 당 지도부 비판을 계획하고 있는 비판세력을 의식한 발언이었다. 그는 간부 선발과 배치를 비롯한 인사정책상의 과오도 인정한 뒤 곧 시정하겠다는 입장을 덧붙였다.

박정애도 김일성 개인숭배를 겨냥한 대대적 비판 움직임에 반대하는 입장을 보였다. 그녀는 당 지도부가 개인숭배의 문제점을 자체적으로 조사해 점진적 시정에 착수한 만큼, 더 이상의 단호한 조치는 불필요하다고 목청을 높였다. 더 나아가 그녀는 개인숭배를 둘러싼 광범한 토론의 필요성을 고집하는 행위는 당의 분열을 조장할 수 있는 이상 용인하지 않을 방침이라고 엄포를 놓았다. 비판세력을 향한 경고의 메시지였다.

연설이 막바지에 이르자 그녀는 뜻밖에도 반소련계 한인 캠페인을 주도한 이들을 조사해 처벌하겠다는 입장을 내비쳤다. 그 발언의 의도는 명백했다. 그것은 비판세력에 가담한 고려인들의 불만을 달래려는 회유책이자, 그들과 연안계의 연대를 막으려는 이간책에 다름 아니었다. 박정애는 "소련공산당은 조선노동당 내부 문제에 간섭하지 않을 것"이라고 일침을 놓으며 연설을 마쳤다. 그 의미심장한 경고는 비판세력이 소련의 지지를 얻지 못하리라는 의미를 함축하고 있었다.[10]

대응 전략 수립

남일로부터 비판세력이 대대적 공세를 준비하고 있다는 충격적 정보를 입수한 김일성은 극심한 불안감에 사로잡혔다. 소련 지도부로부터 불신을 받고 있던 그가 할 수 있는 것이라고는 모스크바에 체류 중인 내무상 방학세를 불러들이는 일뿐이었다. 그 무렵 방학세는 내무성 간부들을 이끌고 모스크바를 방문해 소련의 선진적 사업 경험을 전수받던 중이었다.[11]

권력의 최고봉에 오른 이래 처음으로 도전에 직면한 김일성은 비판세력과 마찬가지로 소련의 지지 여부가 당내 권력투쟁의 향방을 가를 결정적 변수임을 간파하고 있었다. 그러나 소련 지도부와 냉랭한 관계를 유지하고 있던 그에게도 대소 외교에 시동을 걸 마땅한 통로는 소련대사관밖에 남아 있지 않았다. 따라서 그는 고려인 남일과 박정애를 동원해 소련대사관을 상대로 필사적 외교를 펼쳤다. 7월 26일에 김일성 자신이, 7월 28일에 남일과 박정애가, 8월 1일에 남일이 연이어 소련 임시대사 페트로프와 접촉했다. 그들은 페트로프의 환심을 사려 노력하는 한편, 비판세력이 소련대사관을 상대로 펼치고 있는 외교 활동의 전모를 파악하는 일에도 관심을 기울였다.[12]

김일성과 그의 측근들은 소련대사 이바노프가 귀국해 업무에 복귀한 뒤에도 그에게 면담을 요청하며 적극적 교섭을 시도했다. 8월 6일, 이바노프는 김일성에 이어 남일과도 장시간에 걸친 대담을 나누는 강행군을 치러야 했다. 박창옥에 등을 돌린 남일은 이번에도 김일성을 두둔하며 사정없이 비판세력을 깎아내렸다. "최창익 동지는 과거에 유명한 종파주의자였습니다. 그는 중국에서 활동할 당시 김두봉 동지와 돈독한 관계를 맺었지요. 그들은 박창옥 동지를 자신들 편으로 꾀어들였습니다. 그가 품고 있던 불만을 교묘히 이용한 거죠." 남일은 첨예한 국면으로 치닫고 있는 당내 갈등의 근본 원인을 이른바 "종파주의" 탓으로 돌렸다.[13] 비판세력을 중상해 그들을 고립 상태로 몰아넣으려는 전략이었다.

김일성과 그의 측근들은 소련대사관과 접촉하며, 다가올 당 중앙위원회 전원회의에 대비한 대응책을 마련해나갔다. 먼저 밀모에 가담한 비판세력 주요 인사들과 그들의 영향권 아래에 있는 지방 간부들의 동향을 파악할 필요가 있었다. 8월 7일, 그 임무를 떠맡은 박정애와 남일이 각각 평안북도와 황해남도에 파견되었다. 그들은 북한 대표단의 해외 순방 성과를 알리기 위한 지방행이라고 공표했으나, 실제 목적은 지방당 동태 파악에 있었다.[14] 소련계 한인 서춘식과 연안 출신 한전종이 각각 도당 위원장과 도인민위원장에 재임 중인 평안북도, 고봉기가 도당 위원장에 재임 중인 황해남도는 명백히 비판세력의 영향권 아래 있는 지역이었다.

대응책 마련에 골몰한 김일성은 당내 유력인사 포섭에도 적극성을 보였다. 그것은 이미 세력 규합에 괄목할 만한 성과를 거두고 있던 비판세력에 맞설 가장 절박한 과제였다. 그 과제의 성공 여부는 당 중앙위원 71명 중 과반수 이상의 지지자 획득에 달려 있었다. 당 지도부와 비판세력이 각각 쟁취할 중앙위원 머릿수야말로 향후 개최될 전원회의의 결과를 좌우할 결정적 변수였기 때문이다. 유력인사 포섭은 매우 조직적으로 이루어졌다. 소련계 한인 간부 포섭은 박정애에게, 연안 출신 간부 포섭은 김창만에게, 국내계와 남노당계 간부 포섭은 박금철에게, 소장인사 포섭은 김영주에게 맡겨졌다.

유력인사 포섭을 둘러싼 당 지도부와 비판세력 간 경쟁이 격화됨에 따라, 양쪽으로부터 동시에 구애를 받은 이들도 있었다. 동양척식주식회사에 복무한 전력이 있는 평안남도당 위원장 김만금과 일제의 밀정 노릇을 한 전력을 숨기고 함경남도당 위원장에 취임한 연안 출신 현정민이 그 대표적 인사들이었다. 그들 중 김만금은 윤공흠과 매우 가까운 사이였다. 그들은 전쟁 전 모스크바에 파견돼, 소련공산당 고급당학교를 함께 다니며 우의를 다진 적이 있었다. 김만금은 윤공흠에게 개인숭배를 반대한다고 털어놓았으나, 박금철과 대면할 때면 입장을 바꿔 당 지도부에 동조하는 태도를 보였다.[15]

비판세력 인사들의 활동에 촉각을 곤두세우고 있던 당 지도부가 그들의 동향 파악을 위해 가장 적극적으로 활용한 수단은 감시였다. 사실 비판세력에 가담한 당 중앙위원들 다수가 감시를 받았다. 최용건은 그의 주변을 맴도는 호위 군관과 운전수가 자신을 감시하는 데 이용되고 있음을 간파했다.[16] 소련계 한인 부수상 박의완도 내무성 요원들이 당 중앙위원들의 뒤를 캐거나 그들의 운전수를 심문하며 감시 활동을 벌였음을 눈치채고 있었다. 그는 소련대사 이바노프에게 그 구체적 사례들을 털어놓으며, 비밀 감시가 근절되길 원한다는 간곡한 바람을 전했다.[17]

감시는 비판세력 인사들의 자유로운 회동을 가로막았다. 회동의 제약이 그들의 계획 수립과 전략 공유에 부정적 영향을 끼쳤음은 의심의 여지가 없었다. 아울러 당 지도부가 전원회의 개최 일정을 비밀에 부친 점도 그들의 계획에 큰 타격을 입혔다. 통상적으로 전원회의 일정은 참석자들이 회의 안건에 대해 준비할 수 있도록 충분한 시간적 여유를 두고 공지되는 경향이 있었다. 사실 김일성이 해외 순방의 성과를 보고할 이 전원회의 일정도 사전에 공지되어, 계획대로라면 1956

년 8월 2일에 개최될 예정이었다. 그러나 당 지도부는 비판세력의 계획과 전략에 혼선을 일으킬 의도로 갑자기 전원회의 소집을 연기한다고 발표했다. 당혹스럽게도 그들이 다시 소집을 공지한 시점은 전원회의 개최 하루 전날이었다.[18]

당 지도부는 전원회의 일정을 비밀에 부쳤을 뿐만 아니라, 전원회의 당일 비판세력의 공세에 맞설 대응책까지 마련해두고 있었다. 흥미롭게도 그 대응책이란 양측 간에 격화될 설전을 유리한 방향으로 이끌고 차원적 논쟁 전략이라기보다, 야만적이고 미개한 행패에 가까웠다. 곧 비판세력 인사들이 연설할 때 소란을 피워, 그들의 발언 자체를 봉쇄한다는 발상이었다.[19] 그것은 전 세계 공산주의운동의 권력투쟁사에서 단 한 번도 등장한 적이 없는 가장 기발한 전술이었다.

#08

기울어진
추

동유럽의 위기

소련 지도부의 충고와 김두봉을 비롯한 몇몇 인사들의 간언도 김일성의 태도 변화를 이끌어내지 못하자, 비판세력은 전원회의에 총력을 기울일 수밖에 없었다. 김일성과 그의 측근들은 그들의 도전에 맞설 치밀한 대응 전략을 세워나갔다. 한 치 앞도 내다볼 수 없는 팽팽한 대립이 지속되던 중, 갑자기 승부의 추가 한쪽으로 기우는 상황이 일어났다. 두 세력 간 힘의 균형을 깨뜨린 요인은 파국으로 치닫고 있던 국제 정세였다.

북한의 정치 상황에 큰 파장을 몰고 온 흐루쇼프의 스탈린 개인숭배 비판은 동유럽 국가들의 내정에도 극심한 혼란을 부채질했다. 그것은 억압적이고 경직된 스탈린주의적 체제에 염증을 느끼고 있던 동유럽 대중들에게 개혁의 신호탄으로 인식되었다. 체제개혁을 갈구한 대중들의 궐기가 지도부 교체를 촉발하며 큰 혼란을 일으킨 대표적 국가들은 폴란드와 헝가리였다. 1956년 6월 28일, 스탈린 격하 운동에 고무된 폴란드 포즈난 지역 노동자들은 대규모 파업과 시위를 일으켰다. 수많은 지식인·학생·시민들의 참여를 이끌어낸 이 봉기는 당국의 군사적 개입을 통해 진압되는 과정에서 많은 살상자들을 낳았다.

　김일성이 인솔한 북한 대표단이 동유럽 순방을 떠나 폴란드 바르샤바에 도착한 시점은 포즈난 폭동이 일어난 지 나흘밖에 지나지 않은 7월 2일이었다. 그가 북한에 돌아온 직후, 1948년경 스탈린으로부터 민족주의적 편향에 빠져 있다는 비판을 받고 숙청된 폴란드노동자당 지도자 고무우카Władysław Gomułka가 수년간의 수감 생활을 마치고 당에 복귀했다. 헝가리 상황도 심각하긴 마찬가지였다. 김일성이 1956년 6월 중순경 헝가리를 방문했을 때, 함께 대담을 나눈 스탈린주의자인 헝가리근로자당 당수 라코시Matyas Rakosi는 그가 귀국하기도 전인 7월 17일에 실각하고 말았다.[1]

　스탈린주의자들의 몰락과 개혁 성향 인사들의 복귀는 비판세력의 사기를 끌어올렸다. 6월 28일에 일어난 폴란드 포즈난 노동자들의 파업과 봉기 소식도 북한에 큰 반향을 일으켰다. 특히 열악한 처우와 강도 높은 노동에 시달리고 있던 평양 지역 노동자들이 폴란드로부터 들려온 소식에 크게 고무되었다. 비록 실현되지 못했으나, 그들 사이에 파업을 단행하자는 여론이 형성되기도 했다. 그들의 과감한 발상은 연안 출신 평양시당 부위원장 홍순관의 지지를 얻었다.[2]

소련의 대외정책 선회

폴란드와 헝가리로부터 들려온 소식은 비판세력에 출구를 제시한 반면, 소련공산당 지도부에 큰 당혹감을 안겼다. 소련은 스탈린 격하와 개인숭배 반대운동의 여파가 동유럽 사회주의진영에 큰 혼란을 일으키는 상황을 달가워하지 않았다. 게다가 개혁을 모색하며 소련의 영향권에서 벗어나려는 움직임을 보일지 모를 새로운 집권자들의 예측하기 힘든 행보도 우려스럽긴 마찬가지였다. 결국 포즈난 사건에 위기의식을 느낀 소련공산당은 개인숭배 반대운동의 확산에 제동을 걸기 시작했다.[3] 사회주의진영 내 모든 국가들의 안정 회복과 현상 유지를 도모하려는 소련의 뒤바뀐 정책은 예외 없이 북한에도 적용되었다. 걷잡을 수 없는 상황으로 치닫고 있던 폴란드·헝가리의 위기가 다시 한번 북한의 정치에 큰 파장을 몰고 온 셈이었다.

급선회한 소련의 대외정책은 포즈난 사건이 일어난 지 약 한 달이 지난 시점부터 북한에 영향을 끼치기 시작했다. 남일로부터 박창옥이 털어놓은 비판세력의 계획을 전해 들은 소련 임시대사 페트로프는 이미 소련공산당 중앙위원회의 뒤바뀐 기류를 감지하고 있었다. 7월 24일 대담 당시 그는 김일성을 두둔한 남일의 입장에 동조하며 박창옥의 태도가 옳지 않다는 견해를 내비쳤다. 김일성을 겨냥한 비판세력의 공격은 당 중앙위원회가 분열되어 있음을 전 당원들에게 공개적으로 폭로하는 행위일 뿐만 아니라, 당 지도부의 권위를 실추시킬 수 있다는 이유에서였다. 아울러 페트로프는 소련 공민인 고려인들이 당 지도부 비판에 가세할 경우, 소련을 향한 국제사회의 부정적 여론이 조성될 수 있는 이상 박창옥의 가담을 막아야 한다고 강조했다.[4]

당시 페트로프의 태도는 비판세력 인사들과 접촉하며 그들에게 용기를 북돋운 필라토프의 태도와 대조적이었다. 그는 필라토프와 달리 소련공산당 중앙위원회 내 기류 변화를 재빨리 포착해 대북정책에 적용할 수 있었다. 페트로프와 필라토프가 보인 대북정책상의 혼선은 1956년 8월 2일 김일성에게 전달된 소련공산당 중앙위원회의 전문을 통해 말끔히 정리되었다. 이 문건은 조선노동당의 사업 과정에서 드러난 과오를 비판하되, 김일성 자신이 주도권을 쥐고 비판해야 한다는 내용을 담고 있었다. 곧 그것은 김일성의 실각을 바라지 않은 소련공산당의 우회적 입장 표명에 다름 아니었다.[5]

본국에서 돌아와 업무에 복귀한 소련대사 이바노프도 김일성·남일·박정애와 대담을 나누며 8월 2일에 전달한 전문의 메시지를 누차 강조했다. "당 지도부의 과오를 과감하게 폭로하고 적극적 비판을 개진해야 합니다. 그렇게 함으로써만이 노동당의 지도적 지위를 더 공고화할 수 있습니다. 그러나 주의해야 할 점이 하나 있습니다. 이견을 제기한 동지들을 탄압하지 말아야 한다는 점이 그것입니다. 만약 그들을 탄압하면 당내 갈등과 분열은 더 심각한 상황으로 빠져들 수밖에 없습니다."[6] 이바노프는 비판세력을 비호하며 8월 2일 전문과 정확히 일치한 입장을 전달했다.

II

그의 입장은 사태의 악화와 불안정한 국면의 등장을 바라지 않은 소련공산당이 조선노동당 내 문제에 타협적 해결책을 제시했음을 드러낸다. 곧 그것은 당 지도부 교체로 대표되는 근본적 해법이 아니라, 김일성이 직접 당 지도부의 과오를 자아비판하며 비판세력에게도 관용을 베푸는 상생의 해결책이었다. 그러나 밀모의 성패가 소련의 지지 여부에 달려 있다고 믿으며, 김일성을 향한 소련의 충고를 당 지도부 비판의 근거로 활용하고자 했던 비판세력에게 소련의 입장 변화는 치명적 타격일 수밖에 없었다. 팽팽하던 승부의 추는 갑자기 김일성과 그의 측근들 쪽으로 기울기 시작했다. 결과적으로 포즈난 사건이 위기에 빠진 김일성을 구한 셈이었다.

8월 6일, 이바노프와 김일성이 대담을 나누었다. 먼저 회동을 요청한 쪽은 김일성이었다. 그는 해외 순방을 마치고 돌아온 뒤에 겪은 일련의 당혹스러운 경험들을 털어놓았다. "최근에 몇몇 동지들이 찾아와 면담을 요청했습니다. 그들은 개인숭배 청산, 국가의 민주화, 집체적 지도원칙 확립 등의 과제를 제기하며 불만을 내비쳤습니다. 특히 김두봉 동지는 박정애·박금철·정일룡·김창만·정준택 동지의 일제 시기 전력에 문제가 있다는 구실을 들어 그들의 해임을 요청했습니다." 김일성은 반성하는 기색을 내비치며 고백을 이어나갔다. "민족해방 기념일인 8월 15일 이후에 조선노동당 중앙위원회 전원회의를 소집할 예정입니다. 지금 그 회의에서 보고할 연설문을 준비 중에 있습니다. 소련을 비롯한 형제국 방문의 성과가 연설의 중심 내용입니다. 그 보고 연설을 통해 개인숭배의 악영향 청산, 국가의 민주화, 집체적 지도원칙 확립, 당 생활 규율 준수 등의 과제를 제기할 계획입니다. 물론 3차 당대회에서 취급하지 않아 여러 당원 동지들에게 실망을 안긴 다른 문제들도 외면하지 않을 생각입니다."

개선의 의지를 밝힌 뒤 김일성은 심각한 표정을 지었다. "문제는 불만을 품고 있는 동지들이 도저히 받아들이기 힘든 요구에 목을 매고 있다는 점입니다. 그들은 당 지도부 내 몇몇 동지들을 축출해야 한다고 목청을 높이고 있습니다. 그러나 조선이 두 동강 나 있는 지금, 우리는 민주적 역량을 결집할 필요가 있습니다. 그러려면 비록 과거에 과오를 범했다 해도 현재 혁명사업에 매진하고 있는 동지들을 적극적으로 활용해야 합니다."

대담이 끝나갈 무렵 김일성은 당혹스러울 만한 계획을 털어놓으며 이바노프의 의중을 떠보았다. "곧 당 중앙 상무위원회를 소집해 전원회의에서 보고할 현안들을 미리 검토할 계획입니다. 다소 이견이 있다 해도 절충이 가능한 문제들은 상무위원들과 논의해, 전원회의에 앞서 매듭짓고 싶습니다. 그러나 김두봉 동지와 최창익 동지는 당 지도부가 범한 모든 과오들을 전원회의에서 공개하고 토론해야 한다는 입장을 굽히지 않고 있습니다." 그의 고백은 비판세력이 제기한 문제들을 당 중앙 상무위원회를 소집해 어물쩍 처리한 뒤, 더 이상의 비판적 논의와 토론을 이어가지 않겠다는 속셈을 반영하고 있었다. 대담 초반에 보인 반성하는 기색과 너무도 다른 태도였다.

소련대사의 변심

김일성과 대담을 나눈 이바노프는 소련 외무성에 제출할 대사 일지에 그 내용을 기록하며 자신의 개인적 견해를 덧붙였다. 그는 김일성이 당 지도부의 과오와 결함이 폭로된 뒤 흥분하고 있으며, 그 폭로의 배후에 김두봉과 같은 저명한 인물들이 있음을 깨닫자 충격을 받았다고 기록했다. 그러나 북한 정치에 시종일관 부정적 관점을 견지하고 있던 그는 뜻밖에도 당 지도부 내 아첨꾼 간부들을 겨냥한 김두봉의 비판이 그들의 위신을 훼손할 수 있다고 지적하며 김일성을 두둔하는 듯한 입장을 내비쳤다.

심지어 그는 대사 일지에 다음과 같이 기록했다. "박정애·박금철·김창만·정일룡 동지는 해방 이후 올바르게 행동했다. 그들 가운데 박정애 동지는 국제 혁명운동의 저명한 활동가가 되었다. 그들의 위신 추락은 당의 통일에 도움이 될 수 없으며, 과거에 과오를 범한 많은 동지들에게 불안감을 심어줄 수 있다."[7] 소련에서 돌아온 이바노프의 대북관은 이전의 관점과 확연한 차이를 보였다. 다가올 전원회의에서 당 지도부의 과오와 결함을 비판하되, 모든 것을 김일성의 주도 아래 단행해야 한다고 힘을 실어준 소련공산당 중앙위원회의 지침이 그의 관점에 영향을 끼친 탓이었다.

한편 김일성은 8월 2일에 건네받은 전문을 보자, 소련공산당 중앙위원회가 자신을 지지한다고 확신했다.[8] 그를 비롯한 당 지도부는 한발 더 나아가 그 전문의 내용을 자신들에게 유리한 쪽으로 해석하기 시작했다. 이를테면 남일은 소련공산당의 전문이 김일성과 조선노동당의 권위에 손상을 입힐 수 있는 당 지도부 비판을 반대한다는 훈령을 담고 있다고 비판세력 인사들에게 통고했다. 주소 대사 이상조는 남일이 소련의 전문을 아전인수 격으로 해석했음을 확인하자, 그가 김일성을 도우려 소련공산당 중앙위원회의 명의를 팔아먹었다고 성토했다.[9]

III

당내 투쟁에서 외교적 해결책으로

01

비판
서한

전원회의에 보내는 서한

1956년 8월 9일, 소련 외무성은 조찬 회동을 열어 모스크바 주재 형제국 외교관들의 노고를 격려했다. 소련 외무성 극동과 과장 쿠르듀코프를 주시하던 주소 대사 이상조는 적절한 틈을 타 그에게 접근했다. 그는 모종의 문건이 담긴 봉투를 건네며 입을 열었다. "이 문건을 읽어보시고 동지의 의견을 말씀해주시길 바랍니다. 오늘 오후 세 시쯤 다시 뵐 수 있을까요?" 쿠르듀코프는 의아한 표정을 지으며 그의 요청을 승낙했다.

오후 세 시경 그들은 다시 만났다. 쿠르듀코프는 형제국 대사가 심상치 않은 일을 도모하고 있음을 짐작할 수 있었다. 의례적 인사가 오간 뒤, 이상조가 다급하게 물었다. "아침에 건넨 문건을 읽어보셨습니까?" "미안합니다. 급한 업무 탓에 미처 보지 못했습니다." 이상조는 실망스러운 기분을 숨긴 채, 그 문건이 다가올 조선노동당 중앙위원회 전원회의 앞으로 보낼 자신의 서한 성명 초안이라고 설명했다.

그는 먼저 서한을 발송하기로 결심한 동기를 털어놓았다. "얼마 전 입수한 정보에 따르면, 최근 우리 당 중앙위원회 부위원장 박금철 동지가 당내에 개인숭배가 발현된 적이 없다는 연설을 했다고 합니다. 뒤이어 선전선동부장 이일경 동지도 같은 내용의 연설을 되풀이했다는 소식이 들려오고 있습니다. 그자들이 하고 있는 짓에 무슨 문제가 있을까요?" 이상조의 언성이 갑자기 높아졌다. "지난달 조선 정부 대표단이 모스크바를 방문했을 때, 소련공산당 중앙위원회가 고귀한 충고를 건넨 사실이 있습니다. 그러나 지금 우리 당 지도급 간부들이 늘 어놓고 있는 소리는 하나같이 그 충고를 모독하는 내용뿐입니다. 그들의 태도는 소련공산당 지도부의 충고가 조선노동당 중앙위원회에 전달되지 않은 채 묵살되었음을 의미합니다. 그 점이 나를 며칠 동안이나 깊은 고뇌에 빠뜨렸습니다. 고민 끝에 나는 조선노동당 중앙위원회 후보위원으로서 침묵해서는 안 된다는 결론에 다다랐습니다. 그것만이 내 양심을 지킬 수 있는 길입니다. 그러나 지금 평양에 갈 수 있는 형편이 못 되니만큼, 다가올 당 중앙위원회 전원회의 앞으로 서한 성명을 보낼 생각입니다."

그는 흥분을 가라앉힌 뒤, 서한의 내용을 소개했다. "나는 조선 정부 대표단과 소련 지도부가 참석한 회담의 핵심 내용을 공개할 작정입니다. 아울러 우리 당 지도부가 개인숭배 반대운동, 인민들의 생활수준 향상, 당과 국가의 민주화 과제 등에 관심을 보이지 않고 있으며 그 과오들을 겨냥한 자아비판까지 외면하고 있다는 점을 지적하려 합니다. 무엇보다 이 서한은 당 지도부가 기밀 보호라는 명목 아래, 당 중앙위원들에게조차 형제당들의 고귀한 조언과 충고를 숨긴 사실을 폭로하고 있습니다. 조국해방전쟁 당시 김일성 동지가 군사적 퇴각에 대비하라는 마오쩌둥 동지의 조언을 묵살한 예가 대표적입니다." 이상조는 형제당들의 조언을 무시한 김일성의 행태가 폭로되면, 그가 치명적 타격을 받으리라 확신했다.

쿠르듀코프가 간파했을 만큼 이제 이상조가 전원회의에 서한을 발송하려는 목적이 분명해졌다. 곧 그는 당 지도부를 향한 공격이 단행될 전원회의에 서한을 보내, 비판세력을 지원할 계획을 세우고 있었다. 그러나 서한 발송은 생각만큼 간단한 일이 아니었다. 이상조는 조심스럽게 입을 열었다. "소련공산당 중앙위원회의 충고와 마오쩌둥 동지의 조언이 서한에 거론된 이상, 당사자들인 형제당들의 양해를 구하는 일이 순서라고 생각합니다. 조만간 모스크바 주재 중국대사에게 서한을 보내 마오쩌둥 동지의 조언을 인용해도 될지 물어볼 작정입니다. 귀국 지도부의 충고를 인용한 부분도 마찬가지입니다. 사실 나는 소련 지도부와 조선 정부 대표단 간 회담에 참석하지 못했습니다. 따라서 소련 지도부의 충고 내용을 부정확하게 인용할 수도 있습니다. 만약 부정확하게 인용한 부분이 있거나, 귀국이 공개하길 바라지 않는 내용이 있다면 서한에서 삭제할 생각입니다."

쿠르듀코프의 생각을 듣고 싶었던 이상조는 말을 멈추고 그를 바라보았다. "동지의 서한을 아직 읽어보지 못한 마당에 뭐라 말씀드리긴 곤란합니다. 그러나 그 서한이 조선에 전달된다 해도, 과연 전원회의에서 공개될 수 있을지 의문입니다." 이상조는 전혀 머뭇거리지 않고 대답했다. "그 문제라면 걱정 없습니다. 박의완 동지가 전원회의에서 대독하기로 약속했으니까요." 사실 박의완은 북한 정부 대표단이 해외 순방을 떠나기 전, 김일성에게 휴가를 요청해 승낙을 얻어 모스크바에 들어와 있었다. 김일성은 아내가 소련을 방문해 치료받을 수 있도록 도와달라는 그의 요청을 외면할 수 없었다.[1] 따라서 이상조는 비판세력의 일원인 박의완에게 부탁해 서한의 공개를 약속받은 터였다.

쿠르듀코프는 고개를 끄덕였다. 그러나 그에게 모든 의문이 사라진 것은 아니었다. "다가올 전원회의에서 김일성 동지가 자진해 소련 지도부의 충고 내용을 공개할 수도 있지 않을까요? 자신이 직접 당 지도부의 결함과 과오를 자아비판하면서 말이죠." 순간 이상조의 입에서 헛웃음이 터져나왔다. "그럴 가능성은 전혀 없습니다. 김일성 동지는 인민들의 생활수준 향상 과제만을 제시한 채, 개인숭배를 비롯한 첨예한 정치 문제들을 거론하지 않을 가능성이 농후합니다."

이상조의 어투는 어느 때보다 확신에 차 있었다. "형제국인 헝가리와 불가리아에서 개인숭배 문제를 둘러싼 사태가 어떻게 전개되었는지 떠올려보십시오. 헝가리 지도자 라코시 동지와 불가리아 지도자 체르벤코프 동지 모두 자아비판을 회피해 다른 동지들로부터 비판을 받았습니다. 그 두 동지는 마르크스주의적으로 단련된 혁명가들이며, 투쟁 경력과 공적 면에서 김일성 동지를 훨씬 능가합니다. 과연 김일성 동지가 그들도 실행에 옮기지 못한 자아비판을 시도할 수 있을까요? 많은 당원 동지들도 그의 자아비판 가능성에 회의적 전망을 내비치고 있습니다. 최창익 동지, 내각 상업상, 직업총동맹 위원장, 당 중앙위원회 농업부장 동지의 생각도 나와 다르지 않습니다." 그는 소련대사 이바노프와 접촉한 최창익을 제외하고, 나머지 인물들인 윤공흠·서휘·박훈일에 대해서는 그들의 직책만을 언급했다. "김일성 동지는 사업상 심중한 과오를 범했고, 자신의 과오를 인정하는 꼴이 되어버릴 자아비판을 회피할 가능성이 높습니다. 1954년에 실시된 양곡 수매사업 당시 상부의 강압 탓에, 하급 당 간부 수백 명이 자살하고 수천 명의 농민들이 굶어죽었습니다. 그토록 참혹한 사태가 일어났지만, 나는 김일성 동지가 자아비판에 나섰다는 소식을 들은 적이 없습니다."

쿠르듀코프는 고개를 끄덕여 보였다. 짧은 순간의 침묵이 분위기를 무겁게 내리눌렀다. 순간 쿠르듀코프는 의미심장한 표정을 지으며 물었다. "동지들이 원하는 목표가 대체 무엇이오? 김일성 동지의 제거인가요?" 이상조는 당황했다. 그러나 그는 곧 냉정을 되찾고 차분하게 대답했다. "김일성 동지를 제거하자는 말이 아닙니다. 지금 우리 당이 해결해야 할 가장 중대한 과제는 집체적 지도원칙을 확립하는 일입니다. 그러려면 그가 독점하고 있는 여러 중직들을 다른 동지들에게 배분할 필요가 있습니다."

쿠르듀코프는 그의 놀라운 고백에 몰입되어갔다. 그가 할 수 있는 것이라고는 이상조 쪽으로 조금 더 가까이 귀를 가져다 대는 일뿐이었다. "개인숭배를 끝장낼 수 있는 가장 확실한 방법은 지도자를 끌어내린 헝가리나 불가리아식 해법입니다. 그러나 우리 조선의 경우 김일성 동지를 내각 수상에서 끌어내리지 않고도 문제를 해결할 길이 있습니다. 그것은 바로 당과 군의 영수직을 다른 동지들에게 재분배하고 당 중앙위원회 상무위원회를 재편하는 식으로 권력을 분산하는 방법입니다. 권력 분산 없이 진정한 집단지도는 실현될 수 없습니다."

뜻밖에도 이상조는 김일성의 내각 수상 유임을 옹호하는 평화적이고 타협적인 해결책을 제시했다. 쿠르듀코프가 의아해했지만, 그의 입장에 납득할 만한 구석이 전혀 없었던 것은 아니었다. 사실 전문적 식견이 필요한 경제 부문에서 김일성을 대체할 인물을 찾기란 쉬운 일이 아니었다. 그는 최고권력기구인 당 중앙 상무위원회의 구성원들 가운데 북한의 전반적 경제 상황을 꿰뚫어보고 있던 유일무이한 인물이었다.[2] 따라서 그는 소련대사와 경제 문제를 둘러싼 대담을 나누거나 소련 지도부에 경제원조를 요청할 때에도, 자신이 직접 나서서 북한의 경제 상황을 설명하며 전문적 식견을 드러내 보이곤 했다.

김일성에게 수상직만을 허용한다면, 권력의 최고봉이라 할 당 중앙위원회 위원장직은 누구에게 돌아갈까? 쿠르듀코프의 궁금증은 극에 달했다. 이상조는 조심스럽게 입을 열었다. "조선노동당을 건설적 방향으로 지도할 수 있는 최적임자는 최창익 동지입니다. 그는 조선 혁명역사의 산증인이라 할 수 있는 인물이죠. 조선인민군을 지휘할 총사령관에도 적합한 인물이 있습니다. 그는 바로 정통 무관 출신으로서 오랜 기간 중국 혁명에 참가해 활약한 최용건 동지입니다. 당·정·군의 영수직이 위 세 동지들에게 배분되면, 집체적 지도가 실현될 수 있습니다. 지금 당내 많은 동지들이 김일성 동지의 유일권력체제가 지속되는 상황에 불만을 품고 있습니다."

이상조는 최창익이 노동당을, 김일성이 내각을, 최용건이 군을 지도하는 형태의 집단지도체제가 실현되길 바란다는 비판세력의 입장을 전달했다. 그러나 김일성의 수상직 유임에 기초한 비판세력의 이 권력 분산안은 그들의 원래 복안이라기보다, 일종의 양보안이자 타협안이었을 가능성이 높다. 그들도 갑자기 대외정책을 변경한 소련이 김일성을 지지하는 쪽으로 입장을 굳혔음을 간파하고 있었기 때문이다.

이상조가 전한 내밀한 정보는 쿠르듀코프의 모든 궁금증을 해소해주었다. 다만 그에게 한 가지 걸리는 점이 있다면, 그것은 이상조의 대담한 활동에 중국 측이 보일 반응이었다. "중국대사에게도 이 서한을 보여주었습니까?" "사실 요전에 서한 초안을 전달했습니다. 아직 답변을 듣지 못했지만요. 기회가 되면 지금 모스크바에 체류 중인 중화인민공화국 국무원 부총리 리푸춘李富春 동지와도 만나 상의할 생각입니다." 쿠르듀코프는 이상조의 확고한 의지를 엿볼 수 있었다. "서한을 자세히 읽어본 뒤에, 다시 만나 이야기를 나누는 편이 좋겠습니다. 그러면 곧 연락드리겠습니다." 그들은 다음 만남을 기약하며 헤어졌다.[3]

북중 관계에 가로막힌 서한 발송

다음 날 8월 10일, 이상조는 쿠르듀코프에게 전화를 걸어 서한 발송을 보류하겠다는 입장을 전했다. 쿠르듀코프는 그에게 갑작스러운 심경 변화가 일어난 원인이 궁금했다. 이튿날 11일, 그는 대담을 요청해온 이상조를 만나자마자 단도직입적으로 물었다. "갑자기 마음을 바꾼 이유가 궁금하군요?" 이상조는 다소 의기소침해 보였다. "조선노동당 중앙위원회 전원회의 소집이 임박했습니다. 일단 그 결과를 지켜볼 생각입니다. 섣불리 서한을 보냈다간 어떤 문제가 돌발할지 예측할 수도 없고요. 무엇보다 내 부주의한 행위가 소련이 김일성 동지의 실각을 바라고 있다는 오해를 키우지 않을까 우려됩니다." 이상조는 폴란드와 헝가리 사태가 일으킨 파장 탓에, 소련이 김일성을 지지하기로 입장을 바꾼 정황을 간파하고 있었다. 그는 다시 조심스럽게 입을 열었다. "게다가 대사직을 수행하고 있을 뿐인 내 자신이 전원회의에 서한 성명을 발송할 자격이 있는지도 의심스럽습니다. 물론 소련공산당 중앙위원회가 김일성 동지에게 건넨 충고와 비판을 서한에 인용한 점도 꺼림칙하긴 마찬가지입니다. 내가 직접 그 회담에 참석하지 않은 이상, 정확한 인용이 이루어졌는지 장담할 수 없기 때문입니다."

쿠르듀코프는 이상조가 궁색한 변명을 늘어놓고 있음을 눈치챘다. 그는 형제국 대사의 눈을 정면으로 응시하며 무언의 압박을 가했다. 이상조도 형제국 조력자에게 무언가를 숨기고 있다는 인상을 남김으로써, 그동안 어렵게 쌓아온 그들 간 신뢰 관계에 흠집을 내고 싶지 않았다. 그는 모스크바 주재 중국대사관으로부터 서한 발송을 자제해달라는 공식 요청이 있었다고 털어놓았다. 쿠르듀코프는 잠시 그를 동정하는 표정을 지었으나, 자신의 입장도 중국과 동일하다고 밝혔다. "나 개인적으로도 소련공산당 중앙위원회가 김일성 동지에게 건넨 충고를 서한에 인용하지 말아야 한다고 생각합니다. 동지가 그 회담에 직접 참석하지 않은 이상, 왜곡된 내용이 끼어들 소지가 있습니다. 물론 서한 발송은 어디까지나 동지 자신이 결정해야 할 일입니다. 그러나 현 상황에 비추어볼 때 서한 발송을 보류하겠다는 동지의 태도는 현명한 결단으로 보입니다." 그는 서한 초안을 이상조에게 돌려주었다.[4]

중국의 반대 탓에 이상조의 서한 발송은 무산되었다. 중국은 김일성이 마오쩌둥의 조언을 무시했다는 내용을 담고 있는 그 서한에 민감한 반응을 보였다. 사실 한국전쟁이 끝난 지 3년 남짓 지난 1956년 중반경, 북중 관계는 "혈맹"이라는 표현이 무색하리만큼 양국 사이에 싸늘한 기류가 흐르고 있었다.

그 불편한 관계의 시작은 전쟁이 한창이던 약 6년 전으로 거슬러 올라간다. 유엔군의 인천상륙작전과 함께 전세가 역전된 뒤, 절멸 위기에 빠진 북한은 중국 인민지원군의 참전에 힘입어 기사회생할 수 있었다. 그러나 중국 인민지원군과 조선인민군의 지휘체계를 통일한 조중연합사령부가 창설되면서 양국 관계에 균열이 일기 시작했다. 조중연합사령부 사령 겸 정치위원 펑더화이彭德懷의 북한 측 파트너로 연안 출신 내무상 박일우가 발탁됨에 따라, 군 지휘체계에서 밀려난 김일성이 자존심에 큰 상처를 입었기 때문이었다. 사실 김일성의 군 지휘권 박탈은 그의 군사적 역량을 평가 절하한 펑더화이의 의중에 따라 이루어진 조치였다.[5] 반면 조중연합사령부 부정치위원으로 발탁된 박일우는 중국 측 인사들과 친밀한 관계를 유지했을 뿐만 아니라, 마오쩌둥과 펑더화이로부터 지대한 신임을 받고 있었다. 김일성은 자신의 위신과 입장을 전혀 배려하지 않은 중국의 조치에 불쾌한 감정을 품었다. 게다가 1958년경까지 지속된 중국 인민지원군의 북한 주둔도 그에게 상당한 압박감을 안기고 있었다.

한편 중국 측도 북한에 불편한 감정을 품고 있긴 마찬가지였다. 그 이유 중 하나가 바로 박일우의 숙청이었다. 조중연합사령부 지휘체계로부터 밀려나는 수모를 당한 김일성은 전쟁이 끝나자마자 보복에 착수했다. 펑더화이를 비롯한 중국 측에 간접적으로나마 보복할 수 있는 대상이 바로 박일우였다. 김일성은 1955년 4월 초에 개최된 당 중앙위원회 제10차 전원회의에서 연안계 군 지휘관들인 박일우·김웅·방호산이 "종파 활동"을 벌였다고 날카롭게 비판했다. "이 종파분자들은 조국해방전쟁 당시 중국군 사령부와 소련 군사 전문가들이 대립하도록 이간질을 일삼았습니다. 중국식 군사 전략만을 고집한 탓에, 소련 군사 전문가들의 평판은 땅에 떨어질 수밖에 없었습니다." 물론 그들 가운데 가장 혹독한 비판을 받은 이는 박일우였다. 김일성은 그가 마오쩌둥으로부터 조중연합사령부 부정치위원에 발탁된 이상, 자신과

조선인민군 지도부의 지시를 받을 필요가 없다는 망언을 늘어놓았다고 핏대를 세웠다.[6]

결국 박일우는 내무상에서 밀려나 한직에 속하는 체신상으로 강등되었다. 이 조치는 그를 신임하고 지지해온 중국 인민지원군 지도부와 조선인민군 간부들의 불만을 촉발했다.[7] 특히 중국 측은 자신들의 군사적 지원에 힘입어 기사회생할 수 있었던 북한이 보이고 있는 괘씸한 행태에 불쾌감을 느꼈다. 북중 양국 어느 쪽도 불편한 감정을 공개적으로 표출하지 않았으나, 서로 간에 씻기 힘든 앙금이 남아 있음을 잘 알고 있었다. 따라서 서로가 일정한 거리를 유지한 채, 상대를 자극하지 않으려는 현상 유지책이 전후 몇 년 동안 지속돼온 터였다.

평양 주재 중국대사관의 대북 외교도 거리 두기의 기조 위에서 이루어졌다. 소련대사관이 북한 정치에 커다란 영향력을 행사한 반면, 중국대사관이 연안계 인사들을 비롯한 북한 정치인들과 거리를 유지

박일우
김일성은 전시에 창설된
조중연합사령부 지휘체계로부터
밀려나는 수모를 당하자, 전쟁이 끝난 뒤
보복에 착수했다. 그 대상은
마오쩌둥과 펑더화이의 지대한 신임을 얻어
조중연합사령부 부정치위원에
발탁된 박일우였다.

한 배경에는 그러한 사정이 가로놓여 있었다. 사실 전쟁이 끝난 뒤 북한 정치인들의 중국대사관 방문은 거의 자취를 감추었다. 평양 주재 중국대사는 김창만을 제외한 조선노동당 내 유력인사들과 거의 교류하지 않는 상황이었으며, 주로 언론 기사를 통해 북한 내부 실정을 파악하고 있었다.[8] 따라서 중국대사관 직원들은 북한 정계의 내밀한 동향을 상세히 파악할 수 없었다.

이상조가 쿠르듀코프로부터 서한 초안을 돌려받은 지 6일이 지난 1956년 8월 17일, 소련대사 이바노프가 중국대사관을 방문했다. 첨예한 북한의 정치 상황을 둘러싼 추가 정보를 수집함과 아울러, 중국 측의 입장을 확인하려는 의도에서였다. 그러나 그는 중국대사 차오샤오광喬曉光이 아직 북한 정계의 심상치 않은 동향을 파악하지 못했을 뿐만 아니라, 그에 무관심했다는 인상을 받았다.[9]

양국 간 의식적 거리 두기가 지속되고 있는 상황에서, 이상조의 서한 초안을 건네받은 중국 측은 난감할 수밖에 없었다. 그들이 보기에 김일성이 마오쩌둥의 조언을 무시했다는 내용을 담고 있는 그 서한의 공개는 거리 두기를 유지해온 양국 간 관계에 어떤 파장을 몰고 올지 예측할 수 없을 만큼 폭발력이 있었다. 결국 이상조의 필사적 외교 활동은 북중 관계라는 커다란 장벽에 가로막히고 말았다.

02

기선
제압

압도당한 전초전

소련은 김일성을 지지하는 쪽으로 입장을 굳혔으나, 비판세력을 향한 동정만은 버리지 않았다. 소련대사 이바노프는 노동당 지도부의 과오를 비판하는 행위가 정당하고 합법적이므로, 비판세력을 "반당집단"이라 매도하며 탄압하는 행위는 옳지 않다고 선을 그었다. 전원회의 참석자들이 거리낌 없이 당 지도부의 과오를 비판할 수 있는 분위기가 조성돼야 한다는 그의 입장은 변함이 없었다. 그럼에도 그는 김일성이 비판세력이 요구한 자아비판을 수용해 스스로 당의 개혁을 주도해야 한다는 조건을 제시하며, 사실상 그의 권력 유지를 옹호하는 태도를 보였다.[1]

　김일성은 영악하게도 자신에게 힘을 실어준 소련공산당 중앙위원회의 권위를 능숙하게 활용했다. 그는 비판세력 인사들과 격렬한 논쟁을 벌일 때마다 소련공산당이 전달한 문건 내용을 거론하며 상대편의 기세를 누를 수 있었다. 비판세력이 기대려 한 소련공산당의 권위가 되레 당 지도부 쪽으로 넘어가자 그들은 당황할 수밖에 없었다. 게다가 소련공산당이 비판세력 인사들과 소련대사관 직원들 간에 이루어진 대담 기록을 노동당 지도부에 넘겼다는 점도 그들에게 치명적 악재가 되었다. 소련대사관 대담록은 김일성과 그 측근들이 비판세력과 치열한 설전을 벌일 때마다, 효과적으로 방어전을 펼치며 그들의 주장을 반박할 근거 자료로 활용될 터였다.[2] 곧 소련공산당이 제공한 자료들은 노동당 지도부가 소련의 권위에 기대 비판세력의 공세를 막아낼 유용한 수단으로 이용된 셈이었다. 심지어 그들은 소련공산당의 의도와 달리, 자신들을 겨냥한 비판 자체를 봉쇄할 목적 아래 소련의 권위를 악용하기까지 했다. 노동당 지도부 비판에 반대하는 소련공산당 중앙위원회의 훈령이 시달되었다는 허위 소문의 유포가 그 대표적 예에 속했다. 물론 그 낭설은 비판세력의 사기에 찬물을 끼얹었다.

8월 18일, 최고권력기구인 당 중앙위원회 상무위원회가 소집되었다. 김일성은 소련공산당이 전달한 문건을 제시하며 형제국이 지지하고 있는 쪽은 바로 자신이라고 강조했다.[3] 다가올 전원회의에서 당 지도부 비판을 계획하고 있던 최창익은 격분했다. 굳이 성난 표정을 숨기려 하지 않은 그와 달리, 시종일관 냉정을 유지한 김두봉은 당 중앙위원회 상무위원회 특별회의를 개최해 중대 관심사로 떠오른 당내 문제들을 논의하자고 제안했다. 그의 제안이 받아들여져 8월 21일부터 22일까지 이틀간에 걸쳐 특별회의가 개최되었다. 참석자들 가운데 다수를 점한 이들은 김일성과 그의 열렬한 추종자들이었다. 박정애·박금철·김일·임해·정일룡·김광협·남일·김창만·이종옥·이효순이 그의 측근 그룹에 속했다. 비판세력에 가담한 이는 김두봉·최용건·최창익·박의완뿐이었다. 김일성 앞에서 고분고분한 태도를 보인 최용건을 제외하면, 사실상 세 명이 열두 명에 맞서 치열한 논쟁을 벌여야 했다.

회의 첫날부터 설전이 이어졌다. 김일성이 모두 발언을 마치자, 최창익은 그동안 비판세력이 집요하게 이의를 제기해온 문제들을 다시 끄집어냈다. 곧 개인숭배, 당내 민주주의, 인사정책, 당 역사 서술, 인민들의 생활난 등을 둘러싼 문제들이었다. 그는 먼저 개인숭배가 도처에 만연한 결과, 집단지도체제와 당내 민주주의가 제대로 작동할 수 없었다고 역설했다. 개인숭배 못지않게 그의 분노를 자극한 당 지도부의 과오는 그릇된 인사정책이었다. 그는 간부 발탁이 실무능력에 근거하여 이루어지기보다, 개인적 충성 여부에 좌우되는 실정이라고 비판했다. 그가 보기에 당 중앙위원회 부위원장 박금철과 내각 부수상 정준택이야말로 직무를 감당할 만한 그릇이 못 되는 대표적 무능력자들이었다. 그는 그들의 해임을 건의한 뒤, 부정적 평판을 얻고 있던 나머지 인물들인 박정애·정일룡·김창만의 거취에 대해서는 그들 개인 자료를 면밀히 검토해 해결책을 찾자는 입장을 표명했다.

최창익이 주목한 다음 쟁점은 당 역사의 해석 문제였다. 그는 현재 당 역사가 김일성이 이끈 빨치산 부대의 활동을 중심으로 정립되고 있는 실태를 비판하며 그 책임을 박금철에게 돌렸다. 그의 주장에 따르면 일제 시기 김일성의 지도 아래 국내에서 공산당이 창설되었다는 당 역사의 허위 도식을 세운 이는 다름 아닌 박금철이었다. 김일성 빨치산 부대의 항일무장투쟁을 조선 민족해방운동사의 정통으로 규정하며, 자신이 관여한 조국광복회운동에도 지대한 의미를 부여한 박금철은 다른 계열의 항일운동을 외면하거나 평가 절하하는 태도를 보였다. 최창익은 자파 중심적 역사 해석을 주도한 그에게 "종파주의자"라고 비판했다.

인민들의 열악한 생활수준도 최창익이 묵과하지 않은 문제였다. 그는 인민들이 도탄에 빠졌음에도 불구하고 당이 관심을 돌리지 않았을 뿐만 아니라, 그들의 현실을 미화하는 왜곡된 선전을 일삼았다고 직격탄을 날렸다. 1955년 말~1956년 초 문학 부문에 부르주아 사상이 침투했다는 책임을 물어, 당 지도부가 소련계 한인들을 공격한 사건도 그의 비판을 피하지 못했다. 최창익은 당시 기석복·전동혁·정률과 동일한 과오를 범한 문학 부문 지방 간부들의 경우 어떤 비판도 받지 않았다고 지적하며, 소련계 한인들만을 겨냥한 공세는 다분히 의도적이었다고 역설했다. 물론 그 비판은 연안계와 소련계 한인들 간 연대를 의식한 발언이었다.

김일성과 그의 측근들에 맞서 고군분투한 최창익을 지원해 나선 이는 연안 출신 원로 김두봉이었다. 그의 음성은 감정이 느껴지지 않을 만큼 낮게 깔려 있었으나, 발언 내용은 격분한 최창익의 논조 못지않게 비판적이었다. 그도 개인숭배 반대운동을 전개하고 집단지도체제를 실현해야 한다는 최창익의 주장을 되풀이하며 비판의 날을 세웠다. 사상문화 전선에 복무한 소련계 한인들이 비판받은 반면 그들과 동일한 과오를 범한 문학 부문 지방 간부들이 아무런 징계도 받지 않았다는 점, 박금철을 비롯한 지도부 내 일부 간부들이 직무를 제대로 수행하지 못함에도 불구하고 여전히 자리를 지키고 있다는 점도 다시 도마 위에 올랐다.

그러나 연안 출신 두 원로의 비판은 곧 거센 반발에 부딪혔다. 박금철·김창만·임해 등은 지도부를 겨냥한 그들의 발언이 내분을 조장해 당의 통일을 방해할 뿐이라고 역공을 펼쳤다. 소련계 한인 남일도 역공에 가세했다. 그는 그들의 비판 활동이 지도부 내에 불화의 씨를 뿌려 당의 위기를 자초할 수 있다고 우려했다. 연안 출신 두 원로의 입장에 동조한 이는 소련계 한인 박의완뿐이었다. 그러나 그는 적극적으로 당 지도부 비판에 가세하기보다, 최창익의 발언 내용이 당의 통일을 방해한다는 "아첨꾼들"의 주장을 반박하며 측면 지원 활동을 펼쳤다. 최용건은 방관적 태도를 보이며 논쟁에 개입하지 않았다.

장시간의 격렬한 논쟁이 지속되는 가운데 수적 열세에 있던 비판세력 인사들은 점점 고립 상태로 빠져들었다. 그들은 이제 자신들의 주장이 관철될 가능성이 희박해졌음을 깨닫기 시작했다. 그때 판세의 흐름을 정확히 꿰뚫어보고 있던 김두봉이 갑작스러운 태도 변화를 보였다. 아첨꾼 간부들의 퇴진을 집요하게 요구해온 그는 현재 당 중앙위원회가 보유한 자료만으로 그들의 경질 여부를 판단하기에 무리가 있다고 지적했다. 아울러 과거 전력을 구실로 그들을 비판하는 행위도 중단돼야 한다고 덧붙였다. 둑방의 한 축이 무너지자, 홀로 고립된 최창익은 전의를 상실할 수밖에 없었다.

총결 토론에 나선 김일성은 당 지도부의 사업에 과오가 있었고, 따라서 시정 조치를 강구하겠다며 한발 물러서는 태도를 보였다. 그러나 그는 첨예한 인사 문제를 거론하는 순간, 태도를 바꿔 자신의 측근 간부들을 교체할 수 없다는 입장을 내비쳤다. 그들을 해임해야 할 근거와 자료가 부족하다는 이유에서였다. 이틀간의 특별회의가 막을 내린 다음 날인 8월 23일에도 한 차례 더 회의가 열렸다. 박금철을 "종파주의자"라 비판하며 그의 자료를 검토해볼 필요가 있다고 주장한 최창익의 제안이 받아들여진 까닭이었다. 그러나 예상대로 김일성은 박금철 관련 자료들을 검토했으나, 그가 종파주의자라 할 만한 혐의는 발견되지 않았다고 못 박았다. 결국 8월 21일부터 23일까지 사흘간에 걸쳐 개최된 당 중앙 상무위원회 특별회의는 비판세력에 그대로 어떠한 소득도 가져다주지 못한 채 막을 내렸다.[4] 소련의 지지를 상실한 데다 수적 열세 속에서 당 지도부를 대적해야 했던 비판세력 인사들의 참패는 예정된 수순이었다.

그로부터 닷새가 지난 8월 28일에 다시 당 중앙 상무위원회가 소집되었다. 다가올 전원회의에서 공개될 김일성의 보고문을 미리 검토하기 위해 열린 회의였다. 당 중앙 상무위원들은 전원회의가 임박했음을 직감할 수 있었다. 김일성은 그 보고문 초안에서 당내에 개인숭배가 발현되었다고 시인했으나, 그것은 자신이 아닌 박헌영에 국한된 문제일 뿐이라며 기존 입장을 되풀이했다. 심지어 그는 당내 종파주의 잔재가 아직 청산되지 않은 이상, 반종파투쟁이 필요하다는 입장도 내비쳤다. 물론 종파주의를 거론한 그가 표적으로 삼은 이들은 연안계 인사들이었다. 최창익과 김두봉은 발끈했다. 그들은 개인숭배의 부정적 결과를 둘러싼 토론을 확대하는 한편, 종파주의 규정에 신중을 기해야 한다고 맞섰다. 결국 수적 우세를 점한 김일성과 그의 측근들이 밀어붙인 끝에 보고문 초안이 통과될 수 있었으나, 양측 간 갈등은 결코 해소될 수 없었다.[5]

1956년 9월 1일, 김일성은 소련대사 이바노프와 대담을 나누며 28일에 열린 회의의 내용을 전달했다. 그러나 그는 전원회의 보고문 초안을 둘러싼 의견 대립이 있었다는 사실을 털어놓기는커녕, 그것이 만장일치로 통과되었다고 둘러댔다. 그의 허위 고백은 그것으로 끝나지 않았다. 그는 보고문 초안을 검토한 비판세력이 이의를 제기한 대목은 인사 문제에 국한되었다고 잘라 말했다. 곧 전원회의에서 논란의 쟁점이 될 만한 사안이 간부 등용 문제일 뿐, 개인숭배 문제는 아니라는 입장이었다. 뻔뻔하게도 김일성은 한발 더 나아가 그 유일한 쟁점인 인사 문제마저 사실상 해결되었다고 강조했다. "당 중앙 상무위원회가 박금철·박정애 동지의 개인 자료를 면밀히 검토했습니다. 그러나 그들이 받고 있는 비난의 근거는 전혀 확인되지 않았습니다. 따라서 김두봉 동지도 더 이상 그 문제를 제기하지 않기로 약속한 상황입니다."

김일성은 대담을 마무리하며 자신의 입장을 다음과 같이 정리했다. "이제 논쟁적인 문제라고는 아무것도 남아 있지 않습니다. 당 중앙 상무위원회는 불평불만에 사로잡혀 비판을 일삼고 있는 자들의 목적이

III

당과 국가를 파괴하는 데 있다는 결론을 내렸습니다."[6] 사실 김일성과 이바노프가 나눈 이 대담의 실행 시점은 당 중앙위원회 8월 전원회의 가 폐막한 직후였다. 따라서 김일성의 고백은 상당 부분 비판세력을 탄압한 자신의 행위가 정당했다고 소련 측에 둘러대는 변명의 성격을 띠고 있었다.

소련계 한인 제압

김일성과 그의 측근들은 1956년 8월경 수차례에 걸쳐 당 중앙 상무위 원회를 소집해 최창익으로 대표되는 비판세력의 기세를 꺾는 한편, 다 가올 전원회의를 그들이 의도한 방향으로 끌어갈 준비에 착수했다. 그 들이 전원회의에 대비해 가장 역점을 둔 조치는 연안계와 소련계 한인 간 연대를 와해시키는 일이었다. 의심의 여지없이 보다 다루기 쉽고 가 담 인원수도 적은 소련계 한인 제압이 두 계파 간 연대를 깨뜨릴 가장 손쉬운 방법이었다. 김일성과 그의 측근들은 당 지도부 비판에 가담해 자신들을 곤경에 빠뜨릴 수 있는 소련계 한인 간부들 중 원칙주의자 박 의완과 연대의 상징적 인물인 김승화의 활동에 촉각을 곤두세웠다.

그들 가운데 더 경계의 대상이 된 이는 김두봉과 최창익처럼 김일 성에게 직언할 수 있는 용기와 권위를 지닌 내각 부수상 박의완이었 다. 그는 언제 어디에서나 양심과 원칙에 따라 행동했고, 다가올 전원회의에서도 자신의 정견을 솔직하게 표출할 가능성이 높았다. 8월 22일 김일성을 면담한 그는 개인숭배의 만연, 집단지도체제의 와해, 그릇된 인사정책 등을 둘러싼 비판적 입장을 전달하기까지 했다. 흥미롭게도 예측하기 힘든 그의 돌발행동 가능성에 가장 먼저 제동을 건 이는 소련대사 이바노프였다. 8월 24일, 박의완과 대담을 나누던 그는 임박한 전원회의를 화제에 올리며 김일성을 중심으로 당 지도부의 과오를 자아비판해, 조선노동당이 통일성을 회복할 수 있도록 도와달라고 당부했다.[7] 박의완은 소련 본국이 김일성을 지지하고 있음을 간파할 수 있었다.

당 지도부 인사들도 그의 비판 활동을 봉쇄하기 위한 사전 작업에 착수했다. 그는 당 중앙 상무위원회가 수차에 걸쳐 소집된 8월 하순경, 김일성·김일뿐만 아니라 고려인 동지들인 박정애·남일·방학세에게 불려가 충고를 받았다. 그들은 그에게 사태를 악화시킬 "너절한 일에 휘말리지 말라"고 압박했다.[8] 그들 가운데 가장 날카로운 반응을 보인 이는 김일성이었다. 8월 28일, 그는 박의완에게 "불평분자들이 계속 문제를 일으키면 당 중앙이 수집해온 자료들을 공개할 방침"이라고 으름장을 놓았다. 김일성은 박의완을 노려보며 협박조로 경고했다. "당 중앙이 수집한 자료들 가운데, 동무의 국가 재산 유용 혐의를 포착한 것도 있었소. 만일 동무가 전원회의에서 비판 토론을 감행하면, 그 자료에 의거해 동무를 재판에 회부하겠소." 날선 협박에 이어 김일성은 모스크바가 지지하는 쪽은 바로 자신이라는 과시도 잊지 않았다.[9]

의기소침해진 박의완은 김두봉을 찾아갔다. 패장들 사이에 몹시 침울한 대화가 오갔다. 뜻밖에도 과묵한 김두봉이 대화를 주도했다. "김일성 동지와 그 측근들은 명백히 잘못된 길을 가고 있습니다." 그는 갑자기 언성을 높이며 비판의 화살을 소련 쪽에 겨누었다. "우리 당 지도부의 과오를 알면서도, 소련공산당 동지들이 눈감고 있는 이유를 모르겠습니다. 이 사태를 해결할 수 있는 이들은 오직 소련 동지들뿐입니다." "소련이 어떻게 조선민주주의인민공화국 내부 문제에 개입할 수 있겠습니까?" 박의완은 풀이 죽은 소리로 반문했다. 김두봉은 한탄하듯 맞받아쳤다. "국가적 차원의 개입이 아니라, 양국 형제당 차원의 개입을 말하는 것이오. 소련공산당은 형제당인 조선노동당이 올바른 길로 향하도록 이끌어주어야 합니다."

　　좀처럼 출로를 찾기 힘든 상황이었으나, 박의완은 협박에 굴복한 채 사태를 관망할 수만도 없었다. 그는 마지막 희망의 끈이라 믿고 있던 소련대사 이바노프를 찾아갔다. 으레 그렇듯 그들의 대담은 조선노동당 내부 문제에 집중되었다. 박의완은 당내 상황이 어떻게 돌아가고 있는지 털어놓은 뒤 간절하게 도움을 호소했다. "조선노동당 내 진보적 세력에게 출로를 터주어야 합니다. 김일성 동지는 당 지도부의 결함을 제거하려는 노력에 관심을 보이지 않고 있습니다. 그는 진보적 세력에 재갈을 물릴 방법만을 궁리하고 있습니다. 그 어느 때보다 소련공산당의 개입이 필요한 시점입니다." 김두봉처럼 그도 소련공산당이 나서길 바란다는 희망을 전했다. 그러나 그의 호소는 공허한 메아

리에 그쳤다.[10]

 연안계와 소련계 한인 간 연대에 가교 역할을 담당한 건설상 김승화도 비판 토론에 나설 가능성이 높은 인물이었다. 당 지도부는 협박과 회유를 동원하기보다 그의 전원회의 참석을 봉쇄하는 식의 해법을 구사했다. 그를 모스크바 사회과학원에 파견할 계책이 바로 그것이었다. 사실 김승화의 소련 유학은 사전에 계획된 일이었다. 그러나 문제는 그의 전원회의 참석을 막으려는 당 지도부의 간계에 따라, 그가 예정보다 일찍 파견되었다는 점에 있었다. 서둘러 출국하라는 지시를 받은 그는 잠시 고민에 빠졌지만, 소련공산당의 대외정책이 선회해 승부의 추가 기울었음을 간파한 까닭에 그 지시를 거부하지 않았다.[11] 결국 연안계는 소련의 지지뿐만 아니라, 소련계와의 연대라는 두 마리 토끼 모두 놓칠 수밖에 없었다.

 전원회의에 대비한 당 지도부의 마지막 조치는 평양시당 부위원장 홍순관과 조직부장 김충식의 중앙당학교 파견이었다. 평양시 당원들을 움직여 사태를 키울 가능성이 있는 그들은 당분간 영향력을 행사할 수 없는 처지에 놓였다. 봉기에 대비한 인민군대의 평양 주둔도 이미 완료된 상태였다.[12] 만반의 준비가 끝난 8월 29일, 드디어 당 중앙위원회 전원회의 소집일이 발표되었다. 당혹스럽게도 그날은 하루 뒤인 8월 30일이었다. 비판세력에게 남은 단 하루의 시간은 당 지도부를 비판할 전략을 세우고, 모든 구성원들이 그 전략을 공유하기에 턱없이 부족한 시간이었다.

III

8월
전원회의

묵살된 자아비판

늦여름 더위가 마지막까지 기승을 부리고 있던 1956년 8월 30일 오전, 여느 때와 달리 평양 일대에 삼엄한 경비가 펼쳐졌다. 당 중앙위원회 전원회의가 개최될 내각 회의실로부터 서평양에 이르는 대로가 봉쇄되었다. 평양에서 북쪽으로 20여 리 지점에 위치한 간리間里에도 긴장감이 흐르긴 마찬가지였다. 그곳에 집결한 두 개의 보병사단은 노동자들이 봉기를 일으키기라도 하면, 즉각 출병할 태세를 갖추고 있었다.

황해남도당 위원장 고봉기는 회의장으로 향하던 중 최용건의 집무실에 들렀다. "동지가 묵인하거나 굴복하면, 역사가 용납하지 않을 것입니다." "동무들이나 잘 하라구! 먼저 들고일어나면, 내 반드시 뒤를 받쳐줄 테니……." 최용건은 고봉기에게 비판세력을 돕겠다고 약속했으나, 그의 목소리는 평소처럼 거친 박력을 발산하지 못했다. 물론 소련의 입장 변화와 당내 분위기를 꿰뚫어보고 있던 그도 이미 판세가 기울었음을 모를 리 없었다. 고봉기는 평소의 그답지 않은 태도와 말투로부터 그가 심적 혼란에 빠졌음을 눈치챌 수 있었다.[1]

곧 전원회의가 개최될 내각 회의실로 간부들이 모여들었다. 당 중앙위원 71명과 후보위원 45명에, 당 중앙위원회 부부장급 이상 간부들까지 더해 약 150명의 고위 당원들이 참석했다. 여느 때와 달리 회의장에 미묘한 긴장감이 흘렀다. 동료 간부들과 악수를 나누고 있는 연안계 인사들의 표정도 예사롭지 않았다. 당 지도부를 겨냥한 비판이 시작되면 소란을 피워 방해하라고 일러둔 김일성도 웃음을 잃지 않으려 노력했으나 불편한 기색을 숨길 수 없었다. 주석단 중앙에 자리한 그를 중심으로 최고위 간부들이 청중석을 바라보며 나란히 앉아 있었다. 그들 중에 김두봉·최용건·최창익과 함께 내각 상업상 윤공흠도 끼어 있었다.[2]

어김없이 쪽진머리를 하고 나타난 박정애가 사회를 맡았다. 청산유수처럼 말주변이 뛰어난 이 자그마한 체구의 여성은 중앙당 회의의 단골 사회자였다. 그녀는 매끄러운 진행력을 인정받아 이번에도 사회자로 낙점된 터였다. 개회사, 집행부 선거, 의제 채택 등과 같은 형식적 회순에 이어 김일성과 박금철의 보고 연설이 이어졌다. 물론 박금철의 보고 〈인민 보건사업을 개선·강화할 데 대하여〉보다 더 주목을 받은 발표는 김일성의 〈형제적 제 국가를 방문한 정부 대표단의 사업 총화와 우리 당의 당면한 몇 가지 과업들에 관하여〉였다. 김일성은 소련의 요구에 따라 어떤 식으로든 이 보고 연설에 자아비판적 메시지를 반영해야 했다.

그러나 이번에도 그는 논점을 벗어난 교묘한 변론으로 자신의 허물을 덮기에 급급했다. 그는 개인숭배 과오를 다음과 같이 마지못해 시인하는 태도를 보였다. "본 전원회의는 이미 1956년 3월 전원회의에서 지적된 바와 같이 우리나라에서도 약간의 개인숭배가 존재했다고 인정합니다. 그것은 주로 우리 당 사상사업에서 한 개인의 역할과 공로를 지나치게 찬양하는 식으로 표현되었습니다."

물론 김일성은 개인숭배 과오를 형식적으로 인정했을 뿐, 그것이 불러온 부정적 결과를 외면하려 애썼다. "그러나 그것은 당 중앙위원회가 당적 지도의 최고 원칙으로 시종일관 견지해온 집체적 지도와 당의 노선에 부정적 영향을 끼치지 않았습니다." 심지어 그는 자신을 존경하고 흠모하는 대중들의 표현 방식이 개인숭배로 치부되고 있다는 반론을 펼쳤다. 자신의 입장을 변호하자마자, 그는 공격적 발언을 서슴지 않았다. "당 지도자들을 향한 대중들의 신임과 존경을 개인숭배와 혼동해 당의 영도를 훼손하려 하며, 당 지도자들의 역할을 부인하며, 당의 중앙집권제를 무시하며, 당 지도부에 대한 불신을 조장하며, 당의 통일을 방해하려는 옳지 못한 경향을 경계해야 합니다."

김일성은 자아비판을 요구한 소련의 제의를 수용하는 시늉과 함께, 소련의 대외정책 변화를 정략적으로 비틀어 해석하는 간교함을 보이기도 했다. "쏘련공산당 중앙위원회는 부르죠아 반동 계층들이 스탈린 개인숭배 문제를 구실삼아 사회주의 제도를 비난하고 공격하려는 각종 도발적 음모에 맞서 결정적 타격을 가했습니다." 물론 김일성의 이 발언은 개인숭배를 반대하며 공세를 펼칠 비판세력을 "부르죠아 반동 계층"에 빗댄 우회적 비판이었다.

요컨대 김일성은 마지못해 개인숭배 과오를 시인했으나, 그것을 대중적 존경의 표현이라 포장하며 자신이 떠안아야 할 모든 책임을 회피하는 태도를 보였다. 자연스레 개인숭배에 반대하며 당 지도부를 비판하는 활동이 "근거 없는 해당행위"에 지나지 않다는 결론이 도출될 수 있었다.[3] 보여주기식 시늉에 그친 김일성의 보고와 보건사업의 개선을 강조한 박금철의 연설에 이어 토론이 시작되었다.

첫 토론자는 국가계획위원회 위원장 이종옥이었다. 열렬한 김일성 추종자인 그의 발언은 조금도 예상을 벗어나지 않았다. 그는 북한이 달성했다는 성과를 소개함과 아울러 지도자를 찬미하는 발언에 주어진 토론 시간을 모두 허비했다. 두 번째 토론자인 함경북도당 위원장 김태근의 발언도 마찬가지였다. 다만 그는 상업성과 직업총동맹의 사업 방식을 격렬히 비판해 참석자들의 이목을 끌었다. 명백히 상업상 윤공흠과 직업총동맹 위원장 서휘를 겨냥한 비판이었다. 비판세력의 활동에 가장 큰 동력을 제공하고 있던 그들 소장인사들을 겨냥한 비판은 의도적 공세였음이 분명했다.[4]

윤공흠의 공개적 비판

김태근이 토론을 마친 뒤, 예상치 못한 일이 일어났다. 주석단에 앉아 있던 상업상 윤공흠이 갑자기 발언권을 요구하고 나섰다. 사회자 박정애는 예정에 없던 그의 토론 요청에 몹시 당황한 기색을 내비쳤다. 그녀는 고개를 돌려 김일성을 바라보았다. 그러나 그도 당황하긴 마찬가지였다. 모호한 상황이 지속되고 있는 사이, 결국 윤공흠에게 발언권이 부여되었다.[5] 그는 자아비판을 어물쩍 건너뛴 김일성의 태도에 단단히 화가 나 있었으나 감정을 절제하려 애썼다.

단상에 올라선 그는 여유 있게 좌중을 둘러보며 입을 열었다. "나는 우리 당내에 존재하는 개인숭배와 그것이 불러온 악영향에 대해 토론하려 합니다." 그가 회의에 상정되지 않은 문제를 끄집어내자, 찬물을 끼얹은 듯 장내에 긴장감이 높아져갔다. 짧은 웅성거림에 이어 청중들의 숨소리마저 들릴 듯한 적막감이 감돌기 시작했다. 참석자 전원이 초조한 기색으로 윤공흠을 주시했다. "개인숭배가 만연한 결과 당과 국가의 권력이 한 사람의 수중에 장악돼, 당내 민주주의와 집단지도체제가 훼손되고 법질서가 유린되기에 이르렀습니다."[6]

개인숭배를 비판하던 그는 갑자기 방향을 틀어 조선노동당의 사업상 과오를 들추어내기 시작했다. 그가 보기에 조선노동당 제3차 대회는 치명적 오점을 남긴 수치스러운 당대회의 전형이었다. "우리 당 3차 대회는 쏘련공산당 20차 대회의 결정을 의식적으로 이단시했습니다." 그때 주석단에 앉아 있던 김일성이 그의 발언을 제지했다. "동무는 지금 당을 모독하고 있소!" 윤공흠은 잠시 움찔했으나, 의연하게 토론을 이어갔다. "우리 당 중앙위원회는 맑스-레닌주의 사상을 구현해야 할 과업에 적극성을 보이지 않았습니다." 다시 주석단 쪽에서 거칠게 항의하는 고성이 들려왔다. "우리를 모독하지 마!" "우리 당이 파시스트당, 부르죠아 정당이란 말이야?"[7] 청중석에서도 큰 소동이 벌어졌다. 윤공흠에게 욕설을 퍼붓는 소리, 발을 구르는 소리, 휘파람 소리, 책상을 치는 소리 등으로 장내가 삽시간에 난장판이 되었다.

윤공흠은 소란스러운 상황에 굴하지 않고 토론을 이어나갔다. "우리 당은 규약을 위반하기까지 했습니다. 과거 쁘띠부르죠아 정당 지도자였던 최용건 동지를 우리 당 부위원장에 등용할 때, 중앙위원회의 논의조차 거치지 않았습니다. 이 같은 행태는 명백히 당 규약 위반이자, 당내 민주주의를 묵살한 행위입니다." 그때 주석단에 앉아 있던 최용건이 자리를 박차고 일어났다. "이 개새끼! 내가 항일투쟁할 때, 넌 천황폐하 만세를 불렀어!" 최용건 등용의 절차상 문제점을 비판한 윤공흠의 발언이 명확한 입장 표명을 보류하고 있던 그가 결단을 내릴 수 있도록 빌미를 제공한 셈이었다. 최용건은 단상 앞으로 다가가 윤공흠을 후려치려는 동작을 취하기까지 했다. 그의 커다란 고성과 과격한 행위는 모든 참석자들의 이목을 끌며 장내 분위기를 지배했다. 윤공흠이 불을 지펴 되살린 비판세력의 사기는 순식간에 꺾이고 말았다.[8]

장내는 큰 소란에 휩싸였다. 최용건은 날카로운 고성을 지르며 윤공흠을 한쪽으로 밀어냈다. 이제 마이크는 그의 수중에 있었다. "윤공흠이는 반당적 토론을 시도했습니다. 당 중앙위원회의 이름으로 이 토론을 중단시키겠습니다." 그때 주석단에 앉아 있던 최창익이 일어섰다. 그도 흥분한 표정을 숨기지 못한 채 목청을 높였다. "당원이 자기 의견을 밝히는 행위는 정당한 권리 행사입니다. 당원의 발언을 억압하

최용건
8월 전원회의가 개최되자 윤공흠은 김일성이 조선민주당 당수 최용건을
조선노동당 중앙위원회 부위원장에 등용한 사례를 근거로 들어
당의 의사 결정 구조에 문제가 있다고 비판했다.
신중하지 못한 그의 발언은 비판세력에 승산이 없음을 간파하고 있던 최용건이
그들과 결별할 수 있는 결정적 구실을 제공했다.

는 행위야말로 당내 민주주의를 짓밟는 짓입니다. 윤공흠 동지의 토론을 끝까지 들어볼 필요가 있습니다." 윤공흠을 옹호하던 최창익은 직접 토론 연설을 시도했으나, 그에게 발언권은 주어지지 않았다.[9]

최창익의 개입과 함께 장내 소동은 절정에 달했다. "반당분자는 토론을 중단하라!" "반당 종파분자를 끌어내려라!" "최창익과 윤공흠을 처벌하라!" 따위의 고성이 난무했다. 가장 적극적으로 소동을 주도한 이들은 허성택·김만금·현정민이었다. 전 전평 위원장 허성택은 "친일파 놈"이 "허튼소리"를 지껄인다고 윤공흠에게 쏘아붙였다. 과거 윤공흠의 일본 비행학교 수료 경력은 그를 친일파로 매도하기에 더할 나위 없는 구실이 되었다. 물론 허성택의 도를 넘는 충성 과시가 그를 당 중앙 검열위원회 부위원장에 발탁한 김일성을 의식한 행동이었음은 의심의 여지가 없었다. 김만금과 현정민은 비판세력과 김일성 측근들로부터 동시에 구애를 받아온 이들이었다. 과도한 충성 경쟁을 벌인 그

허성택
조선노동조합전국평의회 위원장을 역임한
허성택은 8월 전원회의 당시
적극적으로 소동을 주도하며,
윤공흠의 비판 토론을 가로막았다.

들의 태도는 비판세력에게 변절행위로 간주되었다. 그들의 방해 활동 탓에, 윤공흠의 토론은 지속될 수 없었다.[10]

소동이 가라앉을 기미가 보이지 않자, 참석자들의 이목이 김일성에게 쏠렸다. 그는 "반당분자들"에게 발언권을 부여할 필요가 없다고 주장하며 즉각적 토론 중단을 제의했다. 사회자 박정애가 그의 제의를 받아들여, 윤공흠의 토론 재개 여부를 표결에 부쳤다. "윤공흠 동무가 토론을 중단해야 한다고 생각하는 동무들은 거수해주시오." 그녀의 말이 끝나기 무섭게 장내는 당원들이 치켜든 팔로 숲을 이루었다. "이번에는 토론을 계속해야 한다고 생각하는 동무들, 거수해주시오." 맨 앞줄에 앉아 꼿꼿이 팔을 치켜든 이가 유독 당원들의 이목을 사로잡았다. 그는 당차고 배짱이 두둑한 서휘였다. 그와 같은 의사를 표명한 이들은 겨우 일곱 명에 지나지 않았다. 물론 많은 이들은 윤공흠의 토론이 지속되길 원했다. 그러나 그들은 비판세력의 승산이 희박해졌음을 간파했고, 따라서 번거로이 팔을 들어 김일성의 눈 밖에 나는 상황을 만들고 싶지 않았다.[11]

윤공흠은 북한체제의 발족 이래 공개적으로 당 지도부를 비판한 처음이자 마지막 인물이었다. 그를 비롯한 비판세력의 반발은 충분히 예측된 일이었음에도 당 지도부에 큰 당혹감을 안겼다. 김일성과 박정애가 심각한 대화를 나누고 있는 주석단 쪽으로 몇몇 인사들이 모여들었고, 모든 참석자들의 관심은 온통 그곳에 쏠려 있었다. 잠시 후 다시 단상에 올라선 박정애가 마이크를 잡았다. "집행부의 의견을 받아들여

휴회를 선언합니다." 그녀는 언제부터 회의를 재개하겠다는 안내도 없이 단상을 내려갔다. 김일성의 얼굴은 완전히 일그러져 있었다. 그가 출구 쪽으로 향하자, 다른 참석자들도 뒤를 따라 삼삼오오 퇴장했다.[12]

김일성은 박금철과 김영주를 비롯한 자신의 수족들을 불러 모아 대책을 논의했다. 윤공흠과 서휘 등의 주모자들을 체포하자는 소리도 있었으나, 소련이 그들에 대한 탄압에 반대하고 있는 이상 그 의견은 받아들여질 수 없었다. 김일성과 그의 측근들이 취할 수 있는 조치라고는 내무기관을 동원해 그들의 동향을 감시하는 일뿐이었다.[13] 그들이 서둘러 세워야 할 더 급박한 대책은 속개될 회의에서 재개될지 모를 비판세력의 공세를 봉쇄하는 일이었다. 그들은 윤공흠의 토론을 반대해 거수한 당원 대중들의 반응에 비추어 자신들이 유리한 고지에 올라섰음을 간파했으나, 더 이상의 비판 토론을 막지 못하면 후환에 시달릴 수밖에 없다고 전망했다.

반격 토론

저녁 무렵에야 회의가 속개되었다. 대다수 참석자들의 착석이 완료된 뒤에도 주석단에 마련된 윤공흠의 자리는 비어 있었다. 김일성의 눈 밖에 난 서휘와 이필규도 보이지 않았다.[14] 장내 질서가 잡히자, 다시 토론이 이어졌다. 내정된 토론자들은 재정상 이주연, 외무상 남일, 민청 위원장 박용국, 부수상 최창익, 평안남도당 위원장 김만금, 당 부위원장 김창만, 당 위원장 김일성, 함경남도당 위원장 현정민, 선전선동부장 이일경, 당 부위원장 최용건, 부수상 박창옥 등이었다.[15] 당 지도부 비판을 벼르고 있던 황해남도당 위원장 고봉기는 두 차례에 걸쳐 토론을 신청했으나 받아들여지지 않았다.[16]

김일성 추종자들이 다수를 점한 토론진은 윤공흠과 비판세력 인사들을 헐뜯는 발언으로 토론 시간 대부분을 소모했다. 재정상 이주연은 인민들이 도탄에 빠졌다는 비판세력의 주장을 반박하며, 윤공흠의 발언이 종파주의적이고 반당적이라고 몰아붙였다. 고려인 외무상 남일은 소련의 노선을 지지해 개인숭배를 반대한다는 입장을 내비쳤다. 그러나 그는 김일성의 과오를 전혀 거론하지 않은 채, 윤공흠만을 비판의 표적으로 삼았다. 심지어 고려인 민청 위원장 박용국은 적극적으로 김일성의 입장을 대변하기까지 했다. 그는 조선노동당 제3차 대회가 소련공산당 제20차 대회의 정신을 구현했다고 강조하며, 당내에 나타난 개인숭배는 박헌영이 남긴 폐해일 뿐이라고 성토했다. 물론 그도 "반혁명적 토론을 자행"한 윤공흠을 당에서 제명하고 재판에 회부해야 한다는 제안을 잊지 않았다.

등단과 함께 모든 참석자들의 이목을 사로잡은 다음 토론자는 최창익이었다. 그는 이미 대세가 기울었음을 간파했다. 비판세력 핵심 성원들인 서휘·윤공흠·이필규가 자취를 감추자 그의 의기도 꺾이고 말았다. 그는 이제 그들의 마지막 바람이었던 당 지도부 내 간부진 교체는 고사하고, 김일성의 진지한 반성조차 요원한 과제가 되었음을 받아들여야 했다. 그러나 정의로운 세상을 갈구한 혁명가 집단의 수장인 그에게 굴복은 있을 수 없는 일이었다. 그는 침몰하는 배에 끝까지 남아 비장한 최후를 기다리는 선장처럼 명예를 지키는 길을 택했다. "우리 당은 전반적으로 옳은 길을 걸어왔습니다. 그러나 당 중앙위원회는 사업상 부분적 오류를 범하기도 했습니다. 당내 병폐인 개인숭배가 바로 그것입니다." 상당히 절제된 비판이었으나, 다시 웅성거리는 소리가 커지며 소동이 일었다. 욕설 섞인 날카로운 고성과 날선 비판이 쏟아지자, 그는 토론을 중단할 수밖에 없었다.

다음 토론자는 장내 소동을 주도한 평안남도당 위원장 김만금이었다. 소련공산당 고급당학교 유학시절 윤공흠과 함께 공부하며 우의를 쌓은 그는 결정적 순간 김일성에게 충성을 맹약하는 길을 택했다. 목격자들의 증언에 따르면 그는 윤공흠의 토론을 방해할 의도 아래, "미친개처럼 입에 거품을 물고 날뛰었"을 정도였다.[17] 그의 배신적 태도는 토론에서도 재연되었다. "윤공흠의 발언은 반당집단이 준비해온 모략적 공작의 일환입니다. 최창익이 이끌고 있는 반당집단 가담자들을 모조리 색출해 처벌해야 합니다." 토론이 끝난 뒤에도 그의 분은 풀리지 않은 듯했다.

연안 출신 김창만의 토론도 예상을 벗어나지 않았다. 그는 이번에도 눈 하나 꿈쩍하지 않고 과거의 동지를 팔아먹었다. "윤공흠은 반당분자일 뿐만 아니라, 도덕적으로도 부패한 인간입니다. 송아지 고기

외에 다른 고기는 일체 입에 대지 않는 협잡꾼이올시다." 다른 토론자들과 달리 그는 윤공흠의 사생활까지 끄집어내 모욕했다.

다음 토론자 김일성이 연단에 오르자, 모든 이들이 숨을 죽인 채 그를 주시했다. 오전 회의 내내 경직되어 있던 그의 표정은 한결 여유로워 보였다. 눈엣가시였던 서휘·윤공흠·이필규가 사라진 데다, 최창익마저 별 힘을 쓰지 못한 채 물러났다는 점은 승부의 추가 완전히 그를 향해 기울었음을 의미했다. 승기를 잡은 그는 자신만이 입수할 수 있는 고급 정보를 동원해 당원 대중들의 마음을 휘어잡으려 했다. "윤공흠의 발언은 당 지도부를 반대하는 세력의 조직적 움직임을 대표합니다. 그 세력을 이끌고 있는 자들이 바로 최창익과 박창옥입니다."

고려인 박창옥이 비판세력에 가담했다고 폭로한 그는 소련대사관이 그들을 지지한 사실을 부정할 필요가 있었다. "우리 당 지도부가 과오를 범했다고 주장한 이들이 소련대사관을 방문했다는 소문이 나돌았습니다. 당 지도부는 박정애 동지와 남일 동지를 소련대사관에 보내 진상을 파악하려 노력했습니다. 역시 그 소문은 반당집단이 날조한 선동적 소문으로 판명되었습니다." 김일성은 눈 하나 껌뻑하지 않고 소련대사관이 비판세력을 지지한 사실을 은폐했다.

그는 과도한 제스처와 풍부한 표정을 섞어가며 탁한 평안도 사투리로 다음과 같이 목청을 높였다. "그 일이 있은 뒤, 소련공산당 중앙위원회로부터 서한을 받았습니다. 그 서한에 따르면 동유럽 형제국 일부 동지들이 개인숭배 문제를 들먹이며, 그들 지도부에 불만을 표출했다

III

고 합니다." 김일성은 동유럽의 개인숭배 반대운동에 적대적 태도로 돌아선 소련공산당의 서한을 인용해 비판세력을 우회적으로 공격했다. 더 나아가 그는 비판세력에 등을 돌리고 자신을 택한 소련의 결정을 공개하며 당원 대중들의 지지를 이끌어내려 했다.

김일성에 이어 연단에 오른 다음 토론자는 함경남도당 위원장 현정민이었다. 그가 비판세력에게 변절자로 지목된 까닭은 장내 소동을 부추기며 윤공흠의 토론을 방해한 이들 가운데 유일한 연안계 인사였기 때문이다. 지난날의 동지들이 조국의 앞날을 우려하며 들고일어선 그 중차대한 순간을 아첨의 기회로 활용한 그는 토론에 나서서도 예상과 다르지 않은 태도를 보였다. 그는 군중과 당과 지도자의 관계를 논하고 있는 레닌의 저작《공산주의에서의 좌익 소아병》을 거론하며 윤공흠의 논점을 비판했다. 그러나 지도자를 개인이 아닌 집단으로 본 레닌의 관점에 비추어볼 때, 지도자를 김일성으로 대체한 그의 진술은 출발부터 자가당착에 빠질 수밖에 없었다. 빈약한 이론 수준을 떠나 그의 아첨은 효력이 있었다. 얼마 뒤 그는 당 중앙위원회 농업부장에 발탁되었다. 그러나 결국 그도 다른 아첨꾼들처럼 토사구팽의 신세를 면치 못했다. 불과 2~3년 뒤 그는 "반당 종파분자" 혐의를 받고 숙청되었다. 그와 함께 윤공흠의 토론을 방해한 전 전평 위원장 허성택의 말로도 다르지 않았다.[18]

현정민이 토론을 마치고 물러나자, 선전선동부장 이일경이 연단에 올랐다. 그는 조선노동당 제3차 대회가 소련공산당 제20차 대회의 정신을 계승했을 뿐만 아니라, 당 중앙이 개인숭배 청산에 착수했다는 허언을 늘어놓았다. 흥미롭게도 그의 토론은 북한의 "주체적" 선전정책에 의혹의 눈길을 보내고 있는 이들을 향한 변론의 성격을 띠었다. 그는 소련으로부터 전송받고 있는 라디오 방송의 비중을 줄인 까닭이 자국의 성장과 발전을 반영할 뿐, 결코 반소적 이유에 있지 않다고 역설했다.

다음 토론자는 결정적 순간에 개입해 전원회의의 판세를 바꾼 최용건이었다. 소련의 대외정책이 선회하자 비판세력의 승산이 희박해졌음을 간파한 그는 결단을 내리지 못한 채 향후 거취를 고민해오고 있었다. 바로 그 와중에 당의 의사 결정 구조를 비판하는 토론을 벌이며 부주의하게 그의 실명을 거론한 윤공흠의 실수는 그가 비판세력과의 관계를 청산할 수 있는 결정적 빌미를 제공했다. 비판세력에 걸쳐놓았던 발을 빼자, 최용건은 그들을 향해 격한 비난을 퍼부었다. "윤공흠이는 당과 정부를 반대하는 강령을 제시했습니다. 그것은 당의 역사, 경제 문제, 개인숭배, 간부 등용 등 당내 모든 문제들을 왜곡된 형태로 전달하는 종파주의자들의 강령입니다. 그자들의 반당적 활동은 박일우가 주도한 추악한 종파행위의 연장선에 있습니다."

최용건은 연안계 인사들을 "종파주의자들"이라 몰아붙이며, 그들이 박헌영과 유착해 밀모를 꾸몄다고 비방했다. 그 비방의 요지는 1952년경 박일우·최창익과 당 중앙위원회 농업부장 박훈일이 김일성에 반대하는 행동강령을 작성할 의도 아래 회동했고, 심지어 박헌영과

III

도 접촉해 의견을 교환했다는 내용이었다. 물론 그 비방은 사실이 아니었다. 이어 최용건은 밀모에 가담한 비판세력 인사들 한 명 한 명씩 실명을 거론하기 시작했다. 윤공흠·서휘·이필규 외에 최창익·박창옥과 체신상 김창흡이 거명되었다. 비판세력에 가담한 혐의가 아직 드러나지 않은 이들을 제외했다는 점이 그나마 그가 과거의 동지들에게 보인 마지막 배려라 할 수 있었다. 얼마 전까지만 해도 함께 머리를 맞대고 당과 국가의 앞날을 고민했던 최창익과 박창옥은 그의 변심에 씁쓸한 표정을 지었다.

최용건에 이어 연단에 오른 이는 박창옥이었다. 그도 이미 되돌리기 힘든 상황에 직면했음을 모를 리 없었다. 이제 김일성을 겨냥한 비판은 요원한 과제가 되었고, 자신에게 씌워진 종파 혐의를 벗겨내는 일이 그에게 남은 마지막 선택지였다. 그는 아무런 예고 없이 비판을 받았던 작년 12월 전원회의의 기억을 떠올리며 토론을 시작했다. "12월 전원회의는 나와 몇몇 동지들의 과오를 비판하며 부당한 결정을 채택했습니다. 그러나 나는 어떤 종파에도 관여한 적이 없는 사람입니다." 그때 주석단 쪽으로부터 그를 비방하는 거친 고성이 터져나오자, 청중석 당원들도 소동에 동참하며 그의 토론을 방해했다. 결국 그도 최창익과 마찬가지로 토론을 중단할 수밖에 없었다.

모든 토론이 끝난 뒤, 당 중앙위원회 위원장 김일성이 연단에 올랐다. 이제 더 이상 비판세력의 공세 따윈 그의 안중에 없었다. 그의 표정과 말투와 손짓에서 한결 여유로움이 느껴졌다. 그는 자신의 마음이 너무 약해 최창익을 예우하는 과오를 범했다고 농담을 던지기까지 했다. 순간 날카롭게 돌변한 그는 현 상황에서 당 지도부 비판은 바람직하지 않다고 목청을 높였다. 그가 들이댄 근거는 남북한의 모든 통치자들이 써먹을 수 있을 법한 구실이었다. "나라가 두 동강이 난 오늘, 우리 당은 철석같이 단결해야 합니다." 그의 승리를 공인하듯, 우레 같은 박수가 쏟아졌다.[19]

최창익 등 동무들의
종파적 음모행위에 대하여

1956년 8월 31일, 당 중앙위원회 전원회의 이틀째 회의가 열렸다. 전날 회의를 총결하는 성격을 띤 이 회의는 〈최창익·윤공흠·서휘·이필규·박창옥 등 동무들의 종파적 음모행위에 대하여〉라는 결정서를 채택했다. 결정서의 제목은 당 지도부를 비판한 당원들을 억압하지 말라고 권고한 소련의 제안이 묵살되었음을 보여준다. 최창익·박창옥·윤공흠·서휘·이필규를 종파주의자로 규정한 이 결정서는 오래전부터 자신의 직위에 불만을 품어온 그들이 당·정 주요 지도자들의 해외 순방을 틈타, 병원·휴양소·사택·사무실 등을 돌며 비밀회의를 열어 지도부에 반대하는 음모를 꾸몄다고 비판했다.

그들이 범했다는 다섯 조목의 "음모와 죄행"이 결정서에 명시되었다. 첫 번째 죄목은 비판세력이 당과 정부의 위신을 훼손할 목적 아래, 전후 인민들의 곤란한 생활 형편을 악용했다는 점이었다. 곧 "당이 인민들의 생활에 무관심하다"는 풍설을 퍼뜨려, 당을 불신하는 여론이 조성되도록 획책한 책임이 그들에게 있다는 혐의가 적용되었다. 두 번째 죄목은 개인숭배를 비판한 활동에 초점이 맞추어졌다. 곧 비판세력이 "당 사업 도중 미미하게 발현된" 개인숭배가 마치 "막대한 악영향을 끼친 듯 왜곡 선전해" 당 지도부의 위신을 훼손했다는 내용이었다. 그릇된 인사정책을 둘러싼 비판세력의 공세는 세 번째 죄목으로 지적되었다. 결정서는 그들이 반당적 목적을 가지고 아무런 근거 없이 당과 정부의 지도 간부들을 아첨분자라 헐뜯었다고 비판했다. 부가적 설명에 따르면 그들은 "혁명운동을 통해 단련되었을 뿐만 아니라, 당에 충실성을 보인 일꾼들"이었다.

네 번째 죄목의 내용은 연안계가 이른바 "종파 유익설"을 유포해 자신들의 종파행위를 합리화하며, 과거에 종파 활동 전력이 있는 이들을 그들 편으로 끌어들였다는 점이었다. 결정서는 연안계가 포섭한 이들 가운데 박창옥을 그 대표적 인물로 꼽으며 그의 죄행을 상세히 늘어놓았다. 그 요지는 사상문화사업을 지도하던 중 오류를 범한 그가 1955년 12월 전원회의에서 공개적 비판을 받고 반성하는 태도를 보였으나, 표면적 입장과 달리 연안 출신들과 결탁해 당 지도부를 반대하는 음모에 가담했다는 내용이었다. 다섯 번째로 지적된 죄목은 노동당 규율 위반과 당 생활 태만이었다. 비판세력이 조선노동당 제3차 대회의 결정을 반대했다는 점, 윤공흠·서휘·이필규가 "여러 동지들의 정당한 비판을 수용하기는커녕 전원회의 도중에 도주"한 점, "최창익과 박창옥이 자신들의 과오를 시인하지 않고 교활한 변명을 둘러대며 자아비판을 회피"한 점 등이 그 근거로 제시되었다.

결정서는 비판세력의 "종파행위를 추호도 용납할 수 없는 반당적 책동"으로 규정하며 그들에게 가혹한 책벌을 내렸다. 최창익은 당 중앙위원과 중앙위원회 상무위원에서 제명되고 내각 부수상에서 해임되었다. 당 중앙위원과 내각 부수상·기계공업상에 재임 중인 박창옥도 세 직위를 모두 박탈당했다. 전원회의 도중 사라진 윤공흠·서휘·이필규에게 부과된 책벌은 더 가혹했다. 당 중앙위원에서 제명되고 내각 상업상에서 해임된 윤공흠, 당 중앙위원에서 제명되고 직업총동맹 위원장에서 해임된 서휘, 당 중앙위원회 후보위원에서 제명되고 내각 건재공업국장에서 해임된 이필규 모두 정치적 사형선고라 할 수 있는 출당 처분을 받았다. 그들 다섯 명이 현재까지 수면 위로 드러난 "반당종파 사건" 연루자들이었다. 결정서는 당 중앙위원회 검열위원회가 "반당 종파 활동"에 연루된 이들 가운데 아직 가담 여부가 확인되지 않은 이들을 계속 조사할 방침이라고 강조했다. 아울러 당내에 남아 있는 종파사상 잔재를 모두 청산할 때까지 철저한 투쟁을 지속하겠다는 입장 표명도 잊지 않았다. 대숙청을 예고하는 신호탄이었다.[20]

예정된 승부

모스크바에 들려온 전원회의 소식은 이상조에게 분노와 실망감을 안겼다. 그는 김일성이 소련공산당의 충고를 수용하겠다고 약속한 사실을 잘 알고 있었다. 그러나 전원회의가 개최된 뒤 그가 보인 행태는 소련공산당을 기만하는 수작에 다름 아니었다. 심지어 김일성과 그의 측근들은 당 지도부 비판을 금하라고 지시한 소련공산당 중앙위원회의 전문을 전달받았다고 주장하며 진실을 호도하기까지 했다. 이상조는 그러한 작태가 소련공산당 중앙위원회의 권위와 명의를 도용한 기만행위에 다름 아니라고 생각했다. 분노한 그는 항변했다. "그 전문을 보라! 개인숭배를 비판하지 말라고 지적한 부분이 어디에 있는가?", "어떻게 이를 용납할 수 있는가?"

이상조는 독립동맹과 조선의용군에 몸담았던 지난날의 동지들이 '연안종파'라 매도되고 있는 실태에 대해서도 묵과하지 않았다. 그는 다음과 같이 반박했다. "국내의 많은 동지들은 소련공산당이 김일성 동지에게 충고한 내용에 의거하여 그와 아첨분자들을 비판했다. 그러나 그들은 비판에 나선 동지들의 심정을 헤아리기는커녕, 연안종파라 매도하며 불법적 탄압을 일삼았다. 이로써 세상에 존재한 적이 없는 개인숭배를 반대하는 연안종파가 조작되기에 이르렀다. 전원회의 이전 여러 동지들이 김일성 동지에게 개별적으로 항의하자, 그는 면전에서 수긍하는 척했을 뿐, 돌아서서 그들을 연안종파라 중상하는 기만적 태도를 보였다. 따라서 동지들은 전원회의가 개최되자, 공개적 투쟁에 나서지 않을 수 없었다."

이상조는 연안종파로 지목된 자신과 동지들을 다음과 같이 변호했다. "당내에 민주주의가 보장되지 못한 상황에서, 김일성 동지와 아첨분자들을 향한 그들의 공개적 비판은 매우 용기 있는 행동이었다. 그들이 죽음을 무릅쓰고 김일성 동지와 아첨분자들을 비판한 행위는 오로지 당의 이익을 위해서였을 뿐, 결코 당내 수령이나 내각 수상직을 탐내 일으킨 행동이 아니었다. 곧 그것은 출당과 철직撤職의 위험을 무릅쓰고 감행한 행동이었다." 그는 모든 당원은 이유와 근거가 있는 한 어떠한 직위의 간부도 비판할 수 있다는 당 규약을 거론하며, 당 지도부를 비판한 동지들의 행위가 합법적이었다고 역설했다.[21]

전원회의에 모든 기대를 걸었던 비판세력은 이제 당 지도부의 실정을 바로잡기는 고사하고, 그들의 신변에 닥칠 위험을 걱정해야 할 처지에 놓였다. 분노한 이상조는 그들을 옥죄고 있는 탄압이 부당하다고 호소하며, 소련 외무성 관료들에게 끊임없이 도움을 요청했다. 그러나 그의 호소는 단 하나의 목표도 이루지 못한 채 처참한 좌절을 맛보아야 했던 패장의 안타까운 하소연에 다를 바 없었다. 뒤틀린 역사를 바로잡으려 일어선 양심적 공산주의자들의 새로운 혁명은 참담한 실패로 끝나고 말았다. 사실 그들이 출사표를 던진 시점부터 시간이 지날수록 밀모의 성공 가능성은 현저히 감소해갔다. 전원회의 직전 승부의 추는 완전히 기운 상태였다.

물론 비판세력의 도전이 실패한 결정적 원인은 소련의 태도 변화에 있었다. 그들은 처음부터 소련의 지지를 등에 업어야만 승산이 있다고 보았다. 비판세력이 소련 측과 교감하며 김일성의 치명적 약점인 개인 숭배 문제를 공격했을 때, 그는 당황하며 수세적 태도를 보였다. 그러나 동유럽 사태의 심각성에 위기의식을 느낀 소련이 그를 지지하는 쪽으로 가닥을 잡아가자 전세는 단번에 역전되었다. 소련의 지지를 상실한 비판세력은 소리 없이 다가올 탄압을 걱정해야 할 처지에 놓였다. 김일성이 독점한 권력의 분산이 불가능해진 데다 탄압이 따를지 모를 상황에서, 비판 토론을 감행하며 승부수를 던진 행위는 그들에게 실익이 없는 선택이었다. 그러나 그들은 성공 가능성이 아주 희박해졌을지언정, 정의의 길을 외면할 수 없었던 까닭에 위험을 무릅쓰고 비판 공세에 나서는 길을 택했다.

한편 소련의 태도 변화는 비판세력에 가담한 고려인들에게 큰 실망감을 안겼다. 모국으로 여긴 소련의 노선을 충실히 따라온 그들은 소련 지도부가 김일성을 지지하는 쪽으로 입장을 선회하자, 비판세력과 거리를 두며 소극적 태도를 취하기 시작했다. 연안계와 소련계 간 협력의 상징이었던 김승화와 박의완이 발을 뺀 뒤, 두 계파 간 연대는 소리 없이 붕괴되었다. 비판세력의 한 축이 무너짐에 따라, 정변의 성공 가능성은 현저히 낮아질 수밖에 없었다.

비판세력의 전술적 오판도 그들의 계획 실행에 차질을 일으킨 요인이었다. 연안계 인사들은 김일성과 달리 권모술수에 서툴고 낭만적이며 소박한 성격의 소유자들이었다. 그들은 전원회의에서 김일성을 공개적으로 비판하면, 그가 타격을 받고 자아비판에 나서리라 기대했다. 물론 그들의 기대는 비판과 자아비판으로 대표되는 공산당원들 간의 전통적 투쟁 방식이 김일성에게도 통용되리라는 전제에 기초하고 있었다.[22] 그러나 연안계 인사들이 선을 지키려 한 투쟁의 규칙이나 윤리 따위는 그의 안중에 없었다. 그는 당원들의 비판을 방해할 목적 아래 장내 소동을 지시했을 뿐만 아니라, 비판에 가세할 수 있는 소련계 한인들을 협박해 무력화하기까지 했다. 그것은 정상적 혁명가라면 생각해내기조차 어려운 기상천외한 투쟁 방식이었다. 자신들이 신뢰한 투쟁의 룰에 상대도 암묵적으로 합의하리라 생각한 비판세력의 순수한 믿음은 권모술수에 능한 당 지도부와의 투쟁에서 전혀 도움이 되지 않았다.

비판세력 인사들 간 반목과 느슨한 결속력도 그들의 도전을 성공으로 이끌지 못한 원인들 가운데 하나였다. 특히 원로들 간 불신은 그들의 행동 통일을 방해하고 투쟁 역량을 좀먹는 요인으로 작용했다. 이를테면 김두봉은 비판세력이 반드시 포섭해야 할 연대의 대상인 최용건을 "자신에게 맡겨진 임무를 감당하지 못할 뿐만 아니라, 현직에 두어서는 안 되는 무능력한 지도자"라고 폄훼했다.[23] 박의완도 그가 능력이 없고 경제 문제를 비롯한 국가 사업에 관심을 돌리지 않을뿐더러, 대다수 지도적 간부들로부터 권위를 인정받지 못하고 있다고 혹평했다.[24] 최용건과 함께 비판세력에 가담한 박창옥도 여러 동지들로부터 불신을 받고 있었다. 이필규는 그를 "김일성 개인숭배의 창시자"라 비판하며, 그가 죄를 용서받으려면 아직 많은 일을 해야 한다고 비꼬기까지 했다.[25] 비판세력 성원들 간 불신은 그들의 치밀한 계획 수립과 행동 통일에 부정적 영향을 끼쳤다. 따라서 모든 성원들의 합의 아래 투쟁 전략을 세우고, 그 전략을 공유하는 일도 불철저할 수밖에 없었다.

그 문제로부터 비롯된 치명적 실책이 바로 비판 토론에 나선 윤공흠의 최용건 거론이었다. 사실 최용건은 정변의 성공 가능성이 희박해지자, 이러지도 저러지도 못하는 상황에 빠졌다. 바로 그때 윤공흠이 당의 의사 결정 구조를 비판하며 김일성이 독단적으로 그를 중용한 사례를 거론하자, 그는 자연스럽게 비판세력에 걸치고 있던 한쪽 발을 뺄 수 있었다. 윤공흠의 토론을 제지하며 비판세력과 결별한 그의 돌발행위는 천군만마를 이끌고 적군에 투항한 장수의 이반행위와 다를 바 없었다. 그는 결정적 순간 김일성에게 충성을 입증해 보임으로써 대숙청의 후환을 피할 수 있었다.

한 연구는 최용건의 비판세력 가담이 정적들의 동향을 파악하려는 의도 아래 이루어진 일종의 "프락치" 행위라고 추정했다.[26] 그러나 만약 최용건이 실제로 "프락치" 노릇을 하며 동지들을 기만했다면, 그의 배신행위는 낱낱이 고발되었을 가능성이 높다. 사실 이상조와 고봉기를 비롯한 비판세력 인사들 어느 누구도 최용건을 김일성과 같은 교활하고 음흉한 모략가로 생각하지 않았다. 그들의 기록은 단지 상황 변화에 따라 최용건이 어쩔 수 없이 그들로부터 등을 돌릴 수밖에 없었던 상황을 담담하게 증언할 뿐이다. 그들이 그에게 품은 마지막 감정은 악감정이라기보다 서운한 감정에 가까웠다. 무엇보다 최용건이 실제 "프락치"였다면, 사후 김두봉과 박의완의 비판세력 가담 여부를 조사하는 데 소모된 긴 시간과 비용은 필요조차 없었을 터였다.

#04

망명

북중 국경을 향하여

1956년 8월 30일, 비판 토론을 제지당한 윤공흠은 휴회가 선언되자 서휘·이필규와 함께 대응책을 모색했다. 대처 방안을 논의하던 그들은 사태가 심상치 않은 방향으로 흐르고 있음을 직감했다. 그들에게 딸린 관용차의 이용이 정지된 점이 그 첫 번째 징후였다. 이어 윤공흠의 자택 출입구에 경비원이 배치되었다. 이필규는 지난날 함께 일하며 우의를 다진 내무성의 한 동료로부터 자신과 동지들을 감시하라는 지시가 떨어졌다는 소식을 전해 들었다. 얼마 가지 않아 그들의 집에 설치된 전화도 차단되었다.

위기가 눈앞에 닥쳐왔음을 감지하자, 곧 속개될 회의는 그들의 관심에서 멀어질 수밖에 없었다. 그들은 도움을 청하며 다른 한 인물을 끌어들였다. 내무기구의 감시 대상 밖에 있던 그는 연안 출신 문화선전성 부상 김강이었다. 센티멘탈한 성격의 소유자인 그는 흥미로운 입담으로 한껏 주변 분위기를 띄우는 재주가 있었고, 동료들에게 활력을 불어넣곤 했던 쾌활한 성격 덕에 큰 인기를 누렸다.[1]

다급해진 그들이 도움을 요청할 만한 곳이라고는 중국대사관밖에 없었다. 평양 주재 신화통신사 분사가 서휘의 집 근처에 있음을 떠올린 그들은 그 책임자를 찾아가 중국대사관과 교섭할 수 있도록 알선해 달라고 부탁했다. 그는 중국대사관과 연락한 뒤, 서휘 일행에게 망명을 권유했다. 그들이 중국대사관으로 피신할 경우 난감한 외교 분쟁에 휘말릴 소지가 있었던 반면, 북중 국경을 넘어 망명하면 껄끄러운 뒤처리를 걱정할 필요가 없었기 때문이다. 그들에게는 선택의 여지가 없었다. 다행히 김강의 자동차가 동결되지 않아 그것을 이용할 수 있었다. 운전대를 잡은 이는 믿음직한 서휘의 운전수였다. 김강은 동지들의 만류에도 불구하고, 목숨을 건 탈출에 나선 그들과 운명을 함께하는 길을 택했다.[2]

지난날 평안북도당 위원장을 지낸 윤공흠의 제안에 따라, 목적지는 평안북도 의주로 결정되었다. 그곳은 국경을 넘기에 다른 곳보다 안전하고 수월한 지역이었다. 다섯 명이 탄 자동차는 야음을 틈타 재빨리 서평양을 벗어났다. 그러나 서포를 거쳐 세 시간 정도 북상해 평안북도 구성에 다다른 순간 갑자기 차가 멈춰 섰다. 휘발유가 떨어진 탓이었다. 차를 버리고 산길을 따라 국경으로 향하거나, 다른 차를 기다릴 수밖에 없는 상황이었다. 먼동이 트기까지 남은 시간도 많지 않았다. 대로에 차를 세워둔 채 초조하게 공론하고 있는 그들의 속은 타들어 갔다. 그러나 한 시간 정도 지났을 무렵, 점점 선명한 빛을 발하며 다가오고 있는 트럭 한 대가 그들의 눈에 들어왔다. 다행히도 그들은 트

럭을 세운 뒤 기름을 얻을 수 있었다. 도주자들의 자동차는 다시 내달렸고, 새벽 다섯 시경 의주 부근 압록강 변에 다다랐다.[3]

아직 어둠이 걷히지 않았으나, 그들은 그 강이 맨몸으로 건너기에 제법 수심이 깊다는 사실을 알아차렸다. 그때 마침 뱃줄을 풀며 고기잡이에 나설 준비를 하고 있는 한 어부의 모습이 눈에 띄었다. 그들은 어부에게 다가갔다. "우리는 평양에서 시찰 나온 일꾼들입니다. 마침 일이 일찍 끝나 천렵이나 즐기다 올라갈 생각입니다. 저기 강 중간에 있는 섬이 좋겠군요. 하루만 이 배를 빌릴 수 있겠소? 뱃삯은 섭섭지 않게 쳐드리지요." 어부는 신분이 높아 보이는 그들이 후한 대가까지 제안하자 기꺼이 배를 내주었다.

그들은 서휘의 운전수만을 강변에 남겨둔 채, 배에 올라타 노를 저어 작은 섬에 다다랐다. 한동안 어부의 의심을 피하려 천렵을 준비하는 듯한 그들의 부자연스러운 행동이 지속되었다. 그러나 그들은 수심이 얕은 곳을 파악하자마자 곧장 물속으로 걸어들어갔다. 어부는 만주 쪽으로 사라지는 그들을 물끄러미 바라볼 수밖에 없었다. 중국 땅을 밟은 그들은 안도의 한숨을 내쉬었다. 이제 북한에 남아 있는 가족 문제도 중국공산당 동지들의 도움 아래 원만히 해결될 수 있으리라는 희망이 솟구쳐올랐다.[4]

"김일성 동지는 혁명을 배반했습니다"

내무성이 윤공흠 일행의 도주 사실을 파악한 시점은 그들이 이미 중국 땅을 밟은 8월 31일 아침 무렵이었다. 전날 잠시 집에 들른 윤공흠은 뒷문으로 빠져나가 경비원을 따돌릴 수 있었다. 당 지도부 비판에 가담한 몇몇 인사들이 자취를 감추었다는 소식은 곧 보고 라인을 거쳐 내무상 방학세와 김일성의 귀에까지 들어갔다. 격노한 김일성은 당장 그들을 잡아들이라고 지시했다. 미궁에 빠져 있던 그들의 도주 행방은 탐문 수사의 시작과 함께 꼬리를 밝혔다. 방학세는 내무성 부상 강상호를 북중 국경 일대에 위치한 안둥현安東縣 국경 경비부대 책임자에게 파견했다. 그는 양국 국경 유지에 관한 조약 중 범죄자 인도 조항을 거론하며, 압록강을 건너 달아난 도주자들을 넘겨달라고 요구했다. 물론 중국 측은 정치적 망명을 요청해온 그들을 넘겨주지 않았다.[5]

강상호
강상호는 조선민주주의인민공화국 내무성 부상과
군사정전위원회 수석대표를 역임했다.
그도 여느 소련계 한인들처럼 사상검토회의에
소환돼 비판을 받고 소련으로 귀국했다.

국경을 넘은 네 명의 도주자들은 검속을 거쳐 안둥현 경비부대 본부에 압송되었다. 그들이 신분을 밝히자, 중국인 간부들은 심각한 상황이 발생했음을 직감할 수 있었다. 그들은 도주자들의 요청에 따라 정치적 망명을 접수했다고 베이징 당국에 보고했다. 화들짝 놀란 중국공산당 중앙위원회는 그들을 곧장 베이징으로 호송하라는 지시를 내렸다. 북중 국경에 파견된 내무성 부상 강상호가 도주자 인도를 요청했을 때, 그들은 이미 안둥현을 떠나 베이징으로 향하던 중이었다. 저우언라이周恩来 총리와 뤄루이칭羅瑞卿 공안부장이 베이징에 도착한 그들을 접견하고 사건의 전말을 전해 들었다. 중국공산당 중앙위원회는 항일전쟁기에 동고동락하며 목숨을 바쳐 싸운 옛 동지들을 극진히 대접했다.[6]

망명자들이 중국공산당 중앙위원회에 제출할 서면 보고를 준비하고 있을 무렵, 북한 측은 다시 그들을 넘겨받으려는 외교 활동에 착수했다. 9월 3일, 외무성 부상 이동건은 서휘·윤공흠·이필규·김강이 안둥현 방면으로 국경을 넘었다는 사실을 중국 측에 통보하며 공식적으로 송환을 요청했다. 그러나 중화인민공화국 정부는 그들이 일반적 월경자 범주에 속하지 않는 이상, 강제 송환은 불가능하다고 못 박았다. 마오쩌둥은 대규모 경제원조를 약속하며 북중 관계 개선에 힘쓰고 있는 중국의 노력에도 불구하고, 북한 측은 배은망덕하게 망명자 송환에만 집착하고 있다고 꼬집었다.[7]

9월 5일, 망명자들이 작성한 보고서가 중국공산당 중앙위원회에 제출되었다. 8월 전원회의 사건의 배경과 원인을 소개하며 그들의 입장을 밝히고 있는 그 서면 보고는 김일성 일인독재체제의 실상을 낱낱이 고발했다. "김일성 동지 일인이 당·내각·군대·사법 부문의 권력을 독점하고 있습니다. 당내 민주주의가 작동하지 않을 뿐더러, 지도자의 견해와 다른 의견은 무시되기 일쑤입니다. 그가 당·국가와 인민 위에 군림하는 절대적 독재체제가 확립되었습니다."

이어 그들은 조선노동당 내에 분란을 촉발한 당 지도부의 과오를 네 부문에 걸쳐 기술했다. 전시 당 지도부의 그릇된 정세 판단에 따른 막대한 손실이 첫 번째 과오로 지적되었다. 바로 이 부분에서 마오쩌둥의 조언을 무시한 김일성의 과오가 중국 측에 공식적으로 고발되었다. 두 번째 과오로 지적된 문제는 김일성 개인숭배가 불러온 부정적 영향이었다. 당내 민주주의의 훼손과 아첨꾼 위주의 간부 선발이 그 구체적 후과로 제시되었다. 인민들을 도탄에 빠뜨린 노동당의 경제정책도 비판을 피하지 못했다. 망명자들은 이 세 번째 과오의 중심에 과중한 세금 징수가 있다고 목청을 높였다. 아울러 그들은 농민들과 도시 소부르주아 계급을 겨냥한 일상적 수탈이 만연해 있다고 덧붙였다.

네 번째 과오로 지적된 문제는 당 역사의 왜곡과 민족주의적 선전 정책이었다. 김일성의 항일무장투쟁이 조선 민족해방운동사의 독점적 지위를 점하며 다른 계열의 투쟁 업적을 밀어내고 있다는 점, "민족 정신"을 강조하는 선전이 중시됨에 따라 중국·소련 등 형제국들의 원조와 위업을 소개하는 선전이 자취를 감추었다는 점이 그 근거로 제시되었다. 마지막으로 망명자들은 그들의 솔직한 바람을 직설적으로 전달하며 서면 보고를 마쳤다. "김일성 동지는 혁명을 배반했습니다. 그의 존재 자체가 조선 혁명의 걸림돌입니다. 그를 제거해야만 혁명이 전진할 수 있으며, 조선의 통일과 사회주의 건설을 앞당길 수 있습니다."[8] 이 간절한 호소는 중국의 적극적 개입을 바란다는 지원 요청에 다름 아니었다.

망명자들은 조선노동당 중앙위원회에 보낼 성명서도 함께 준비했다. 그러나 그것은 발송되지 않았을 가능성이 높다. 중국 측이 북중 관계 개선에 전혀 도움이 되지 않을 그 성명서 발송을 허락했을 리 없기 때문이다. 이제 그들에게 남은 일이라고는 중국으로 건너온 다른 동지들과 교류하거나, 당학교에 들어가 공부하며 사태의 추이를 지켜보는 일뿐이었다.[9] 그들은 형제당이 개입하면 모든 일이 잘 해결될 수 있으리라는 기대에 부풀어 있었다.

점증하는 탄압

8월 전원회의가 막을 내리자마자 당 지도부는 비판세력 탄압에 착수했다. 9월 1일, 당 중앙위원회의 제의에 따라 최고인민회의 상임위원회가 소집되었다. 이 회의의 개최 목적은 전날 전원회의가 발의한 최창익·박창옥·윤공흠의 내각 직위 해임안을 비준하는 데 있었다. 당혹스럽게도 최고인민회의 상임위원회 위원장 김두봉은 예정된 휴가에 맞춰 기차표를 예매해두었다고 둘러댄 뒤 회의에 참석하지 않았다. 그의 돌발행동은 명백히 동지들의 처벌에 반대하는 항의의 표현이었다. 그러나 결국 내각 부수상 최창익, 부수상 겸 기계공업상 박창옥, 상업상 윤공흠의 해임안이 통과되었다[10]

서휘·윤공흠·이필규와 달리 도주하지 않은 비판세력 인사들은 큰 시련에 직면했다. 박창옥과 최창익은 박금철의 지시에 따라 동해안 부근 목재 가공 공장과 양돈장으로 쫓겨났다. 가택에 연금된 고봉기는 "연안종파"에 가담했다는 자백서를 작성하라는 협박을 받았다. 비판세력 인사들을 겨냥한 탄압은 그들의 가족들에까지 연장되었다. 가족 구성원들에 대한 생필품 배급과 의료 혜택이 중단되었을 뿐만 아니라, 그들 모두가 일상적 감시 상황 아래 놓였다. 망명자들을 비롯한 비판세력 인사들의 범죄를 입증할 대대적 자료 수집 활동이 착수되었음은 물론이었다[11]

비판세력을 지지하며 지원 활동을 펼친 평양시당 부위원장 홍순관·김명욱과 조직부장 김충식도 조사를 받기 시작했다. 서휘·윤공흠·이필규·김강이 지도한 기관들에서도 공포 분위기 속에 "반당종파사건" 연루자 색출운동이 전개되었다. 9월 11~12일에 개최된 평양시당 열성자회의는 네 망명자들의 "반당행위"를 겨냥한 비판투쟁회의 성격을 띠었다. 열성자회의가 개최되기 직전, 토론자로 내정된 "축구쟁이" 김창만이 평양시당 부위원장 홍순관을 찾아갔다. 그는 "남조선"과 망명자들이 유착한 혐의가 엿보이는 자료가 있으면 넘겨달라고 구슬렀다. 그들이 남한 "반동세력"과 내통했다는 혐의를 조작하려는 의도에서였다. 물론 홍순관은 협조하지 않았다. 그러자 그가 거만한 투로 협박했다. "이봐, 잘못했다고 싹싹 빌고 모든 걸 털어놓으라구. 그래야 마누라 데리고 편안히 살 수 있어!"[12]

05

존경하는
흐루쇼프 동지께

다시 소련의 내정 개입을 촉구하며

베이징에 체류하고 있던 서휘·윤공흠·이필규·김강이 중국의 개입을 요청하는 서면 보고를 준비하고 있을 무렵, 소련에서도 필사적 외교 활동이 펼쳐지고 있었다. 물론 그 주인공은 주소 대사 이상조였다. 아무런 성과 없이 끝난 8월 전원회의 소식을 전해 들은 그는 몹시 격분했다. 그는 윤공흠의 비판 토론이 제지되었다는 점에 비추어, 소련공산당의 충고가 묵살되었다는 결론에 다다랐다. 중국 망명자들처럼 그도 형제국의 개입만이 이 상황을 바로잡을 수 있다고 보았다.

9월 3일, 이상조는 고심 끝에 펜을 들었다. 그가 정성 들여 작성한 서한의 첫 구절은 "존경하는 흐루쇼프 동지께"였다. 그는 김일성이 여러 동지들로부터 개인적 비판을 받았으나, 오류와 결함을 바로잡지 못했다고 운을 뗐다. 그의 고백에 따르면 김일성은 용기 있게 비판한 동지들의 간언을 묵살한 결과, 8월 전원회의에서 다시 비판을 받았다.

그는 8월 전원회의 분위기를 다음과 같이 기술했다. "김일성 개인 숭배의 악영향을 청산하려는 목표 아래 당내 비판이 시도되었습니다.

개인숭배를 조장한 아첨꾼들과 출세주의자들이 비판을 받았지요. 개인숭배의 영향 아래 우리 당의 역사를 왜곡한 사상전선 일꾼들도 비판을 피할 수 없었습니다. 비판 발언에 나선 동지들은 우리 당내 개인숭배의 악영향을 청산함으로써, 당내 민주주의와 집체적 지도원칙을 확립하자는 단 하나의 목표만을 내세웠습니다. 그러나 권력 편에 선 이들이 우리 당의 심각한 결함을 비판한 동지들을 처벌했습니다. 처벌받은 그들은 풍부한 혁명 경험을 소유한 진실한 혁명가들입니다."

이상조는 당 지도부 비판에 가담한 동지들이 제압됨에 따라, 당은 자체 정화가 불가능한 상태가 되었다고 강조했다. "당내 민주주의가 보장되지 않는 환경이 조성된 탓에, 당내 결함을 스스로 시정하기가 불가능한 상황입니다." 결국 그도 중국 망명자들이 찾은 해법과 동일한 처방을 흐루쇼프에게 제시했다. 곧 그것은 소련공산당의 개입이었다.

그는 다음과 같이 호소했다. "소련공산당 중앙위원회에 드리는 제 개인적 제안을 진지하게 검토해주시기 바랍니다. 소련공산당 중앙위원회의 책임 있는 지도원을 조선에 파견해, 해임된 동지들을 비롯한 전체 당 중앙위원들이 참석할 전원회의가 소집될 수 있도록 도와주셨으면 합니다. 즉각 전원회의를 열어 당내 상황을 깊이 연구하고, 우리 당의 결함을 청산할 구체적 조치들을 강구해야 합니다. 만일 여의치 않다면 조선노동당 중앙위원회 대표자들과 해임된 동지들을 모스크바로 초청해주십시오. 그럴 경우 소련공산당 중앙위원회 동지들이 그들과 조선노동당 내에 조성된 상황을 논의하고 시정 방안을 제시해주시리라 믿어 의심치 않습니다. 그마저도 불가능하다면, 문제의 본질을 지적한 소련공산당 중앙위원회 명의의 서한을 우리 당 중앙위원회에 발송해주시기 바랍니다. 이때 중국공산당 중앙위원회의 명의도 첨부된다면, 형제당의 충고는 더 큰 효력을 발휘할 수 있겠지요." 세 가지 해법을 제시한 이상조는 만약 자신의 제안이 수용될 수 있다면, 북한 내부 정세에 관한 상세한 정보를 제공하겠다는 약속도 잊지 않았다.[1]

이틀이 지난 9월 5일, 이상조는 흐루쇼프에게 쓴 편지를 지참한 채 소련 외무성 부상 N. T. 페도렌코를 방문했다. 편지 전달을 요청할 의도에서였다. 그는 흐루쇼프나 미코얀에게 그것을 전해달라고 부탁하며, 자신의 바람대로 그들을 알현할 수 있다면 소련공산당 고급당학교에 파견되어온 김승화가 통역을 맡을 수 있다는 제안을 덧붙였다. 절박한 상황에 빠진 그는 다시 한번 비판세력의 바람을 솔직하게 털어놓았다. "조선노동당 지도부가 비판적 태도를 보인 동지들을 탄압하고 있습니다. 지금 우리 당내에 복잡한 상황이 조성되었습니다. 소련공산당 중앙위원회와 중국공산당 중앙위원회가 개입해, 조선노동당의 오류를 바로잡아주시길 부탁드립니다."

이상조는 곤경에 빠진 자신의 처지에 대해서도 숨김없이 털어놓았다. 그는 본국으로부터 두 번째 소환장을 받았다고 고백했다. "나는 얼마 뒤면 평양으로 돌아가야 합니다. 현재 와병 중이라 둘러댄 채 귀국을 미뤄둔 상태이나, 가혹한 탄압만이 기다리고 있을 조국으로 곧 돌아가야 할 몸입니다." 물론 그는 사지로 돌아갈 생각이 전혀 없었다.

페도렌코도 그의 고백이 구호 요청에 다름 아님을 잘 알고 있었다.

이상조는 조심스럽게 본심을 털어놓았다. "만일 중국 측이 허락한다면, 그곳으로 가고 싶습니다." 사실 언어·음식·인맥·기후·지리 등 모든 게 생소한 소련보다, 자신의 청춘을 바친 혁명의 무대인 중국이 그에게 훨씬 친숙하고 그리운 나라였음은 의심의 여지가 없었다. 페도렌코는 비록 직접적 요청이 없었다 해도, 중국 망명 의사가 소련공산당 중앙위원회에 전달되길 바라는 그의 속내를 간파할 수 있었다.[2]

그는 이상조로부터 서한을 건네받은 9월 5일 당일, 그것을 상부에 제출했다. 소련공산당도 8월 전원회의 결과를 심각하게 받아들였다. 이상조의 서한을 검토한 소련공산당 지도부 인사들은 바로 다음 날인 9월 6일, 회의를 열어 대책을 논의했다. 그 결과 중국 측과 협력해 공동 대응을 펼쳐나가자는 합의가 도출되었다. 그 임무를 수행할 적임자들은 중국공산당 제8차 대회 참가를 앞둔 소련공산당 대표단이었다. 그들에게 중국공산당 지도부와 회동해 조선노동당 내부 문제에 관한 의견을 교환하라는 지시가 하달되었다. 아울러 더 상세한 정보를 제공하고 싶다는 이상조의 요청도 받아들여져, 그와 소련공산당 중앙위원회 국제부장 포노마료프Борис Николаевич Пономарёв의 면담도 성사되었다. 결국 소련을 상대로 필사적 외교를 펼친 이상조의 활동은 소기의 성과를 거둘 수 있었다.

9월 10일, 이상조와 포노마료프가 회동했다. 이상조는 기대감을 숨기지 못한 채, 마오쩌둥에게도 도움을 청하는 서한을 보냈다고 털어놓았다. 포노마료프는 중국공산당 중앙위원회가 서휘·윤공흠·이필규·김강의 망명 소식을 소련에 통보해왔다고 알렸다. 아울러 그는 중국공산당 제8차 대회에 참가할 소련공산당 대표단이 중국과 북한의 대표들을 만나 조선노동당 내부 문제를 둘러싼 논의에 착수할 예정이라고 덧붙였다. 순간 이상조의 얼굴에 희색이 돌았다. 그러나 포노마료프의 표정은 모호한 구석이 있었다. "유감스럽지만 소련공산당이 나선다 해도, 건의나 의견 제시에 그칠 가능성이 높습니다. 조선노동당은 어디까지나 독립된 정당입니다. 따라서 우리 형제당들이 조선노동당 내부 문제에 간여해 영향력을 행사하기란 쉬운 일이 아닙니다."[3]

소련공산당이 북한 문제에 개입해 노동당 지도부 교체 수준의 강도 높은 조치를 취하길 내심 기대하고 있던 이상조는 그의 확신 없는 태도에 실망을 금할 수 없었다. 그러나 타국에 주재한 외교관으로서 더 이상 그가 할 수 있는 일은 남아 있지 않았다. 그는 이제 한발 물러나 사태의 추이를 지켜볼 수밖에 없었다. 자신의 소임을 완수했다고 생각한 그는 여행계획을 세우기 시작했다. 몇 달간에 걸친 필사적 외교 활동에 지쳐 있던 그는 여행을 하며 머릿속을 가득 채우고 있던 모든 고민과 잡념을 훌훌 털어버릴 생각이었다. 그의 목적지는 독일민주공화국이었다.

한편 소련공산당 지도부에 조선노동당의 과오를 비롯한 내부 정보를 속속들이 전달한 이상조는 김일성에게 눈엣가시 같은 존재였다. 더 이상 그를 주소 대사로 인정하지 않은 김일성은 외무상 남일에게 지시해 다시 소환장을 발송했다. 이상조가 세 번째 소환장이 도착했다는 연락을 받은 곳은 동독으로 향하는 경유지인 체코 프라하였다. 그는 여행 기분을 망쳐버린 김일성을 용서할 수 없었다. 모스크바로 돌아온 그는 관저에 틀어박힌 채, 모종의 문건 작성에 돌입했다. 홍막스라는 고려인이 이상조가 작성한 원문을 러시아어로 번역하고, 모스크바 주재 북한대사관의 한 직원이 타자를 치며 그들의 작업을 거들었다.[4]

이상조의 대소 외교 활동 견제

김일성은 소환에 응하지 않는 데다 소련공산당을 움직여 자신을 공격하고 있는 이상조의 활동에 위기의식을 느꼈다. 그는 이상조의 대소 외교 활동을 봉쇄할 목적 아래, 소련계 한인 당 중앙위원회 산업부장 고희만을 모스크바에 급파했다. 윤공흠처럼 비행사 자격을 취득한 그는 1936～1937년경 스페인 내전에 참전해 적기를 격추한 공로를 세운 이색적 경력의 소유자였다.[5] 그는 모스크바에 도착하자마자 소련 외무성 극동과 제1서기관 S. P. 라자레프를 만났다. 라자레프는 몇 년 전 북한에 파견되었을 당시, 업무상 그와 지속적으로 연락하며 친분을 쌓은 사이였다.

그러나 고희만은 오랜만에 재회한 그에게 어색한 웃음을 지으며 잔뜩 움츠린 자세로 인사를 건넸다. 김일성의 주도 아래 비판 토론을 개진하라는 소련의 권고를 묵살한 당 지도부의 8월 전원회의 처리 방식 탓에, 그는 소련 당국자 앞에서 당당한 태도를 취할 수 없었다. 주의

깊게 라자레프의 반응을 살피며 입을 연 그는 8월 전원회의에서 일어난 일들을 털어놓은 뒤, 비판세력 가담자들을 헐뜯기 시작했다. "최창익·윤공흠·서휘·이필규·고봉기·박창옥 등이 당 지도부를 비판한 반당분자들입니다. 그들 중 최창익이 반당집단의 수괴 노릇을 해왔습니다. 서휘·윤공흠·이필규와 함께 도주한 문화선전성 부상 김강도 주요 가담자들 중 한 명으로 판명되었습니다."

그는 소련계 한인 동료 박창옥이 비판세력에 가담했다는 사실을 고백할 때 매우 조심스러운 태도를 보였다. "지난해에 일어난 일련의 고려인 탄압사건들이 그를 끌어들인 동기로 작용했습니다. 사실 과거에 고려인들을 조사하고 처벌한 주동자는 반당 종파집단의 일원인 고봉기였지요." 고희만은 김일성의 충실한 대리인답게 그가 소련계 한인 탄압과 무관하다는 메시지를 요령껏 전달했다.

그는 모호한 분위기가 한결 훈훈해졌다고 판단한 듯, 이상조 문제로 화제를 돌렸다. "주소 대사 이상조도 그 일당의 밀모에 가담했습니다. 그자는 조선노동당 3차 대회 기간 중 평양에 체류하며 그들과 여러 차례 접촉했지요." 고희만은 이상조가 본국으로부터 세 차례나 소환장을 받고도 귀국하기는커녕, 소련에 남아 말썽을 피우고 있다고 강도 높게 비판했다. "이상조는 지금 조선민주주의인민공화국 당정 지도부를 비방하는 문건을 작성하고 있을 가능성이 큽니다." 갑자기 그는 라자레프를 향해 몸을 밀착하며 은밀한 제안을 건넸다. "소련 외무성이 이상조의 작업을 거들고 있는 타자수를 소환해, 그들이 무슨 모략을 꾸미고 있는지 알아봐줄 수 있겠습니까?" 고희만의 기대와 달리 라자레프는 냉담한 반응을 보였다. 그는 퉁명스럽게 대답했다. "그 타자수는 소련 외무성 직원이 아닌 조선민주주의인민공화국대사관 직원입니다. 아쉽게도 동지들 대사관 내부 문제는 우리의 소관이 아닙니다. 동지들이 직접 확인하는 편이 나을 겁니다."

단호히 거절하는 라자레프의 태도에 고희만은 머쓱한 웃음을 지어 보였다. 그는 더 이상 고집을 피워 해결될 일이 아님을 직감할 수 있었다. "내가 모스크바에 들른 까닭은 이상조의 활동이 소련공산당에 불러일으킬 수 있는 오해를 차단하려는 목적에서입니다. 우리 당 지도부를 비방하고 있는 이상조의 분별없는 행동이 큰 문제로 비화하지 않길 바랄 뿐입니다." 고희만은 소련 측이 이상조의 활동에 동요할 필요가 없다는 입장을 전달했으나, 그의 성급한 외교는 기대한 효과를 얻는 데 전혀 도움이 되지 못했다. 라자레프도 김일성의 입장을 대변하며 이상조의 활동에 굴레를 씌우려는 그의 저의에 의심을 품을 수밖에 없었다.[6]

한편 모스크바 주재 북한대사관 직원들에게 끼친 이상조의 영향을 일소하는 일도 고희만에게 부과된 중요 임무들 중 하나였다. 그는 대사관 전 직원들을 소집해 8월 전원회의의 결과를 전달했다. 흥미롭게도 그의 보고는 윤공흠에 대한 험담에 집중되었다. 윤공흠이 송아지 고기를 제외한 어떤 고기도 입에 대지 않는다고 비방한 김창만처럼, 고희만도 그의 식성 문제를 도마 위에 올렸다. 그는 윤공흠이 쇠고기와 돼지고기에 질리자 식단을 닭고기 위주로 바꾸었을 뿐만 아니라, 상업상의 직권을 이용해 수백 마리의 소와 돼지를 빼돌렸다고 헐뜯었다.

물론 고희만의 비방은 터무니없는 날조에 지나지 않았다. 이상조는 대사관 직원들로부터 도무지 앞뒤가 맞지 않는 그의 험담을 전해 듣고 아연실색했다. 닭고기만 먹는 이가 소와 돼지를 잡아먹으려 빼돌렸다는 말이 이치에 닿을 리가 없었기 때문이다. 사실 그는 지난날의 동지였던 윤공흠의 됨됨이를 누구보다 잘 알고 있었다. 게다가 그 자신이 조선노동당 3차 대회 기간 중 북한에 체류할 때, 윤공흠의 초청을 받고 함께 식사하며 직접 그의 밥상을 확인한 적이 있었다. 당시 그는 고기라고는 생선밖에 없는 윤공흠의 검박한 식사에 깊은 인상을 받았다.

윤공흠에 대한 고희만의 험담은 그가 친일행위를 했다는 비방에서 절정에 달했다. 사실 그는 스무 살 무렵 일본 항공학교를 졸업한 전력이 있었다. 그러나 그의 비행사 자격 취득은 친일행위가 아닌 항일투쟁의 연장선에서 이루어진 활동이었다. 곧 서울에 있는 조선총독부 건물 폭격이 그를 비행사의 길로 이끈 유일무이한 목적이었다. 그 계획이 발각되자 그는 수년간에 걸친 수감 생활의 고초를 겪어야 했다. 출옥 후 중국에 망명한 그가 해방을 맞이하기까지 혁명 활동에 매진해왔음은 누구도 부인할 수 없는 사실이었다.[7]

고희만은 윤공흠과 이상조를 비롯한 비판세력 인사들을 비난한 뒤, 대사관 참사 박덕환을 은밀히 불러 다그쳤다. 그는 북한 내부 문제를 둘러싸고 이러쿵저러쿵 쓸데없는 소리를 지껄이는 이들의 혀를 잘라버리라며 철저한 입단속을 지시했다.[8]

06

9월
전원회의

중소 공동 대표단

8월 전원회의가 막을 내린 지 2주가 지난 1956년 9월 15일, 중국공산당 제8차 전국대표대회가 개막되었다. 이상조의 문제 제기에 공감한 소련공산당 중앙위원회는 이 대회를 중국 측과 협력해 조선노동당 내부 문제를 해결할 절호의 기회로 여겼다. 9월 15일부터 27일까지 13일간의 일정이 잡힌 중국공산당 제8차 대회 개최 하루 전날, 소련공산당 중앙위원 미코얀Анастас Иванович Микоян이 자국 대표단을 이끌고 베이징에 도착했다. 북한도 조선노동당 대표단을 파견했다. 최용건이 이끈 이 대표단은 연안 출신 임해와 하앙천, 조선민주주의인민공화국 초대 주중 대사 이주연 등으로 구성되었다.[1] 형제국 대표들과의 껄끄러운 만남을 피하고 싶었던 김일성은 이번에도 불참하는 길을 택했다.

소련공산당 대표단 단장 미코얀은 베이징 도착 당일 마오쩌둥과 의례적 대담을 나누었다. 짧은 대담이었으나 8월 전원회의 사건을 둘러싼 조선노동당 내부 문제도 도마 위에 올랐다. 이틀이 지난 9월 16일, 미코얀은 북한 대표단을 접견했다. 북한 측은 소련 측이 요청해온 이 대담에 아무런 준비 없이 나타나 당황한 기색을 내비쳤다. 그들은 미코얀의 질문과 추궁에 간략히 대답하거나, 당 지도부의 과오를 변호하기에 급급했다.

9월 18일 저녁, 드디어 조선노동당 내부 문제 해결 방안을 논의할 목적 아래, 소련공산당 대표단과 중국공산당 지도부가 회동했다. 미코얀이 먼저 조선노동당 지도부가 "레닌의 당 생활 규율을 위반했다"고 운을 뗐다. 그는 김일성이 소련 지도부의 충고를 받아들여 과오를 시정하겠다고 약속했으나, 8월 전원회의의 개최와 함께 태도를 바꿔 비판적 입장을 내비친 당 중앙위원들을 처벌했다고 성토했다. 마오쩌둥도 격분했다. 사실 김일성을 향한 그의 분노는 자신이 각별히 신임한 조선인 동지 박일우의 숙청 이래 급속히 증대해온 터였다. 더구나 8월 전원회의 도중 연안 출신 동지들이 탄압을 피해 망명해오자, 마오쩌둥은 폭발할 수밖에 없었다. 그는 김일성이 소련공산당 20차 대회 이후에도 여전히 스탈린 노선을 고수할 뿐만 아니라, 당내 이견을 귀담아듣기는커녕 자신의 생각에 반대하는 이들을 탄압하고 있다고 비판했다.

미코얀은 그의 비판에 동조하며 김일성이 자신의 과오를 시정할 수 있도록 형제당들이 발 벗고 나서야 한다는 입장을 전했다. 그는 과감하게도 소련공산당과 중국공산당이 공동 대표단을 구성해 북한을 방문하자는 해법을 제안했다. 김일성을 충격에 빠뜨릴 만한 극약 처방이었다. 마오쩌둥은 기꺼이 동의했다. 더 나아가 그는 중소 공동 대표단이 조선노동당과 문서상의 합의를 이끌어낸 뒤, 신문에 공개하는 식의 안전장치를 마련할 필요가 있다는 제안도 덧붙였다. 북한에 실망한 소련 대표단과 중국공산당 지도부는 어떠한 이견도 없이 쉽게 의기투합할 수 있었다.

마오쩌둥은 소련 대표단과 회담을 마친 밤 10시경, 최용건을 비롯한 북한 대표단을 불러들였다. 그는 불쾌한 기분을 숨기지 않은 채, 조선노동당 지도부의 과오를 비판하며 그들에게 명령조로 통보했다. "내일 아침 7시에 중소 공동 대표단이 조선민주주의인민공화국으로 떠날 예정이오. 최용건 동지도 동행해야 하오!" 요점을 전달한 뒤에도 마오쩌둥은 분이 덜 풀렸는지, 김일성과 조선노동당을 향한 비판을 멈추지 않았다. "조선전쟁에 대해 말하자면, 나는 김일성 동지에게 전쟁을 일으켜선 안 된다고 누누이 경고했었소." 그와 동석한 펑더화이도 "그 전쟁은 대체 누가 일으킨 거요? 미제국주의자들이오, 아니면 당신들이오?"라고 따져 묻기까지 했다.

마오쩌둥은 다시 호통치며 쏘아붙였다. "당신들은 반당·반혁명이라는 죄목을 씌워 선량한 동지들을 죽이고 있소. 대체 그보다 엄중한 과오가 어디 있단 말이오? 조선노동당은 즉각 이견을 표출한 동지들과 화해하고 그들을 복권해야 하오!" 최용건을 비롯한 조선노동당 대표단원들은 마오쩌둥의 질책에 토를 달 수 없었다. 그들은 움츠린 어깨를 펴지 못한 채, 연신 머리를 조아리며 그의 지적에 수긍하는 태도를 보였다. 대담이 끝나갈 무렵 어느 정도 분을 가라앉힌 마오쩌둥은 중소 공동 대표단의 북한 내정 개입이 왜 정당한지 그 이유를 설명했

마오쩌둥과 미코얀
중국공산당 제8차 전국대표대회에 참석한 소련공산당 중앙위원 미코얀은
마오쩌둥과 회동해 북한 문제를 논의했다. 그들은 8월 전원회의에서 당내 비판을 억압한
조선노동당 지도부를 강도 높게 비판했다. 그들의 대담 결과 소련공산당과 중국공산당이
공동 대표단을 구성해 북한을 방문한다는 합의가 도출되었다.

다. "중국과 소련과 조선의 관계는 매우 밀접하오. 조선 내에 문제가 발생하면, 중국과 소련에도 그 영향이 미칠 수밖에 없소. 따라서 우리는 당신들 문제에 개입해야만 하는 거요!"[2]

중국공산당 중앙위원회와 소련 대표단은 조선노동당 내부 문제를 조사하고 해결하려는 목표 아래 중소 공동 대표단을 조직했다. 공동 대표단을 이끈 이들은 미코얀과 펑더화이였다. 미코얀은 약 두 달 전 김일성이 소련을 방문했을 때 그에게 충고를 건넨 소련공산당 지도부에 끼어 있었으나, 북한 문제에 정통한 인물은 아니었다. 그는 소련공산당 20차 대회가 동유럽 국가들에 일으킨 파장을 수습하려 분주히 활동하며 큰 주목을 받고 있었다. 헝가리 사태 당시 부다페스트에 들어가 라코시 Rakosi Matyas의 사퇴를 종용해 혼란을 수습한 이도 바로 그였다. 그러나 그는 북한 문제를 다뤄본 경험이 없을 뿐만 아니라, 형제국을 얕잡아보며 조선노동당 대표단원들에게 몹시 거만한 태도를 취하기까지 했다.[3]

미코얀
중소 공동 대표단의 소련 측 대표인 미코얀은
북한 문제에 정통한 인물이 아니었다.
그는 형제국인 북한을 얕잡아보았을 뿐만 아니라,
조선노동당 대표단원들에게
몹시 거만한 태도를 보였다.

반면 중국 인민지원군을 이끌고 한국전쟁에 참전한 펑더화이는 북한 문제에 식견이 있는 데다, 조선 혁명가들과도 돈독한 관계를 유지해오고 있었다. 팔로군 부총사령에 재임 중이었던 그와 조선 혁명가들 간의 인연은 우한武漢에 둥지를 튼 조선의용대가 1930년대 말 중국공산당 근거지인 옌안延安으로 이동하면서부터 시작되었다. '화북조선청년연합회'와 그를 계승한 '화북조선독립동맹' 창설식에 참석해 축하연설을 한 그는 "팔로군의 무기고는 언제나 조선 동지들에게 열려 있습니다. 필요한 무기는 모두 가져가십시오"라고 조선인들을 격려하기까지 했다.[4]

물론 조선인들은 펑더화이와의 관계에서 일방적 수혜자 위치에 있었던 것만은 아니었다. 팔로군의 지휘를 받은 조선의용군 대원들은 일본군을 대상으로 한 대적 선전 활동을 훌륭히 수행했다. 그것은 일본어를 자유자재로 구사한 그들만이 담당할 수 있는 임무였다. 1942년 5월경에 벌어진 반소탕전에서도 조선의용군의 활약은 두드러졌다. 2만여 명의

펑더화이
중소 공동 대표단의 중국 측 대표인 펑더화이는
북한 문제에 식견이 있는 데다,
조선 혁명가들과도 돈독한 관계를
맺고 있던 인물이었다. 한국전쟁 참전에 이어
다시 북한을 찾은 그는 옛 동지들의 복권을 도우려는
진심 어린 노력을 아끼지 않았다.

일본군이 팔로군을 포위하자, 조선의용군 대원 30여 명은 치열한 전투 끝에 두 개의 고지를 점령했다. 펑더화이를 비롯한 팔로군 간부진은 그들의 엄호를 받으며 포위망을 벗어날 수 있었다.[5] 펑더화이에게 연안 출신 조선 혁명가들은 피를 나눈 동지이자 형제에 다름 아니었다.

> 의용군과 팔로군은 사이가 좋아라.
> 너와 나는 형제와 같으니
> 우리 단결하여 오랑캐를 때려 부수자.[6]

조선의용군 대원들이 즐겨 부른 이 혁명가에 팔로군을 향한 그들의 친밀감뿐만 아니라, 펑더화이가 조선 혁명가들에게 품었을 법한 동지애가 상징적으로 표현되어 있다. 그러나 펑더화이와 조선인 동지들 간 우의는 그와 연안계 인사들 간 관계에 국한되었을 뿐이었다. 사실 그와 김일성 간의 관계는 좋지 못했다. 김일성은 전시에 설치된 조중연합사령부 지휘체계에서 자신을 밀어낸 그를 탐탁지 않게 여겼다. 반면 펑더화이는 조중연합사령부 부정치위원이자 연안 출신 동지인 박일우를 숙청해 보복을 일삼은 김일성의 좁쌀 같은 도량에 실망을 금치 못했다. 공동 대표단을 이끌고 방북할 펑더화이와 다시 대면해야 한다는 사실은 김일성에게 몹시 난처하고 껄끄러운 상황일 수밖에 없었다.[7]

III

기습적 방문과 압박

9월 19일, 최용건과 중소 공동 대표단이 평양에 도착했을 때 그들을 마중 나온 인사들 중 김일성의 모습은 보이지 않았다. 물론 그의 예의 없는 행동은 불시에 들이닥친 형제국 공동 대표단을 향한 불쾌한 감정의 표현에 다름 아니었다. 미코얀과 펑더화이의 갑작스러운 방문이 북한의 정치 질서에 어떠한 파장을 일으킬지 예측할 수 있는 이는 아무도 없었다. 거리낌 없이 과거 동지들을 배신해온 김창만도 자신의 자리를 지킬 수 있을지 낙관할 수 없었다. 그는 서휘의 아내에게 은밀히 사태의 전개 과정을 알리는 기회주의적 태도를 보였다.[8]

평양에 도착한 공동 대표단은 휴식 없이 곧장 강행군에 돌입했다. 그들은 도착 당일 김일성과 네 시간에 걸친 대담을 나누었다. 미코얀과 펑더화이는 김일성의 감정 상태를 고려해, 그들의 방문 목적이 그의 당내 지위를 더 공고히 하는 데 있다는 배려의 말을 빠뜨리지 않았다. 그러나 형식적 인사가 끝나자, 단호하고도 엄중한 비판이 시작되었다. 물론 그 핵심 요지는 비판적 입장을 표출한 당 중앙위원들을 탄압하기보다, 민주적 방식으로 대했어야 옳았다는 일침이었다. 그들은 다시 전원회의를 소집해 8월 전원회의의 그릇된 결정을 취소하고, 다섯 명의 당 중앙위원들이 받은 책벌을 철회해야 한다는 입장을 전달했다.

김일성은 두 대국 사자들의 완강한 요구를 거부할 수 없었다. 그러나 그는 "도주자들"의 당적 회복에만 양보 의사를 내비칠 뿐, 그들의 당 중앙위원회 복귀와 내각 직위 회복은 힘들다고 선을 그었다. 도피하지 않은 최창익·박창옥의 책벌 철회를 둘러싼 입장도 마찬가지였다. 그는 그들의 당 중앙위원회 복귀는 가능하나, 당 중앙 상무위원과 내각 부수상 복귀는 어렵다고 맞섰다. 아울러 그는 그들의 복권 문제를 검토할 전원회의 일정을 잡으려면, 먼저 당 중앙 상무위원회를 소집해 논의할 필요가 있다는 입장을 밝혔다.[9]

한편 펑더화이는 공식 일정이 잡히지 않은 기간 중에도 8월 전원회의 사건 관련자들과 두루 접촉해 정보를 수집하는 한편, 탄압에 직면한 옛 동지들을 비호하고 그들의 복권을 도우려는 진심 어린 노력을 아끼지 않았다. 그는 먼저 사태의 진상을 파악하기 위해 연안 출신 원로 김두봉의 자택을 방문했다. 그들은 조선노동당 내부 문제와 그것이 곪아 터진 8월 전원회의 사건에 대해 오랜 시간 대담을 나누었다.[10]

당시 펑더화이가 접촉한 이들은 비판세력에 가담한 연안 출신 인사들에 국한되지 않았다. 그는 별장에 머물고 있는 김일성을 찾아가 긴 시간 대담을 나누기도 했다. 물론 그것은 중소 공동 대표단 단장 자격으로 이루어진 방문이 아니었다. 그는 단지 한 혁명가이자 공산주의자로서 진솔한 대화를 나누려는 의도 아래 김일성을 방문했다. 따라서 사적 성격을 띤 그 대담은 마오쩌둥에게 보고되지 않았다. 약 1년 뒤에야 마오쩌둥은 모스크바에서 만난 김일성으로부터 그 사실을 전해 들을 수 있었다.[11]

김일성과 얼굴을 맞댄 펑더화이는 해묵은 마음속 응어리들을 한쪽으로 제쳐두었다. 그는 밝게 웃으며 자신을 맞은 김일성에게 진중한 목소리로 조언했다. "비판과 자아비판이 없으면 공산당은 발전할 수 없습니다. 당이라는 유기체는 당원 곧 살아 있는 사람들로 구성된 이상, 언제나 오류를 범하기 마련입니다. 따라서 중국과 조선의 당 규약은 결점이 있거나 과오를 범한 당원들에게 반드시 비판을 해야 한다고 규정하고 있습니다. 동지는 당 중앙위원회 위원장이기에 앞서 한 명의 당원입니다. 곧 동지는 황제가 아니라 당원이며, 그렇기 때문에 비판을 필요로 합니다. 만일 그 비판이 옳으면 받아들여 결점을 고쳐야 합니다. 당이 범한 과오를 비판했다는 이유로 수십 년 동안 혁명사업에 매진해온 동지들을 제명하고 잡아 가둔다면, 그것은 공산당의 종지에 맞지 않습니다. 비판에 나선 이들은 죽음까지 각오했을 용감한 동지들입니다. 그들을 고귀하게 대하기는커녕 탄압한다면, 조선 혁명은 전도가 없습니다." 김일성은 아무 말도 할 수 없었다.[12]

　미코얀과 펑더화이는 9월 20일 저녁에 조선노동당 중앙 상무위원회가 소집된다는 연락을 받았다. 그들이 평양에 도착하자마자 김일성과 긴 시간 대담을 나눈 다음 날이었다. 초청을 받은 중소 공동 대표단원들이 참석한 가운데 회의가 열렸다. 모두 발언에 나선 김일성은 일시적 분노에 사로잡혀 신중한 고려 없이, 최창익 일파에게 과중한 책벌을 부과했다는 입장을 밝혔다. 그는 형제당 대표단의 건의를 받아들여 8월 전원회의 결정을 재심사해, 책벌을 받은 동지들에게 관용을 베풀자고 제안했다. 토론에 나선 최용건·남일·김창만 등도 잠시 그들의 과오를 비판했으나, 기본적으로 김일성의 제안에 동의하는 태도를 보였다.

그러나 모든 상무위원들이 일사불란하게 그의 제안을 떠받들며 지지 발언에 나선 것은 아니었다. 김일성의 강압에 못 이겨 이제까지 침묵을 지킬 수밖에 없었던 박의완이 마침내 입을 열었다. 양심적이고 정의로운 동지들이 탄압받는 현실을 목격하고도, 아무런 도움을 주지 못한 채 죄책감에 사로잡혀 있던 그는 형제당 대표단을 믿고 용기를 낼 수 있었다. 그는 이제껏 참아온 울분을 격렬하게 토해냈다.

"윤공흠 동지는 당 중앙위원회 사업을 날카롭게 비판했습니다. 그러나 그는 제지를 당했고 발언을 마치지 못한 채 내려와야 했습니다. 중국으로 망명한 다른 동지들은 발언을 시도한 적조차 없습니다. 그들은 단지 체포를 피해 도주했을 뿐입니다. 어떠한 입장도 밝히지 않은 그들에게 출당 처분을 내린 조치는 옳지 않습니다. 박창옥 동지가 받은 책벌도 부당하긴 마찬가지입니다. 그는 발언할 기회조차 얻지 못했습니다. 공격적 질문을 받았을 때, 그는 단지 변론을 펼쳤을 뿐입니다. 그런데도 그에게 과중한 책벌이 부과되었지요. 이 사태를 다른 시각에서 바라보는 이들은 반당분자로 몰리고 있습니다. 책벌을 받은 동지들의 잘잘못을 추궁하기에 앞서, 8월 전원회의 결정이 타당했는지 따져봐야 합니다. 만일 타당하지 않았다면, 그 결정을 철회해야 합니다." 갑자기 장내 공기가 싸늘해졌다. 김일성의 표정에 큰 변화는 없었지만, 박의완의 돌출 발언이 그의 기분을 몹시 언짢게 만들었음은 의심의 여지가 없었다. 그는 지도자가 뒤끝 있는 성격의 소유자임을 모르지 않았다. 그러나 그는 양심을 저버린 자신의 방관적 태도에 괴로워했고, 마침내 형제국 대표단을 마주하고 나서야 용기를 되찾을 수 있었다.[13]

예상된 일이었지만 박의완의 발언을 지지하며 당 지도부 비판에 가세한 이는 아무도 없었다. 김두봉도 입을 닫은 채 꿈쩍하지 않았다. 중소 공동 대표단은 그들의 반응으로부터 노동당 내 분위기를 충분히 파악할 수 있었다. 참을성 있게 지켜보던 미코얀이 마침내 입을 열었다. "책벌을 받은 당 중앙위원들이 반당행위를 저질렀다는 전제는 옳지 않습니다. 자기 입장을 명확히 표명한 당원들을 반당분자나 종파주의자로 매도하는 행위야말로 부당한 작태입니다. 전원회의에서 자기 의사를 솔직하게 밝히는 행위는 모든 당원들의 신성한 권리이기 때문입니다."

그는 비판세력을 옹호한 뒤, 명령조로 해결책을 제시했다. "소련공산당과 중국공산당 중앙위원회는 김일성 동지의 지도를 신뢰하고 지지합니다. 그러나 동지의 지도 방식은 시정될 필요가 있습니다. 조선노동당 중앙위원회는 다시 전원회의를 소집해, 8월 전원회의의 과오를 바로잡고 새로운 결정을 채택해야 합니다. 이어 그 결정을 신문 지상에 발표하는 일이 마지막 절차라는 점을 염두에 두길 바랍니다."

묵묵히 경청하던 펑더화이가 그를 거들고 나섰다. "8월 전원회의의 과오는 성급하고 경솔한 결정을 채택했다는 점에만 있지 않습니다. 당 중앙위원회가 당 규약을 위반하면서까지 비판에 가담한 동지들을 처벌했다는 점이 더 큰 문제입니다." 결국 김일성은 다시 전원회의를 소집해 처벌받은 당 중앙위원들을 재심사해야 한다는 중소 공동 대표단의 요구를 수용하기로 약속했다. 그러나 그들의 행위가 정당했는가를 둘러싼 김일성과 미코얀·펑더화이의 입장 차는 끝까지 좁혀지지 않았다. 격한 논쟁으로 발전하지 않았으나, 김일성은 그들의 행위가 반당적이라는 입장을 굽히지 않았다. 그에게 남은 마지막 자존심의 표현이었다.[14]

8월 전원회의 결정 철회

그로부터 사흘이 지난 23일, 조선노동당 중앙위원회 9월 전원회의가 개최되었다. 8월 전원회의 결정을 재심의하는 일 외에, 다른 안건은 상정되지 않은 회의였다. 미코얀과 펑더화이를 비롯한 중소 공동 대표단원들이 참석한 반면, 책벌을 받은 당사자들인 최창익과 박창옥의 모습은 보이지 않았다.[15] 모두 발언에 나선 김일성은 "형제당 동지들"이 8월 전원회의 결정의 재검토를 요청해왔다고 솔직히 밝혔다. 물론 그는 그들의 요구를 수용할 수밖에 없는 이유를 설득력 있게 해명해야 했다. 그의 해명은 긴장된 분위기 속에 열린 8월 전원회의가 성급한 결정을 채택한 나머지, 비판세력 인사들을 곤경에 빠뜨려 그들에게 과오를 시정할 기회를 주지 못했다는 점에 초점이 맞춰져 있었다.

그러나 8월 전원회의 결정을 뒤엎는 듯한 그의 입장 번복은 두 대국의 개입에 굴복하는 모양새로 비칠 우려가 있었다. 그는 다시 특유의

탁한 평안도 사투리로 적극적 해명에 나섰다. "우리가 그들을 관대하게 대한다는 말은 그들이 저지른 과오와 타협한다는 의미가 아닙니다. 우리가 먼저 관대한 태도를 보여 그들이 스스로 오류를 바로잡을 수 있도록 도와주어야 합니다. 여기에 무슨 자존심이 필요하겠습니까?"

김일성은 잠시 호흡을 가다듬으며 좌중을 둘러보았다. 다시 날카로운 그의 목소리가 침묵에 잠긴 허공을 갈랐다. "어떤 동지들은 이렇게 말합니다. 당 중앙위원들이 만장일치로 결정한 사안을 이토록 짧은 시간에 뒤엎는다면, 당 중앙위원회의 권위가 훼손되지 않겠냐고 말입니다. 그러나 당 중앙 상무위원회는 충분한 논의를 거쳐 그러한 의문이 타당하지 않다는 결론에 다다랐습니다. 우리는 어제 내린 결정이라도 그에 오류가 있음을 확인하는 순간, 지체 없이 시정해야 합니다. 그럼으로써만이 당 중앙위원회의 권위가 더 높아질 수 있습니다."[16] 중국과 소련의 압력에 따른 책벌 철회 조치가 굴욕적 해결책이 아니라는 장황한 변론이었다.

김일성이 연설을 마치자 토론이 이어졌다. 당 중앙위원회 조직부장 한상두, 함경남도당 위원장 현정민, 평안북도 인민위원장 한전종, 과학원 후보 원사 이청원, 함경남도 인민위원장 이유민, 평양시당 위원장 이송운 등이 차례로 토론 연설에 나섰다. 그들의 토론은 최창익·박창옥·윤공흠·서휘·이필규를 향한 비방에 집중되었다. 마치 지도자에게 충성 경쟁이라도 하듯, 그들은 비판세력을 둘러싼 터무니없는 악담을 날조해냈다. 당의 분열을 획책한 자들, 종파주의자들, 이승만 도당에 맞장구친 자들, 부녀자들을 강간한 자들, 사치와 낭비를 일삼는 자들이라는 근거 없는 비방이 난무했다. 그러나 그들은 토론을 마칠 즈음 하나같이 김일성의 제안에 따라 비판세력에게 관용을 베풀자는 입장을 되풀이했다.[17]

당 지도부가 의도한 방향으로 토론이 순조롭게 마무리될 듯했지만, 다시 뜻하지 않은 문제가 발생했다. 이번에도 전체 참석자들의 일거수일투족을 주시하고 있는 김일성을 정면에 두고 용기를 낸 인물이 있었다. 그는 연안 출신 당 중앙위원회 농업부장 박훈일이었다. 비판세력 동지들이 탄압받는 실상을 목격한 그에게, 8월 전원회의 사건 처리 방식은 심각한 문제가 있어 보였다. 그는 김일성의 의중에 따라 8월 전원회의를 기획하고 사태를 키운 책임자들인 박금철·김창만·한상두·박정애·정일룡 등을 신랄하게 비판하며 그들의 해임을 촉구했다. 그의 비판은 김일성 측근 인사들 문제에 국한되지 않았다. 그는 자신이 보고 들은 경험이라 전제한 뒤, 일부 간부들이 감시를 당하며 취조를 받고 있다고 털어놓았다. 당 간부들 사이에 보복의 기운이 감지되고 있고, 당내 공포 분위기가 팽배해 있다는 새삼스럽지 않은 사실도 다시 한번 환기되었다.[18]

그러나 그의 격렬한 비판은 얼마 가지 않아 제지되고 말았다. 흥분을 가라앉히라는 김일성의 날선 경고에 이어, 사회자 박정애가 그에게 토론 중단을 요청했다. 아첨꾼들의 고성이 오가는 가운데 박훈일을 "종파분자들"과 한통속이라고 꾸짖는 소리도 들려왔다. 남한 출신 최고인민회의 대의원 고경인은 그를 재교육 조치에 회부하자고 제안하며 격앙된 반응을 보였다. 박훈일은 고립되었다. 이제 위험을 감수하면서까지 그의 편에 설 용기 있는 인물은 나타나지 않았다. 미코얀과 펑더화이는 그 상황을 지켜보며, 조선노동당 중앙위원회 내에 조성된 분위기를 파악할 수 있었다.

박훈일이 되살리려 한 불씨는 완전히 꺼져버렸다. 그럼에도 김일성의 기분은 유쾌하지 않았다. 형제국 대표단 앞에서 일사불란한 모습을 보이려던 계획이 수포로 돌아갔기 때문이었다. 총결 보고에 나선 그는 다시 한번 비판세력 인사들에게 부과한 책벌을 거둬들일 필요가 있다고 강조했다. 뒤이은 그의 발언은 자신의 기분을 망친 박훈일의 주장을 반박하는 데 초점이 맞추어졌다. "박훈일 동지의 비판은 그릇된 행위가 아닙니다. 모든 당원들은 평등합니다. 높은 당원도, 낮은 당원도 없습니다. 결점이 있는 당원들은 비판받아야 합니다. 지도 일꾼들과 중앙위원회 일꾼들에게도 결점이 있다면, 우리 모두 침묵하지 말고 비판하도록 합시다."

김일성은 지극히 상식적인 발언을 늘어놓은 뒤 목청을 높였다. "그러나 박훈일 동지가 제기한 문제들은 오해를 불러일으킬 만한 점이 있습니다. 동지는 당 지도부 내 몇몇 일꾼들에게만 책임을 전가하고 있습니다. 자, 생각해보십시오. 8월 전원회의 결정은 그들뿐만 아니라, 당 중앙위원회 내 모든 동지들의 동의 아래 통과되었습니다." 김일성은 제법 능수능란한 화술을 펼치며, 박훈일을 겨냥한 본격적 반격에 나섰다.

김일성

9월 전원회의가 개최되자 당 중앙위원회 농업부장 박훈일이 8월 전원회의 사건 처리 방식에
문제가 있다는 비판적 의견을 제시했다. 격분한 김일성은 그를 압박하며 발언 철회를 요구했다.
결국 조력자를 찾을 수 없었던 박훈일은 자신의 발언을 거둬들였다.
이 모든 과정을 지켜보고 있던 미코얀과 펑더화이는 김일성의 당 중앙위원회 장악력이
얼마나 확고한지 실감할 수 있었다.

"당 중앙 상무위원회는 몇몇 동지들이 반당행위를 일삼으며, 지도부 일꾼들을 비방한 사실을 잘 알고 있었습니다. 우리는 그들의 오류를 바로잡으려는 목적 아래, 지속적 교양과 꾸준한 설득을 시도했습니다. 그러나 8월 전원회의가 개최되자, 윤공흠은 배은망덕하게도 당에 도전하는 태도를 보였습니다. 모든 중앙위원들은 격분할 수밖에 없었습니다. 따라서 그들은 교양적 해결책을 제시하는 대신, 과오를 범한 동지들에게 책벌을 부과했습니다. 사실이 이런데도 어떻게 그 동지들을 처벌한 책임을 지도부 내 몇몇 일꾼들에게만 지울 수 있겠습니까?"

제법 평정심을 유지했던 김일성은 이제 굳이 격분한 감정을 숨기려하지 않았다. "박훈일 동지는 아무런 근거 없이 죄가 있는 자들에게 책벌을 내린 동지들을 처벌하자고 제안했습니다. 동지의 제안은 근본적으로 이 전원회의의 정신에 어긋납니다. 나는 동지의 문제 제기가 완전히 잘못되었다고 생각합니다." 김일성은 박훈일을 정면으로 응시하며 단호하게 물었다. "박훈일 동지! 동지가 계속 그릇된 주장을 고집하면, 이 문제를 당 중앙위원회 표결에 부칠 수밖에 없습니다. 자, 동지에게 기회를 주겠습니다. 그래도 발언을 철회하지 않겠습니까?" 박훈일은 김일성의 완력에 눌리고 말았다. 조력자를 찾을 수 없었던 그는 결국 자신의 발언을 철회했다.[19] 이 모든 과정을 지켜보고 있던 미코얀과 펑더화이는 김일성의 당 중앙위원회 장악력이 얼마나 확고한지 실감할 수 있었다. 김일성의 눈 밖에 난 박훈일은 얼마 가지 않아 보복을 당했다. 9월 전원회의가 막을 내리고 몇 달이 지난 뒤 그는 조사 대상

자 명단에 올라 박해를 받기 시작했고, 1957년 2월경 공식 석상에서 완전히 자취를 감추었다.[20]

중소 공동 대표단의 참석 아래 개최된 9월 전원회의는 비판세력 인사들에게 부과한 책벌을 철회했으나, 그들이 과오를 범했다는 기존의 입장마저 폐기한 것은 아니었다. 뿐만 아니라 책벌 철회도 부분적 수준에 그치고 말았다. 결정서 내용만을 놓고 보면, 9월 전원회의가 취한 조치는 김일성에게 그렇게까지 굴욕적이지만은 않았다. 그 결정서는 첫머리에 "최창익·윤공흠·서휘·이필규·박창옥 등이 범한 과오는 물론 엄중하였다"고 선언하고 있다. 그에 이어 8월 전원회의 결정을 재심의할 수밖에 없었던 이유가 다음과 같이 해명되었다. "8월 전원회의가 이 동무들의 문제를 처리하는 데 심중성이 부족했고, 그 처리 방법이 간단했으며, 따라서 착오를 범한 동무들을 교양적 방법으로 바로잡으려는 인내심 있는 노력이 부족했다고 인정한다."

결정서는 비판세력 인사들에게 부과한 책벌의 부당성을 설명한 데이어, "그들의 과오가 엄중하다 할지라도 그들을 관대하게 포용하고 더 나아가 그들에게 반성할 기회를 부여한다"고 강조하며, 최창익·박창옥의 당 중앙위원회 복귀와 윤공흠·서휘·이필규의 당적 회복을 천명했다.[21] 그러나 최창익의 당 중앙위원회 상무위원과 내각 부수상, 박창옥의 내각 부수상과 기계공업상 복귀는 이루어지지 않았다. 윤공흠의 당 중앙위원과 내각 상업상, 서휘의 당 중앙위원과 직업총동맹 위원장, 이필규의 당 중앙위원회 후보위원과 내각 건재공업국장 복귀도 이루어지지 않긴 마찬가지였다.

9월 전원회의 결정은 중소 공동 대표단과 조선노동당 지도부가 보이지 않는 신경전을 벌이며 이끌어낸 타협의 산물이었다. 그 결과물인 부분적 책벌 철회는 비판세력 인사들에게 그리 의미 있는 조치가 아니었다. 8월 전원회의 이전 상황으로 되돌리지 않는 한, 그들이 기존의 정치적 영향력을 회복할 가능성은 거의 없었기 때문이다. 결국 엄청난 파장을 몰고 올 듯했던 두 대국의 개입도 "요란한 빈 수레"에 지나지 않았다.

불철저한 수습의 여파

9월 전원회의가 끝나자마자 중국으로 돌아간 미코얀은 23일 저녁 마오쩌둥과 대담을 나누었다. 전원회의 결정서를 훑어본 마오쩌둥은 불편한 심기를 내비쳤다. 그는 비판세력 인사들이 "엄중한 과오를 범했다"고 명시한 첫머리 문구에 의문을 제기했다. 미코얀은 그들이 8월 전원회의 당시 지도자 경질을 요구했다는 근거를 들어, 자신의 일 처리에 아무런 문제가 없었다는 변론을 펼쳤다. 그러나 마오쩌둥의 불평은 끊이지 않았다. "과오를 범한 조선노동당 지도부의 자아비판은 대체 어디에 있는 거요? 그들이 일으킨 전쟁 문제도 전혀 거론되지 않았고……" 그때 미코얀이 끼어들어 그의 말을 끊었다. "너무 많은 주문을 하면, 그들은 듣지 않으려 할 것입니다."

　마오쩌둥은 미코얀의 대응에 아랑곳없이, 퉁명스러운 말투로 계속 김일성을 비판했다. "전쟁을 일으킨 책임은 김일성 동지에게 있소. 그는 아직도 그 엄중한 과오를 인정하지 않으려 하오." "전쟁에 관한 한 스탈린 동지에게도 책임이 있긴 마찬가지입니다. 김일성 동지는 젊은 데다 경험이 부족한 지도자라는 점을 감안해야 합니다." 미코얀은 결코 자신의 일 처리가 깔끔하지 못했음을 인정하지 않으려 했다. 그는 9월 전원회의 결정서가 조선 문제 해결에 큰 진전을 가져다주었다고 자찬했다. 결과적으로 그의 변론은 김일성을 옹호한 셈이 되었다. 그러나 마오쩌둥은 전혀 그의 생각에 동의하지 않았다. "문제가 해결되기는커녕, 이제부터 시작일 뿐이오."

　마오쩌둥의 분노가 가라앉을 기미가 보이지 않았듯, 김일성도 평정심을 되찾지 못하긴 마찬가지였다. 그는 9월 전원회의 결정을 신문에 발표하기로 미코얀·펑더화이와 약속했으나, 그 약속을 차일피일 미루며 두 대국들에게 실망감을 안겨주었다. 소련과 중국은 김일성의 약속 위반을 눈감아주지 않았다. 양국은 평양에 주재한 자국 대사들을 통해 약속을 이행하라고 집요하게 압력을 넣었다. 결국 북한 지도부는 그들의 압력에 두 손을 들 수밖에 없었다. 1956년 9월 29일 자 《노동신문》은 비판세력 인사들에게 부과한 책벌의 철회를 선언하고, 그 이유를 해명하는 9월 전원회의 결정 일부를 1면에 게재했다.[22] 마지못해 중소의 요구를 받아들였으나, 김일성이 약속 이행에 소극적이었던 까닭은

III

"주체"를 강조하기 시작한 그가 두 대국의 압력에 굴복했다는 모양새로 비칠 우려가 있었기 때문이었다. 게다가 그는 불과 한 달도 안 되는 짧은 기간에 이루어진 전원회의 결정 번복이 남한에 악의적으로 해석될 소지가 있음을 우려했다.[23]

소련과 중국이 조선노동당 내부 문제에 개입해 김일성의 자존심을 깔아뭉갠 1956년 9월의 이 사건은 북한의 역사에서 가장 치욕적인 사건이었다. 약 1년 뒤 김일성이 "한밤중 남의 집에 잠입"하듯 미코얀과 펑더화이가 들이닥쳤다고 고백했을 만큼, 그의 마음속 응어리는 쉽게 사라지지 않았다. 김일성의 불쾌한 감정을 간파한 소련과 중국은 아무 일도 아닌 것처럼 형제국 내부 문제에 개입한 사실을 기억에서 지울 수만도 없는 노릇이었다. 그들은 내정 간섭이 무례했다 해도, 그것이 정당했다는 명분을 제시할 필요가 있었다.

소련 측은 두 가지 명분을 내세웠다. 첫 번째는 형제당 사이에 비밀은 없어야 한다는 명분이었다. 그 명분의 기저에 깔린 암묵적 약속에 따르면, 조선노동당은 자신의 모든 과오와 결함을 속속들이 털어놓고 형제당의 도움을 얻어 그것들을 제거해야 했다. 소련 측이 내건 두 번째 명분은 공산당원들의 권리에 관한 문제였다. 당 규약상 모든 공산당원들은 어느 회의에서나 자신의 입장을 솔직하게 밝힐 권리를 소유하고 있었다. 이 발언권은 레닌이 제시한 "당 생활 준칙"의 하나로 중시되어왔다. 설령 반당집단에 가담한 이들이라 해도, 공산당적을 보유하고 있는 이라면 누구나 그 준칙에 의거해 발언권을 행사할 수 있었다. 그러나 조선노동당 중앙위원회 8월 전원회의는 비판세력 인사들의 정당한 발언권을 박탈해버렸다. 소련 측은 그러한 조치가 명백히 "레닌의 당 생활 준칙" 위반에 해당하며, 따라서 형제당의 개입은 정당했다고 보았다.[24]

07

김일성
동지께

서한 외교

소련과 중국의 개입에도 불구하고 9월 전원회의가 당내 문제의 해결에 한발도 다가가지 못하자 이상조는 몹시 낙담했다. 이제 그는 외교 활동으로 당 지도부를 압박하려는 시도는 고사하고, 자신의 신변에 닥친 위기부터 걱정해야 할 처지에 놓였다. 무엇보다 김일성의 거듭된 소환 명령에 효과적으로 대처하는 일이 그의 급선무였다. 그는 신임하는 동료인 소련 주재 북한대사관 영사부장 김형모에게 편지 봉투를 건네며, 몇 가지 당부의 말을 전한 뒤 크렘린병원에 입원했다. 물론 그의 갑작스러운 입원은 북한 정부의 거듭된 소환 명령에 불응하는 구실이 될 수 있었다. 그는 지난해에도 탈장 치료를 받으며 한 달 남짓 입원한 일이 있었기 때문에, 굳이 구구절절한 변명을 늘어놓을 필요까지는 없었다.[1]

1956년 10월 19일, 소련 외무성 극동과 참사 B. N. 베레샤긴은 접견을 요청해온 김형모와 대담을 나누었다. 김형모는 이상조로부터 김일성에게 보내는 편지 번역본을 소련 외무성에 전달해달라는 부탁을 받았다고 말했다. 그에 따르면 이상조는 소련 외무성 부상 페도렌코를 비롯한 외무성 극동과 관료들이 러시아어로 번역된 그 편지를 회람하길 바라고 있었다. 편지 번역본을 건네받은 베레샤긴은 원문은 이미 김일성에게 발송되었다는 이야기를 들었다. 그는 자신이 먼저 편지를 읽은 뒤, 외무성 극동과에 전달하겠다고 약속했다.[2]

사실 이상조는 김일성을 포함해 수신자가 각기 다른 세 통의 편지를 북한에 보냈다. 나머지 두 편지의 수신자는 '조선노동당 중앙위원회'와 '조선노동당 중앙위원회 전원회의'였다. 고희만이 이상조의 동향을 살피러 소련에 들렀을 때, 그는 김일성과 당 기구에 보낼 편지 작성에 열을 올리고 있었다. 그가 혼신의 힘을 기울여 편지를 쓴 까닭은 자신의 신변 문제 해결만을 위해서가 아니었다. 그는 자신의 피 끓는 마지막 호소가 김일성과 당 중앙위원들의 마음을 움직이길 간절히 바라고 있었다.

흥미롭게도 이상조가 김일성에게 보낸 편지 원문과 베레샤긴에게 전달한 번역본은 약간 차이가 있었다.[3] 원문의 내용을 더 구체적으로 서술하고 정성 들여 보완한 번역본의 수준에 비추어볼 때, 여전히 그는 대소 외교에 희망의 끈을 놓지 않고 있었음이 분명했다. 심지어 번역본은 원문에 기입되지 않은 내용까지 포함하고 있었다. 소련계 한인 남일이 노상에서 테러를 당한 사건, 서휘·윤공흠·이필규를 비롯한 비판세력 인사들이 추적당하고 있다는 점, 이상조 자신의 친척들이 박해를 받고 있다는 내용 등이 그것이었다. 비판세력을 대상으로 한 집요한 보복과 소련 공민을 겨냥한 테러사건은 하나같이 소련을 자극할 만한 내용이었다. 그는 다시 한번 소련의 개입을 유도해, 비판세력과 그 지인들에게까지 미치고 있는 박해를 막으려 했음이 분명했다.

조선노동당 중앙위원회 위원장
김일성 동지 앞

이상조가 "조선노동당 중앙위원회 위원장 김일성 동지 앞"으로 보낸 편지의 핵심 내용은 두 가지였다. 지도자의 각성을 이끌어내려는 의도 아래 퍼부은 준엄한 비판과 소환 명령에 불응하는 이유를 해명하며 자신의 신변 문제를 해결하려는 청원이 그것이었다. 물론 첫 번째 목표의 실현 가능성을 회의적으로 본 그는 신변 문제 해결에 더 큰 관심을 보였다.

그 편지는 첫 구절부터 분노에 찬 그의 심리 상태를 직설적으로 드러냈다. "조국의 해방과 인민정권의 건립을 위하여 25년간 투쟁해온 제가 몇몇 개개인들의 음모로 말미암아, 조국에서 살 수 없게 된 사태가 조성된 상황을 먼저 말씀드리고 싶습니다. 나는 당신에게 공개적인 편지를 써서 이 사실을 알릴 필요가 있다고 생각합니다." 그는 김일성의 분노를 자극할 만한 고백도 잊지 않았다. "이 서한을 형제당들에게도 보내 공정한 여론 앞에 세울 계획이라는 점을 양해해주시기 바랍니다."

성미가 급한 그는 본론으로 들어가자마자, 현 상황을 날카롭게 진단하며 지도자의 각성을 촉구했다. "소수 인사들이 모든 권력을 장악하고 그 권력을 악용하는 상황에서, 당내 투쟁을 통한 과오의 시정이 사실상 불가능하다는 점을 당신들도 인정할 것입니다. 당신은 공산주의 원칙을 위반한 우리 당의 위신이 한없이 추락하고 있다는 사실을 뼈저리게 절감해야 합니다." 순간 흥분을 가라앉힌 그는 지도자에게 아직도 기회가 남아 있다고 조언했다. "당신이 옳은 입장과 정당한 결정을 택하면, 지금도 얼마든 이 불행한 국면을 수습할 여지가 있습니다. 9월 전원회의 당시 파견돼온 소련공산당과 중국공산당의 주요 지도자들이 직접 권고한 사안들을 헤아려주시기 바랍니다."

그러나 이상조의 평정심은 오래가지 못했다. 부드러운 조언을 마친 그는 다시 흥분해 날선 비판을 쏟아냈다. "동지가 아첨분자들의 의견에만 귀 기울인 탓에, 그들이 권력을 악용해 당원들과 인민들을 호령하고 있습니다. 그 결과 사회 곳곳에 공포 분위기가 조성되었습니다. 현재 평양에서는 간부들끼리도 서로 만나기를 두려워하며, 우연히 만나더라도 피할 구실을 찾기에 급급해합니다. 김일성 동무! 억압적 방법으로 독단과 전횡을 유지하려는 발상은 큰 오산에 불과합니다."

이어 이상조는 박일우와 김창흡을 비롯해 박해를 받은 몇몇 동지들을 거론한 뒤, 자신에게도 탄압의 그림자가 드리우기 시작했다고 털어놓았다. 전시에 정찰국장을 지낸 그는 김일성의 지시에 따라 정전위원회 대표단장을 맡아 정전회담에 참가한 일이 있었다. 당시 그는 자신에게 따를지 모를 구설과 잡음을 미리 차단하려는 의도 아래, 자청하여 재정적 검열을 받았고 그 결과 어떠한 부정과 과오도 없었다는 통보를 받았다. 그러나 김일성은 이미 해결된 당시의 일을 재조사할 필요가 있다는 구실 아래 이상조의 귀국을 재촉해온 터였다. 분노한 그는 격하게 쏘아붙였다. "과거에 결론이 난 재정 문제에 대해 해명할 것이 있다는 구실로, 나를 소환하려는 저의를 어떻게 해석해야 합니까?"

물론 이상조는 김일성이 자신에게 소환장을 보낸 이유가 제3차 당 대회에서 표출한 개인숭배 반대 입장과 소련을 상대로 벌인 외교 활동을 응징하려는 목적에서였음을 잘 알고 있었다. 사실 그가 김일성에게 눈엣가시로 여겨진 까닭은 그뿐만이 아니었다. 그는 다음과 같이 썼다. "내가 우리 당의 과오와 결함, 형제당들과 우리 정부 간의 많은 비밀들, 아첨분자들의 오점을 가장 많이 알고 있다는 이유로 매장당한다면 정당하다고 할 수 있습니까?"

이상조는 다시 격분해 쏘아붙였다. "김일성 동지! 생각해보십시오. 우리가 혁명투쟁에 참가한 까닭은 결코 당신에게 아첨하는 자들로부터 멸시나 박해를 받으려고 목숨 바쳐 싸웠던 게 아닙니다. 우리가 중국공산당의 지도 아래 지하 혁명운동과 전투에 참가한 이유는 결코 높은 지위를 탐해서도 아니었습니다. 우리는 그때 살아서 해방된 조국을 볼 수 있다고 확신할 수조차 없는 전쟁터에서, 적들의 총검이 서슬 퍼렇게 빛나는 투쟁의 최전선에서 목숨을 바쳐 싸웠습니다. 우리가 그렇게 할 수 있었던 까닭은 그것만이 오직 공산주의의 진리와 신념을 지켜온 우리의 이상을 실현할 수 있는 길이었기 때문입니다."

이상조는 자신이 혁명가다운 절개를 지켜왔다고 역설한 뒤, 불의에 맞서 끝까지 저항하겠다는 각오를 밝혔다. "물론 이 편지는 당신의 비위에 맞지 않을 것입니다. 당신이 이 편지에 격분해 나와 여러 동지들에 관한 온갖 허위를 날조하리라는 점과 우리 가족과 친척들을 박해하리라는 점을 충분히 예상할 수 있습니다. 그러나 어떤 고난이 닥친다 해도 나는 혁명투쟁을 포기할 수 없습니다. 만약 조선에 있는 정권이 적대계급에 장악된 반인민적 정권이라면, 나는 서슴지 않고 비밀리에 잠입해 지하투쟁을 조직할 생각입니다. 우리는 과거에 읽은 마르크스주의 서적에서 진리를 배반하는 자들에게 맹종하라는 내용을 한 번도 본 적이 없습니다. 또한 어떠한 형제당들도 그 당원들로 하여금 공산주의 원칙을 배반한 당 지도자에게 맹종하도록 강요한다는 사실을 들은 적도 없습니다."

이상조는 김일성에게 굴종하지 않겠다는 각오를 밝힌 뒤, 소환에 불응하는 이유를 해명하기 시작했다. "나는 당신이 어떠한 의도 아래 나를 소환하려 하는지 잘 알고 있습니다. 당신들은 나를 북조선에 불러들여 소위 종파에 가담했다는 자백서를 쓰도록 강요해, 나 자신과 다른 동지들을 곤경에 빠뜨릴 서면 자료를 조작해내겠지요. 잠을 자지 못하도록 고문하고 위협과 공갈로 정신을 황폐화시켜 삶의 의지를 허물어뜨린 뒤, 모종의 자료를 날조해내려는 그 요구에 나는 응할 생각이 없습니다. 당신들은 이 방면에서 아주 노련한 전문가들입니다. 지금 고봉기 동지를 상대로 벌이고 있는 그러한 계략에 나는 순응할 수 없습니다. 당신들이 나를 사회적으로 매장하고, 당신들이 날조해낸 거짓 자료를 정당한 자료로 둔갑시키려 나를 이용하려는 농간에 결코 협력할 생각이 없다는 말입니다. 당신들은 내가 소환에 응하지 않으면, 당 중앙의 결정에 따르지 않는다는 구실을 붙여 나를 규율 위반자로 몰아가겠죠. 그러나 나는 차라리 규율 위반자가 될지언정, 진리를 배반하는 비열한 인간으로 전락할 생각이 없습니다."

소환에 응하지 않겠다는 입장을 밝힌 이상조는 향후 계획에 대해서도 털어놓았다. "혁명가로서 진리를 위해 죽음의 길을 택할지언정, 아첨과 굴종의 길을 택할 수는 없습니다. 언젠가 역사가 이 사실을 평가해주겠지요. 나는 앞으로의 여생을 진실한 사람이 살아가는 행로를 기록하는 저술 작업에 바칠 계획입니다. 더럽혀진 우리 당의 역사를 서적이나 논문 등 어떠한 형식으로든 세상에 남길 생각입니다. 물론 내가 집필한 서적이 살아생전에 출판되지 못할 수도 있습니다. 그러나 나는 언젠가 그 저작들이 세상에 공개될 터임을 의심하지 않으며, 진리가 반드시 승리한다는 신념을 고수한 채 싸워왔고 앞으로도 그렇게 살겠다고 다짐할 따름입니다. 따라서 나는 당신들의 충실한 협력자가 될 수 없으며, 그러한 이유로 조국에 돌아갈 수 없습니다. 나에게 목숨을 바쳐 싸운 조국 땅은 늘 그리운 땅입니다. 늙은 부모와 젊은 형제들과 친우들이 기다리고 있을 어린 시절 추억이 서려 있는 고향산천이 그립건만 그곳에 진리가 용납되지 못하는 상황이 조성됨에 따라, 나는 부득이 타국 타향에서 살아갈 방도를 찾지 않을 수 없습니다."

정치적 망명 의사를 밝힌 이상조는 자신의 향후 거취를 둘러싼 두 가지 요청을 김일성에게 건넸다. 첫 번째는 자신의 당적을 소련공산당이나 중국공산당으로 옮겨달라는 요청이었다. 물론 소련과 중국은 그가 망명지로 염두에 두고 있는 국가들이었다. 그는 자신의 조선노동당 당증 번호가 "00010"이라고 밝혔다. 두 번째 요청은 향후 그가 수행할 직무에 관한 문제였다. 그는 자신의 주소 대사직 임기를 연장하거나, 그것이 여의치 않다면 소련공산당 중앙위원회 산하 고급당학교에 들어가 교육받을 수 있도록 조치를 취해달라고 제안했다.

당혹스럽게도 인사 문제를 청원하는 이상조의 어투는 전혀 공손하지 않았다. 그의 요구는 사실상 협박에 가까웠다. "이상의 문제들이 해결되지 않으면, 부득이 내가 직접 나설 수밖에 없습니다. 브레즈네프 동지나 흐루쇼프 동지는 물론, 다른 형제당들과도 교섭할 생각입니다. 이 문제의 해결은 당신들이 원칙적 입장을 취하느냐, 아니면 음모적 방법으로 일을 처리하느냐에 달려 있습니다. 당신들은 소련 정부에 나의 해임을 통보한 뒤 나를 인도해달라고 요청할 터이나, 뜻대로 되지 않을 것입니다. 더 나아가 나를 경제적 곤경에 빠뜨리려 획책하겠죠. 그러나 당신들 생각처럼 나를 쉽게 죽일 수 없을 것입니다. 나 개인의 문제로 양국 관계가 불편해지는 상황을 만들고 싶지 않습니다."

자신의 요구 사항을 전달한 이상조는 화제를 돌려 윤공흠을 변호하기 시작했다. 그는 직접 겪은 몇몇 경험담을 소개하며, 그가 얼마나 항일의식이 투철하고 검박한 혁명가인가를 일깨워주었다. 윤공흠이 청렴한 인물이라는 변론을 마치자마자, 그는 대담하게도 김일성 본인의 부정부패에 칼끝을 겨누었다. "만약 개인의 사생활 문제와 경제 문제를 따져보자면, 누구보다 당신들이 먼저 자아비판에 착수해야 합니다. 얼마 전까지 동지가 소유한 자동차만 보더라도 ZIS-110, 방탄 ZIS, ZIM, 뽀베다(победа, 승리), 최고급 미제 승용차와 윌리스 등이 있지 않았습니까? 수상의 봉급 규정이 있다 해도, 사실상 그것이 무제한 공급제임을 누가 모르겠습니까? 동지의 출생지인 만경대에 거대한 양옥을 지어 동지의 가족들이 이용하고 있습니다. 뿐만 아니라 동지 모친의 묘를 왕릉처럼 만들고, 도로니 무엇이니 조성해가며 얼마나 많은 돈을 쏟아부었습니까? 그럴 돈으로 학교나 공장을 짓자는 인민들의 여론에 귀 기울여주시기 바랍니다."

이상조는 감히 누구도 거론한 적이 없는 김일성의 부정부패를 비판한 뒤, 마지막으로 인사 문제의 바람직한 해결 방안을 제시했다. "나는 개인숭배를 반대한 까닭에 민족보위성과 직업총동맹을 비롯한 여러 기관에서 축출된 많은 동지들이 본래의 직무에 복귀할 수 있도록 조치를 취함과 아울러, 모략적으로 선전하는 행위를 즉각 중단해야 한다고 당신들에게 재삼 요구합니다. 나는 마지막으로 더럽게 아첨하는 박금철·김창만·박정애·남일·한상두와 그 밖의 아첨분자들을 지도적 지위에서 축출하는 한편, 수천 명에 달하는 이들을 불법적으로 투옥한 인민의 원수 방학세를 재판에 회부해 준엄한 법의 심판을 내리길 요구합니다. 나는 이 서한에 신속한 회답이 따르길 바랍니다." 그는 편지를 작성한 날짜를 "1956년 10월 11일"이라고 기입한 뒤, 자신의 이름 석 자를 써넣었다.[4]

III

조선노동당 중앙위원회 앞

이상조가 조선노동당 중앙위원회에 보낸 편지는 8월 전원회의가 막을 내린 지 한 달쯤 지난 1956년 10월 1일에 작성되었다. 당 중앙위원들의 각성을 촉구하고 있는 이 편지는 김일성에게 보낸 편지와 달리, 경어체가 아닌 평어체로 기술되었다. 이상조는 먼저 8월 전원회의 결과에 큰 실망감을 내비쳤다. "이번 회의의 결과 모든 당원들과 형제당들의 기대에 어그러지는 사태가 촉발되었다. 당내 민주주의와 집체적 영도를 회복하고 위조된 당 역사를 바로잡으며 아첨분자들을 제거하자고 주장한 동지들과 김일성 개인숭배를 비롯해 당내에 존재하는 결함들을 비판한 동지들이 반당적 종파분자로 규정되었다."

비판에 착수한 이상조의 첫 번째 표적은 바로 개인숭배 문제였다. 그는 "진정한 마르크스-레닌주의 당에 개인숭배란 있을 수 없으며, 조선노동당은 그 오류를 범하지 않았다"고 선언한 당 지도부의 입장에 동의하지 않았다. 그가 보기에 그들의 주장은 전혀 사실에 부합하지 않을 뿐만 아니라, 전체 당원들을 무시한 기만행위에 다름 아니었다. 그는 개인숭배가 북한에 만연할 수밖에 없었던 역사적 배경을 분석한 뒤, 그 치명적 문제점을 다음과 같이 지적했다. "국가 대사를 결정함에 앞서 신중을 기해야 하며, 김일성 동지 개인 의견에만 의존해서는 안 된다. 이렇게 말하면 모든 결정이 당 중앙위원회와 내각 회의를 통과해 채택되지 않았냐는 반박이 따를 수 있다. 물론 나는 그것이 만장일치로 통과되었음을 의심하지 않는다. 그러나 반대할 경우 무서운 운명이 기다리고 있음을 잘 알고 있는 동지들이 어떻게 이견을 표출할 수 있겠는가? 이 폐단이야말로 독단과 전횡과 아첨과 관료주의를 불러온 개인숭배의 비극이다."

이상조는 개인숭배를 비판한 뒤, 당 지도부가 연안 출신 인사들에게 씌운 종파 혐의를 벗기려 안간힘을 썼다. "많은 동지들이 소련공산당의 충고에 의거하여 김일성 동지와 그에게 아첨하는 분자들을 비판했다. 그러나 형제당과 동일한 내용의 비판을 전개한 그들은 당과 정부의 전복을 꾀한 음모자들 또는 '연안종파'라고 매도되었다. 세상에 들어본 적이 없는 개인숭배를 반대하는 종파인 '연안종파'가 그렇게 조작되었다."

그는 격분했으나 이성을 잃지 않으려 노력했다. "전 세계 공산주의자들이 그토록 흠모하는 중국 혁명의 책원지 연안을 무엇 때문에 종파와 연결하려 하는가? 그러면 먼저 그들이 제시한 연안 출신 동지들의 종파 활동 가담 근거를 살펴보자. 그 대표적 근거는 그들이 회의에서 공개적으로 입장을 밝히지 않고, 등 뒤에서 은밀히 수군거렸다는 점이다. 그러나 사실을 말하자면 그들은 김일성 동지에게 직접 충고했을 뿐만 아니라, 8월 전원회의 당시 공개적 토론을 시도하기까지 했다. 불행하게도 당내 민주주의가 보장되지 못한 탓에 토론은 중단되었고, 비판적 입장을 견지한 몇몇 동지들은 토론에 나서지 않았음에도 탄압을 받았다. 사실이 이런데도 어떻게 등 뒤에서 음모를 꾸몄다는 죄명을 씌울 수 있는가?"

흥분을 가라앉힌 이상조는 조선 공산주의운동사의 계보를 거슬러 올라가 "종파"로 지목된 조직들을 되짚어보았다. "당 지도부는 이번 사건의 책임을 소위 연안종파 탓으로 돌리고 있다. 과거에도 조선 혁명운동을 주도한 화요회·엠엘파·북풍회·콤그룹·함남그룹 등이 종파로 규정된 적이 있다. 뿐만 아니라 소련에서 파견되어온 모든 동지들이 가족주의 종파라 매도되었고, 중국으로부터 귀국한 동지들도 연안종파로 규정돼 억압을 받았다. 종파 혐의를 면한 조직은 김일성 동지가 속한 만주 빨치산과 조국광복회뿐이다. 어떻게 조선에는 종파만 있고 진정한 혁명운동이 없었단 말인가? 참으로 놀라운 일이다."

이상조는 김일성의 항일무장투쟁만이 조선 민족해방운동사의 정통으로 인정받고 있는 반면, 다른 계열의 투쟁이 종파행위로 매도되고 있는 현실을 "역사의 위조"라고 비판했다. "조선 출판물을 주의 깊게 살펴본 사람이라면, 김일성 빨치산과 조국광복회의 역사만이 조선 민족해방투쟁사의 전부이고 조국광복회가 조선노동당의 전신에 해당하는 기구이며 김일성 빨치산 부대가 조선 인민군대의 골간으로 정립되었음을 알 수 있다. 그러나 이 같은 도식은 사실에 부합하지 않는다. 김일성 동지가 태어나기 전부터 이미 일제에 반대하는 대규모 무장투쟁을 비롯한 조선인들의 민족해방투쟁이 지속되었기 때문이다."

이상조는 조선 민족해방운동사의 신화적 인물로 포장된 김일성의 실체를 추적하며, 대중들이 그에게 품었을 법한 환상을 한 겹 한 겹 벗겨나갔다. "민족해방투쟁에 참가한 조선 혁명가들 중 김일성 동지보다 우수한 이들도 많았다. 다만 김일성 동지가 널리 알려진 까닭은 조선과 인접한 곳에서 그의 투쟁이 전개되었기 때문이다. 물론 이 투쟁은 존경받을 만하다. 그러나 그 공로를 오롯이 김일성 동지 한 개인에게만 돌리는 태도는 옳지 않다. 마찬가지로 빨치산 부대의 지도를 당의 지도가 아닌, 김일성 동지 한 개인의 역할로 바라보는 태도도 정당하지 않다. 우리가 다 아는 바와 같이 김일성 빨치산 부대의 활동은 사실상 1940년경에 중단되고 말았다."

김일성 부대를 비롯한 동북항일연합군이 러시아 극동 지역으로 도피한 사실을 묵과할 수 없었던 이상조의 분석은 한층 더 날카로워지기 시작했다. "1940년 이래 김일성 빨치산은 하바롭스크Хабаровск에 머물며 8·15해방의 날까지 투쟁을 중단했다. 이 사실은 누구도 부정할 수 없다. 김일성 빨치산 부대는 우수한 일면이 있는가 하면, 혁명투쟁의 원칙적 견지에서 볼 때 비판받아야 할 결함도 분명히 존재한다. 당시 주객관적 정세를 분석해보면, 만주 지역에서 무장투쟁을 지속하기에 불가능한 여건이 조성된 적은 없었다." 이상조는 김일성의 만주 항일투쟁이 중단된 이유가 그의 투쟁이 "군중운동과 결합하지 못하고, 군중 속에 뿌리내리지 못했기 때문"이라고 직격탄을 날렸다.

그는 만주 지역 항일무장투쟁의 한계를 비판한 뒤, 자신이 속한 연안계의 투쟁 경험을 소개했다. "중국 본토의 항일 빨치산은 김일성 빨치산보다 더 불리한 조건을 견디며 투쟁을 지속했다. 평원 유격전을 벌인 그들은 산도 수풀도 없는 열악한 조건을 극복하고 전승을 거두었다. 평원 유격전이 최후까지 지속될 수 있었던 까닭은 그것이 군중 속에 깊이 뿌리를 내리고 있었기 때문이다." 이상조는 만주 빨치산이 군중운동과 결합하지 못했다고 집요하게 비판하며 자신의 경험까지 끌어들였다. "그 무렵 만주에서 군중을 조직하고 지도한 지하운동이 전혀 없었는가? 그렇지 않다. 당의 지도 아래 많은 동지들이 지하운동에 투신했고, 그들의 조직들이 해방 당시까지 명맥을 유지하고 있었다. 나 자신이 당의 지시를 받아 바로 그 지역 만주에 파견되어, 1942년경부터 8·15해방 직후까지 활동했다. 내 경험에 따르면 혁명적 군중은 혁명적 조직을 찾고 있었고, 그 지도를 받아들일 준비가 되어 있었다."

이어 이상조는 과장을 넘어 왜곡에까지 이르고 있는 김일성의 항일투쟁 선전 실태를 낱낱이 고발했다. 그의 빨치산투쟁이 1940년 이후에도 변함없이 만주에서 지속되었다는 선전, 그가 지도한 보천보 전투가 조선 혁명의 새로운 전기를 열었다는 과장된 선전, 조국광복회 조직이 조선 전역에 분포해 있었고 그 강령이 김일성의 창작물이라는 선전 등이 그것이었다. 이상조는 조선 민족해방운동사를 김일성의 항일투쟁사로 도배해 "역사를 위조한" 책임을 당 중앙위원회 부위원장 박금철, 조직부장 한상두, 선전부장 이일경, 사회과학부장 하앙천, 역사연구소 소장 이청원 등에게 물으며 그들의 사상을 재검토해야 한다고 제의했다. 그는 다시 한번 조선 민족해방운동사의 "일부에 불과한 김일성 동지의 투쟁사를 그 주체이자 정통으로 취급해서는 안 된다"고 강조했다.

이상조는 신화의 경지에까지 오른 김일성의 항일무장투쟁사를 객관적으로 평가한 뒤, 지도자의 권위에 치명상을 입힐 수 있는 그의 은밀한 치부를 들추어냈다. 그것은 바로 김일성이 소련공산당 지도부의 충고와 전시 마오쩌둥의 조언을 당 중앙위원들에게 공개하지 않았다는 사실이었다. 이상조는 조선노동당은 물론 국제 노동운동진영도 "레닌의 당 생활 준칙"을 무시한 그를 엄중히 규탄해야 한다고 목청을 높였다.

편지 말미의 내용은 그가 바라는 사태의 바람직한 해결 방안에 초점이 맞추어져 있었다. 이상조는 당 중앙위원들에게 다음과 같이 호소했다. "나는 당 생활 중 가장 기본적 조건이 되어야 할 당내 민주주의와 집체적 영도를 보장하려면, 먼저 김일성 개인숭배를 청산해야 한다고 주장한다. 물론 개인숭배와 관료주의의 청산을 목표로 투쟁하는 동지들이 우리 당과 함께 국제 노동운동진영에서도 전폭적 지지와 동정을 받으리라 확신한다. 나는 8월 전원회의 당시 제기된 문제들이 원칙적 해결을 보지 못함에 따라, 당내 민주주의가 보장되는 조건하에서 그 문제들을 재심해야 한다고 당 중앙위원회에 제의한다." 이상조는 마지막으로 서한 발송을 통한 자신의 문제 제기가 정당하다는 근거를 조선노동당 규약을 인용해 다음과 같이 밝혔다. "당원은 정당한 이유와 근거가 있는 한, 어떤 당원이든 비판할 수 있다." "당원은 당 중앙위원회를 포함한 모든 당 기관에 어떤 문제나 청원을 둘러싼 심의를 요구할 수 있다."[5]

조선노동당 중앙위원회
전원회의에 참가한 여러 동지들 앞

이상조가 북한에 보낸 세 번째 편지는 다른 두 편지보다 먼저 작성한 것이었다. 그것은 바로 그가 8월 전원회의 참석을 앞둔 박의완에게 대독을 부탁하며 전달한 편지였다. 그러나 김일성이 마오쩌둥의 조언을 무시했을 뿐만 아니라 소련공산당 지도부로부터 충고를 받았다는 민감한 내용을 담고 있는 그 편지는 결국 공개되지 않았다. 북중 관계의 악화를 우려한 중국 측이 제지한 까닭이었다. 이상조는 그 편지의 공개를 제지당한 뒤, 한동안 그것을 묵혀둘 수밖에 없었다. 그러나 그는 8월 전원회의와 9월 전원회의가 당내 문제의 해결에 어떠한 진전도 보이지 못하자, 다시 펜을 들어 이미 작성해둔 그 편지를 수정·보완하는 작업에 착수했다. 그가 다음 전원회의에 공개할 의도로 발송한 이 세 번째 편지가 바로 그 작업의 결과물이었다.

그는 조선인민군의 퇴각에 대비하라는 전시 마오쩌둥의 조언을 무시한 김일성의 과오를 고발한 뒤, 소련공산당이 건넨 충고의 중요성을 다음과 같이 강조했다. "나는 소련공산당의 진심 어린 충고를 솔직하게 전달해야 한다고 생각하기 때문에, 이 문제를 당 중앙위원회 전원회의에 공개합니다. 아울러 몇몇 개개인들의 옳지 못한 경향에 책임을 추궁할 필요가 있다고 전원회의에 제기하는 바입니다. 나는 이번 전원회의가 우리 당내에 잔존하는 모든 결함을 청산하고, 특히 개인숭배라는 반마르크스주의적 독소를 완전히 제거할 수 있는 광범한 자기비판의 장이 되길 요망합니다. 날카로운 자기비판이 전개되는 조건에서만 이 국가와 당 사업에 존재하는 우리의 오류와 결함들을 제거할 수 있습니다. 가장 효과적인 자기비판 방법은 지도간부가 먼저 사업상 노출된 자신의 결함들을 비판하는 데 있습니다."

이상조는 김일성의 자아비판을 촉구한 데 이어, 당·정·군내 권력 분산 과제를 제기했다. "당 생활의 기본적 준칙인 집체적 지도를 보장할 수 있는 결정을 채택해야 합니다. 동지들이 잘 알고 있는 바와 같이 오직 우리 조선에만 한 사람이 내각 수상, 당 중앙위원회 위원장, 조선인민군 총사령관이라는 세 개의 책임적 지위를 겸하고 있습니다. 옛 속담에 '세 사람의 지혜는 제갈량보다 낫다'는 말이 있습니다. 우리는 당과 국가의 집체적 지도를 보장할 수 있는 대책을 세워야 합니다. 어떤 동지들은 조선이 양단된 현실을 구실삼아, 모든 권력이 한 개인의 수중에 집중된 상황을 정당화하려 합니다." 이상조는 지난 8월 9일 소련 외무성 극동과 과장 쿠르듀코프에게 러시아어로 번역된 편지의 검토를 부탁하며, 김일성의 수상직 유임만을 허용하되 조선노동당 중앙위원회 위원장과 조선인민군 총사령관에 각각 최창익과 최용건을 선출해야 한다는 입장을 밝힌 적이 있었다.

개인숭배 청산과 권력 분산을 비롯해 노동당 앞에 놓인 절박한 과제들을 제시한 이상조는 당원 동지들에게 마지막으로 호소했다. "나는 양심을 저버릴 수 없는 당원으로서 이 토론을 당 중앙위원회 전원회의의 심의에 부칩니다. 나의 이 서면 토론이 전원회의 참가자들에게 첨예한 반응을 불러일으킬 수 있습니다. 틀림없이 나에게 각종 반당적 혐의를 씌우려는 시도가 뒤따르리라는 점을 잘 알고 있습니다. 그러나 결코 진리는 은폐될 수 없습니다. 개인숭배를 설교하고 있는 이들 중에도 상당수가 내 의견에 수긍할 수밖에 없을 것입니다."

이상조는 김일성과 그의 측근들에게 그들이 택할 수 있는 세 가지 길을 제시했다. "첫 번째는 그들이 자신들의 과오를 엄격히 자아비판해 시정함으로써 완전한 자유를 얻을 수 있는 길이며, 두 번째는 자신들의 오류를 형식적으로만 인정한 채 현상 유지를 꾀하는 길입니다. 세 번째는 당의 이익을 사수하려 투쟁해온 동지들에게 반당 혐의를 씌워 불법적으로 구금하거나 조직적 타격을 가하는 길입니다. 이 길은 정치적 자살의 길이라 할 수 있습니다."[6]

이상조가 제시한 세 가지 길 가운데 결국 그들은 세 번째 길, 곧 자살의 길을 택했다. 조선노동당을 자멸로 이끌 그 길은 그와 공동운명체인 전 인민들에게마저 굴레를 씌울 '공멸의 길'이기도 했다. 이상조의 편지는 자멸의 길을 택한 조선노동당에 보내는 마지막 호소였다. 물론 그도 자신의 노력으로는 더 이상 어찌할 수 없는 상황에 와 있음을 잘 알고 있었다. 그러나 그는 진심을 담은 자신의 편지가 다음 전원회의에서 공개되어, 김일성을 비롯한 당 중앙위원들의 마음을 움직이길 간절히 기원했다.

#08

강요된
평화

1956년 8월 전원회의와 9월 전원회의는 김일성에게 정신적으로뿐만 아니라 육체적으로도 큰 시련을 안겼다. 장기간에 걸친 당내 투쟁이 지속되는 동안 그의 건강은 몹시 악화되었다. 전쟁 당시보다 훨씬 심각한 상황이었다. 그는 만성 축농증을 앓고 있었던 데다 고질적 신장병에 시달리고 있었다. 의사들이 종종 그에게 휴식을 권유했고, 그도 질병 탓에 업무 처리를 미룬 적이 여러 차례나 있을 정도였다.[1]

9월 전원회의가 막을 내린 뒤, 심신이 지쳐 있던 김일성은 미코얀과 펑더화이가 제시한 중재안을 받아들여 비판세력과 불편한 동거에 들어갔다. 소련과 중국이 북한과 '평등한 형제국'이라는 상용어는 허울 좋은 수사에 불과할 뿐, 양국은 여전히 그에게 경외감을 불러일으키는 대국이었다. 그는 그들의 요구를 들어주는 시늉이라도 보여야 했다.

기념시위에 등장하는 혁명가들의 사진과 초상화는 북한이 개인숭배 문제를 어떻게 처리하고 있는지 가늠할 수 있는 시금석의 하나였다. 평양에서 열린 1957년 5·1절 기념시위에 다양한 인물들의 초상화가 등장했다. 마르크스와 레닌이 맨 앞자리를 차지했고, 흐루쇼프와 불가닌이 그 뒤를 따랐다. 곧이어 친숙한 김일성의 모습도 나타났다.

비록 김일성의 것보다 눈에 띄게 작았으나, 뒤쪽 구석에 김두봉 초상화도 보였다.[2] 스탈린과 김일성 초상화 일색이던 몇 년 전의 상황과 비교하면 그야말로 괄목할 만한 변화였다. 그로부터 석 달 보름 뒤 8·15 해방 기념시위가 열렸을 때에도, 조선 민족해방운동에 참가한 여러 인물들의 초상화가 등장했다. 김일성을 비롯해 10여 명에 달하는 당과 내각 지도 간부들의 형상이 눈길을 끌었다.[3]

당 운영 방식에도 눈에 띌 만한 변화가 있었다. 당 중앙위원회 상무위원회가 정기적으로 소집되고, 의제를 둘러싼 논의가 활발히 이루어졌다. 김일성 외에 박의완과 조선인민군 총참모장 김광협이 적극적으로 의견을 개진했으며, 다른 상무위원들도 과거와 달리 그들의 입장을 명확히 표명했다. 그들의 적극적 태도는 집체적 지도가 실천되고 있다는 인상을 심어주었다. 그러나 박금철·김창만·박정애·정일룡 등은 여전히 김일성의 제안을 습관처럼 지지하는 태도를 보였다.

물론 회의 내내 침묵을 지킨 이들도 있었다. 최고 원로급에 속한 김두봉과 최용건이 그 대표적 인물이었다.[4] 그들은 당내 권력투쟁이라는 커다란 내홍을 겪으며 가장 큰 입장 변화를 보인 이들이기도 했다. 이제 그들은 긴밀한 협력 관계를 유지해온 비판세력과 거리를 두며, 자신들의 과거 행적을 부정하고 기억에서 지우려 애썼다. 특히 박의완과 함께 독자적 정견을 표출해온 김두봉의 입장 변화가 두드러졌다. 그는 1957년 4월 8일 소련대사 푸자노프와 대담을 나누며, 8월 전원회의 당시 당 중앙위원회가 "종파분자들"의 반당행위를 저지해 당의 통일성을 수호할 수 있었다고 진술했다.[5] 이제 그에게 오랜 협력 관계를 유지해온 연안의 동지들은 "종파분자들"에 지나지 않았다.

김일성은 그의 태도 변화에 긍정적 입장을 내비쳤다. 그는 푸자노프와 대담을 나누던 중 김두봉의 과거 행적을 다음과 같이 평가했다. "김두봉 동지는 8월 사태가 일어났을 때, 오락가락하는 태도를 보이며 반당집단을 지지하는 쪽에 서기도 했습니다. 우리는 그의 입장에 오류가 있다고 인내심 있게 설명했지요. 현재 그는 우리의 의견을 받아들여, 종파분자들을 비판하는 글을 신문에 기고하고 있습니다. 지금 우리들은 당중앙 상무위원회에 참여해 동지애를 다지며 함께 일하고 있습니다."[6]

물론 비판세력 인사들 대부분은 김두봉과 달리, 그들의 신념을 굽히지 않았다. 김일성은 소련대사 푸자노프에게 다음과 같이 그들의 동향을 전했다. "8월 전원회의와 9월 전원회의 이후, 당 대열 내 통일성이 회복되었습니다. 그러나 아직 원하는 만큼은 아닙니다. 동지들 가운데 일부가 여전히 우리의 입장과 정책에 공감하지 않고 있습니다. 그럼에도 불구하고 우리는 그들과 함께 여러 사업들을 추진하고 있습니다."[7] 김일성의 고백은 9월 전원회의가 막을 내린 뒤부터 그와 비판세력 인사들 간 불편한 동거가 시작되었음을 보여준다. 소련과 중국이 두 눈을 부릅뜨고 지켜보는 상황에서, 자신의 마음대로 그들을 다룰 수 없었던 김일성은 인내의 한계를 느끼고 있었다.

한편 비판세력 인사들은 제약된 여건에서나마 자유로운 활동을 영위했다. 최창익은 평양에 머무르며 향후 거취를 고민했다. 그는 학술

연구에 전념할 수 있도록 과학원에 자리를 마련해달라고 요청해둔 상태였다.[8] 박창옥은 9월 전원회의 직후 혜산진 목재공장에 배치되었다. 평양으로부터 멀리 떨어진 기업소의 위치와 그에게 맡겨진 부지배인 직은 그가 이른바 "하방下放"을 당했음을 시사한다. 그로부터 약 두 달이 지난 1956년 11월 중순경, 그는 황해북도 사리원 부근 마동 시멘트 공장 지배인으로 전직되었다. 그가 평양에서 더 가까운 곳으로 옮겨왔다 해도, 하방 상태에 있던 그의 처지가 달라진 것은 아니었다. 김일성은 그에게 당성을 입증해 보일 1년간의 시간을 주겠다고 엄포를 놓았다.[9]

과거에 평양시당을 이끌며 비판세력을 지지한 이들도 출로를 찾아 활동을 재개했다. 고봉기는 9월 전원회의 이후 직무에 복귀하지 못한 채 평양에 머무르고 있었다.[10] 평양시당 부위원장 홍순관·김명욱과 조직부장 김충식은 8월 전원회의 당시, 평양시 당원들의 지지와 호응을 이끌어낼 의도 아래 시당 열성자회의 소집계획을 세워 물의를 빚었다. 그들은 시당 위원장 이송운이 주관한 평양시당 위원회의 결정에 따라 출당되었으나, 9월 전원회의 직후 다시 당적을 회복할 수 있었다.

그들은 위축되지 않고 비판 활동을 지속했다. 그들 가운데 누구보다 적극적인 활동을 펼친 이는 홍순관이었다. 함경남도를 거점으로 활동한 그는 헝가리 사태 이후 복귀해 탈소련화를 꾀한 임레 나지Imre Nagy와 그의 정부를 지지한다는 입장을 고수하고 있었다. 심지어 그는 여전히 최창익과 교류하며, 체제에 비판의식을 품고 있는 이들을 자신의 주위에 규합하기까지 했다. 결국 인내의 한계를 느낀 평양시당 위원회는 다시 그의 당적을 박탈해버렸다.[11]

비판세력 인사들에게 허용된 활동의 자유가 언제까지 지속될지 미지수였다. 소련과 중국이 김일성에게 엄포를 놓고 주시하고 있는 상황에서, 그도 섣불리 행동할 수만은 없는 노릇이었다. 국제 정세와 북한의 대외 관계에 뚜렷한 변화가 없는 한, 김일성과 그들의 불편한 동거도 지속될 터였다. 물론 그들을 향한 김일성의 앙금이 시간이 지남에 따라 눈 녹듯 사라지리라는 기대는 크나큰 오산에 지나지 않았다. 그는 단단히 벼르며 인내심 있게 국면의 전환을 기다리고 있었다.

09

헝가리
사태

소련군의 부다페스트 진격

9월 전원회의 이후 표면적으로나마 정치적 안정 국면에 접어든 북한과 달리, 동유럽 형제국들은 흐루쇼프의 신노선이 촉발한 사태를 수습하기는커녕 더 심각한 혼란 속으로 빠져들었다. 특히 폴란드와 헝가리가 일촉즉발의 위기에 휩싸였다. 첨예한 양국의 사태에 기름을 끼얹은 요인은 바로 소련의 내정 간섭이었다.

스탈린에게 비판받고 투옥되었던 고무우카Władysław Gomułka가 포즈난 폭동의 와중에 폴란드통일노동자당 지도자로 복귀한 1956년 10월 19일, 흐루쇼프는 미코얀과 함께 바르샤바를 방문했다. 반소적 성향의 민족주의자라는 혐의를 받고 있던 그의 탈소련화를 저지하려는 의도에서였다. 흐루쇼프는 폴란드에 주둔하고 있는 소련군의 바르샤바 진군을 명령해 고무우카의 권좌 복귀를 막으려는 최후 복안까지 염두에 두고 있었다. 다행히 고무우카가 친소정책을 표방하며 사회주의 진영을 이탈하지 않겠다고 약속함에 따라 군사적 충돌은 일어나지 않았다.[1]

최악의 상황을 피한 폴란드와 달리, 헝가리에서 일어난 사태는 군사적 충돌을 수반하며 대내외적으로 막대한 파장을 일으켰다. 1956년 7월경 스탈린주의자 라코시가 실각한 뒤에도 헝가리 인민들의 불만은 가라앉지 않았다. 10월 22일 대학생들은 부다페스트에 주둔한 소련군 철수, 당 지도부 쇄신, 대소 관계 재정립, 전 수상 임레 나지 복귀 등을 요구하며 대규모 시위를 벌였다. 다음날 헝가리근로자당 중앙위원회는 일정부분 그들의 요구를 수용해 임레 나지의 복귀를 결정하는 한편, 시위를 진압할 목적으로 소련군에 지원을 요청했다. 10월 24일, 요청에 응한

고무우카
코민포름 결성에 반대한 고무우카는 1948년경 스탈린으로부터
민족주의적 편향에 빠져 있다는 비판을 받고 실각했다.
그는 흐루쇼프가 스탈린을 비판한 직후 일어난 포즈난 폭동의 와중에
폴란드통일노동자당 지도자로 복귀했다.

소련군이 진격함에 따라 부다페스트에서 시가전이 벌어졌다.

수상에 복귀한 임레 나지는 헝가리를 방문한 미코얀·수슬로프와
회동해 수습책을 논의했다. 회담 결과 스탈린주의자로서 전 인민적 비
난을 받고 있던 헝가리근로자당 제1서기장 게뢰 에르뇌Gerő Ernő의 해
임을 타결지으며 사태가 일단락되는 듯했다. 더 나아가 미코얀과 수슬
로프는 10월 30일 부다페스트에서 이른바 "10월선언"으로 알려진 〈소
련과 기타 사회주의 국가들 간 우호 협력 관계 발전의 기초에 관한 선
언〉을 발표하며, 헝가리 사태의 원만한 해결을 모색했다. 이 선언은 사

임레 나지
임레 나지는 1956년경 헝가리 사태 당시
시위대의 요청에 따라 헝가리인민공화국 수상에 복귀했다.
그러나 탈소련화를 천명하며 독자노선을 모색한 그는
소련군에 체포돼 재판을 받고 처형되었다.

회주의진영 형제국들 간 상호 평등, 독립, 주권 존중의 가치를 강조하는 내용을 담고 있었다. 곧 사회주의진영이 준수해야 할 약속으로서 형제국의 내정에 간섭하지 말아야 한다는 원칙을 밝힌 선언이었다.

그러나 "10월선언"이 발표된 지 이틀이 지난 11월 1일, 헝가리 수상 임레 나지는 당혹스럽게도 탈소련화 노선을 천명했다. 일당제 폐지, 헝가리의 바르샤바조약 탈퇴, 중립화 선언 등에 초점을 맞춘 그의 독자노선은 소련과 중국에 큰 충격을 안겼다. 중국공산당은 헝가리 사태의 새로운 국면을 "반혁명"으로 간주하며 소련의 군사적 개입을 부추겼다. 결국 평화적 선언이 발표된 지 닷새가 지난 11월 4일, 소련군은 다시 부다페스트로 진격했다. 소련군의 2차 진격에 따른 무력 충돌은 헝가리 인민 수천 명의 살상을 낳은 참극으로 귀결되었다. 임레 나지를 비롯한 헝가리 정권의 전체 각료들이 체포된 뒤, 야노시 카다르Janos Kadar를 수반으로 한 친소정권인 "노농혁명정부"가 수립되었다.[2]

사회주의진영의 분열

소련군의 개입과 함께 파국적 상황을 맞은 헝가리 사태는 대외적으로도 큰 파장을 일으켰다. 친소정책을 표방해 가까스로 위기를 면한 폴란드는 헝가리 사태를 동정적 시각에서 바라보았다. 임레 나지의 탈소련화 시도를 "제국주의 반동들에 투항한 반혁명"으로 간주한 소련·중국과 달리, 폴란드인들은 그의 결단이 혁명적이었다고 평가했다. 북한 주재 폴란드대사관 직원들과 기자들의 생각도 다르지 않았다. 그들은 소련군의 두 번째 부다페스트 진격을 불법행위라 비판하며, 만약 그 사태가 일어나지 않았다면 헝가리도 폴란드를 따라 "민주화의 길"에 들어섰을 것이라고 생각했다.[3]

소련은 헝가리 사태를 동정적으로 바라보는 폴란드의 시각을 우려하며, 고무우카의 개혁운동에 촉각을 곤두세웠다. 사실 소련은 1948년경 독자노선을 표방한 유고슬라비아의 티토Josip Broz Tito와 헝가리의 임레 나지에 이어, 폴란드의 고무우카도 결국 탈소련화에 박차를 가하지 않을까 우려했다. 따라서 소련은 강제적으로 조직된 콜호스의 해체와 언론 자유화 조치 등을 단행한 폴란드의 개혁운동에 제동을 걸었다. 《프라우다》는 폴란드의 콜호스 해체가 부농계급의 갱생을 촉진하고 있다는 기사를 올리며, 폴란드통일노동자당 지도부의 민족주의적 성향을 비판했다.[4]

폴란드를 바라보는 소련의 우려스러운 시선만큼이나, 소련을 바라보는 폴란드인들의 시선도 곱지 못하긴 마찬가지였다. 그들은 소련의 형제국 내정 간섭에 큰 불만을 품었다. 무엇보다 군사력을 동원해 포즈난 노동운동을 진압하고 헝가리 임레 나지 정부마저 전복한 소련군의 행태가 비난의 표적이 되었다. 소련을 혐오한 폴란드인들 가운데 "스탈린의 탄압으로부터 고무우카가 살아남은 사실이 자신들에게 큰 행운"이라고 생각한 이들이 적지 않았을 정도였다.[5] 양국 간 갈등이 고조됨에 따라 폴란드 언론은 소련의 부정적 측면을 들춰내는 기사들을 게재하기 시작함과 아울러, 소련의 위업·위상·역할에 찬사를 보내는 판에 박힌 기사들의 비중을 줄여나갔다.[6]

헝가리 사태와 함께 수면 위로 부상한 사회주의진영 형제국들 간 갈등은 소련과 폴란드에 국한되지 않았다. 북한도 사회개혁을 지향하며 소련과 대립각을 세우고 있는 폴란드의 움직임을 탐탁지 않게 여겼다. 더욱이 폴란드는 1956년 중반경 동유럽 순방에 나선 북한 정부 대표단에게 경제원조를 약속하지 않은 유일한 국가였다. 헝가리 사태 이후 양국 관계는 더 악화되었다. 1957년 4월경 양국 회담을 개최한 북한과 폴란드 정부 대표단은 공동 성명서 작성을 앞두고 몇 가지 문제에 대해 확연한 입장 차를 드러냈다. 그들은 헝가리 사태에 대한 평가, 유고슬라비아와의 관계, 소련의 지도적 역할과 미국을 바라보는 시각을 둘러싸고 이견을 좁히지 못했다.[7] 북한 유력인사들은 탈소련화 조짐을 보이고 있는 폴란드가 제2의 유고슬라비아로 전락했다고 비판하기까지 했다.[8]

양국 관계를 파국적 상황으로 몰아넣은 요인은 폴란드의 언론 자유화 조치였다. 사실 평양에 체류한 폴란드인들은 표현의 자유가 허용되지 않을 뿐더러, 국내 정세를 당 출판물에 인쇄된 내용 그대로 형제국 외교관들에게 전한 북한의 언론정책에 실망을 금치 못했다.[9] 결국 한 폴란드 기자가 북한의 참혹한 실상과 인민들의 궁핍한 생활을 생생히 묘사한 기사를 내보내자, 양국 관계는 파탄 직전에 이르렀다. 조선노동당 중앙위원회에 소환된 평양 주재 폴란드 대사는 적당한 변명을 둘러 대며 사과의 인사를 건네야 했다.[10] 이 사건을 계기로 양국 간 문화 교류가 중단되고, 북한 인민들의 빈곤한 생활상을 여과 없이 보여주는 사진들을 해외로 반출하는 행위에 제동이 걸리기 시작했다.[11]

유학생들의 체제 비판

사회주의권 형제국들 간 관계에 큰 파문을 일으킨 헝가리 사태는 북한 내정에도 심각한 영향을 끼쳤다. 물론 북한도 소련·중국의 입장을 따라 근본적 사회개혁을 지향한 헝가리의 움직임을 "반혁명적 폭동"으로 규정했다. 그러나 이 관점은 어디까지나 당 지도부가 고수한 "조선민주주의인민공화국의 공식 입장"일 뿐이었다. 그 사태를 직접 목격한 헝가리 내 북한 유학생들의 경우 "우물 안 개구리" 신세를 벗어나, 다양한 사조와 국제 정세를 접하며 사태의 옳고 그름을 분별할 수 있는 식견을 갖출 수 있었다. 그들은 임레 나지를 지지하고 헝가리 사태를 응원했으며, 군대를 파견해 진압작전을 펼친 소련의 행위를 형제국 내정 간섭이라 비판했다.[12] 아울러 그들은 조선민주주의인민공화국이 헝가리 인민들로부터 전혀 지지를 받지 못하고 있는 친소정권인 카다르 정부에 경제원조를 제공한 사실에 대해서도 신랄한 비판을 퍼부었다.[13]

당혹스럽게도 북한 당국의 소환 조치도 그들의 일탈적 태도를 바로

잡지 못했다. 그들은 여전히 헝가리에 애착심을 보였고, 수시로 평양 주재 헝가리대사관을 찾아 동유럽 사태의 추이를 문의하곤 했다.[14] 심지어 소련을 바라보는 그들의 시각에도 비판의식이 깔려 있었다. 그들에게 더 이상 소련은 사회주의 모국으로 추앙해야 할 이상적 국가가 아니었다. 그들은 직접적 관찰에 근거해, 동유럽 형제국 인민들의 생활수준이 소련 인민들보다 훨씬 높다는 결론을 내렸다. 그들이 귀국 도중 소련을 경유할 때 마주친 주택들이 헝가리에서 보아왔던 것들보다 나아 보이지 않았다는 점이 그 근거들 중 하나였다. 헝가리 사태를 목격하며 소련에 실망한 그들은 대학 내 필수과목인 러시아어와 마르크스-레닌주의 기초교육을 중단해야 한다고 목청을 높이기까지 했다.[15]

헝가리에 유학 중인 학생들은 소련을 비판하는 데 그치지 않고, 모국인 조선민주주의인민공화국의 정치·경제·사회·문화 등 모든 면을 부정적 시각에서 바라보았다. 어떤 학생들은 조국에 자유가 허용되지 않는다고 성토했고, 어떤 학생들은 개인숭배가 만연한 실태에 불만의 소리를 높였다. 조국의 경제정책에 우려의 눈길을 보내는 이들도 있었다. 그들은 교통수단 없이 도보에만 의존해 먼 길을 오가는 평양 시민들을 동정의 눈길로 바라보며, 조선민주주의인민공화국이 어째서 중공업 우선 정책만을 고집하는지 의구심을 품었다. 심지어 어떤 학생은 소련·중국과 동유럽 형제국들로부터 제공받은 거액의 원조가 대체 어디로 사라졌냐는 도발적 질문을 던지기까지 했다.[16]

북한 당국은 헝가리에 유학 중인 학생들이 보이고 있는 체제 비판적 태도에 위기의식을 느꼈다. 그러나 이번에도 당 지도부의 선택지에 양보는 없었다. 졸업이 임박한 상급생 110명을 제외한 나머지 유학생 350명 전원이 본국에 소환되었다. 심지어 헝가리에 위탁된 340명의 전쟁고아들도 소환을 피할 수 없었다.[17] 그러나 소환 지시에 응한 대부분의 유학생들과 달리, 조국에 환멸을 느낀 이들 세 명은 정치적 망명의 길을 택했다. 두 명이 체코슬로바키아를 거쳐 오스트리아로 탈출했고, 나머지 한 명은 서독으로 탈출했다.[18]

귀국한 유학생들도 고분고분한 태도를 보이지만은 않았다. 그들은 다시 헝가리에 돌아가 유학 생활을 재개할 수 있도록 조처해달라고 요청했다. 그러나 당국은 새로운 세계관과 사상에 "전염된" 그 "이단자들"을 재교육해, 체제에 협력적인 인간형으로 복원할 계획을 포기하지 않았다. 귀국한 유학생들과 전쟁고아들은 독립된 건물에 수용되었다. 그 건물은 그들을 재교육할 공간이자, 그들이 다른 주민들과 접촉해 끼칠 수 있는 영향을 차단할 가림막이기도 했다. 물론 그들이 기거할 기숙사를 비롯한 생활공간 곳곳에 그들의 일거수일투족을 감시할 학생 정보원들도 배치되었다.

재교육은 강의와 대담 위주로 실시되었다. 정치교육의 성격을 띤 여러 강의 주제들 가운데, "사회주의혁명에서 노동계급과 농민계급의 동맹에 대하여"라는 주제에 가장 큰 비중이 두어졌다. 헝가리에 들어선 친소 성향의 신정권인 "노농혁명정부"를 정당화할 필요가 있었기 때문이다. 그러나 유학생들은 냉담한 반응을 보였다. 그들은 이성적인 혜안으로 현 상황을 통찰하지 못한 그 강의들에 전혀 관심을 보이지 않았다. 떠들거나 발을 구르며 강의를 방해하는 이들이 있었을 정도였다.[19]

그들뿐만 아니라 동유럽 다른 국가들에 나가 있던 유학생들도 동요하는 모습을 보였다. 이를테면 폴란드에 유학 중인 학생들은 조선민주주의인민공화국이 종주국인 소련에 지하자원을 헐값에 넘기고 있다고 성토하며 양국을 싸잡아 비판했다.[20] 체코슬로바키아 프라하에 유학 중인 학생들은 "조선대학생회의"를 개최해, 조선노동당 지도부를 비판하기까지 했다.[21]

해외 유학생들의 사상적 동요는 김일성과 소련대사 간 대담에 자주 오르내린 화제였을 만큼 중대 현안으로 인식되었다. 그러나 이 첨예한 사태를 둘러싼 김일성의 진단은 완전히 문제의 본질로부터 벗어나 있었다. 그는 전쟁 기간 중 엄격한 심사 없이 유학생들을 선발한 탓에 문제가 불거졌다는 해명을 늘어놓았다.[22] 당연히 그가 제시한 해결책도 근본적 처방이 아닌 임기응변식 해법일 수밖에 없었다. 소련을 제외한 동유럽 형제국들에 더 이상 유학생들을 파견하지 않겠다는 방침이 그것이었다.[23]

남한의 교란 활동

북한을 곤경에 빠뜨린 헝가리 사태의 영향은 유학생들의 사상적 동요에 그치지 않았다. 그것은 남한에도 북한체제를 뒤흔들 수 있는 절호의 기회를 제공했다. 남한이 송출한 라디오 방송을 주시하고 있던 북한 당국은 8월 전원회의 사건과 미코얀·펑더화이의 참석 아래 열린 9월 전원회의 소식이 이미 남한 사회에도 알려졌음을 간파하고 있었다. 흥미롭게도 남한 라디오 방송은 비판세력 인사들을 "민족적 공산주의" 건설을 지향하는 애국세력이라 추켜세우며 그들을 지지한다는 입장을 밝혔다. 따라서 그들에게 좌절을 안긴 8월 전원회의 사건의 결과는 남한 방송 관계자들에게 몹시 실망스러울 수밖에 없었다. 그 방송은 만일 중국 인민지원군이 북한에 주둔하지 않았다면, "애국자들"이 김일성정권을 몰아낸 뒤 남한과 평화통일 방안을 논의했으리라는 아쉬움을 드러냈다. 정확한 사태 파악에 미흡한 면이 있었지만, 8월 전원회의 사건은 남한 방송으로부터 긍정적 평가를 받았다.

한편 남한 당국은 헝가리 사태 당시의 북한 내부 정세뿐만 아니라, 사회주의 형제국들 간 외교 관계까지 간파하고 있었다. 소련이 폴란드·유고슬라비아와 갈등을 빚고 있다는 사실은 이미 남한 당국 정보망에도 포착된 상태였다.[24] 남한을 비롯한 "자유진영"은 사회주의진영의 분열과 혼란을 지켜보고만 있지 않았다. 헝가리 사태가 북한을 비롯한 사회주의권 전체에 막대한 파장을 일으키자, 남한은 이 절호의 기회를 이용해 북한을 뒤흔들 수 있었다. 매일 11시간 동안 "자유와 정의의 소리"라는 이름으로 송출된 한 대북 방송은 헝가리 사태를 소련의 침략으로 규정하며, 북한 주민들에게 공산주의 체제에 맞서 봉기를 일으키라고 호소했다. 그 구체적 내용은 그들이 각종 파괴행위와 태업을 일으켜 북한 사회를 혼란의 도가니로 몰아넣은 뒤, 안전지대인 남한으로 넘어오라는 선동에 집중되었다.[25]

당시 남한의 대북 공세는 선전선동에 그치지 않았다. 헝가리 사태 전후 남한의 삐라 살포와 간첩 파견이 급증하는 추세를 보였다. 북한 당국이 1956년 7월부터 8월까지 두 달간에 걸쳐 수거한 남한 삐라가 4만 4,121장에 달했을 정도였다.[26] 더 심각한 문제는 대규모 간첩단 파견이었다. 북한에 침투한 간첩들은 마치 헝가리 사태에 고무된 북한 주민들이 자발적으로 벌이는 행동인 양 위장해 테러와 파괴·교란 행위를 일삼았다. 미국 첩보기구로부터 교육을 받은 뒤 북파된 그들은 방어에 취약한 철도·터널·교량 등을 파괴 활동의 주요 표적으로 삼았다. 물론 그들 대부분은 체포돼 공개재판에 회부되었다.[27]

위기 뒤에 찾아온 기회

북한을 곤경에 빠뜨린 헝가리 사태는 김일성과 당 지도부에 불운만을 가져다준 것은 아니었다. 그것은 비판세력을 향한 공격을 재개할 수 있는 절호의 기회를 제공했다. 사실 김일성은 헝가리에서 전개되고 있는 사태와 북한에 조성된 상황에 다른 의미를 부여하지 않았다. 그는 임레 나지 정권을 비판세력과 동일한 "반당집단"으로 간주하며, 그가 추구한 개혁 조치들을 "반혁명"으로 규정했다. 임레 나지의 실각 이후 카다르를 수반으로 한 친소정권이 수립되자, 북한 매체들도 "인민민주주의 제도를 고수한 웽그리야 인민의 승리"라고 보도하기 시작했다.[28]

"반혁명"으로 간주된 헝가리 사태를 진압하기 위해 부다페스트 진격을 감행한 소련군은 북한의 지지를 받았다. 조선노동당 중앙위원회는 "헝가리의 반혁명 봉기에 맞서 소련 정부가 취한 모든 조치를 지지해야 한다"는 내용의 서신을 전 당원들에게 발송했다.[29] 당 지도부는 헝가리 "반혁명세력"을 진압한 소련과 자신들을 동일시하며, 비판세력을 탄압해온 그간의 행위에 정당성을 부여했다. 더 나아가 김일성은 헝가리 "반혁명세력"을 응징한 소련처럼, 자신도 비판세력을 향한 총공세에 나서길 원했다. 물론 김일성의 반격은 소련과 중국이 북한의 내정에 개입하기 힘든 조건 아래에서 이루어질 수 있었다. 뜻밖에도 상황은 김일성의 바람대로 흘러갔다.

1956년 중·후반부터 폴란드와 헝가리에 연이어 위기가 발생하자, 소련과 중국의 관심은 온통 동유럽 지역에 쏠리기 시작했다. 자연스럽게 북한 문제는 두 대국의 관심에서 멀어져갔다.[30] 소련과 중국의 북한 내정 간섭을 가로막은 다른 요인은 소련이 헝가리 사태의 와중에 발표한 "10월선언"이었다. 이 선언은 사회주의 형제국들의 내정에 더 이상 개입하지 않겠다는 소련의 성명을 담고 있었다. 비록 소련은 "10월선언"의 약속을 어기고 군사적 개입을 강행했으나, 헝가리의 파국적 사태가 불러온 막대한 파장을 목격하며 형제국 내정 간섭이 얼마나 무모한 일인가를 깨달을 수 있었다. 소련공산당 지도부의 실책 인정은 "10월선언"의 메시지가 여전히 유효함을 가리키는 신호이기도 했다.[31] 호시탐탐 기회를 엿보던 김일성이 그 신호를 포착하지 못할 리 없었다. 헝가리 사태 이후 그의 태도는 돌변하기 시작했다.

10

평양의
봄

김일성종합대학을 뒤흔든
지식층의 체제 비판

소련공산당 제20차 대회, 조선노동당 중앙위원회 8월 전원회의, 헝가리 사태는 북한 사회에 큰 파장을 몰고 왔다. 누구보다 지식인층이 이 일련의 사태들로부터 큰 충격을 받았다. 북한 교육 당국은 8월 전원회의와 헝가리 사태 이후 대학교수들, 중학교 교사들, 대학생들을 비롯한 인텔리층이 "사상적 동요"를 보이고 있다고 진단했다. 교육성 부상 장익환은 "정치적 이유"로 시급히 교체해야 할 교원 규모가 평안남도에서만 300여 명에 달한다고 강조했다.[1]

최고 명문대학인 김일성종합대학 교수들과 학생들도 북한체제에 비판적 태도를 보였다. 교수들보다 더 과감한 비판 활동을 벌인 학생들의 경우, 삐라 살포사건을 일으켜 큰 물의를 빚었다. 학생들이 공공장소 담벼락과 종이쪽지에 쓴 메시지는 헝가리 사태에 호응해 헝가리 대학생들을 지지하는 한편, 국내 대학생들의 생활수준을 개선하자는 내용에 초점이 맞추어졌다.[2] 새로운 세계와 사조를 목격하며 사상적으

건립 당시의 김일성종합대학
김일성종합대학은 1946년 10월경에 창설되었다.
북한 당국은 미군정의 "국대안"에 반발한 남한 학자들을 대거 초빙해
김일성종합대학 교수진으로 충원했다. 1956년경 헝가리 사태가 일어나자,
대학 내 교수들과 학생들은 적극적으로 체제 비판 활동에 나섰다.

로 각성하기 시작한 북한 지식인층은 민주주의 확대, 인민 생활 개선, 개인숭배 청산 등의 과제를 요구하고 나섰다.[3] 모두 비판세력 인사들이 집중적으로 문제를 제기해온 현안들이었다.

사실 북한 지식인들 상당수는 비판세력 인사들과 교류하는 가운데 그들로부터 적지 않은 영향을 받았다. 김일성종합대학 내에도 최창익과 친분을 쌓으며 그의 정견에 지지 의사를 피력한 이들이 있었다. 대학 공동체의 입장을 대변해 활동한 대학당 위원회 위원장 홍락응이 그 대표적 인물이었다. 그를 비롯한 교수들은 도탄에 빠진 인민들의 생활난 문제를 집중적으로 거론하며, 당과 정부 정책의 정당성에 의문을 제기했다. 특히 과학원 사회경제부 학자들과 긴밀한 관계를 유지해온 역사학부 교수들의 반발이 두드러졌다.[4] 비판세력을 지지한 교수들의 활동은 학생들에게 큰 영향을 끼쳤다. 그들의 활동에 동조하다 적발된 김일성종합대학 내 대학생·대학원생 수가 100여 명에 달했을 정도였다.[5]

북한 지식인층이 가장 중점적으로 이의를 제기한 문제는 인민들의 생활난이었다. 사실 생활난은 그들 자신의 문제이기도 했다. 김일성종합대학 학생들의 경우 매우 보잘것없는 식사를 제공받았다. 매일 700그램의 곡물로 지은 밥 세 끼에 국이 제공되었으나, 생선 반찬은 아주 가끔 나왔고 육류라고는 구경하기조차 힘든 실정이었다.[6]

학생들은 그 형편없는 식사를 절묘하게 풍자했다. "황금반에 대근명월탕"이나 "황백반에 중앙 간부 도하탕"이라는 유행어가 생겨났다. "황금반"은 옥수수밥, "황백반"은 입쌀과 옥수수를 섞은 밥을 의미했다. 기름기 없는 희멀건 한 뭇국을 가리키는 "대근명월탕大根明月湯"은 거기에 달이 비추면 완연해질 수 있다는 의미를 함축하고 있었다. "중앙 간부 도하탕"은 건더기가 없는 돼지고깃국이었다. 고기를 삶아 우려냈다기보다 돼지가죽 구두를 신은 중앙 간부가 국 가마를 한 번 스치고 지나갔다는 의미가 그 명칭에 담겨 있었다. 결국 학생들은 파식투쟁을 벌이며 학교 식당에 발길을 끊었다. 물론 당국은 그들의 요구를 들어주기보다, 파식투쟁을 주도한 학생들을 체포·처벌하는 대응으로 일관했다.[7]

교수들의 생활 형편도 열악하긴 마찬가지였다. 김일성종합대학 정치경제학 강좌 교원 반용설은 매달 4,000원이 조금 넘는 급여를 받았다. 그가 버스를 타고 출퇴근하는 데 든 교통비가 매달 400~500원이었음을 감안하면, 그 급여만으로 여유로운 생활을 영위하기란 쉽지 않았으리라 추정된다. 사실 그는 몇 년 전 소련 키예프에 있는 대학에서 장학금을 받으며 유학할 당시의 생활수준이 교직에 복무하고 있는 현재보다 훨씬 나았다고 털어놓았을 정도였다.[8] 교원 생활수준 향상 과제는 많은 인사들의 호응을 얻었다. 김일성종합대학 역사학부장을 맡고 있던 조선사 교수 김정도가 그 과제의 해결에 주력한 대표적 인물이었다. 그의 활동은 김일성종합대학당 위원회 위원장 홍락응과 조선노동당 역사연구소 소장이자 과학원 후보원사인 이청원의 지지를 받았다.[9]

교원 생활수준 향상을 요구한 김일성종합대학 교수들의 관심은 자연스레 북한이 직면한 경제 문제로 옮겨가기 시작했다. 마르크스–레닌주의 기초과목 강좌장 송군찬은 동독 총리 오토 그로테볼Otto Grotewohl이 방문한 뒤에야 조선노동당 지도부가 인민들의 생활수준 향상에 관심을 돌렸을 뿐, 그 이전까지 근로자들의 궁핍은 그들의 안중에 없었다고 지적했다. 그는 대담하게도 최창익이 수상에 복무했더라면, 인민들의 생활 형편이 지금보다 더 나아졌으리라는 견해를 밝히기까지 했다.[10] 소련에서 박사학위를 취득한 정치경제학부 교수 임해도 조선노동당의 경제정책을 비판했다. 북한 주민들 일부가 여전히 토굴에 기거하며 굶주리고 있다고 고백한 그는 당의 경제정책이 전혀 근로자들의 처지를 헤아리지 못하는 실정이라고 진단했다. 그도 송군찬처럼 "무식한 사람들이 나라를 지도하고 있는" 현실에 그 원인이 있다고 보았다.[11]

김일성종합대학 교원들이 비판의 표적으로 삼은 현안은 국가의 경제정책에 국한되지 않았다. 요 몇 년간 경험하지 못한 자유로운 분위기에 도취된 그들은 다양한 분야에 걸쳐 비판적 의견을 쏟아내기 시작했다. 놀랍게도 반소관을 표출해 물의를 일으킨 이들도 있었다. 세계사 강좌 강사 김현수는 유고슬라비아의 대내외 정책을 지지한다는 입장을 밝히며 우회적으로 소련을 비판했다. 사실 1948년경부터 소련의 영향권에서 벗어나 독자노선을 고수하고 있는 유고슬라비아는 북한과도 껄끄러운 관계를 이어오고 있었다. 그의 반소관과 체제 비판의식은 헝가리 사태 당시 소련군의 두 번째 진격을 비판한 유고슬라비아의 지도자 티토를 지지한다는 입장 표명을 통해서도 재확인되었다.[12] 마르크스-레닌주의 기초과목 강좌장 송군찬도 그의 생각에 동조했다. 그는 학생들에게 자국의 처지가 소련에 예속된 상황에 다름 아니라고 지적한 뒤, 형제국 내정 간섭 중단을 약속한 소련의 "10월선언" 발표 이후 북소 관계가 요동치고 있다고 주장했다.[13]

당국의 블랙리스트에 오른 김일성종합대학 교수들 가운데 체제를 정면으로 비판한 이들도 있었다. 철학부 교수 송택영은 조선민주주의인민공화국의 근간을 이루고 있는 정치체제인 인민민주주의에 의구심을 품었다. 그는 인민민주주의 제도가 본질적으로 관료주의에 다름 아니라고 비판했다. 세계사 강좌 강사 김현수는 조선민주주의인민공화국에 학문의 자유조차 허용되지 않는다고 한탄했다. 격분한 그는 "무식한 사람들"이 독점하고 있는 이 나라의 지도부를 교체해야 할 시기가 도래했다고 목청을 높였다.[14]

교원 생활난 해결에 관심을 보인 조선사 교수 김정도는 김일성 개인숭배와 독재정치를 비판하며, 시정 대책을 강구해달라는 청원서를 대학당 위원회에 제출했다. 내각 교육상이자 당 중앙위원회 부위원장 김창만이 김일성종합대학 내 반발적 기류를 억누르려 시도했으나, 대학당 위원장 홍락응은 김정도가 제출한 청원서를 동료들과 회람한 뒤 당중앙위원회에 전달했다. 더 나아가 그는 체제 비판에 가담한 교원들과 학생들을 지지하며, 대학 내 반발을 더 부추기는 태도를 보였다.[15]

당국의 눈 밖에 난 교수들은 강도 높은 검열을 받았다. 그들의 과거 전력은 물론 학문적 성과도 검열 대상에 포함되었다. 조선사 교수 김정도의 경우 실정을 일삼은 당 지도부를 비판한 데다 체제의 공식 입장에 부합하지 않은 역사관을 견지한 까닭에, 그동안 쌓아올린 학문적 업적마저 부정당해야 했다. 그는 1920년대 조선 민족해방운동이 러시아 10월혁명의 영향을 받았다는 기존의 설은 이론적 근거가 취약하다고 주장해 물의를 빚었다.[16]

8월 전원회의와 헝가리 사태를 목격하며 새로운 사조에 눈 뜨기 시작한 북한 지식인층은 체제 비판 활동에 적극 가담하는 태도를 보였다. 본질적으로 비판세력의 주장을 되풀이한 그들은 당 지도부 교체의 바람을 내비치며, 체제에 변화의 물결이 밀려오길 기대했다. 억압되고 경직된 사회 분위기 속에서 분출한 지식인층의 목소리는 한결같이 자유와 민주화를 갈망하는 메시지를 담고 있었다. 살을 에는 듯한 겨울 추위가 사라진 평양에 따사로운 봄기운이 느껴지기 시작했다. 그러나 평양의 봄이 화사한 꽃을 피울지 여운만을 남긴 채 얼어붙을지는 누구도 속단하기 힘든 상황이었다.

평화적 사회주의 이행의 길

9월 전원회의 이후 등장한 새로운 질서는 학문과 이론의 영역에까지 자유로운 분위기를 조성했다. 송예정은 정부 기관지 《인민》 1956년 11월호에 〈공화국 북반부에서의 사회-경제적 발전의 역사적 제 조건과 맑스-레닌주의 이론의 몇 가지 명제들에 대하여〉라는 논문을 발표해 주목을 받았다.

흥미롭게도 북한체제가 지향해야 할 사회주의 이행노선을 검토하고 있는 이 논문은 조선노동당은 물론, 소련을 비롯한 사회주의진영의 공식 입장에 전혀 부합하지 않는 결론을 이끌어냈다. 송예정은 매 역사 단계에 마르크스–레닌주의를 교조적으로 적용하기보다, 역사적 조건의 변화에 발맞춰 새로운 노선과 과제를 설정해야 한다는 전제를 제시하며 논의를 시작했다. 자신의 주장이 물의를 일으킬 수 있음을 의식한 진술이었다. 그는 먼저 북한체제의 주권 형태를 분석하며 그 계급적 본질이 프롤레타리아 독재가 아닌, 여러 혁명적 계급들의 연합적 독재 형태인 "인민민주주의 독재"라고 진단했다. 따라서 그는 인민민주주의적 발전 도상에 있는 북한이 프롤레타리아 독재를 경유하지 않고, 평화적·비폭력적으로 사회주의에 도달할 수 있다는 전망을 내비쳤다.

사실 이 이단적인 논의는 1948년경에 이미 폐기된 "제3의 길" 이론에 근거하고 있었다. 당시 소련은 민족주의적 독자노선을 추구하며 사회주의진영을 이탈하려 한 유고슬라비아를 겨냥해, 계급투쟁에 기초한 프롤레타리아 독재야말로 사회주의에 이를 수 있는 유일한 길이라고 천명하며 "제3의 길" 이론을 거둬들인 적이 있었다.[17] 그로부터 약 8년이 지나 북한 사회에 자유로운 분위기가 조성되자, 송예정이 다시 "제3의 길" 이론을 소환한 터였다. 그는 노동계급이 선봉적 역할을 담당하고 있는 조선민주주의인민공화국이 민족부르주아와 연대해 일정 정도 자본주의를 활용해가며, 평화적으로 사회주의에 도달할 수 있다

는 논리를 펼쳤다.[18]

당시의 상황에 비추어 결코 받아들일 수 없는 주장임에도 불구하고, 그의 논문은 "자유로운 토론"을 거쳐 《인민》에 게재되었다. 물론 고위 당 간부들과 이론가들은 그의 논문이 "수정주의적 성격"을 띠고 있다고 비판했다. 그의 주장을 공식적으로 반박하는 글도 발표되었다. 이석채가 조선노동당 기관지 《근로자》 1957년 1월호에 발표한 〈"공화국 북반부에서의 사회-경제적 발전의 역사적 제 조건과 맑스-레닌주의 이론의 몇 가지 명제들에 대하여"(《인민》, 1956. 11)에 대한 몇 가지 의견〉이라는 논문이 바로 그것이었다. 물론 그의 주장은 자본주의로부터 사회주의로 이행하는 과도기적 도정에 있는 국가가 프롤레타리아 독재를 경유한다는 마르크스-레닌주의의 명제는 일반적 법칙이자 보편 이론이라는 점에 초점이 맞추어져 있었다. 따라서 북한도 예외 없이 프롤레타리아 독재를 경유해 사회주의로 이행할 수밖에 없다는 결

북조선노동당 중앙당학교 조교수 시절의 이석채
이석채는 "제3의 길"론을 소환한 송예정의 논문을 비판했다. 그는 과도기적 도정에 있는 국가가 프롤레타리아 독재를 경유한다는 마르크스-레닌주의 명제는 보편적 법칙이라고 강조했다.

론이 그의 확고한 신념이었다.[19] 학술적 비판과 별도로 당 중앙위원회 부위원장 김창만이 송예정을 소환해 주의를 주었다. 그러나 다행히도 이단적 논문을 발표한 그의 과감한 행위는 처벌로 이어지지 않았다.[20]

흥미롭게도 그의 논문이 끼칠 수 있는 부정적 영향을 적극적으로 문제삼은 쪽은 소련대사관이었다. 평양 주재 소련대사관 제1서기관 삼소노프는 조선노동당 중앙위원회 선전선동부장 이일경과 대담을 나누던 중, 송예정의 "불순한 수정주의적 논문"을 언제까지 방치할 셈인지 따져 물었다. 이일경은 다음과 같이 대답했다. "당 중앙위원회는 숙고 끝에 그 논문이 독자들에게 큰 영향을 끼치기 어렵다는 결론을 내렸습니다. 게다가 이석채 동지의 반박 논문이 이미 《근로자》에 실린 상태입니다." 삼소노프는 그의 답변에 시큰둥한 반응을 보였다. "문제는 마르크스–레닌주의적 소양이 부족한 독자들입니다. 그들은 어떤 논문이 마르크스주의적인지 또는 반마르크스주의적인지조차 식별하기 어려운 처지에 있습니다. 외국 독자들도 마찬가지입니다. 그들의 경우 송예정의 주장을 조선노동당의 공식 입장으로 오해할 소지가 있습니다. 그 논문을 비판하는 정치적 비평이 잇따라야 독자들의 오해를 씻을 수 있습니다." 이일경은 그의 집요한 요구에 상황이 허락한다면, 다시 비판 논문을 게재하겠다고 약속했다.[21]

사상의 통일과 세계관의 규격화

체제의 공식 입장에 부합하지 않은 송예정의 논문 발표와 그에 뒤이은 이석채의 반박 논문 배포는 '평양의 봄' 시기에 학문적 토론의 자유가 제한적 형태로나마 허용되었음을 보여준다. 그러나 자유와 민주화를 열망한 지식인층의 활동은 점차 탄압에 직면하기 시작했다. 그 첫 조짐은 교원들과 학생들을 대상으로 한 사상 검열이었다. 조선노동당 중앙위원회와 내각 간부들 40명이 참가한 검열그룹이 결성돼, "자유주의의 온상이자 최창익의 대본영"으로 간주된 김일성종합대학과 각지 학교들에 파견되었다. 그들은 석 달 동안 각 학교의 사상사업 실태를 점검하며 개선 방향을 모색해나갔다.[22]

검열의 결과 학생 선발 방식에 문제가 있다는 결론이 도출되었다. 이번에도 매우 낯익은 처방이 제시되었다. 학생 선발 방식의 변경, 곧 대학 신입생 수의 30퍼센트 이상을 생산 활동에 종사해온 전업 노동자·농민들 중에서 선발해야 한다는 해법이 그것이었다. 사실 제대로 된 교육을 받지 못한 데다 체제의 일방적 선전만을 접해온 그들이 국가에 비판의식을 품을 가능성은 높지 않았다. 노동자·농민 출신 대학생 선발이 강조됨에 따라, 중학교 졸업생들 가운데 대학·전문학교 진학자 비율은 40퍼센트 미만으로 제한되었다. 당국은 진학 대상에서 제외된 중학교 졸업생들을 기업소나 농업협동조합에 배치하기로 결정했다.[23]

검열사업과 함께 교육적 해법도 병행되었다. 당국은 비판세력의 영향을 청산하고 지식인층의 사상의식을 바로잡을 목적 아래, 종파주의를 비판하는 내용의 교육을 실시했다. 1957년 3월경 평양시당과 일부 공공기관이 집중적으로 기획한 강연의 주제가 "종파주의와 파벌의 해독성"이었다. 김일성종합대학당 회의에서도 종파주의를 겨냥한 비판회가 수시로 개최되었다.[24] 당국자들은 지식인층의 반발이 최창익·박창옥으로 대표되는 "종파주의자들"의 영향과 무관치 않다고 보았다. 그들은 조선노동당 지도부의 경제정책을 비판한 김일성종합대학 교원들과 학생들을 "최창익 지지자들"로 간주하며, 지식인층마저 종파주의에 오염되었다고 성토했다.[25]

조선노동당 지도부는 지식인층의 반발에 조금도 물러서지 않았다. 그들은 자신들이 규격화한 세계관을 전 인민들이 받아들이도록 강요했다. 문학예술 부문도 예외는 아니었다. 1957년 초에 발표된 희곡 《이순신 장군》과 《가족》은 당내 토론을 거쳐 불건전한 작품으로 규정되었다. 《이순신 장군》의 경우 조선 함대의 역할이 과장된 반면 국왕과 조정의 신하들이 적의 협력자들로 묘사되었으며, 무엇보다 침략자들에 맞서 항쟁한 농민들의 역할이 간과되었다는 이유에서였다. 한국전쟁이 일어난 뒤 유엔군과 남한군에 협력한 어느 노동자의 이야기를 다룬 《가족》은 노동계급을 둘러싼 오해를 불러일으킬 소지가 있다는 점에서 해로운 작품으로 규정되었다. 체제의 지향성과 세계관에 들어맞지 않은 작품을 쓴 《이순신 장군》과 《가족》의 작가들은 당의 지시에 따라 작품을 수정하는 작업에 착수해야 했다.[26]

8월 전원회의와 헝가리 사태 이후 체제를 비판하며 민주화를 요구하는 목소리가 높아져갔다. 최창익·박창옥을 비롯한 비판세력 인사들도 제한적이나마 자유로운 활동을 영위하고 있었다. 체제 비판에 가담한 지식인들은 제지를 당했으나, 인신 구속과 같은 물리적 처벌로까지 이어지지는 않았다. 미코얀과 펑더화이의 내정 간섭이 조선노동당 지도부의 비판세력 탄압에 제동을 건 상황이었기 때문에, 어느 정도 자유의 공간이 확대될 수 있었다. 그러나 해빙의 분위기가 조성되고 있던 따사로운 '평양의 봄'이 언제까지 지속될지 미지수였다. 1956년 말부터 1957년 초·중반까지 이어진 '평양의 봄'은 "폭풍 전야의 고요"에 비유될 법한 시기였다.

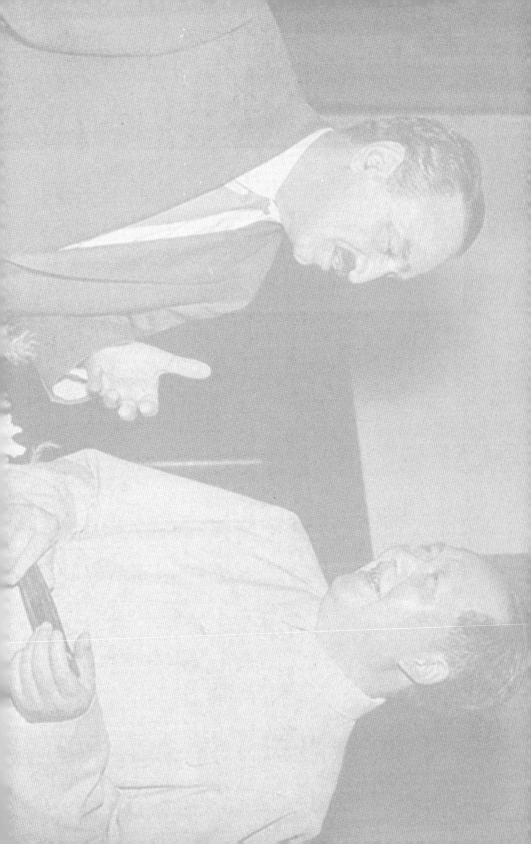

IV

공멸의 길

#01

반격

반당그룹 사건

미코얀·펑더화이의 북한 내정 간섭과 그에 이은 헝가리 사태는 자유와 민주화를 향한 대중적 열망이 움트는 계기를 가져다주었다. 소련과 중국의 압력에 굴복한 김일성에게 이 시기는 견디기 힘든 수모의 나날이었다. 그러나 조심스럽게 기회만 엿보고 있던 그에게 뜻하지 않은 행운이 찾아왔다. 그 행운의 진원지는 다름 아닌 형제국 소련이었다.

1957년 중반경 이른바 "반당그룹 사건"이 일어난 소련에 불확실한 정치 국면이 조성되었다. 소련공산당 제20차 대회 전후 흐루쇼프로부터 공격을 받아 입지가 위축되고 있던 스탈린의 오랜 측근들인 말렌코프Георгий Максимилианович Маленков·몰로토프Вячеслав Михайлович Молотов·카가노비치Лазарь Моисеевич Каганович 등이 그 사건의 주인공들이었다. 6월 18일, 당 중앙위원회 간부회에서 다수파를 형성한 그들은 흐루쇼프의 경제노선과 집체적 지도를 둘러싼 문제점을 비판하며 그의 퇴임을 촉구했다. 그러나 흐루쇼프는 굴복하지 않았다. 그는 당 중앙위원회 전원회의를 개최해 자신의 거취를 결정해야 한다고 맞섰다.

나흘 뒤인 1957년 6월 22일, 전원회의가 소집되었다. 흐루쇼프가 스탈린의 대숙청에 협력한 말렌코프와 몰로토프의 과거 행적을 집요하게 비판하자, 공포정치가 난무했던 과거로의 회귀를 바라지 않은 많은 당 간부들이 그의 비판에 동조하고 나섰다. 전세는 역전되었다. 흐루쇼프는 자신과 대립각을 세운 말렌코프·몰로토프·카가노비치·불가닌 등을 "반당그룹"이라 비난하며, 당 중앙위원회와 간부회로부터 그들을 축출했다.[1]

그로부터 열흘 남짓 지난 7월 3일, 북한 주재 소련대사 푸자노프는 이른바 "반당그룹"을 응징한 소련공산당 중앙위원회 전원회의의 결정을 김일성에게 전달했다. 사건의 전말을 전해 들은 김일성의 얼굴에 화색이 돌았다. 그는 "반당그룹의 종파 활동"을 비판한 소련공산당 중앙위원회를 지지한다고 밝히며 다음과 같이 덧붙였다. "지난해에 우리 당 중앙위원회도 종파투쟁을 겪었습니다. 그 경험에 비추어 반당그룹이 귀국에 얼마나 큰 해악을 끼쳤을지 미루어 짐작할 만합니다."[2] 김일성의 의도는 명백했다. 비판세력을 소련의 "반당그룹"과 동일한 집단으로 규정하려는 심산이었다. 그러면 북한도 소련의 선례를 따라 지체 없이 비판세력 청산에 나설 명분과 정당성을 확보할 수 있을 터였다.

사흘 뒤인 7월 6일, 조선노동당 중앙위원회는 "반당그룹" 축출을 지지한다는 내용의 서한을 소련공산당 중앙위원회에 보냈다. 이 서한은 그들의 결정이 "당의 사상과 행동상의 통일을 파괴하려는 종파행위를 과감히 극복하고 당 대열의 순결성을 수호한 정당한 조치"였다는 찬사를 담고 있었다.[3] 《노동신문》을 비롯한 각종 매체들은 7월 5일부터 소련의 "반당그룹 사건"을 집중적으로 보도하기 시작했다.[4] 광범한 기층 당 조직들의 회의와 각종 강습회에서도 이 사건이 중점적으로 다루어졌다.

이후 비판세력을 소련의 "반당그룹"과 동일시하며 "종파주의자들"이라고 비판한 조선노동당의 태도는 소련 측으로부터 어떠한 제지도 받지 않았다. 소련 내 정치 정세의 변화와 함께 점점 첨예해지는 중소 관계도 조선노동당 지도부의 활동을 구속해온 요인들을 일소하는 데 한몫했다. 곧 격변하는 동유럽 사태를 둘러싼 소련과 중국의 사회주의 주도권 경쟁이 갈수록 치열해지는 상황 속에서, 양국은 더 이상 북한을 압박하기보다 자기들 편으로 끌어들이려는 구애 경쟁에 열을 올리기 시작했다. 소련과 중국이 북한을 자극하기는커녕 환심을 사려 경쟁하는 뜻밖의 상황이 펼쳐지자, 조선노동당 지도부는 더 이상 외부의 시선을 의식하지 않고 비판세력을 향한 반격에 나설 수 있었다. 돌변한 국제 정세가 다시 김일성에게 뜻하지 않은 행운을 가져다준 셈이었다.

더구나 이 반격은 중국 측으로부터 암묵적 승인을 받았다. 중소 갈등이 고조되고 있던 1957년 11월경, 북한과의 관계 개선을 모색하고 있던 중국 지도부는 소련에서 개최된 "세계 각국 공산당 및 노동당 대표회의"에 참석했다. 바로 이 회의 기간 중 모스크바에 체류하며 김일성과 대담을 나눈 마오쩌둥은 1956년 9월 전원회의 당시 중국이 북한 내부 문제에 간섭한 전력을 사과했다. 그의 권고에 따라 펑더화이도 김일성을 방문해, 과거 자신의 행위가 그릇되었음을 시인하는 사과의 인사를 건넸다. 조선노동당 지도부는 중국공산당 수뇌부의 사과가 외부로부터 강요된 9월 전원회의 결정이 그릇된 반면, 자신들이 채택한 8월 전원회의 결정이 정당했음을 공인하는 신호로 받아들였다.[5] 달리 말해 그것은 "반종파투쟁", 곧 비판세력 숙청의 정당성을 지지하는 국제적 승인 절차로 북한에 인식될 수 있었다.

서휘를 향한 공세

비판세력을 겨냥한 반격은 그보다 이른 시점인 1957년 7월경, 소련의 "반당그룹 사건"이 일어난 직후부터 개시되었다. 사실 그들은 체포나 감금 등의 인신 구속을 면할 수 있었을 뿐, 계속해서 언론 매체의 비판에 시달리고 있었다. 이를테면 1957년 4월 24일 자《노동신문》은 최창익과 박창옥 등을 비판하는 내용의 사설을 게재했다. 이 사설은 간부들을 중상하며 당의 통일을 방해한 "반당적 종파분자들"을 처벌한 8월 전원회의 결정이 정당했다는 내용을 담고 있었다.[6]

　최창익과 박창옥 못지않게 큰 비판을 받은 이는 8월 전원회의 사건을 기획한 주역 중 한 명인 서휘였다. 직업총동맹 위원장 재임 기간 중 노동정책의 근본적 개혁을 꾀해 당 지도부와 대립각을 세운 그는 이미 김일성의 눈 밖에 나 있었다. 사실 직업총동맹을 노동자들의 이해관계를 대변할 조직으로 개혁하려 한 그의 시도는 그것을 국가에 종속된 기구로 묶어두길 바란 당 지도부의 입장에 부합하지 않았다.

망명한 서휘가 남긴 노동개혁 유산은 도처의 공장에서 물의를 일으켰다. 1956년 말 그의 지지자들이 포진해 있는 공장들이 생산경쟁운동을 전개하지 않았다는 점은 그가 노동 부문에 끼친 영향이 묵과하기 힘든 수준이었음을 시사한다. 그는 직업총동맹 위원장에 재직할 당시 고된 생산경쟁운동이 노동자들의 피로를 높일 수 있다고 강조하며, 여건이 갖추어지지 않은 공장들의 경우 그것을 자제해야 한다고 주장한 적이 있었다. 물론 당국자들은 그의 주장이 생산경쟁운동을 파탄 내려는 모략에 다름 아니라고 비판했다. 그들은 서휘의 노동개혁이 전후 국가가 직면한 난관을 안중에 두지 않은 조치라고 성토하며, 노동자들을 대상으로 그의 영향을 청산하기 위한 설득에 나섰다.[7]

1957년 5월경 조선노동당 중앙 상무위원회는 망명한 서휘를 대신할 새 직업총동맹 위원장 선출 문제를 논의했다. 먼저 그의 문책을 정당화할 의도 아래 그가 범했다는 "반당행위"를 기록한 자료들을 공개하며 공식 해임 절차에 착수했다. 흥미롭게도 반소련계 한인 캠페인에 가담한 그의 전력이 기록된 문건도 그 자료들에 포함되어 있었다. 당 중앙 상무위원들 누구나 할 것 없이 서휘의 파면 근거는 그것으로 족하다는 반응을 보였다. 이어 그들은 새 직업총동맹 위원장에 추천된 당 중앙위원회 조직부장 한상두를 한껏 추켜세우는 발언들을 쏟아냈다.

그때 원칙주의자 박의완이 이의를 제기하고 나섰다. 그는 이번에도 주변 분위기 따위에는 아랑곳하지 않았다. "한상두 동지도 고려인들을 반대하는 활동에 가담한 적이 있습니다. 2년 전 고려인 블랙리스트를 작성하며 서휘를 도운 이가 바로 한상두 동지입니다. 따라서 동지의 그 과오도 반드시 문건에 기록해 향후 인사의 참고 자료로 활용해야 합니다." 물론 모든 상무위원들이 그의 제안에 반대했고, 결국 한상두 는 직업총동맹 위원장에 선출되었다.[8] 1956년 9월 당 중앙 상무위원회 가 소집되었을 때, 미코얀과 펑더화이의 면전에서 소신 발언을 해 동 료들의 눈 밖에 난 그는 이번에도 신념을 굽히지 않는 길을 택해 김일 성의 노여움을 사고 말았다.

소련의 "반당그룹 사건"은 비판 수준에 머물렀던 서휘를 향한 공세 가 전면적 탄압으로 발전한 계기가 되었다. 1957년 7월경부터 직업총 동맹 내 서휘 지지자들이 탄압받기 시작했다. 그가 획책한 "반당 종파 활동"에 가담했다는 혐의로 직업총동맹 중앙위원회 부위원장 문두재 가 체포된 데 이어 여러 부장들이 파면되었다.[9]

내정 간섭 중단과 탄압의 승인

비판세력과 그 지지자들을 향한 반격은 당 지도부의 즉흥적 결단이 아 닌 치밀한 상황 분석을 거쳐 이루어졌다. 김일성이 소련대사 푸자노프 로부터 "반당그룹 사건" 소식을 전해 들은 지 이틀이 지난 7월 5일, 외무상 남일이 그를 초청해 대담을 나누었다. 소련대사의 의중을 떠보라는 김일성의 지시를 받고 마련한 자리임에 틀림없었다. 남일은 대화 도중 넌지시 비판세력의 동향을 화제에 올렸다. "작년 8월 전원회의 당시 적발된 반당집단이 아직도 활동을 멈추지 않고 있습니다. 그들을 지지하는 자들이 당내에 남아 있다는 점도 문제입니다." 그러나 남일은 그들이 종파 활동을 벌이고 있다는 어떠한 근거도 제시하지 못했다. 물론 비판세력 인사들의 동향을 주시해온 내무성 내 소련인 고문들도 그들의 활동에 특이한 정황을 포착하지 못하긴 마찬가지였다.[10]

푸자노프는 1956년 9월에 있었던 미코얀과 펑더화이의 북한 내정 개입이 정당했다는 입장을 강조할 뿐, 비판세력의 "종파 활동"을 화제에 올린 남일의 태도에 거부 반응을 보이지 않았다. 남일은 아무런 감정이 실리지 않은 그의 반응으로부터 이제 더 이상 소련이 북한 내정에 개입하기 힘든 상황이 조성되었음을 직감할 수 있었다. 마침내 반격이 시작되었다. 김일성을 비롯한 당 지도부는 최창익·박창옥 등의 반당행위를 비판하며 반격의 신호탄을 쏘아올렸다.[11]

그와 동시에 8월 전원회의 사건 가담자 체포도 시작되었다. 1957년 8월 5일 푸자노프와 대담을 나눈 박의완은 "최창익이 주도한 반당집단"에 가담했다는 혐의로 현재까지 약 200명이 체포돼, 두 달간 조사가 이루어질 예정이라는 정보를 건넸다. 그러나 그가 전한 체포자 수 통계는 부풀려진 면이 있었다. 소련대사관이 내무성 고문들로부터 전달받은 정보에 따르면, 8월 초 현재까지 체포자 수는 10~20명 정도에 그쳤다.[12] 8월 중순에 접어들어서야 체포자 수가 가파른 증가세를 보였다. 7~8월 두 달간에 걸쳐 검거된 이들이 총 68명에 달했을 정도였다. 그들 가운데 최창익도 끼어 있었다. 아직 조사 대상에 포함되지 않았지만, 비판세력과 협력해온 김두봉·박의완의 주변에도 심상치 않은 분위기가 조성되기 시작했다.[13]

내각의 각 성들과 산하 기관들은 당 회의를 열어 비판세력 연루자들과 지지자들 색출에 나섰다. 6일간 지속된 외무성 당 회의는 당 위원회 위원장과 그의 보좌진들에게 최창익·서휘의 추종자들이라는 혐의를 씌우며, 그들이 외무상 남일과 부상 이동건을 제거하려 했다고 헐뜯었다.[14] 체신성 당 회의는 전 체신상 김창흡을 "반당집단"의 일원으로 지목했다. 그는 비판세력에 가담한 적이 없다고 맞섰으나, 이른바 "최창익정권" 수립과 함께 재편될 당 중앙위원회의 간부부장에 내정되어 있었다는 혐의를 받았다.[15] 가장 강도 높은 비판회의가 개최된 곳은 "최창익의 대본영"으로 간주된 김일성종합대학이었다. "서휘의 졸개"로 매도된 대학당 위원장 홍락응을 비롯해, 김정도·송군찬·임해 등 체제를 비판해온 여러 교수들이 "반당 종파주의자"라는 혐의를 받았다. 사흘간에 걸친 김일성종합대학당 총회의 경과가《노동신문》에 상세히 보도되었다.[16]

비판세력 지지자 색출에 목적을 둔 당 회의는 몹시 험악하고 공포스러운 분위기에서 개최되었다. 이를테면 함흥시 재건사업 책임자는 건설상 김승화와 맺은 업무상의 관계 탓에, 당 회의가 지속된 보름간에 걸쳐 혹독한 심문을 받았다. 그가 집요하게 추궁받은 단 하나의 질문은 "김승화로부터 무슨 지시를 받았는가?"였다. 그는 반당적 지시를 받은 적이 없다고 항변하며 버티다 결국 자살을 택했다.

사실 "종파집단"을 지지했다는 혐의를 받은 이들은 그 의혹으로부터 벗어나기가 쉽지 않았다. 만일 어떤 이가 혐의자들을 변호한다면 그도 "종파집단" 지지자라는 의혹을 받을 수 있는 이상, 누구도 그들을 변호하기는커녕 그들과의 관계마저 부인하기 일쑤였다. 전혀 주변인들의 도움을 받을 수 없었던 혐의자들은 고립 상태에 빠진 채 허위 자백을 강요받곤 했다. 물론 자신이 봉착한 상황에 절망한 그들 대부분이 살길을 찾아 거짓 자백에 응했으나, 양심적 인사들은 오랜 고민 끝에 자살을 택하는 경향을 보였다. 박의완이 푸자노프에게 건넨 정보에 따르면, 그는 거짓 자백을 강요받고 자살한 이들 여덟 명을 알고 있었다.[17]

소련은 비판세력을 적극적으로 탄압하기 시작한 김일성과 노동당 지도부의 태도를 우려했다. 그러나 더 이상 소련이 북한 내정에 개입하는 일은 일어나지 않았다. 1957년 10월 1일 김일성은 소련대사 푸자노프에게 현재 당 조직들이 "반당집단" 가담자들을 색출하고 있으며, 서둘러 조사를 종결하지 않겠다는 입장을 전달했다. 그러나 푸자노프는 광범한 체포와 숙청으로 비화될지 모를 "반당집단" 조사가 빨리 마무리되길 원한다고 응수하며 다음과 같이 덧붙였다. "이 사건을 서둘러 매듭짓지 않으면, 미국과 이승만 도당에게 온갖 비방의 구실을 제공할 수 있습니다." 물론 김일성은 그의 의견에 반대할 수 없었다. 그러나 그가 보여준 이후의 태도는 푸자노프의 권고를 여지없이 깔아뭉개는 행태에 다름 아니었다.[18] 비판세력 탄압에 관한 일이라면, 이제 더 이상 김일성은 소련의 눈치를 보지 않았다. 형제국 내정 간섭의 무모함을 절감하고 있던 소련도 그저 바라만 볼 수밖에 없었다.

사회주의진영 내 주도권 경쟁에 열을 올리고 있던 소련과 중국은 결국 형제국의 지지를 쟁취하려는 일념 아래, 북한의 비판세력 탄압을 묵인하는 단계를 넘어 공식적으로 승인하는 메시지를 발표했다. 1957년 10월 22일 자 《프라우다》는 다음과 같은 김일성의 연설 내용을 게재했다. "우리 당은 내외부로부터 당 대열을 파괴하려는 적대 분자들의 활동을 분쇄하고, 당의 정확한 노선에 대립하는 좌우경적 경향을 극복했습니다. 노동당은 당의 단결을 파괴하려는 종파주의자들에 맞서 비타협적 투쟁을 벌이며 더욱 강화되었습니다."[19]

중국도 지켜보지만 않고 북한의 환심을 사려는 적극적 구애 경쟁에 뛰어들었다. 1957년 11월경 모스크바를 방문한 마오쩌둥이 김일성을 만나, 9월 전원회의 당시 중국의 북한 내정 간섭에 대해 사과한 일도 그 경쟁의 일환이었다. 이후 조선노동당 지도부는 비판세력 인사들의 당적을 박탈한 8월 전원회의 결정이 정당했던 반면, 비정상적 조건 아래 개최된 9월 전원회의는 그릇된 결정을 이끌어냈다고 목청을 높였다. 9월 전원회의 사건의 앙금을 씻어낼 수 없었던 김일성은 미코얀과 펑더화이가 "작년 야밤, 예고 없이 남의 집에 들이닥쳤다"고 성토하기까지 했다. 박정애도 '9월 전원회의 결정이 두 형님 당들의 압력 아래 채택되었다"며 그의 볼멘소리에 장단을 맞췄다.[20] 1957년 12월 5~6일에 걸쳐 개최된 조선노동당 중앙위원회 확대 전원회의는 소련과 중국의 내정 간섭을 "대국주의적 쇼비니즘"이라 비판하는 분위기 속에서 개최되었다.[21]

조선노동당 제1차 대표자회

1957년 12월 17일, 소련대사 푸자노프와 대담을 나누던 김일성은 조만간 조선노동당 대표자회를 소집해 "종파분자들"을 겨냥한 투쟁을 총결할 계획이라고 밝혔다. 그는 자신이 구상하고 있는 당 대표자회의 목표와 밑그림을 거침없이 털어놓았다. "중국으로 도주한 자들과 최창익·박창옥을 비롯한 몇몇 동지들의 출당은 불가피합니다. 종파에 가담한 동지들은 당 대표자회에 참석해 자아비판을 해야 합니다. 물론 그들이 감수해야 할 처벌은 자아비판의 성실성과 진실성 여부에 달려 있습니다." 김일성은 전혀 푸자노프의 눈치를 보지 않고 통보하듯 향후 일정을 전달했다. 푸자노프는 단지 권고 차원에서 김일성에게 재고를 바란다고 다독일 수밖에 없었다. "당 대표자회의 의제가 종파분자들 문제에만 집중되면, 그들이 강력한 세력과 많은 지지자들을 보유하고 있다는 오해를 불러일으킬 수 있습니다. 현재 그보다 더 중대한 노동당의 과업은 당원들의 사상의식을 강화하는 일입니다."[22] 물론 비판세력 탄압에 반대한 푸자노프의 권고는 아무런 효력도 발휘하지 못했다.

　1958년 3월 5일, 김일성의 의도대로 8월 전원회의 사건 가담자들을 겨냥한 전당적 "반종파투쟁"의 성격을 띤 "조선노동당 제1차 대표자회"가 개최되었다. 노동당 대표자 1,000여 명과 500여 명의 방청객이 참석한 이 회의는 "1957~1961년 인민경제 발전 제1차 5개년계획에 대하여", "당의 통일과 단결을 더욱 강화할 데 대하여", "조직 문제" 등 세 가지 의제를 다루었다.[23] 그 가운데 종파주의자들을 겨냥한 두 번째 의제가 논의될 때 매우 험악한 분위기가 조성되었다. 연안 출신 인사들은 "반당·반혁명 연안종파"로 매도되었다. 최창익과 박창옥뿐만 아니라 김두봉과 박의완까지 아우르는 폭넓은 비판이 이루어졌다.

　물론 그들 중 비판의 표적이 된 이는 최창익이었다. 새 정권의 수장에 내정된 이가 바로 그라는 소문이 당원 대중들 사이에 극심한 분노를 촉발했다. 이번에도 이이제이以夷制夷 전략을 염두에 두고 있던 김일성은 그와 동향 출신인 함경북도당 위원장 김태근을 내세웠다. 지도자의 의중을 간파한 그는 단지 비판에 그치지 않고 온갖 죄상을 날조하며 최창익을 매도했다. 선전선동 계통에서 경력을 쌓아온 달변가인 그는 입에 거품을 물고 쏘아붙였다. "1954년경 함경북도의 식량난이 최고조에 달했을 때, 중앙으로부터 최창익이 파견되었습니다. 그자는 아무 일도 하지 않고 술만 퍼마셨는데, 옆자리에는 꼭 처녀들을 앉혔습니다. '북해도 수캐 같은 놈'입니다."[24]

허정숙

최창익을 비판한 인사들 가운데 가장 큰 주목을 받은 이는 그의 전 아내인 허정숙이었다. 오랜 기간 항일투쟁을 지속해온 연안 출신 여성 혁명가인 그녀는 저명한 "민족변호사" 허헌의 딸로서 명성이 자자했다. 극소수의 여성 혁명가들 중에서도 단연 돋보이는 경력과 명성을 소유한 그녀에게 줄곧 북한체제의 요직이 맡겨졌다. 1946년 11월부터 1947년 2월까지 북조선노동당 중앙위원회 간부부장을 지낸 그녀는 1948년 9월 조선민주주의인민공화국 수립과 함께 최고인민회의 대의원 및 내각 문화선전상에 발탁되었다.[25]

여걸다운 활달한 성격도 인구에 회자되며 그녀의 명성을 드높인 요인이었다. 그녀는 젊은 연안계 혁명가들에게 "누님"으로 불렸고, 격의 없는 관계를 유지한 그들로부터 큰 신망을 얻었다. 사실 여성으로서 그녀의 성적 정체성은 남성들과의 관계에 전혀 걸림돌이 되지 않았다. 그녀는 그들의 일 처리가 마음에 들지 않으면, "당신은 불알을 달고 있으면서 왜 일을 이따위로 처리하오?"라고 닦달하기도 했다.[26] 비록 실무에 약점이 있었으나, 가족 관계·경력·성격 덕에 그녀의 삶은 매우 화려해 보였다.

그러나 실상을 들여다보면, 그녀의 삶은 화려함 이면에 곡절도 많았다. 특히 그녀의 사생활은 해방 이후 줄곧 불행으로 얼룩져 있었다. 그녀는 가끔가다 자신에게 주먹을 휘두르는 버릇이 있었던 최창익과 이혼

허정숙
해방 후 허정숙의 삶은 불행으로 얼룩져 있었다. 그녀는 아버지를 여읜 데 이어
뜻하지 않은 의료 사고로 장성한 아들마저 잃고 말았다. 건강이 쇠약해진 데다
정신적으로 위축되어 있던 그녀에게 지난날 동고동락했던 연안의 동지들을 비판하라는
당의 협박이 이어졌다. 결국 그녀는 오랜 기간 목숨을 바쳐 쌓아올린
고귀한 명예를 포기하는 길을 택했다.

한 뒤, 고려인 간부 "박 니콜라이 알세이비치"와 사랑에 빠져 동거를 시작했다. 물론 그 고려인도 소련에 본처와 가족을 두고 있던 유부남이었다. 그는 허정숙과의 관계가 구설에 오르자 곧 소련으로 소환되었다.[27] 그 뒤 그녀는 건강하지 못한 몸으로 독신 생활을 영위해야 했다.

고달픈 삶에 지쳐 있던 그녀에게 얼마 지나지 않아 큰 시련이 닥쳤다. 1951년경에 발생한 사랑하는 아버지 허헌의 사망 사고가 그것이었다. 홍수로 불어난 평안북도 대령강을 건널 생각이었던 그는 사공을 다그쳐 배를 띄웠다. 그러나 무리하게 띄운 그 배는 그만 거센 물살에 휩쓸려 전복되고 말았다. 효심이 지극했던 허정숙은 그의 시신을 찾고 있는 인파에 섞여, "미친 여자처럼" 긴 머리를 풀어헤친 채 강둑을 오르내렸다.[28] 아버지를 여읜 뒤 그녀의 건강은 몹시 악화되었다. 심각한 질환에 시달린 그녀는 낙후한 북한의 의술로부터 어떠한 도움도 얻지 못했다. 1953년 중반경 그녀는 중국에 들어가 치료받을 기회를 얻었으나, 중국의 의술도 도움이 되지 않긴 마찬가지였다.[29]

그녀의 불행은 그것으로 끝이 아니었다. 어쩌면 아버지의 죽음보다 더 큰 심적 고통을 안긴 사건이 1955년 말에 일어났다. 그것은 바로 스물여덟 살이 된 장성한 아들의 죽음이었다. 그해 여름 그는 결핵성 뇌막염 진단을 받은 뒤, 심한 두통에 시달리다 정부 산하 병원에 입원했다. 소련 의사와 북한 의사가 번갈아가며 그를 치료했다. 그러나 그는 이상 증세를 보였고, 진정제를 맞자마자 즉사하고 말았다. 명백한 의료 사고였다. 소련 의료진과 북한 의료진이 서로에게 책임을 떠넘기며

허헌
허정숙의 아버지 허헌은 독립운동가들을 변호해 "민족변호사"라는 별칭을 얻은 인물이었다.
해방과 함께 정치인으로 거듭난 그는 1946년 11월경 남조선노동당 위원장에 선출되었다.
월북 후 조선민주주의인민공화국 최고인민회의 의장과 김일성종합대학 총장을 지냈다.

"사고 원인 규명위원회"를 조직했을 만큼, 이 사건은 북소 관계에 미묘한 파장을 남겼다.[30]

와병 중에 사랑하는 아들을 잃은 허정숙이 정상적으로 업무를 처리하기란 쉬운 일이 아니었다. 문화선전성 내 여러 비리사건들이 터졌을 때, 그녀가 내린 잘못된 지시에 원인이 있다는 사실이 판명되기까지했다.[31] 결국 그녀는 1957년 8월경 9년간 재임해온 내각 문화선전상에서 해임되었다. 뒤이어 그녀가 취임한 사법상은 전문적 식견과 업무 부담이 필요 없는 명예직에 불과했다. 처리해야 할 업무라고는 고작 결재 문서에 도장을 찍는 일이 전부였다.

이제 지난날의 여걸다운 모습을 잃은 허정숙은 당과 국가가 제공해온 각종 특혜가 끊이지 않을까 걱정해야 할 처지에 놓인 늙고 나약한 여성에 지나지 않았다. 1958년 초, 건강이 쇠약해진 데다 정신적으로 위축되어 있던 그녀에게 당의 회유와 협박이 이어졌다. 바로 전 남편이자 지난날의 동지인 최창익을 비판하라는 압력이었다. 굳이 수고롭게 그녀 자신이 비판문을 준비할 필요는 없었다. 그녀가 해야 할 일이라고는 연단에 올라 누군가가 쥐어준 비판문을 읽어 내려가는 일뿐이었다. 결국 그녀는 혁명에 투신한 이래 오랜 기간 목숨을 바쳐 쌓아올린 고귀한 명예를 포기하는 길을 택했다. 옛 동지들을 팔아넘긴 대가로 당 중앙위원회 비서에 오를 수 있었던 그녀는 토사구팽당한 대다수 아첨꾼들과 달리 천수를 누리는 행운을 얻었다. 그것은 야심이 없었던 그녀에게 내린 지도자의 이례적 은총이었다.

굴복

체포된 최창익은 1958년 중반경부터 심문을 받았다. 점차 심문의 강도가 높아져가자, 그의 인내도 한계에 다다를 수밖에 없었다. 내무 당국은 비판세력이 국가를 전복하려는 목적 아래 군사 쿠데타 계획을 세웠다는 시나리오를 꾸며낸 뒤, 회유와 협박을 동원해 최창익의 허위 자백을 이끌어내려 획책했다. 그는 군부 내 연안계 인사들과 결탁했다는 혐의를 제외하고, 자신에게 씌워진 대부분의 혐의를 인정했다.[32] 이제 더 이상 그는 홀로 모든 책임을 떠안으려는 리더다운 모습을 보여주지 못했다. 그의 진술에 따르면, 자신은 결코 밀모를 주도한 핵심 인물이 아니었다. 그는 단지 형식상의 지도자 자격으로 "종파분자들"의 제안을 승인하는 역할을 맡았을 뿐이라고 변론했다.[33]

강도 높은 심문 앞에 무너져내린 그는 국가 전복 음모에 가담한 자들을 털어놓으라는 협박에도 굴복했다. 1958년 11월경, 그의 자백에 따라 박창옥·박의완·고봉기·양계 등이 체포되었다.[34] 비판세력에 가담한 이들 대다수가 체포된 뒤 비밀 재판이 열렸다. 주도자로 간주된 최창익과 박창옥은 사형선고를 받았다. 가택연금 중에 체포된 박창옥은 1958년 말 재판을 받자마자 총살형에 처해졌다.[35]

이제 소련과 중국을 의식하지 않고 비판세력에 가담한 이들을 탄압한 북한 당국은 사상문화 사업마저 소련공산당 제20차 대회 이전의 양상으로 되돌리기 시작했다. 그 대표적 조치는 바로 김일성 개인숭배의 전면적 복원이었다. 장황한 수식어를 덧붙인 극존칭과 모든 공적을 그의 지도 덕으로 돌리는 온갖 찬사의 표현이 다시 매체에 범람했다. 1958년 말부터 "위대한 수령 김일성 원수 혁명 활동 학습실"이 각지에 설치되고, 김일성이 지도한 항일유격대원들의 회고담을 수록한 서적들이 출판되어 대량으로 전국에 배포되었다.[36]

반소적 의미와 민족주의적 의미를 동시에 함축한 "주체"의 이념도 다시 강조되었다. 1955년경 최초로 제기된 뒤 크게 부각되지 않았던 이 테제는 1959년 말부터 비공개 보고와 강의를 통해 적극적으로 선전되기 시작했다. 1959년 10월 말 평양시의 지도적 간부들을 대상으로 실시한 당 중앙위원회 선전선동부장 김도만의 연설이 그 신호탄이었다. "주체"를 강조한 보고와 연설은 대개 민족주의적 지향을 드러낼 뿐만 아니라, 조선의 현실과 소련의 사회주의 건설 경험을 대립적 관점에서 바라보는 경향이 있었다.[37]

#02

이상조

명예로운 퇴임과 귀국 거부

비판세력을 향한 반격이 본격화되었을 때, 향후 거취가 초미의 관심사로 떠오른 네 인물이 있었다. 김일성과 당 지도부를 집요하게 비판한 이상조·김승화와 시간이 지날수록 비판세력에 가담한 전모가 드러나고 있던 김두봉·박의완이 바로 그들이었다. 물론 그들 중 김일성에게 더 큰 분노를 안긴 이들은 소련에 체류하고 있던 이상조와 김승화였다. 여전히 기존 직위를 유지하며 업무를 처리하고 있던 김두봉·박의완과 달리, 그들은 그의 손이 미칠 수 없는 소련의 보호막 아래 있었기 때문이다. 더구나 그들은 대소 외교를 활용해 조선노동당 지도부를 공격하며 누차에 걸쳐 김일성을 곤경에 빠뜨린 터였다. 그는 그들의 활동을 저지할 어떠한 수단도 보유하지 못한 상태였다.

그러나 사회주의권 내 국제 정세와 북소 관계의 변화에 따라, 소련을 상대로 한 이상조와 김승화의 외교 활동도 제약을 받기 시작했다. 특히 김일성의 눈엣가시였던 이상조의 외교 활동은 주소 대사직 해임과 함께 사실상 막을 내렸다. 그는 1956년 11월경 본국으로부터 해임 통보를 받았다. 이제 그에게 남은 일은 향후 거취를 고민하며, 신변에 닥친 위기를 피하는 일뿐이었다.

1956년 11월 28일, 이상조는 소련 외무성 극동과 과장 I. F. 쿠르듀코프에게 주소 대사직 퇴임 절차를 논의하고 싶다며 면담을 요청했다. 여느 때처럼 그들의 대담은 쌍방이 모두 구사할 수 있는 중국어로 진행되었다. 이상조는 자신의 해임 소식을 전하며 복잡한 심경을 내비쳤다. "형제국과 아시아국 대사들에게 이 소식을 어떻게 알려야 할지 고민입니다. 동지도 알다시피 현재 나와 우리 당 지도부가 불화를 겪고 있는 이상, 내 해임 문제가 자칫 부르주아 국가들에게 비방의 구실을 제공하지 않을까 우려스럽습니다."

쿠르듀코프는 퇴임 절차와 관련해 본국으로부터 어떤 지시를 받았는지 그에게 되물었다. 그는 내키지 않는 표정을 지으며 대답했다. "내게 하달된 지시는 소련 외무성만을 방문해 작별 인사를 나누라는 내용뿐이었습니다. 조선노동당 지도부는 내가 형제국 대사들을 방문해 우리나라의 복잡한 내부 사정을 폭로하지 않을까 우려하고 있습니다. 사실 나는 얼마 전까지만 해도 우리 당 내부 상황을 형제국 대사들에게 털어놓을 작정이었습니다. 그러나 폴란드 사태와 헝가리 사태가 일어난 뒤 생각이 바뀌었죠."

이상조는 이제 소련도 노동당 지도부를 궁지에 빠뜨리려는 자신의 돌발적인 행위를 달가워하지 않고 있음을 잘 알고 있었다. 그는 나직한 목소리로 말했다. "아무래도 형제국 대사들을 직접 방문하기보다,

서면으로 나의 해임 소식을 알리는 편이 낫겠습니다." 쿠르듀코프도 그의 입장에 동조했다. "현명한 생각입니다. 조선민주주의인민공화국 정부도 그렇게 권고했으니까요."

쿠르듀코프는 잠시 미소를 지었으나, 곧 동정의 눈빛을 거두며 조심스럽게 입을 열었다. "동지가 대사직에서 물러난 뒤에도 계속 모스크바에 체류한다면, 형제국 외교관들이 의혹을 품을 수 있습니다." 그의 귀국을 종용하는 우회적 권고에 다름 아니었다. 그러나 이상조는 전혀 당황하지 않았다. "그 문제라면 걱정할 필요가 없습니다. 내 고질병이 완쾌될 때까지 모스크바에 남아 치료받을 수 있도록 본국의 허락을 얻은 상태라고 형제국 대사들에게 둘러댈 생각입니다."

그의 확고한 의지를 확인한 쿠르듀코프는 더 이상의 설득이 부질없는 일임을 간파할 수 있었다. 이상조는 귀국하지 않겠다는 입장을 밝힌 뒤, 다시 퇴임 절차 문제를 화제에 올렸다. "내게 한 가지 바람이 있다면, 그것은 공식적으로 소련 외무성을 방문해 퇴임 인사를 나누는 일입니다. 만일 소련 외무성이 내 방문 요청을 거부한다면, 나는 치명적 타격을 입을 수밖에 없습니다. 형제국 소련의 기피인물로 전락했을 만큼 내 위신이 추락한 상태라고 당 지도부가 조롱할 테니까요. 부디 외무성 부상 페도렌코 동지와 고별 담화를 나눌 수 있도록 자리를 마련해주시길 부탁드립니다."

쿠르듀코프는 그의 요청을 꼭 외무성에 전달하겠다고 약속했다. 그러나 그의 약속도 이상조의 모든 고민과 불안을 불식시킬 수 없었다.

사실 그에게는 아직 해결되지 않은 마지막 문제가 남아 있었다. 그것은 바로 그의 향후 거취를 둘러싼 문제였다. 얼마 전 소련공산당 중앙위원회 앞으로 보낸 편지에 그 문제를 거론한 그는 초조한 심정으로 답신을 기다리던 중이었다. 그것으로도 못 미더웠는지 그는 쿠르듀코프를 만나기 전, 소련공산당 중앙위원 I. S. 셰르바코프를 방문해 그 문제의 해결을 직접 요청하기까지 한 터였다. 중국 망명 요청이 거부된 뒤, 향후 거취는 그의 가장 큰 관심사일 수밖에 없었다.

이상조는 대담이 막바지에 이르렀을 때, 다시 한번 그 문제를 화제에 올렸다. "조선노동당 내부 상황에 전혀 변화가 없는 이상, 나의 귀국은 힘들게 되었습니다. 따라서 나는 조선 정세에 변화가 있을 때까지 이곳에 남아 공부를 하고 싶습니다. 내가 고급당학교나 사회과학원에 입학해 교육을 받고, 더 쓸모있는 혁명가로 거듭날 수 있도록 도와주시길 부탁드립니다." 이상조는 쿠르듀코프의 반응을 살피며 필사적으로 청원했다. "물론 공부가 허락되지 않는다면, 얼마든 일을 할 각오도 되어 있습니다. 그러나 나는 어떤 전문적 분야의 지식도 소유하고 있지 못할 뿐더러, 아직 러시아어 구사에 익숙하지 않기 때문에 더 많은 준비가 필요한 상황입니다. 다만 중국어와 일본어에 능통한 이상, 여러모로 쓸모가 있으리라는 점을 말씀드리고 싶군요."

이상조는 거주지와 주택 문제를 해결해달라는 요청도 빠뜨리지 않았다. "소련에 머무를 수 있다면, 어디에서라도 지낼 각오가 되어 있습니다. 물론 이곳 모스크바에 거주할 수 있다면 더할 나위 없는 일이겠

IV

지만요. 지금 우리 가족이 머물고 있는 관저는 신임 대사인 이신팔 동지가 부임해오기 전에 내놓을 생각입니다. 다만 식구가 모두 여섯 명이나 돼, 여관 생활을 얼마나 오래할 수 있을지 미지수입니다." 서둘러 그의 가족이 거주할 주택을 마련해달라는 완곡한 요청에 다름 아니었다.

이상조는 모든 요구 사항을 전달하고 나서야 한시름 놓을 수 있었다. 이제 민간인 신분으로 돌아갈 그가 소련 고위 관료들과 대담을 나눌 기회는 다시 찾아오기 힘들 터였다. 두 어깨를 짓눌러온 모든 짐을 내려놓자, 그는 홀가분한 기분을 느꼈다. 그때 쿠르듀코프가 평정심을 찾은 그에게 마지막 질문을 던졌다. "동지, 귀국은 전혀 염두에 두고 있지 않나요?" 그는 단호히 대답했다. "나는 현 상황에 변화가 없는 한, 절대 귀국할 수 없습니다. 그것은 목숨을 건 도박에 다름 아니기

이상조
이상조는 1956년 11월경 본국으로부터
주소 대사직 해임 통보를 받았다. 그는 거듭된 소환 지시에
불응하며 망명 의지를 굽히지 않았다.

때문입니다."[1] 이 답변은 주소 대사 이상조가 관료로서 남긴 마지막 진술이었다.

거듭된 소환 시도

그가 필사적으로 귀국을 거부하며 버티고 있을 무렵, 조선노동당 지도부는 외교적 수단을 총동원해 그를 소환하려 노력했다. 1956년 말 김일성의 지시 아래 소련대사 이바노프를 만나 이상조 소환 문제를 논의하고도 아무런 성과를 얻지 못한 외무상 남일은 이듬해 1월 4일 다시 소련대사관을 찾았다. 본국에 체류 중인 이바노프를 대신해 임시대사 펠리셴코가 그를 맞았다. 이상조 소환 요청이 그를 보호하고 있는 소련공산당 중앙위원회를 자극할 첨예한 사안인 만큼, 남일은 비공식 대담을 요청했다. 그러나 펠리셴코는 대담이 끝난 뒤, 대사 일지에 그의 요구 사항을 빠짐없이 기록했다.

"이상조 동지가 중국식당이 딸린 모스크바의 한 호텔에 머물고 있다는 사실을 잘 알고 있습니다. 우리는 그가 생활비를 어떻게 조달하며, 어떤 이유로 조선민주주의인민공화국 정부의 소환 지시에 응하지 않는지 궁금할 따름입니다. 더구나 그는 현재 여권도 소지하지 않은 상태입니다." 물론 남일은 소련 당국이 그의 뒤를 봐주고 있음을 모를 리 없었다. 그러나 그는 어떤 일이 있어도 펠리셴코를 설득해 이상조를 넘겨받아야 한다는 의무감에 사로잡힌 듯했다. "이상조 동지는 당장 귀국해야 합니다. 어서 돌아와 당 중앙위원회 앞에 자신의 의심스러운 행적들을 이실직고하고 낱낱이 해명해야 합니다. 비겁하지 않은 떳떳한 행동이야말로 그 자신뿐만 아니라 우리 당의 이익에도 부합하는 태도입니다." 그러나 펠리셴코의 반응은 너무도 냉담했다. "아쉽게도 지금 우리에게는 이상조 동지에 관한 아무런 정보도 없습니다. 동지들이 직접 그 문제의 올바른 해법을 찾아내길 바랍니다."[2]

외무상 남일을 동원한 외교적 노력이 허사로 돌아가자, 김일성은 직접 소련공산당 중앙위원회에 이상조 소환을 요청했다. 그러나 그가 소련공산당 중앙위원회로부터 받은 답신은 귀국을 원하지 않는 그를 "강압적으로 돌려보낼 수 없다"는 내용을 담고 있었다. 남일이 펠리셴코를 만난 지 약 한 달이 지난 1957년 1월 30일, 이번에는 김일성이 직접 그를 만나 이상조 문제를 끄집어냈다. 불쾌한 표정을 숨기지 못한 그는 냉랭한 목소리로 말했다. "우리는 소련공산당 중앙위원회의 입장을 이해합니다. 이상조 동지의 귀국이 강압적으로 이루어져서는 안 되기 때문입니다. 그러나 이상조 동지는 무고한 조선노동당을 궁지로 몰아넣고 있습니다. 그는 이곳저곳에 편지를 보내, 우리 당과 내각 지도부를 비방하고 있습니다. 모스크바에 체류하고 있는 많은 조선 유학생들과 당원들이 반당행위에 가담한 그를 처벌해달라고 당 중앙위원회에 요청해오고 있는 실정입니다." 이상조 소환의 당위성을 역설한 김일성의 설득에도 불구하고, 펠리셴코의 입장은 변함이 없었다. 결국 김일성은 체념한 듯 입을 열었다. "그러면 이상조 동지 문제는 종결된 것으로 알겠습니다."[3]

김일성은 화가 치밀어올랐으나 어찌할 도리가 없었다. 그의 소환과 처벌이 어렵게 된 이상, 마지막 남은 보복 방식은 당적 박탈뿐이었다. 1957년 4월경, 외무상 남일은 동유럽 각국에 주재 중인 북한 외교관들을 소집해 이상조 문제를 논의했다. 그는 목에 핏대를 세우며 일장 비판 연설에 나섰다. "소련 주재 조선민주주의인민공화국대사관은 사업 수행 중에 많은 오류를 범했습니다. 이상조 동지는 소련공산당 중앙위원회 동지들에게 우리 당 내부 문제를 둘러싼 그릇된 정보를 전달하며 숱한 오해를 불러일으켰습니다. 소련공산당 지도부와 우리 당 지도부 사이를 이간질했다는 말입니다. 모스크바에 있는 우리 대사관 당 조직은 이상조 동지의 당원 자격을 박탈하기로 결정했습니다. 우리는 그 결정을 전적으로 지지합니다." 외무상 남일에 이어 연설한 다른 간부들도 그를 "반역자"나 "종파분자"라고 지칭하며 신랄한 비판을 퍼부었다.[4]

한편 이상조를 지지하며 그와 긴밀한 관계를 맺고 있던 이들도 위험한 상황에 봉착했다. 소련 주재 북한대사관 직원 이희상과 김준근이 그 대표적 인물들이었다. 3년간의 임기가 끝나자 본국으로부터 소환 통보를 받은 그들은 1957년 1월 초 귀국길에 올랐다. 그러나 조국에서 가혹한 운명이 기다리고 있음을 모를 리 없던 그들은 귀국 도중 중국 망명을 감행했다.[5] 1957년 1월 8일, 외무성 부상 이동건이 이 난감한 문제를 해결하기 위해 평양 주재 중국대사를 방문했다. 그는 두 망명자들의 송환을 요청하며, 그들이 누군가로부터 좋지 않은 영향을 받았다고 귀띔했다.[6] 그러나 이상조 문제의 해결을 둘러싼 선택지가 없었던 소련처럼, 중국도 귀국을 완강히 거부하는 그들의 입장을 받아들일 수밖에 없었다. 이동건은 중국 측으로부터 그들이 북한을 자극할 수 있는 활동을 벌이지 못하도록 단속하겠다는 약속을 받아내는 데 만족해야 했다.

이희상과 김준근의 망명이 북중 관계에 부담을 안겼듯, 이상조 문제도 북소 간 우호 관계를 방해하는 요인으로 작용했다. 특히 소련이 이상조의 요청을 받아들여 그의 모스크바 고급당학교 입학을 허용하자, 김일성의 분노는 극에 달했다. 1957년 3월 9일, 김일성의 지시를 받은 외무상 남일이 다시 소련 임시대사 펠리셴코를 만나 이상조 문제를 논의했다. 그는 직설적으로 불만을 표출했다. "당원 동지들 대부분이 대사직에서 해임된 이상조가 소련공산당 고급당학교에 입학한 사실을 의아해하고 있습니다."

펠리셴코는 냉담한 표정을 지으며 물었다. "그게 왜 문제가 될 수 있죠?" 남일이 대답했다. "이상조 동지의 고급당학교 입학은 소련공산당이 그를 지지한다는 근거로 비칠 우려가 있습니다. 바꿔 말해 당원 동지들은 그의 입학을 허용한 소련공산당이 우리 당 지도부의 노선에 반대하고 있는 것은 아닌지 의구심을 품고 있습니다." "당 지도부는 의혹을 품고 있는 당원들에게 어떻게 대처하고 있죠?" 펠리셴코는 남일을 시험하듯 고압적으로 되물었다. "이상조 동지가 고급당학교에서 공부하는 편이 그의 과오를 바로잡는 데 도움이 될 수 있다는 식으로 해설하고 있습니다." 펠리셴코는 만족한 듯 고개를 끄덕였다. "더 이상 이상조 동지를 둘러싼 의혹이 제기되지 않도록 계속 그렇게 대처하면 됩니다."[7] 남일은 어떠한 소득도 얻지 못한 채 돌아서야 했다.

당적 박탈

조선노동당 지도부는 소련대사관을 상대로 이상조를 소환하기 위한 설득 작업을 시도하는 한편, 그에게 계속 소환장을 보내 압박하는 양면 전술을 구사했다. 1957년 10월 1일, 당 중앙위원회 부위원장 박금철 명의로 발송된 소환장은 조만간 전원회의를 소집해 그의 당적 박탈 문제를 논의할 예정이므로, 반드시 본인이 참석해야 한다는 내용을 담고 있었다.[8] 이상조 문제의 독자적 처리는 소련의 반발을 불러올 수 있는 첨예한 사안인 만큼, 이튿날 당 지도부는 남일을 소련대사 푸자노프에게 보내 그의 반응을 살폈다.

남일은 이상조의 당적 박탈 문제를 논의할 예정이며, 그의 전원회의 참가를 요청하는 소환장을 발송했다고 푸자노프에게 사실대로 털어놓았다. 물론 푸자노프는 이미 종결된 이상조 문제를 다가올 10월 전원회의에 상정해 다시 논의하려는 계획은 옳지 않다고 난색을 표했다. 그러나 남일은 소련 주재 조선민주주의인민공화국대사관당 조직이 그의 출당을 결정한 이상, 당 중앙위원회 후보위원인 그의 당원 자격 유지 여부를 반드시 검토해야 한다는 입장을 굽히지 않았다.[9] 이제 푸자노프도 어찌할 도리가 없었다. 더구나 소련공산당이 비판세력을 종파집단으로 규정한 조선노동당의 입장에 동조함에 따라, 그의 이상조 비호 활동도 한계에 봉착할 수밖에 없었다.

그로부터 1주일이 지난 10월 9일, 남일은 소련대사관 참사 펠리셴코를 방문해 다시 이상조 문제를 끄집어냈다. 펠리셴코도 푸자노프처럼 그에 관한 더 이상의 논의는 바람직하지 않다는 입장을 밝혔다. 그러나 남일은 그가 다가올 전원회의에 참석할 리 없다는 확신을 내비치며, 펠리셴코의 만류에도 불구하고 자신이 의도한 방향으로 화제를 이끌어나갔다. 사실 남일이 부담을 무릅쓰고 이상조 문제를 화제에 올린 까닭은 그의 당적 박탈에 소련 측의 승인이 필요했기 때문이 아니라, 단지 그의 동향이 궁금했기 때문이다. 그는 넌지시 물었다. "이상조 동지는 최근 열흘 동안 고급당학교에 나타나지 않았습니다. 모스크바 자택에 머물고 있지 않다는 사실도 확인되었습니다. 우리는 그가 지금 어디에서 무엇을 하고 있는지 우려스럽습니다. 언젠가 이상조 동지는 부르주아 국가 대사들을 불러 모아 기자회견을 열어, 조선노동당 내부 문제를 폭로하겠다고 협박한 적이 있습니다." 펠리셴코는 그가 대사직에서 물러난 이상, 그럴 가능성은 없다고 잘라 말했다.[10]

조선노동당 지도부는 소련 측의 만류에도 불구하고, 이상조의 당적 박탈을 밀어붙였다. 그들은 그가 전시에 저질렀다는 각종 비리와 부정행위를 출당 사유로 제시했다. 물론 그것은 날조한 혐의에 지나지 않았다. 이상조의 비리를 조작해내려는 의도 아래, 내무성이 이미 오래 전부터 그의 전시 재정 운용 활동을 조사해온 터였다.[11] 사실 김일성에게 보내는 편지에서 고백했다시피, 그는 정전위원회 대표단장으로 활동할 당시 사후의 의혹을 미리 일소하려는 목적 아래 재정적 검열을 자청했고, 검열 결과 아무런 과오도 범하지 않았다는 통보를 받은 적이 있었다.

1957년 10월 17일부터 19일까지 사흘간에 걸쳐 조선노동당 중앙위원회 10월 전원회의가 개최되었다. 예정대로 이 회의는 모스크바 주재 북한대사관당 조직이 결정한 전 주소 대사 이상조의 당적 박탈 문제를 심의했다. 물론 전원회의 참석을 요청하는 소환장이 발송되었음에도 불구하고, 그는 모습을 드러내지 않았다. 그러나 놀랍게도 약 1년 전 그가 보낸 편지가 회의 참석자들에게 공개돼 이목을 끌었다. 당 검열위원회 위원장 김익선이 그 내용을 소개했지만, 전문 낭독이 아닌 부분 낭독에 그쳤다. 그가 공개한 내용은 김일성 주변의 아첨꾼들을 비판하는 대목과 현 지도부가 교체돼야만 이상조 본인의 귀국이 가능하다고 밝힌 대목을 포함하고 있었다.[12] 전원회의는 격렬한 비판 토론 끝에 만장일치로 이상조의 당 중앙위원회 후보위원 제명과 당적 박탈을 결정했다.

10월 전원회의가 막을 내린 지 닷새가 지난 10월 24일, 외무상 남일은 평양 주재 형제국 대사들을 초청해 회의 결과를 통보했다. 〈전 주소 대사 이상조의 반당행위에 대하여〉라는 보고문을 발표한 그는 당 중앙위원회의 입장을 다음과 같이 정리했다. "이상조는 자신의 지위를 이용하여 우리 당에 큰 해악을 끼쳤습니다. 그는 최창익과 박창옥이 이끈 종파주의자들과 관계를 맺으며, 우리나라가 이룩한 모든 성과를 부정했습니다. 또한 우리 당 지도부의 정책에 문제가 있다고 비판하기 까지 했습니다. 작년 8월 전원회의 이후 우리는 그에게 조선민주주의 인민공화국으로 돌아와, 과거의 잘못을 바로잡고 다시 함께 일하자는 제안을 건넸습니다. 그러나 이상조는 귀국을 거부한 채, 당 중앙위원 회의 거듭된 경고를 무시하며 반당행위를 지속하고 있습니다."[13]

공산주의자에게 출당 처분은 정치적 사형선고에 다름 아니었다. 이 상조는 어떠한 일이 있어도 당적 박탈만은 피하려는 의도 아래, 김일 성에게 전당을 요청하는 협박조의 편지를 보냈으나 결국 출당을 피할 수 없었다. 설상가상으로 사회주의권 내 주도권 경쟁에 열을 올리고 있는 소련과 중국이 북한에 지지를 호소하며 자세를 낮추자, 이상조의 안전도 장담하기 힘든 상황이 조성되어갔다. 그럼에도 소련은 그에 관 한 한 끝까지 신의를 지키는 길을 택했다.

1957년 11월경 10월혁명 40주년을 맞아 축하 사절단을 이끌고 모 스크바에 들를 김일성의 방소 일정이 잡히자, 소련의 북한 전문가들은 그가 다시 이상조 문제를 끄집어내 정식 소환을 요청할 것으로 전망했 다. 따라서 소련은 이 난감한 상황에 대처할 대응 방안을 마련해둘 필 요가 있었다. 소련 지도부는 "이상조 문제가 이미 해결된 이상, 그것을 다시 거론할 필요가 없다고 김일성에게 일깨워주어야 한다"는 단호한 지침을 준비한 채 그를 맞이했다.[14] 다행히 김일성은 그 문제를 다시 끄집어내 소련의 입장을 난처하게 만들지 않았다. 이상조를 넘겨 김일성의 환심을 얻는 손쉬운 길을 택하지 않은 소련의 조치는 진실한 혁명가에게 끝까지 신의를 지킨 의로운 해법이었다.

멈추지 않을 저항의 길

주소 대사직에서 물러난 이상조는 당 지도부를 향한 공격의 수단으로 이용해온 외교 활동을 더 이상 지속할 수 없었다. 이제 모스크바 고급 당학교 학생에 불과한 그가 북한에 영향력을 행사할 수 있는 길은 소련에 유학 중인 동포 학생들을 활용하는 방식뿐이었다. 사실 이상조는 주소 대사에 복무할 때에도 유학생들의 체제 비판 활동을 부추겨, 김일성을 난감한 상황으로 몰아넣은 적이 있었다.[15]

그는 해임된 뒤에도 여전히 유학생들과 접촉하며, 그들의 의식개혁에 큰 관심을 쏟았다. 그들 가운데 적잖은 이들이 그의 개혁적 입장에 동조하는 태도를 보였다. 1958년 초 전연방국립영화대학에 유학 중인 한 학생이 북한 정부의 소환 지시에 불응하는 사건이 일어났다. 그에게 지대한 영향을 끼친 이는 다름 아닌 40대 초의 열혈 혁명가 이상조였다. 그는 이상조와 자주 접촉하며 다른 유학생들에게까지 그의 사상

IV

과 혁명관을 전수하는 역할을 수행해오고 있었다. 결국 그들의 노력에 따라 전연방국립영화대학에 유학 중인 북한 학생 여덟 명이 모스크바 주재 북한대사관에 여권을 반납하며, 조선민주주의인민공화국 공민 자격을 포기하는 사태가 일어났다.[16]

물의를 일으킨 유학생들의 반체제 활동은 그것으로 끝나지 않았다. 1958년 중·후반경 그 대학에 유학 중인 북한 학생 네 명이 조선노동당 중앙위원회에 비판 서한을 발송했다. 조선노동당 내에 민족주의가 발현되었다고 성토한 그들이 집중적으로 비판한 이는 "주체" 사상의 창안자이자, 이상조가 증오해 마지않은 김창만이었다. 조선민주주의인민공화국 공민 자격을 포기하며 귀국하지 않겠다는 입장을 밝힌 그들은 그 서한을 번역해 소련공산당 중앙위원회에 발송하기까지 했다. 편지 내용이나 문제 해결 방식에 비추어볼 때, 그들이 이상조의 영향을 받았음은 의심의 여지가 없었다.[17]

물론 북한 당국도 그들의 비판 활동이 그의 영향에서 비롯되었음을 간파하고 있었다. 1958년 초 모스크바에 300명 이상의 북한 유학생들이 체류하고 있었다는 점은 북한체제에 미칠 그의 영향력이 결코 과소평가할 수 없는 수준이었음을 시사한다.[18] 불굴의 혁명가 이상조에게 동포 유학생들은 혁명을 배반한 조국을 바로잡을 마지막 희망이었다. 정의로운 사회를 갈구한 그는 조국의 혁명 완수에 모든 힘을 바칠 각오를 하고 있는 그들을 바라보며 희망의 끈을 놓지 않았다.

#03

김승화

의도적 외면

고려인 건설상 김승화가 비판세력에 가담하고 있음을 포착한 당 지도부는 1956년 8월 전원회의 직전, 그를 소련공산당 중앙위원회 산하 사회과학원에 파견했다. 결국 그는 전원회의에 참석해 비판세력을 지원할 수 없었다. 그럼에도 불구하고 그들과 협력 관계를 유지해온 그의 전력에 면죄부가 부여될 가능성은 희박했다. 1956년 9월 18일, 고려인 당 중앙위원회 산업부장 고희만은 그가 비판세력의 밀모를 당 중앙위원회에 알리지 않은 책임을 져야 한다고 소련 외무성 극동과 제1서기관 라자레프에게 귀띔했다.[1]

김승화의 혐의를 둘러싼 책임 추궁은 미코얀·펑더화이의 북한 내정 개입과 함께 흐지부지되는 듯했으나, 비판세력을 겨냥한 당 지도부의 반격이 개시되자 다시 초미의 관심사로 부상했다. 9월 전원회의가 막을 내린 지 약 1년이 지난 시점부터 그의 오류와 죄상을 밝히려는 뒷조사가 본격화되었다. 1957년 9월경 고려인 고희만은 단지 그의 과오를 들추어내 비판하지 않았다는 이유로 김일성에게 불려가 혹독한 질책을 받았다. 함흥시 복구사업을 지도한 건설 책임자는 보름 동안 지속된 당 회의에 소환돼, 건설상 김승화로부터 어떠한 모략적 지시를 받았는지 자백하라는 강도 높은 심문에 시달려야 했다.[2]

　이상조의 출당 문제를 논의할 10월 전원회의 일정이 잡히자, 일부 당 중앙위원들은 김승화 문제도 함께 논의하자고 제안했다. 그러나 김일성은 그가 큰 관심을 부여할 만한 "대단한 인물"이 아닌 만큼, 그를 논의 대상에 올리는 것은 바람직하지 않다고 밝혔다.[3] 뜻밖에도 김일성은 비판세력에 가담한 김승화에 큰 배신감을 품고 있었음에도 불구하고, 그의 문제가 첨예한 사안으로 비화되는 상황을 바라지 않았다. 사실 그가 소련 측에 이상조의 소환을 적극적으로 요청한 반면, 김승화의 소환에 소극적 태도를 보인 데에는 그럴 만한 이유가 있었다. 외무상 남일이 고백했다시피 김승화가 귀국할 경우, 그가 소련대사관과 맺었던 "부적절한 관계"가 만천하에 폭로될 수밖에 없었기 때문이었다.[4]

　곧 김승화는 8월 전원회의 사건 이전부터 비판세력 인사들과 소련 대사관을 중개하며 가교 역할을 담당해온 인물이었다. 조선노동당 지도부의 과오에 비판적 태도를 보인 전 소련대사 이바노프와 소련대사관 참사 필라토프는 그의 주선 아래 연안계 인사들과 대담을 나누며, 향후의 대응 방향을 논의한 적이 있었다. 김일성은 그러한 내막을 속속들이 파악하고 있는 김승화가 귀국해, 한때 소련대사관이 "종파분자들"을 지지했다는 충격적인 사실을 털어놓음으로써, 현 상태가 전혀 예측할 수 없는 새로운 국면으로 전환되는 상황을 바라지 않았다. 따라서 그는 소련에 김승화의 소환을 요청하지 않았을 뿐만 아니라, 그의 문제를 10월 전원회의에 상정해 논의하는 방안도 탐탁지 않게 여겼다.

김일성의 바람대로 1957년 10월 전원회의는 이상조를 향해 총공세를 펼치며 그의 당적 박탈 문제를 매듭지었다. 김승화 문제는 비중 있게 다뤄지지 않았다. 당 중앙위원회 부위원장 박금철이 그를 "혁명의 배신자"로 규정했을 뿐, 더 이상의 구체적 논의를 자제하는 분위기가 역력했다.[5] 김일성은 김승화 문제가 그 상태로 봉합되길 원했다. 그러나 소련 공산당 중앙위원회 산하 모스크바 사회과학원이 추진한 사업이 뜻하지 않은 문제를 일으키며, 상황은 그의 바람대로 흘러가지 않았다. 그곳은 바로 소련에 파견된 김승화가 연구 활동에 매진하고 있던 기관이었다.

민족해방운동사를 둘러싼 논란

1957년 10월경, 사회과학원은 러시아 10월혁명 40주년을 앞두고 기념논문집 발간에 착수했다. 문제는 김승화의 글도 그 영예로운 논문집의 한 자리를 빛낼 예정이라는 점에 있었다. 그 소식을 사전에 접한 소련 주재 북한대사관 당 조직 비서는 사회과학원을 방문해 김승화 논문의 게재를 철회해달라고 요청했다. 그러나 그의 요청은 받아들여지지 않았다. 결국 《10월혁명과 아시아 및 동방 국가들에서 전개된 민족해방운동 *Октябрьская революция и национально—освободительное движ ение в странах Азии и Востока*》이라는 논문집이 발간되었고, 그 속에 김승화의 논문 〈10월혁명과 조선 민족해방운동Октябрьская революци я и национально-освободительное движение в Kopee〉이 수록되었다. 모스크바 주재 북한대사관은 그 논문집을 입수하자, 곧장 조선민주주의인민공화국 외무성에 전달했다.[6]

김일성을 비롯한 당 지도부는 김승화의 글이 실린 논문집 발간에 격분했다. 그의 논문이 조선 민족해방운동을 다룬 글임에도 불구하고, 1930년대 김일성의 항일무장투쟁을 거론하지 않았다는 점도 그들의 심기를 건드렸다. 모욕감을 느낀 그들은 가만히 있을 수 없었다. 어떤 식으로든 불쾌하기 짝이 없는 그들의 기분을 소련공산당 중앙위원회에 전달할 필요가 있었다.

이번에도 고려인 외무상 남일이 김일성의 대리인으로 나섰다. 10월 22일, 그는 소련대사 푸자노프와 대담을 나누던 중 자연스럽게 그 문제

김승화
모스크바 사회과학원에서 연구 활동에 매진하고 있던 김승화는 〈10월혁명과 조선 민족해방운동〉이라는 논문을 발표했다. 이 논문은 1930년대 김일성의 항일무장투쟁을 다루지 않아 북한 지도부의 분노를 촉발했다.

IV

를 끄집어냈다. "모스크바 사회과학원이 발간한 10월혁명 40주년 기념 논문집에 김승화 동지의 논문이 실렸습니다. 우리는 반당집단에 가담한 그의 글이 왜 거기에 실렸는지 이해할 수 없습니다." 비판세력 문제를 둘러싼 항의를 받을 때마다 그랬듯, 푸자노프는 이번에도 냉담한 반응을 보였다. "금시초문입니다. 나는 그 논문집에 관한 소식을 동지로부터 처음 들었습니다. 그러나 김승화 동지의 논문이 거기에 수록되었다는 점이 왜 동지들의 화를 돋우었는지 이해할 수 없군요. 김승화 동지를 모스크바 사회과학원에 파견한 이들이 누구입니까? 바로 조선노동당 중앙위원회 아닙니까? 더구나 김승화 동지는 현재 노동당 중앙위원이며, 반당행위에 가담했다는 어떠한 증거도 발견되지 않았습니다."

푸자노프는 더 거칠게 남일을 몰아붙였다. "최근 10월 전원회의에 참석한 박금철 동지가 아무런 근거 없이 김승화 동지를 배신자로 낙인찍었습니다. 그가 건설 부문을 지도할 때 어떤 이적행위를 저질렀는지, 단 하나라도 드러난 게 있다면 말해주길 바랍니다." 남일은 구체적 증거를 제시하지 못한 채 얼버무릴 수밖에 없었다. 푸자노프는 아직 화가 덜 풀린 듯했다. "김일성 동지는 소련에 체류하고 있는 그의 소환에 전혀 관심을 보이지 않고 있습니다. 반면 10월 전원회의와 언론은 그를 '혁명의 배신자'로 규정했습니다. 과연 이 모순적인 상황을 어떻게 이해해야 할까요?" 남일은 본전도 뽑지 못한 채 돌아설 수밖에 없었다.[7]

외무상 남일을 내세운 외교적 항의에 어떠한 성과도 거두지 못하자, 조선노동당 지도부는 김승화의 논문을 학문적으로 반박하려는 시도에 착수했다. 인민경제대학 철학과 학과장 김시중이 그 임무를 떠맡아, 〈조선 인민의 민족해방투쟁 역사의 올바른 이해를 위하여〉라는 반박 논문을 《노동신문》 1958년 2월 6일 자에 발표했다. 김승화가 "우리나라의 혁명역사와 혁명전통을 난폭하게 왜곡했다"고 운을 뗀 그의 글은 두 가지 논점의 해명에 초점을 맞추었다. 첫 번째 논점은 1920년대 사회주의 계열의 민족해방투쟁을 둘러싼 평가 문제였다. 김승화는 사회과학원 논문집에 실린 자신의 글에서 1925년경 창설된 조선공산당이 민족해방투쟁을 주도하며 조선 혁명운동의 발전에 기여했다고 평가한 바 있었다. 반면 김시중에게 조선공산당과 1920년대의 각종 "맑스주의 소조들"은 "종파집단"에 지나지 않았다. 그는 김승화가 "조선공산당 내 종파분자들이 긍정적 역할을 수행하기라도 한 듯, 그들과 관련된 사건들을 합리화하고 정당화했다"고 비판했다.

김시중이 주목한 두 번째 쟁점은 그가 "조선 민족해방투쟁의 최고 단계"라고 소개한 1930년대 항일무장투쟁을 둘러싼 평가 문제였다. 그는 다음과 같이 기술했다. "김승화는 자기 논문의 가장 핵심적 부문이며 주요 내용으로 취급해야 할 1930년대 우리나라의 혁명운동을 묵살해버렸다. 이것은 엄연한 역사적 사실을 은폐한 행위이자, 우리 인민의 영광스러운 혁명역사를 의식적으로 왜곡한 행위이다." 물론 김시중이 분노한 근본적 이유는 그의 논문이 조선 민족해방투쟁을 다루고 있음에도 불구하고, 김일성이 가담한 만주 지역 "항일빨치산투쟁"을 언급조차 하지 않았기 때문이었다. 그는 다른 논자들처럼 김일성의 항일무장투쟁이

"민족통일전선에 기초한 인민혁명정부의 수립과 새로운 형태의 맑스-레닌주의 당 창건에 디딤돌을 놓았다"고 평가하며, 그것을 조선 민족해방운동사의 최고봉이자 정통으로 규정하는 태도를 보였다.

요컨대 반박 논문을 작성한 김시중의 목표는 김일성의 항일무장투쟁에 최고의 찬사를 보내는 한편, 김승화의 저술 활동이 "종파행위"의 연장에 다름 아님을 입증하는 데 있었다. 그는 1920년대 조선 공산주의운동을 높이 평가한 반면, 1930년대 만주 지역 항일무장투쟁을 외면한 김승화의 태도를 "종파주의적 관점"으로 간주했다. 곧 그가 "종파주의자들"의 역사에만 큰 의미를 부여하며, 그들의 "종파행위"를 합리화했다는 진단이었다. 그러나 김시중의 논리 전개 방식은 동어반복적 비판에 그쳤을 뿐, 김승화의 논문과 "종파 활동"의 구체적 연관성을 밝히는 단계로까지 나가지는 못했다. 그는 김승화의 논문을 다음과 같이 비판하며 글을 마무리지었다. "우리 당 노선의 정당성을 왜곡하며 반당적 책동만 일삼던 김승화는 자신의 논문에서도 엠엘ML 종파의 입장·관점·수법을 남김없이 폭로했으며, 종파적 목적에 이끌려 우리나라의 혁명역사와 전통을 난폭하게 왜곡하였다."[8]

비판세력의 입장에 동조한 소련계 한인 박길룡은 김시중의 논문이 근거가 부족할 뿐만 아니라 객관성마저 갖추지 못했다고 혹평했다. 그러나 그의 글의 평가를 둘러싼 더 이상의 논의는 이루어지지 않았다. 조선노동당 중앙위원회가 그 논문을 모스크바 사회과학원과 소련 내에 배포하지 말라는 지시를 내렸기 때문이다.[9] 사실 조선노동당 지도부는 김승화의 논문을 반박한 김시중의 글이 소련을 자극해, 예상치 못한 또 다른 논란을 낳는 상황을 경계하고 있었다.

결국 김승화 문제는 《노동신문》에 실린 김시중의 반박 논문을 끝으로 봉합되는 모양새를 보였다. 김일성으로서는 아쉬움이 남는 해결책이었다. 그러나 모든 것이 뜻대로 되지 않았던 이상조 문제에 비하면, 그나마 그에게 위안거리가 될 만한 것도 있었다. 그것은 바로 김승화의 가족들이 여전히 평양에 남아 있다는 사실이었다. 자신의 가족들에게 닥칠 시련을 충분히 예상하고 있던 김승화는 세 자식들의 모스크바 유학을 허용해달라고 소련 정부에 청원했다.[10]

#04

김두봉

신변에 드리운 암운

김두봉은 비판세력의 밀모가 성공할 가능성을 낮게 점쳤으나, 지난날의 동지들인 그들을 외면하지 않고 느슨한 협력 관계를 유지해왔다. 그러나 1956년 8월 전원회의가 아무런 성과 없이 막을 내리고 9월 전원회의도 당내 문제점들을 바로잡지 못하자, 그는 미련 없이 비판세력에게 등을 돌렸다. 물론 그는 자신에게 미칠 화를 막고 현 직위를 지켜내는 데, 다른 식의 처신이 아무런 도움도 될 수 없음을 간파하고 있었다.

김일성은 8월 전원회의 이전부터 비판세력과 협력 관계를 유지해온 그의 태도를 문제삼으며 날선 반응을 보이곤 했다. 그러나 김두봉은 비판세력에 가담한 사실을 시인하기는커녕, "종파주의자들이 반당행위를 저질렀다"고 성토하며 제삼자적 시각에서 과거 동지들을 비판하는 태도를 보였다.[1] 미코얀과 펑더화이가 참석한 9월 전원회의를 계기로 비판세력을 향한 탄압에 제동이 걸리자, 그도 기존 직위를 유지한 채 최고인민회의 상임위원회 업무를 계속 처리할 수 있었다.

IV

명목상의 국가원수라 할 수 있는 최고인민회의 상임위원회 위원장 김두봉은 최고인민회의가 북한 지역뿐만 아니라, 남한 지역 대의원들까지 망라하고 있다는 점에 큰 자부심을 느꼈다. 그는 1957년 8월 27일에 실시될 제2기 최고인민회의 선거에서도 남한 대의원들을 선출해야 한다는 입장을 고수했다. 만일 남한 지역 선거가 불가능하다면, 기존 남한 대의원들의 임기를 연장해서라도 전 조선을 대표하는 최고인민회의의 상징성을 수호해야 한다는 생각이 그의 확고한 신념이었다.

그러나 1957년 5월 말 제2기 최고인민회의 선거계획을 둘러싼 조선노동당 중앙 상무위원회의 논의가 이루어졌을 때, 그의 입장은 누구의 지지도 받지 못했다. 김일성을 비롯한 당 중앙 상무위원들은 한반도에 사실상 두 개의 정부가 병존하는 현실을 고려해야 한다고 강조하며, 남한 지역 선거를 강행할 경우 평화통일에 역효과가 일어날 수 있다는 논리로 맞섰다. 결국 김두봉은 자신의 입장을 철회할 수밖에 없었고, 제2기 최고인민회의 선거는 북한 지역에서만 실시하기로 결정되었다.[2]

최고인민회의 선거를 둘러싼 논란처럼 반박에 직면한 적도 있었지만, 김두봉은 여전히 독자적 정견을 표출하며 당 지도부의 권위 있는 인사로 활동했다. 그러나 소련에서 "반당그룹 사건"이 불거지고 비판세력을 향한 반격이 본격화된 1957년 7월경부터 그의 입지도 불안해지기 시작했다. 문제가 된 것은 비판세력에 협력한 김두봉 본인의 전력만이 아니었다. 모스크바 주재 북한대사관에 근무하던 그의 딸도 이상조가 소련에 체류 중인 여러 인사들과 교류하며 인맥을 넓혀갈 때

가교 역할을 담당한 일이 있었다.[3] 자신을 둘러싸고 심상치 않은 분위기가 조성되자, 그는 움츠러들 수밖에 없었다. 1957년 7월 이후 그의 말수는 부쩍 줄어들었다. 그는 전과 달리 당 중앙 상무위원회 회의석상에서 줄곧 침묵으로 일관하는 태도를 보였다.[4]

1957년 8월 말 제2기 최고인민회의 발족을 앞두고 김두봉을 향한 비판 공세가 본격화되자, 그의 상임위원장직 유임 여부가 초미의 관심사로 부상하기 시작했다. 물론 비판세력을 향한 반격이 거세지고 있던 데다 김두봉이 그들에게 협력한 정황이 속속 드러남에 따라, 그의 해임도 기정사실화되는 분위기가 조성되어갔다.

1957년 7월 29일, 소련대사 푸자노프와 대담을 나눈 박정애는 몇몇 근거를 들어 김두봉의 해임을 정당화했다. 평소 김두봉에게 좋지 않은 감정을 품고 있던 그녀는 68세의 고령에 접어든 그가 업무에 적극성을 보이지 않고 있다는 지적을 시작으로 거침없는 비방을 쏟아냈다. "전쟁 당시 김두봉 동지는 당 중앙 정치위원회로부터 비판을 받은 일이 있습니다. 소련이 제작해 보낸 훈장들을 보관하던 중, 모조리 분실하는 과오를 범했기 때문입니다. 더구나 그는 최고인민회의 상임위원회 위원장으로서 그릇된 발언을 일삼기까지 했습니다. 당 중앙 정치위원회가 최고인민회의 상임위원회의 독자성을 인정하지 않고 무시했다는 망언을 내뱉은 일이 있지요. 무엇보다 김두봉 동지는 반당행위에 가담했습니다. 작년 8월 전원회의 직후 종파분자들의 해임을 결의할 최고인민회의 상임위원회가 소집되었을 때, 위원장인 그는 갑자기 자취를 감추었습니다. 휴가에 맞춰 기차표를 예약했다는 변명만을 남긴 채 사라졌지요. 물론 그 이유는 종파분자들을 지지한 그가 그들의 해임을 달가워하지 않았기 때문입니다."[5]

김일성은 당 중앙위원회 부위원장들을 비롯한 당 고위 인사들과 내각 상들을 만나 김두봉 문제를 둘러싼 논의를 벌였다. 여러 차례의 논의 끝에 그가 내린 결론도 김두봉의 해임이 불가피하다는 사실이었다. 9월 3일, 소련대사 푸자노프와 대담을 나눈 그는 박정애와 같은 근거를 들어 그의 해임을 정당화했다. 곧 그가 노쇠한 데다 국정과 경제사업 전반에 관심을 보이지 않고 있다는 구실이었다. 물론 김일성은 그가 얼마 전까지 반당집단을 지지했고, 그 과오에 책임을 져야 한다는 지적도 빠뜨리지 않았다.[6]

해임이 확정된 김두봉에게 맡겨질 새 업무는 학술 관련 사업으로 결정되었다. 학술과 교육 부문은 좌천된 고위 인사들이 으레 거쳐가는 경로였다. 그의 해임은 남한에서도 큰 화제가 되었다. 남한 방송은 그가 연안 출신이라는 이유로 파벌투쟁에 밀려 희생되었다는 진단을 내렸다. 흥미롭게도 김두봉의 소식을 전한 그 라디오 방송의 아나운서는 그를 동정하는 듯한 감정을 숨기지 못했다.[7]

자아비판

1957년 9월경에 열린 당 중앙 상무위원회는 새로이 출범할 최고인민 회의 상임위원회와 내각의 주요 간부진 개편 문제를 논의했다. 이미 해임이 확정된 김두봉도 이 회의에 참석했다. 그는 최고인민회의 상임 위원회 새 위원장에 추천된 최용건의 적격 여부를 심의할 때 침묵을 지켰다. 그러나 권력 분산을 요구해온 소련의 제안에 따라 내각 수상 교체 문제를 논의하기 시작하자, 김일성이 계속 정부 수반의 자리를 지켜야 한다며 지지 발언에 나섰다.[8]

해임과 함께 자신의 주변에 드리우고 있는 탄압의 그림자를 감지할 수 있었던 김두봉은 극심한 불안감에 사로잡혔다. 1957년 9월경, 그는 출구를 찾길 바라는 마음으로 김일성에게 솔직한 심경을 털어놓았다. 김일성은 그가 심리적 공황 상태에 빠졌음을 엿볼 수 있었다. 반성하 는 태도를 보일 수밖에 없었던 김두봉은 과거 자신의 처신이 "종파분 자들"의 책동에 영합한 꼴이었다고 털어놓았다. 더 나아가 그는 국가 적 상징성을 띤 최고인민회의 상임위원장직을 더 이상 수행할 수 없으 며, 무엇이든 당 중앙위원회가 정해주는 새 직무를 맡을 각오가 되어 있다고 밝혔다.[9]

김두봉은 그 대담 직후에 소집된 당 중앙 상무위원회에서도 불안한 기색을 숨기지 못했다. 그는 오해를 불러일으킬 소지가 있었던 8월 전 원회의 당시 자신의 부적절한 태도에 대해 자아비판할 수 있도록 기회를 달라고 요청했다. 아울러 자신의 주변에 조성된 "모호한 상황"이 수습될 수 있게끔, 무엇이든 새 업무를 맡겨달라는 호소도 잊지 않았다.[10] 이제 더 이상 독자적 정견을 표출하던 그의 당당한 모습은 보이지 않았다. 고령에 접어든 그는 준비한 원고를 낭독하는 식의 자아비판을 원했다. 자칫 꼬투리를 잡힐 수 있는 사소한 실언이라도 피해야 했기 때문이었다. 그가 원고 작성을 거들어줄 이가 필요하다고 요청하자, 김일성은 당 중앙위원회 과학문화부장 하앙천을 붙여주었다.[11] 그는 해방 전 김두봉과 동고동락한 연안계 인사였으나, 이젠 옛 동지들과 거리를 둔 채 김일성의 주변을 맴돌며 아첨을 일삼고 있었다.

1957년 10월 25일, 당 중앙 상무위원회가 소집돼 김두봉이 자신의 과오를 해명할 수 있는 자리가 마련되었다. 그는 최창익·박창옥·윤공흠·서휘·이필규·김강·김승화 등을 질책하는 서한 형식의 자아비판 원고를 낭독했다. 그 서한의 내용들 중 지난해 소련대사관을 방문한 최창익과 김승화가 그의 자택에 들러 함께 대화를 나누었다는 사실이 큰 주목을 받았다. 김두봉은 그들의 이야기가 모두 거짓이었으며, 자신을 잘못된 길로 이끌었다고 성토했다.

그가 자아비판을 마치자, 당 중앙 상무위원들의 혹독한 심문이 이어졌다. 김일성이 비판의 포문을 열었다. 그의 목소리는 여느 때보다 냉랭했다. "동무의 자아비판은 허위로 가득 차 있소! 형제당인 소련공산당의 입장을 계속 왜곡해 전달하고 있다는 말입니다. 심지어 소련대사관이 종파분자들인 최창익과 김승화를 지지했다는 궤변이 말이나

될 법하오?" 김두봉은 잔뜩 움츠러든 목소리로 대답했다. "작년에 그들이 분명 그렇게 말했습니다. 그러나 지금 나는 허위 사실을 날조해낸 그들에게 기만당했음을 통감하고 있습니다."

그의 답변이 끝나자마자 다른 상무위원들의 날카로운 추궁이 이어졌다. "그들이 왜 동무를 찾아왔죠? 종파분자들이 반당적 모략을 꾸밀 때, 동무가 맡은 역할은 대체 무엇이었소?"라는 물음에 "최창익·김승화를 비롯한 몇몇 종파분자들이 나를 찾아와, 당 지도부에 품고 있던 불만을 털어놓곤 했습니다. 그들은 내가 김일성 동지에게 그 불만 사항들을 전해주길 원했습니다. 자신들이 직접 나선다면, 탄압당할 수 있다고 우려하며 나를 닦달했지요. 그들은 자기들의 불만을 알리는 전달자로서 나를 이용했습니다"라고 대답했다.

김일성은 책임을 회피하는 듯한 김두봉의 태도에 격분했다. 그는 혹독하게 쏘아붙였다. "동무의 자아비판은 전혀 진실성이 없소! 동무의 가장 큰 문제는 종파분자들과 나눈 대화 내용을 숨김없이 털어놓지 않았다는 점입니다. 동무의 역할이 단지 전달자에 지나지 않았다는 변명도 믿을 수 없습니다. 동무도 다른 종파분자들처럼 당내 중책을 맡고 있는 박정애·김창만·박금철 동지를 축출하라고 집요하게 요구하지 않았소?"

김일성의 신랄한 비판에 김두봉은 전의를 상실했다. 연안의 동지들에게 책임을 떠넘기려는 전략이 통하지 않자, 그는 자포자기 상태에 빠졌다. 그는 모든 것을 내려놓은 듯 나지막한 소리로 말했다. "나는 사태를 명확하게 파악하지 못한 데다 과오를 범하기까지 했습니다. 책임을 통감합니다." 네 시간에 걸친 자아비판과 혹독한 심문이 끝난 뒤, 김두봉은 기진맥진한 모습을 보였다. 이제 그는 추레하고 볼품없는 늙은이에 지나지 않을 뿐이었다. 그는 상무위원들에게 빌다시피 호소했다. "다시 한번 해명할 기회를 주십시오. 기억을 되살려 빠짐없이 소명하겠습니다." 결국 그의 요청이 받아들여졌다. 그는 사흘 뒤인 10월 28일에 소집될 당 중앙 상무위원회에서 다시 해명할 수 있는 기회를 얻었다.

10월 25일 당 중앙 상무위원회에 참석한 외무상 남일은 소련대사 푸자노프를 만나 당일 회의 소식을 전해주었다. 그는 김두봉이 자신에게 쏟아진 여러 질문들의 내용을 제대로 이해하지 못한 점에 비추어, "반당종파 사건"의 전모를 완전히 파악하지 못했다는 인상을 받았다고 털어놓았다. 곧 그가 주모자들의 속임수에 넘어가 "전달자" 역할만을 수행했다는 해명이 어느 정도 일리가 있다는 진단이었다. 그러나 남일이 보기에 매우 심각한 문제는 김두봉이 몇몇 민감한 질문들에 자세히 답변하길 회피했다는 점이었다. 바로 그점이 김일성을 비롯한 당 중앙 상무위원들의 분노를 유발했다. 사실 김두봉의 모호한 답변 태도는 그가 여전히 "종파분자들"과의 관계를 끊지 못했다는 증거로 비칠 수밖에 없었다.[12]

10월 28일, 당 중앙 상무위원회에 참석한 김두봉은 다시 자아비판 원고를 낭독했다. 그러나 사흘 전의 내용과 비교해 눈에 띌 만한 차이는 보이지 않았다. 상무위원들은 김두봉의 과오를 비판하며 그와 "종

김두봉

8월 전원회의와 9월 전원회의가 아무런 성과 없이 막을 내리자, 김두봉은 미련 없이
비판세력에 등을 돌렸다. 그러나 그들과 협력해온 그의 전력을 둘러싸고 심상치 않은 분위기가
조성되었다. 그는 자신의 과오를 해명할 의도 아래 자아비판에 나섰으나, 되레 각종 의혹들이
눈덩이처럼 불어나며 궁지로 내몰릴 수밖에 없었다.

파집단" 간의 관계를 집중적으로 추궁했다. 혹독한 비판과 심문 끝에 그는 엄중경고를 받았다. 출당 바로 아래 단계의 책벌이었다. 김일성이 물었다. "동무, 책벌을 받아들이겠소?" 그는 나지막한 소리로 대답했다. "당이 내린 처벌을 달게 받겠습니다."[13]

불어나는 의혹과 급작스러운 몰락

당 중앙 상무위원회의 비판과 책벌은 김두봉이 겪을 시련의 서막에 지나지 않았다. 그를 비판한 이들이 최고위 당 간부들에 국한되었던 지금까지의 상황과 달리, 앞으로 그는 각종 집회와 당 회의에 끌려나와 수많은 군중들 앞에 세워져 견디기 힘든 수모를 당하게 될 터였다. 1957년 말부터 1958년 3월경까지 지속된 비판의 강행군은 그가 칠십 평생을 살면서 한 번도 경험해본 적이 없는 고난의 가시밭길이었다. 물론 그 수순은 숙청이 예정된 고위 간부라면 누구도 피할 수 없는 통과의례였다.

명목상의 국가 원수인 최고인민회의 상임위원장에서 물러난 김두봉은 1957년 12월 5~6일에 개최된 당 중앙위원회 전원회의에 참석했다. 전체 참석자 수가 약 1,500명에 달한 이 회의는 지난달 10월혁명 40주년을 맞아 소련을 방문한 조선노동당 대표단의 성과를 소개하고, 그들이 참관한 모스크바 국제회의의 결정을 승인하려는 목적 아래 개최되었다. 토론에 나선 당원들 20여 명은 상정된 안건을 둘러싼 논의에 그치지 않고, "종파분자들"에 협력한 김두봉을 신랄하게 비판했다. 당혹스럽게도 중소 공동 대표단을 조직해 기습적으로 북한을 방문한 펑더화이가 김두봉 자택을 방문해, 그와 오랜 시간 대화를 나누었다는 사실을 누군가 폭로했다. 사실 그는 당 중앙 상무위원회에서 그 사실을 털어놓은 적이 없었다.[14] 그가 모든 사실을 있는 그대로 실토하지 않았다는 의혹이 눈덩이처럼 불어나자, 비판과 추궁의 강도도 더 높아질 수밖에 없었다.

그로부터 사흘이 지난 12월 9~10일에 열린 평양시당 열성자회의도 김두봉의 비판세력 가담 혐의를 묵과하지 않았다. 수차에 걸친 비판을 견디다 못해 앓아누워 있던 그는 들것에 실린 채 끌려와 우격다짐 격으로 군중들 앞에 세워졌다. "반당 종파분자 김두봉을 타도하자!"는 구호가 난무하며 험악한 분위기가 조성되었다. 제대로 몸을 가누기조차 어려웠던 그는 다시 "종파분자들"과의 관계를 자백하라는 추궁을 받았다.[15]

비판의 표적이 된 김두봉의 정치적 입지는 현저히 위축될 수밖에 없었다. 주요 당정 회의와 행사가 열릴 때마다 그는 소외되기 시작했다. 1958년 2월 17일, 제2기 최고인민회의 개회식이 성대하게 개최되었을 때, 주석단에 착석한 최고위 간부들 중 그의 모습은 보이지 않았다. 그는 9년 남짓 지켜온 주석단 중앙 좌석을 정면으로 응시한 채, 낯선 일반 대의원들 사이에 섞여 객석에 앉아 있었다.[16] 그 무렵 북한을

IV

방문한 중화인민공화국 총리 저우언라이周恩來와 중국 정부 대표단을 환영하는 연회가 열렸을 때에도, 연안 출신 당 중앙 상무위원인 그의 모습은 보이지 않았다. 사실 그는 고위 간부들이 일반적으로 참석하는 연회에 초대받지 못했을 뿐만 아니라, 당 중앙 상무위원회 회의 참석조차 제지당하고 있는 실정이었다.[17] 언론 매체에서도 그의 이름은 갑자기 종적을 감추었다.

김두봉을 향한 대중적 비판 공세는 1958년 3월 5일에 개최된 조선노동당 제1차 대표자회에서 절정에 달했다. "종파집단"이 군사적 수단을 동원해 국가를 전복하려 했다는 폭로가 터져나오자, 회의장은 몹시 격앙된 분위기에 휩싸였다. "종파분자 타도"를 외치는 당원들의 고성 탓에, 자아비판에 나선 김두봉은 제대로 발언을 이어가지 못했다.[18] 연안 출신 사법상 허정숙은 전 남편 최창익뿐만 아니라, 김두봉 비판에도 가세하며 지도자를 향한 충성심을 입증해 보였다. 그녀는 김두봉이 저질렀다는 "종파적 책동"을 일일이 나열한 뒤, 그가 최창익이 지도한 "종파집단"과 결탁했다고 강조했다. 심지어 그녀는 그의 사소한 습성까지 하나하나 들춰가며, 그가 "비도덕적" 인물이라고 비방하는 행위도 서슴지 않았다. 그녀의 폭로에 경악한 대회 참석자들은 김두봉을 비롯한 "종파집단 가담자" 전원을 재판에 회부하라고 외쳤다.[19]

많은 이들이 "종파분자들"의 "반당행위"를 입증할 증거를 털어놓으라는 협박을 받았다. 그들은 대개 허정숙처럼 비판세력 인사들과 함께 일했거나 긴밀한 관계를 맺은 적이 있는 지인들이었다. 한때 김두봉의 비서를 지낸 여성 안효상도 이 은밀한 협박을 피할 수 없었다. 1945년 가을, 중국 하얼빈에 체류하던 중 조선의용군에 입대한 그녀는 얼마 뒤 북한에 들어와 김두봉의 비서가 되었다. 전쟁 전 그와 함께 일한 경력이 화근이 된 셈이었다.

전쟁이 일어난 지 약 1년이 지나 정전 담판이 시작될 무렵, 그녀는 통역 장교에 발탁되었다. 그때 정전 담판 수석대표를 맡고 있던 이가 바로 이상조였다. 그녀는 그와 함께 일하며 가까워졌고, 그만 아이를 임신하는 상황에 이르렀다. 문제는 당시 이상조가 이미 가정이 있는 유부남이라는 점이었다. 그럼에도 그녀는 아이를 낳아 만주 선양瀋陽에 거주하는 어머니에게 맡긴 뒤, 다시 돌아와 외무성 업무에 복귀했다. 1954년에 열린 제네바회담에도 참석했을 만큼, 그녀는 외무성의 유능한 인재로 정평을 얻고 있었다.

그러나 그로부터 약 3년이 지나 그녀에게 불행이 닥쳤다. 바로 "반당 종파분자" 김두봉의 죄상을 털어놓으라는 협박과 회유가 그녀를 옥죄기 시작했다. 도무지 죄를 날조해낼 재간이 없었던 그녀는 협박을 견디다 못해 스스로 목숨을 끊는 길을 택했다. 그로부터 30여 년의 세월이 흐른 1989년 가을, 그 소식을 전해 들은 백발의 노인 이상조는 몹시 괴로워하며 자책했다. "다 내 탓이야! 내가 죽일 놈이야!"[20]

비록 안효상은 협력하지 않았으나, 꼬리에 꼬리를 물고 이어지는 거짓 증언들을 엮어 김두봉의 죄상을 날조하기란 어려운 일이 아니었다. 하룻밤 사이에 "반당 종파분자"로 전락한 그는 학술사업 부문에 배치될

Ⅳ

예정이라는 약속과 달리, 정해진 것이 아무것도 없는 숙청의 소용돌이에 휘말려들었다. 마침내 1958년 6월 11일, 최고인민회의 정기회의 마지막 날 회의는 그의 대의원 자격마저 박탈한다는 결정을 내렸다. 약 석달이 지난 9월경, 그는 중앙 정계에서 완전히 자취를 감추었다.[21]

숙청 이후의 이야기

그의 몰락과 함께 날조된 온갖 추문들이 퍼져나갔다. 그가 젊은 아내와 살고 있다는 점 그리고 전통사상과 한학에 조예가 깊다는 점은 호사가들의 상상력을 자극하기에 더할 나위 없는 소재였다. 이 단순한 소재들이 그럴듯하게 가공돼 김두봉의 명예에 치명상을 입힐 수 있는 추문으로 유포되었다. 이를테면 젊은 아내와 향락에 빠져 지내고 있는 그가 해금강 물개로부터 얻을 수 있는 정력제인 해구신을 보내달라고 강원도 고성군당 위원장에게 지시한 죄, 봉건 유교사상에 젖어 주변인들에게 《목민심서》와 공자·맹자의 글을 읽으라고 강권한 죄, 개성에 있는 황진이 묘소에 참배하며 그녀가 "세상에서 제일가는 여걸"이라는 "반혁명적 언사"를 내뱉은 죄 등이 많은 이들의 입에 오르내렸다. 한편 조선의용대 창설 전후 중국국민당과 맺은 관계도 그를 궁지에 빠뜨릴 수 있는 효과적 구실이 되었다. 곧 중국국민당의 지원을 받아 활동한 그가 장제스의 비밀결사인 남의사藍衣社 요원이었다는 혐의가 날

조되기까지 했다.[22]

공직에서 퇴출된 데다 명예마저 잃은 김두봉은 이제 추레한 늙은이에 지나지 않았다. 그는 평안남도 맹산군에 위치한 한 농장으로 쫓겨났다. 농기구라고는 만져본 적이 없는 노쇠한 그에게 일거리는 부과되지 않았다. 그러나 유배지에 당도해 소일하고 있는 그를 둘러싸고 좋은 소문이 나돌 리 없었다. 편의를 봐달라고 부탁하며 뇌물로 바친 돈과 양복을 사기당했다는 풍설도 나돌았다.

1962년경, 그가 맹산 농장사업을 지도하고 있는 책임지도원 앞에 나타났다. 지도원은 "중간 키에 주름살이 가득한 대머리 할아범"의 정체를 확인하자마자 놀라지 않을 수 없었다. "소문과 달리 탐욕스러워 보이지 않고 마음씨 순한 시골 할아버지처럼 생긴" 그가 머뭇거리며 입을 열었다. "부탁이 있습니다. 내 아내는 평생 곱게만 지내왔습니다. 밥을 지어본 적조차 없지요. 그러나 이곳에 온 뒤 살림을 꾸리고 농사도 지으려니, 여간 힘든 일이 아닌가 봅니다. 지도원 동무, 농장 안에 유치원 교사 자리라도 하나 남아 있으면, 부디 제 아내에게 맡겨주시길 부탁드립니다."

김두봉의 경력을 훤히 알고 있던 책임지도원은 눈앞의 상황이 믿기지 않았다. 독립동맹, 북조선노동당, 최고인민회의 상임위원회의 수장을 지낸 그가 일개 말단 간부인 자신에게 조아리듯 간청하는 모습이 사실처럼 느껴질 리 없었다. 추레한 노인의 몰골을 주시하던 지도원에게 측은지심이 꿈틀거릴 즈음, 그의 아내도 찾아와 인사를 건넸다. 농

IV

장 내에 파다히 퍼진 소문처럼 삼십 대 초의 미인인 그녀는 고희를 넘어선 김두봉과 전혀 어울려 보이지 않았다. 그녀는 간곡히 요청했다. "생전에 농사일이라고는 해본 적이 없고, 배운 것이라고는 글밖에 없습니다." 그녀는 연신 머리를 조아렸다.

며칠 뒤 지도원은 맹산군당 위원장에게 건의해, 그녀의 유치원 취업을 도울 수 있었다.[23] 유배지에서의 첫 출발치고 그들은 비교적 운이 좋은 편에 속했다. 명예와 재산을 비롯해 모든 것을 잃은 칠십 고령의 노인에게 마지막 희망이 남아 있다면, 그것은 자신과 가족들 모두 더 이상의 불행을 피해 마지막 여생을 조용히 보내는 일이었다.

05

박의완

주눅이 든 원칙주의자

비판세력에 가담한 전력이 뒤늦게 밝혀져 물의를 빚은 인물은 김두봉만이 아니었다. 당 지도부의 과오에 줄곧 비판적 태도를 보여온 원칙주의자 박의완에게도 시련이 다가오고 있었다. 미코얀과 펑더화이가 북한을 방문했을 때, 당 중앙위원회 조직부의 사업을 비판한 그는 이미 김일성을 비롯한 당 지도부의 눈 밖에 난 상황이었다.[1] 불의와 부정을 그대로 지나치는 법이 없었던 그의 원칙주의적이며 양심적인 태도는 과오를 덮기에 급급했던 당 지도부 인사들과 원만한 관계를 유지하는 데 도움이 되지 않았다.

그의 동료들은 주변 분위기를 해치면서까지 원칙과 정의를 내세우곤 했던 그의 성격에 이중적 평가를 내렸다. 김일성은 그가 청렴하고 정직한 데다 사업상의 결함들을 용기 있게 지적하고 있지만, 회의가 열릴 때마다 "쓸데없는 문제들을 끝까지 물고 늘어지는 일이 잦아" 동료들로부터 외면당하고 있다고 평가했다.[2] 고려인 외무상 남일도 그가 "정력적이고 훌륭한 지도자"임을 부인하지 않았으나, 종종 "문제의 본

질에서 벗어나 근거가 불충분한 자신의 견해를 과격하게 고집하는" 경향이 있다고 지적했다.[3]

사실 주변 상황을 고려하지 않고 줄곧 입바른 소리를 해온 박의완의 원칙주의적 태도가 분란을 일으킨 적은 한두 번이 아니었다. 그는 이미 대국 대표들 앞에서 당의 치부를 드러내 동료들로부터 따가운 눈총을 받았다. 게다가 전 직업총동맹 위원장 서휘의 후임에 추천된 한상두의 자격 문제를 논의할 때에도, 그는 홀로 반대 입장을 내비쳐 물의를 빚었다. 서휘의 파면 근거로 제시된 반소련계 한인 캠페인 가담 전력이 도마 위에 오르자, 그는 고려인 블랙리스트를 작성한 한상두도 그 문제에서 자유로울 수 없다고 집요하게 물고 늘어졌다.[4] 김일성의 기분을 헤아리지 못한 채 두 차례의 치명적 실수를 범한 박의완은 결국 그의 신임을 잃고 말았다.

엎친 데 덮친 격으로 소련의 "반당그룹 사건" 직후부터 다시 탄압을 받은 비판세력과 그의 과거 공모 관계가 점차 수면 위로 드러나기 시작했다. 내각 부수상들 중 "종파행위"에 가담했다는 혐의를 받은 이들로 최창익·박창옥에 이어 그의 이름이 오르내렸다. 심지어 "반당집단"이 구상한 신정부 내각 명단에 그의 이름이 끼어 있다는 소문도 나돌았다. 1957년 8월에 들어 그를 대하는 당 지도부 인사들의 태도에 확연한 변화가 감지되었다. 박정애조차 그에게 냉랭한 모습을 보였다. 8월 15일 해방 12주년을 맞아 기념행사와 연회가 거듭 개최되었으나, 당과 내각의 최고위 간부인 그는 초청을 받지 못했다.

박의완은 극심한 불안감에 사로잡혔다. 그는 자신의 운명을 좌우할 수 있는 인물인 김일성에게 면담을 요청했다. 그러나 김일성은 바쁘다고 둘러대며 두 차례나 그의 요청을 거절했다. 박의완은 화가 치밀어 올랐다. 결국 세 번째 전화를 걸었을 때, 그는 참지 못하고 "당 중앙 상무위원회 후보위원인 나의 면담 요청을 거절하는 이유가 대체 무엇입니까?"라고 따져 물었다. 김일성은 정말 바빴기 때문이라고 다시 둘러댔지만, 더 이상 그의 요청을 거부할 수 없었다.

8월 13일, 마침내 박의완이 그토록 고대해온 지도자와의 면담이 성사되었다. 그들은 소련대사관 신축 공사 현장을 둘러보며 대화를 나눴다. 늘 그렇듯 상대방의 호감을 이끌어내곤 했던 김일성의 환한 웃음은 그에게 적잖은 안도감을 주었다. 박의완은 먼저 미코얀과 펑더화이가 북한을 방문했을 때 조선노동당의 과오를 비판한 자신의 행위가 신중하지 못했다는 사과를 건넸다. 어떤 운명이 자신을 기다리고 있을지 알 길이 없는 그도 김두봉처럼 비판세력과 거리를 두는 전략을 택했다. 여느 때와 달리 그는 조심스럽게 입을 열었다. "반당집단의 내각 명단에 내 이름이 올라가 있다고 들었지만, 맹세코 나는 그들과 아무런 관련이 없습니다. 나는 항상 정직하고 성실하게 일해왔습니다. 때때로 당내 과오를 무자비하게 비판하기도 했지만, 동지도 알다시피 그것은 우리의 결함을 제거하려는 목적 이상도 이하도 아니었습니다."

지도자에게 자신의 결백을 입증해 보이려는 그의 노력은 필사적이었다. "우리 고려인들은 조선민주주의인민공화국 건설을 지원하기 위해 파견되었습니다. 우리는 모두 수상 동지를 적극 지지해야 한다는 본국의 지침을 묵묵히 실천해왔지요. 그럼에도 불구하고 어째서 동지에게 무한한 신임을 받은 김승화와 몇몇 고려인 동지들이 반당집단에 가담해, 공화국 정부를 반대하는 길로 들어섰는지 나로서는 충격을 금할 수 없습니다." 김일성은 비판세력과 무관함을 강조하는 그의 변론을 인내심 있게 경청한 뒤 입을 열었다. "동지를 종파분자라고 비방하는 이들에게 신경 쓸 필요가 없소. 그들은 아무 말이나 떠벌릴 수 있는 자들이오. 이제 의심을 거두고 업무에만 정진하길 바랍니다." 박의완은 지도자의 따뜻한 조언에 안도할 수 있었다.

그로부터 아흐레가 지난 8월 22일, 그는 소련대사 푸자노프와 대담을 나누었다. 박창옥이 몰락한 뒤 정기적으로 소련대사와 만나 북한 내부 정보를 전해줄 고려인 적임자가 바로 그였음은 의심의 여지가 없었다. 그는 곤경에 처한 자신의 현 상황을 설명한 뒤, 얼마 전 김일성을 만난 일을 털어놓았다. 물론 자신이 "반당 종파분자"로 몰리고 있다는 그의 솔직한 고백은 소련대사관에 도움을 청하는 구조 신호에 다름 아니었다.

허심탄회한 고백이 끝나자, 박의완은 향후 거취를 둘러싼 입장을 밝혔다. "반당집단 사건 조사가 마무리되어 내가 그자들과 아무런 관련이 없다는 사실이 판명되면, 귀국을 요청할 생각입니다. 반당집단 사건 때문이 아니라 사실 오래전부터 전 대사들인 쉬띄꼬프 동지, 이바노프 동지와 그 문제를 논의한 일이 있습니다." 소련으로 돌아가고 싶다는 입장을 내비친 그는 몹시 지쳐 보였다.

푸자노프는 여느 때처럼 몇 가지 조언과 충고를 건넸다. "작년 9월경 당 중앙위원회 사업을 비판한 동지의 행위는 지극히 정당했습니다. 그런데 어째서 김일성 동지에게 사과를 했는지 이해할 수 없군요. 당시 소련공산당과 중국공산당 대표들은 형제당인 조선노동당이 내부 문제를 올바르게 해결하고, 레닌의 당 생활 원칙을 회복할 수 있도록 도우려 조선에 파견되었습니다. 진실한 당원이라면 조선노동당 지도부의 결함을 숨김없이 폭로해, 형제당 대표들의 도움을 얻어 그것을 집체적으로 제거할 수 있는 방안을 강구해야 합니다. 따라서 당시 동지의 행위는 지극히 정당했습니다." 박의완은 잠시나마 그의 조언으로부터 큰 위안을 얻을 수 있었다.

푸자노프는 귀국을 희망하는 그의 태도에도 반대했다. "동지는 조선민주주의인민공화국에 파견돼 지난 12년간 경제사업을 비롯한 다양한 분야에서 숱한 경험을 쌓았습니다. 조선과 사회주의 형제국들 간 공조를 모색해야 할 우리들의 공동사업에도 큰 기여를 했음은 물론입니다. 앞으로도 지금까지 그래왔듯, 신념을 잃지 말고 동지에게 맡겨진 국가적 과업들을 완수하길 바랍니다."[5] 푸자노프의 조언은 불안감에 사로잡혀 있던 그에게 큰 안도감을 주었다. 다른 누구도 아닌 사회주의 모국 소련이 자신의 뒤를 봐주고 있다는 확신을 얻었기 때문이었다.

그러나 상황은 그의 바람대로 흘러가지 않았다. 푸자노프와 대담을 나눈 지 며칠 지나지 않아, 박의완이 "반당집단 우두머리들"과 친밀한

관계를 유지했다는 증언이 누군가로부터 흘러나왔다. 조선노동당 중앙 상무위원회는 그 혐의에 대해 본인이 해명할 수 있는 기회를 부여하기로 결정했다.[6] 물론 그의 과거를 낱낱이 파헤칠 뒷조사는 이미 착수된 상황이었고, 빈번히 개최된 각종 당 회의도 그를 궁지로 몰아넣고 있었다. 내각 교통성 당 회의가 개최되었을 때, 보고에 나선 당 비서는 박의완이 교통상에 복무할 당시 숱한 과오를 저질렀다고 날선 비판을 퍼부었다. 사실 그의 고백들은 모두 8월 전원회의 사건과 직접적 관련이 없는 너덧 해 전의 과거사일 뿐이었다.

발끈한 박의완은 김일성을 찾아가 다짜고짜 쏘아붙였다. "어째서 당 중앙 상무위원회 후보위원인 나의 과거를 밑바닥에서부터 파헤치려 합니까? 그것도 종파집단의 반당행위와 아무런 관련이 없는 오래전의 일들을 말이오?" 으레 그렇듯 김일성은 아무것도 모르는 일인 양 시치미를 뗐다. "동지의 뒤를 캐는 일은 있을 수 없소. 모든 응어리들을 풀고, 계속 업무에 정진하시오."[7]

김일성의 호언과 달리 뒷조사는 중단되지 않았다. 사업상의 문제로 박의완과 연락하며 그의 지시를 받아온 국가건설위원회의 한 간부가 당 위원회에 호출된 일이 있었다. 당 위원장은 그가 박의완으로부터 무슨 임무를 부여받았는지 집요하게 추궁했다. 날조해서라도 박의완의 반당행위를 털어놓으라는 협박에 다름 아니었다. 그러나 청렴하고 정의로운 상관을 배신할 만큼 양심없는 인물이 아니었던 그는 당 위원장의 협박에 굴복하지 않았다. 대담한 그는 자신이 누구로부터 무슨 심문을 받았는지, 국가건설위원장 박의완에게 이실직고하겠다고 되받아쳤다. 그제야 당 위원장의 심문이 중단되었다.[8]

제동 걸린 탄압

자신의 운명이 점점 불확실한 상황에 내몰리고 있음을 직감한 박의완은 극심한 불안에 빠졌다. 현재 그가 의지할 수 있는 이라곤 소련대사뿐이었다. 다행히 박의완의 됨됨이를 누구보다 잘 알고 있던 푸자노프는 그의 신변에 닥친 위기를 모른 척하지 않았다. 9월 4일, 그는 외무상 남일과 내각 간부진 개편을 둘러싼 대담을 나누던 중 박의완이 현직에 유임돼야 한다는 확고한 입장을 전달했다. "박의완 동지는 내각 부수상에 재등용되어야 합니다. 그의 해임은 누구도 이해하지 못할 처사일뿐더러, 정치적으로도 문제가 될 수 있습니다." 자신의 입장이 조선노동당 지도부에 전달되리라는 사실을 잘 알고 있던 푸자노프는 더 적극적으로 그를 비호했다. "박의완 동지가 반당집단 가담자들과 친밀한 관계를 유지했다 해도, 그들의 국가 전복 음모를 알아채고 그에 동조했을 가능성은 높아 보이지 않습니다."[9]

푸자노프의 입김 때문인지 박의완의 유임을 낙관하는 전망들이 이어졌다. 9월 9일, 박정애는 그가 다시 내각 부수상에 천거될 예정이라는 소식을 푸자노프에게 전했다.[10] 김일성도 박의완이 최소한 상(相) 이상의 직위에 기용될 수 있다는 입장을 여러 차례 그에게 밝힌 적이 있었다.[11] 박의완과 소련대사관의 관계를 잘 알고 있던 김일성은 그의 문제를 자신의 입맛대로 처리할 수만은 없었다.

1957년 9월 말, 조선노동당 중앙위원회 상무위원회가 소집되었다. 다음 달 17일부터 개최될 당 중앙위원회 10월 전원회의의 세부 일정을 조율하려는 목적 아래 소집된 회의였다. 상무위원회 후보위원인 박의완도 참석한 이 회의는 건설사업 문제를 10월 전원회의의 주요 의제로 확정했다. 그러나 건설 부문 결산과 과업을 둘러싼 보고를 당 중앙위원회 부위원장 박금철에게 맡기자는 제안이 나왔을 때 문제가 발생했다. 잡음을 일으킨 주인공은 바로 국가건설위원회 위원장 박의완이었다. 그는 박금철이 보고에 적합하지 않은 인물이라고 주장하며 이의를 제기했다.

그때 박정애와 김창만이 회의에 찬물을 끼얹은 그를 제지하고 나섰다. 그들은 건설 부문을 다룬다 해도 당 중앙위원회 전원회의의 의제인 만큼, 보고자도 내각 간부가 아닌 당 중앙위원회 간부이어야 한다는 논리를 들이댔다. 박의완은 건설 부문 총책임자인 자신이 보고를 맡아야 한다는 주장을 굽히지 않았다. 그러자 그들은 그가 10월 전원회의에 참석해서 해야 할 일은 보고가 아닌 자아비판이라고 충고했다. 국가건설위원회 사업에 숱한 과오가 있었을 뿐만 아니라, 그가 전 건설상 김승화를 비판하지 않았다는 이유에서였다.

결국 박의완은 폭발하고 말았다. 그는 매섭게 쏘아붙였다. "얼마 전

건설사업을 추진하던 중 문제가 생겨, 당 중앙위원회 부위원장 박금철·김창만 동지에게 수차에 걸쳐 문의하고 도움을 요청한 일이 있었습니다. 그러나 이 동지들은 도움은커녕 아무런 답변도 주지 않았습니다. 김창만·박금철 동지가 먼저 솔직하게 자아비판한다면, 나도 얼마든지 그에 나설 용의가 있습니다."[12] 박의완은 시원하게 반박했지만, 자신을 향한 의혹이 눈덩이처럼 불어나고 있는 당내 기류를 외면할 수 없었다. 결국 그는 자아비판 원고 작성에 착수했다.

10월 전원회의가 임박했을 무렵, 뜻밖에도 "종파분자들"을 향한 비판의 수위를 낮추라는 지시가 하달되었다. 박금철은 자신이 발표할 보고 초안을 준비하고 있는 실무진들에게, 김승화와 이필규를 비롯한 "종파분자들"이 건설 부문에 끼친 악영향을 압축해 기술하라고 지시했다. 그 지시에 따라 국가건설위원회 위원장 박의완을 겨냥한 비판의 수위도 조정될 수밖에 없었다. 게다가 10월 전원회의 당일인 19일 아침 8시에 급히 당 중앙 상무위원회를 소집한 김일성도 자아비판을 앞두고 있는 박의완에게, 발언 시간을 대폭 줄여 10~15분 내에 마치라는 조언을 건넸다.[13]

예상과 달리 박의완을 겨냥한 10월 전원회의의 공세가 약화된 데에는 두 가지 이유가 있었다. 먼저 건설 부문의 과오와 결함 원인을 모조리 "반당집단"에 전가할 경우, 그 근본 원인을 규명할 전문적 논의 자체가 봉쇄될 수밖에 없었다. 더욱이 10월 전원회의 목표가 이상조와 김두봉을 겨냥한 총공세에 맞추어진 이상, 굳이 박의완까지 비판 대상에 끼워넣는다면 그만큼 화력이 분산될 수 있다는 우려도 제기되었다.

　10월 전원회의는 박의완에게 큰 시련을 안기지 않은 채 막이 내렸다. 남일에 따르면 그는 여느 때처럼 핵심 논지로부터 이탈해 눈총을 받기도 했으나, 서두와 말미에 진지한 자아비판을 펼쳐 좋은 반응을 이끌어냈다.[14] 10월 전원회의의 고비를 넘긴 뒤, 그에게 평온한 일상이 찾아왔다. 강도 높은 심문을 받으며 고초를 당한 김두봉과 달리, 그의 혐의는 한 달 반가량이나 방치되었다. 아마도 그 이유는 소련대사 푸자노프의 도움 때문이었을 가능성이 높다.

　푸자노프는 폭풍 전야와도 같은 이 시기에 박의완이 혐의를 벗을 수 있도록 그의 뒤를 봐주고 있었다. 1957년 11월 28일 알바니아 해방 13주년 기념연회가 열렸을 때, 김일성은 잠시 만나 환담을 나눈 그로부터 귀가 아프도록 박의완에 관한 미담을 전해 들었다. 푸자노프는 열성을 다해 소련대사관 건물 신축 공사를 지휘한 그에게 카메라를 선물할 계획이라고 밝혔다. 김일성은 특유의 환한 미소를 지으며, 세심한 부분에 이르기까지 형제국 간부들에게 신경을 써주고 있는 그의 배려에 감사하다고 화답했다.[15] 그러나 북방의 매서운 겨울 추위와 함께 상황은 돌변하기 시작했다.

허사가 된 소련대사의 후견

1957년 12월 5일, 조선노동당 중앙위원회 전원회의가 개최되었다. 지난달 10월혁명 40주년을 맞아 소련공산당이 주관한 모스크바 국제회의의 결정을 지지하고 승인하려는 목적 아래 소집된 회의였다. 본 의제 외에 "반당집단" 가담자 적발에도 관심을 돌린 이 회의는 의혹을 받고 있던 박의완과 김두봉을 비판대에 세웠다. 토론에 나선 20여 명의 간부들은 모스크바 국제회의의 역사적 의의를 강조한 뒤, 그들을 향해 신랄한 비판을 퍼부었다. 그들의 자아비판에 진실성이 담기지 않았다는 지적이 잇따르며, 비판과 추궁의 강도도 더 높아졌다.[16]

박의완의 자아비판에 누구보다 격한 반응을 보인 이는 최용건이었다. 그는 박의완의 발언을 가로막으며 거칠게 몰아붙였다. "지난해 동무는 미코얀과 펑더회 동지가 방문했을 때 돌발행동을 벌였소. 동무의 생각 없는 행위가 우리 당 중앙위원회의 통일성을 훼손했단 말이오. 동무! 우리 당 중앙위원회 사업을 비판한 대가로 미코얀 동지에게 무엇을 얻을 수 있었소?" 김일성이 나서서 흥분한 그를 말려야 했을 만큼, 험악한 분위기가 조성되었다. 반소적 성향을 지닌 김창만도 박의완을 겨냥한 비판에 가세했다. 그는 고려인 박의완이 민족애와 애국심을 내팽개친 인물이라고 몰아붙였다.

위기의식을 느낀 박의완은 다시 도움을 요청할 목적 아래 소련대사관을 찾았다. 대사 푸자노프와 참사 펠리셴코가 그를 맞았다. 그는 당·정 내 주목할 만한 사건들을 비롯한 중요 정보들을 전한 뒤, 자신에게 닥친 위기의 전말을 상세히 털어놓았다. 푸자노프와 펠리셴코는 12월 전원회의에 참석한 그가 최용건·김창만으로부터 혹독한 비판을 받았다는 점에 민감한 반응을 보였다. 그들 모두 과거에 소련계 한인 탄압을 주도한 이들이었기 때문이다.

푸자노프가 물었다. "최용건 동지는 작년 8월 전원회의 당시 윤공흠 동지에게 '개새끼'라는 욕설을 퍼부어 물의를 빚은 일이 있습니다. 이번에도 그가 동지에게 그처럼 무례한 욕설을 퍼부었나요?" "그런 일은 없었습니다." 박의완이 짧게 대답했다. 펠리셴코도 비슷한 질문을 던졌다. "김창만이 동지를 '이반'이라고 부르지 않았나요?" 사실 박의완의 러시아어 본명은 "이반 아르카디예비치 박Иван Аркадиевич Пак"이었다. 그의 조선어 이름 "의완"이 "이반"을 음차한 표현임에 비추어볼 때, 펠리셴코의 질문은 김창만이 그를 소련인으로 간주하며 조롱하지 않았냐는 의미를 함축하고 있었다. 그러나 박의완은 김창만도 그렇게 말한 적이 없다고 대답했다.[17]

12월 전원회의가 막을 내린 지 불과 사흘밖에 지나지 않은 12월 9일, 평양시당 열성자회의가 소집돼 다시 박의완과 김두봉이 비판을 받았다. 박의완의 자아비판과 그에 대한 심문에만 두 시간 이상이 소요되었다. 그는 그 가운데 약 한 시간 반을 "종파분자들"과 결탁하지 않았냐는 당원들의 집요한 추궁을 해명하는 데 할애해야 했다. 12월 17일, 김일성은 소련대사 푸자노프를 만나 평양시당 열성자회의의 소식을 전해주었다. 박의완의 혐의에 대한 조사 진행 상황을 언급할 때, 그의 태도는 매우 조심스러웠다. 그는 박의완이 "종파분자들"과 결탁했으나, 국가 전복을 획책한 그들의 음모를 눈치채지 못한 듯하다고 말했다. 박의완의 뒤를 봐주고 있는 푸자노프를 의식할 수밖에 없었던 그의 계산된 진술이었다.

푸자노프는 김일성과 고려인 간부들로부터 전달받은 중요 정보를 소련 외무성에 제출할 대사 일지에 기록했다. 그는 수집한 정보들을 정리하는 수준을 넘어, 박의완과 "반당종파 사건"을 둘러싼 주관적 평가를 덧붙이기까지 했다. 그 평가는 소련의 대북정책에 반영되길 바라는 그의 요청이자 건의의 성격을 띠었다. 그는 다음과 같이 기록했다. "박의완으로부터 받은 인상을 말하자면, 그는 정직하고 당과 인민에게 충심을 다하는 일꾼이다. 그가 종파분자들과 결탁한 목적은 정치적 동기와 무관하다. 그는 내각에서 그들과 함께 일하며 친분을 쌓았을 뿐이다. 종파분자들은 당원들과 인민들을 포섭하려는 이기적 목적 아래, 당 지도부의 결함을 이용했다. 이때 박의완은 단지 그 결함을 밝혀내고 시정할 의도로 그들에게 접근했다."[18]

대사 일지에 박의완이 결백하다는 입장을 밝힌 푸자노프의 의도는 명백했다. 그것은 그를 보호해달라고 본국에 도움을 호소하는 청원에 다름 아니었다. 그러나 상황은 푸자노프의 바람대로 흘러가지 않았다. 소련은 더 이상 북한 내정에 개입하지 않는 길을 택했다. 평양시당 열성자회의 직후 박의완은 국가건설위원회 위원장에서 해임되었다. 조선노동당 중앙 상무위원회 후보위원 제명도 시간문제라는 관측이 지배적이었다. 다만 1958년 1월경까지만 해도 그가 당 중앙위원과 내각 부수상직을 유지하리라는 낙관적 전망이 나돌고 있었다.[19]

그러나 1958년 3월 5일에 개최된 조선노동당 제1차 대표자회를 계기로 박의완 문제를 둘러싼 낙관적 전망은 종적을 감추고 말았다. 김두봉에게 치명적 타격을 입힌 이 대회는 박의완의 운명마저 궁지로 몰아넣었다. 그는 연단에 올라 다시 자신의 결백을 입증하려 안간힘을 썼으나, 격앙된 군중들의 비난과 고함 탓에 발언을 이어갈 수 없었다. 누구보다 격렬히 그를 비판한 토론자는 함께 건설사업을 주도해온 동료인 교통성 당 위원회 위원장이었다. 그는 박의완이 종파 활동에 가담했다고 성토한 뒤, 건설 부문에서 당의 노선을 제대로 집행하지 않은 책임이 그에게 있다고 날을 세웠다.

뒤통수를 맞은 박의완은 격분했다. 그는 휴식 시간이 주어지자마자 교통상 김회일을 찾아가 따졌다. "이따위 모략적 토론을 사주한 자가 동무요?" 그는 주변 시선을 의식하지 않고 고함을 치며 김회일을 몰아붙였다. 이 소란스러운 광경이 군중들의 이목을 끌었음은 물론이었다. 자신의 과오를 반성하기는커녕, 격분한 감정을 추스르지 못한 채 항변하고 있는 박의완의 태도는 그들의 분노를 자극했다. 그들은 당 대표자회 집행부에 그의 적반하장적 태도를 고발했다. 박의완의 운명이 자아비판 태도의 진실성 여부에 달려 있다는 당 지도부의 거듭된 경고에 비추어볼 때, 그의 직설적이고도 성급한 행위가 자신의 무덤을 판 셈이었음은 의심의 여지가 없었다.

당 대표자회에 참석해 장내 분위기를 살필 수 있었던 소련계 한인 농업성 부상 김재욱은 박의완이 엄혹한 곤경에 빠졌다고 소련대사관에 보고했다. 그는 박의완이 당 중앙위원과 내각 부수상에 유임되기는커녕, 당적 유지마저 장담하기 힘든 상황이라고 털어놓았다.[20] 약 석 달 뒤, 김재욱의 불길한 예언은 그대로 적중하고 말았다. 1958년 6월 경 박의완은 "반당행위"에 가담했다는 혐의를 벗지 못한 채, 김두봉과 함께 최고인민회의 대의원에서 해임되었다.[21] 그 직후 정치적 사형선고라 할 수 있는 출당 처분이 그에게 내려졌다.

박의완이 몰락한 지 얼마 지나지 않은 9월 9일, 푸자노프를 방문한 남일은 완전히 제압된 상태에 있는 "종파분자들"의 근황을 전하며 당혹스러운 질문을 던졌다. "대체 박의완이 동지를 만나기 위해 저토록 안달이 나 있는 이유가 무엇인가요?" 푸자노프는 움찔할 수밖에 없었

푸자노프
북한 주재 소련대사 푸자노프는 양심을 지키며
원칙을 고수한 박의완의 반당종파 혐의를 벗기려
각방으로 노력했다. 그러나 시간이 흐를수록
그조차 손을 쓸 수 없는 상황이 조성되었다.

다. "그자는 출당 처분을 받자마자 펠리센코 동지에게 전화를 걸어, 나를 만나고 싶다는 의향을 밝혔다고 합니다. 그러나 나는 그를 만나야 할 필요성을 느끼지 못했고, 따라서 만나지도 않았습니다." 푸자노프는 쐐기를 박듯 단호하게 덧붙였다. "나는 최근 두 달 동안 조선을 떠나 있었습니다. 그러기에 그가 어떤 의도로 내게 접근하려 하며, 또 무슨 모략을 꾸미려 하는지 도통 알 길이 없습니다."[22] 푸자노프는 박의완과의 관계에 확실히 선을 그었다. 그가 "반당 종파분자"라는 결론이 내려진 이상, 더 이상의 조심성 없는 처신은 본인마저 곤란한 상황으로 내몰 수 있음을 모를 리 없기 때문이다.

박의완의 불행은 출당으로 끝나지 않았다. 그는 1958년 말 내무기구에 체포되었다. 가혹한 심문에 못 이긴 최창익이 박의완도 국가 전복 음모에 가담했다고 자백한 직후였다.[23] 이제 푸자노프가 그를 위해 할 수 있는 것이라고는 그의 가족들을 보호하는 일뿐이었다. 다행히도 북한 당국자들과의 껄끄러운 교섭을 마다하지 않은 그의 노력에 힘입어, 박의완의 가족들은 소련으로 영구 귀국할 수 있었다.[24] 그들을 사지에 남겨두지 않은 그의 세심한 배려는 늘 양심을 지키며 정의의 편에 섰던 고려인 동지에 대한 마지막 예우에 다름 아니었다.

06

음모의 시나리오
"8월 종파사건" 탄생

"8월 종파사건" 시나리오

1958년 3월 초 김두봉과 박의완을 공개적으로 매장한 조선노동당 제1차 대표자회는 8월 전원회의가 막을 내리고 1년 넘게 지속된 모호한 정치 상황에 종지부를 찍었다. "반당종파 사건"의 얼개와 성격도 이미 당 지도부의 구미에 맞게 짜맞추어진 상태였다. 최창익이 이끈 종파집단이 획책했다는 이 반혁명사건의 명칭은 "8월 종파사건"으로 정해졌다.

반혁명사건이 일어날 때마다 으레 그 전모를 소개하는 음모의 시나리오를 공개해온 북한 당국은 이번에도 다소 억지스러우며 허술한 구석이 있는 시나리오를 발표했다. 박헌영사건을 비롯해 당국자들이 조작한 모든 반혁명 사건들의 스토리는 불변의 전통을 가지고 있다. 사건의 주인공들인 극악무도한 반혁명 분자들이 체제를 전복할 목적 아래, 의도적으로 당에 잠입해 오래전부터 꾸며온 치밀한 모략을 실행에 옮긴다는 내용이 그것이었다. 흥미롭게도 북한 당국은 이 어설픈 시나리오를 모든 인민들이 믿게 만드는 놀라운 재주를 가지고 있었다. 가혹한 심문으로 얻어낸 허위 자백에 당국자들의 풍부한 상상력이 가미

된 "8월 종파사건"의 시나리오는 다음과 같다.

　해방 후 박헌영의 "화요계 종파 잔당"과 최창익의 "엠엘ML계 종파 잔당"이 공산당(노동당) 조직 내에 침투했다. 두 잔당은 과거와 마찬가지로 종파 활동을 일삼으며 당 대열에 치명적 손상을 입혔다. 박헌영이 이끈 화요파의 경우 전쟁 이전에 이미 남한 지역 노동당을 괴멸적 상태로 몰아넣었다. 최창익이 지도한 엠엘파는 조국해방전쟁 이후 제국주의자들이 국제 공산주의운동 진영을 공격하는 상황을 틈타, 조선노동당 중앙위원회에 반기를 들었다. 1956년 8월 종파사건은 그들이 오래전부터 꾸며온 모략을 전면적으로 실행에 옮긴 반혁명적 폭거에 다름 아니었다.

　엠엘파 잔당의 반당 활동은 8월 전원회의 이전부터 조짐을 보였다. 그들은 수정주의적 슬로건을 외치며 조선노동당 중앙위원회의 지도적 역할에 제동을 걸었다. 최고인민회의 상임위원회가 조선노동당 중앙위원회 상무위원회보다 우위에 있다는 김두봉의 주장이 그 대표적 예에 속했다. 아울러 조선인민군이 노동당의 군대가 아닌 통일전선적 인민의 군대라는 주장, 노동당이 국가경제 문제에 지나친 간섭을 일삼고 있다는 비판, 현 단계에 프롤레타리아 독재를 적용하는 대신 개인의 이익과 자유를 더 존중해야 한다는 주장 등도 엠엘파가 내건 수정주의적 슬로건의 성격을 띠었다.[1]

　최창익이 지도한 엠엘파 잔당은 어떠한 강령과 규약도 갖추지 못한 협잡꾼들의 조직에 불과했다. 그들의 유일한 목표는 권력 장악 곧 당 중앙위원회를 비롯한 핵심 기구 장악에 있었다. 당정 지도권 탈취에 혈안이 된 그들은 수시로 "뒷골목"에 모여 흉계를 꾸몄다.[2] 내각 사무국 당 회의가 "뒷골목 비밀회의"로 이용되었다. 당정 내 현 지도부 교체와 새 간부진 구성 문제를 논의한 결과 김일성을 제거한 뒤 내각 수상에 최창익, 외무상에 이상조, 내무상에 이필규, 당 중앙위원회 위원장에 김두봉을 선출한다는 결정이 채택되었다. 최고권력기구인 당 중앙 상무위원회는 그들에 박창옥·윤공흠·서휘를 추가해 조직할 예정이었다.[3] 그들은 권력을 쟁취한 뒤 어떻게 국가를 운영할 것인가에 대해서도 논의를 이어나갔다. 그 결과 새 국가의 중립국화를 선포해 사회주의진영으로부터 이탈함과 동시, 남한 이승만정권과 결탁한다는 합의를 이끌어냈다.[4]

종파분자들은 명확한 목표를 설정하자, 본격적 활동에 착수했다. 그들이 꾸민 첫 번째 모략은 소련계 한인들을 겨냥한 음해 활동이었다. 최창익과 고봉기가 반소련계 한인 캠페인을 주도하며 당내 갈등을 부채질했다. 그들의 공세는 당 지도부의 의사에 관계없이, 연안종파의 독자적 계획에 따라 추진된 모략이었다. 김일성은 소련계 한인을 적대시하는 풍조에 반대하며 제동을 걸고 나섰다. 그러나 그가 종파분자들의 모략을 제지하지 못함에 따라, 무고한 소련계 한인들 다수가 희생되기에 이르렀다.

종파분자들은 반소련계 한인 캠페인이 당 지도부가 획책한 일인 양

사태의 진상을 날조하고 은폐했다. 그 계략이 성공함에 따라 사태의 책임 소재를 오해한 소련계 한인들은 당 지도부를 향해 불만을 표출했다. 더 심각한 문제는 소련 공민인 고려인들을 보호해야 할 의무를 지닌 소련 당국과 노동당 지도부 사이의 관계도 악화될 수밖에 없었다는 점이다. 반소련계 한인 캠페인에서 비롯된 북소 갈등은 당 지도부와 대립한 종파분자들에게 유용한 투쟁 전략으로 활용되었다. 그들은 북소 갈등을 조장해 소련의 지지를 얻으려 했을 뿐만 아니라, 불만이 팽배해 있던 고려인들까지 그들 편으로 포섭하는 일석이조의 효과를 거둘 수 있었다.[5]

고려인들을 포섭해 세력을 키운 종파분자들은 4대 슬로건을 내세워 당 지도부를 공격했다. 첫 번째 슬로건은 "김일성 개인숭배에 반대한다"는 주장이었다. 이 슬로건은 당 지도부가 소련공산당 20차 대회의 결정을 수용하지 않았다는 오해에 비판의 근거를 두고 있었다. 그러나 그들의 주장과 달리, 조선노동당 내 개인숭배 과오는 3차 당대회를 계기로 완벽한 시정이 이루어졌다. 이제 신문·잡지를 비롯한 모든 매체와 유력인사들의 연설에서 김일성을 찬양하는 표현은 자취를 감추었다. 당 중앙위원회 운영에 집체적 지도원칙이 준수되고 있다는 점도 개인숭배 과오가 시정되었음을 뒷받침하는 근거들 중 하나였다. 그럼에도 불구하고 종파분자들은 당 지도부를 궁지에 빠뜨리려는 목적 아래, 그 문제를 집요히 비판하며 조선민주주의인민공화국과 소련 간 갈등을 부추겼다.

그들이 내세운 두 번째 슬로건은 노동당이 인민들의 생활난에 무관심했다는 주장이었다. 물론 이 슬로건은 그들이 국가에 대한 인민들의 불만을 조장할 의도로 퍼뜨린 거짓 선동에 지나지 않았다. 그들의 세 번째 슬로건은 "비판의 자유를 허용해야 한다"는 주장이었다. 이 슬로건은 반당적 비판 활동의 근원인 종파주의가 당에 유익하다는 궤변의 근거로 활용되었다.

"지도 간부들을 교체하라!"는 마지막 슬로건은 그들의 야욕을 노골적으로 드러낸 주장에 다름 아니었다. 그들은 지도 간부들 다수가 국가를 운영할 능력이 없는 노동자 출신들이라고 비판했다. 물론 노동계급을 모독하고 있는 그들의 반당적 언사는 전혀 사실이 아니었다. 비판받은 간부들 모두 일제의 탄압에 맞서 투쟁한 불굴의 혁명가들이었기 때문이다. 종파분자들이 몇몇 부수상들과 당 중앙위원회 부위원장들의 해임을 요구한 목적이 그 직위들을 탐낸 그들의 야욕에 있었음은 의심의 여지가 없었다.[6]

4대 슬로건을 내세워 반기를 든 종파분자들은 당 지도부 인사들을 제거할 구체적 계획까지 마련해두고 있었다. 8월 15일 해방절 근로자 시위는 불시에 그들을 습격할 수 있는 절호의 기회였다. 전 직업총동맹 위원장 서휘가 이 시위에 참가할 노동자들을 매수해 치밀한 습격계획을 세웠다. 그 계획의 골자는 해방절 퍼레이드에 나선 노동자들이 주석단 앞을 지나가는 순간 갑자기 멈춰 서서 "지도부를 경질하라!"고 외치면, 연단 위에 있던 서휘가 곧바로 그들을 체포한다는 내용이었다.

정변의 성패가 노동계급 포섭에 달려 있다고 본 종파분자들은 온갖 부정한 방법들을 동원해 그들의 지지를 얻으려 했다. 당과 국가에 대한 노동자들의 불만을 부채질하는 방법이 그 대표적 수단으로 활용되었다. 이를테면 상업상 윤공흠을 비롯해 상업성에 포진한 종파분자들은 노동자들에게 공급해야 할 상품을 빼돌렸을 뿐만 아니라, 소련이 원조한 다량의 직물을 투기꾼들에 넘기기까지 했다. 생필품 부족난에 직면한 노동자들은 사태의 원인을 오인해, 비판의 화살을 당과 국가에 돌리며 종파분자들과 결탁하기에 이르렀다.

종파분자들은 노동자들을 선동하고 사주하는 한편, 김일성과 내무상 방학세를 제거할 별도의 테러계획까지 염두에 두고 있었다. 그 계획을 지원하기 위해 내각 건물 통행증이 발급되었다.[7] 통행증 발급을 지시한 이는 최창익으로 밝혀졌다. 그러나 삼엄한 경계 탓에 김일성·방학세 테러계획은 미수에 그쳤다. 해방절 기념시위를 이용해 감행할 계획이었던 당 지도부 체포 시도도 여건이 조성되지 못함에 따라 무산되었다.

두 차례의 호기를 놓친 종파분자들에게 다시 찾아온 기회가 바로 8월 전원회의였다. 그들은 조선민주주의인민공화국 정부 대표단의 해외 순방 성과와 조선노동당의 보건사업 개선 과제를 논의할 이 회의를 앞두고, 당 중앙위원회를 비판하는 내용의 문건을 작성했다. 이 문건을 발표할 토론자로 윤공흠이 낙점되었다. 종파분자들은 그의 토론을 신호탄으로 지도부를 향해 격렬한 비판을 퍼부으며 당 중앙위원회 내 혼란과 분열을 획책한 뒤, 평양시당과 황해남도당으로부터 지원을 받는다는 계획을 세웠다. 곧 종파분자들이 득세한 평양시당이 먼저 열성자회의를 소집해 신정부 수립을 선포하면, 고봉기가 장악한 황해남도당이 그에 호

응하는 시위를 일으켜 당정 지도부를 공격한다는 구상이 그것이었다.[8]

평양시당과 황해남도당의 지원만으로 정변의 성공을 확신할 수 없었던 종파분자들은 무장폭동까지 동원할 계획을 염두에 두고 있었다. 민족보위성 부상 김웅, 4군단장 장평산, 평양항공사령관 왕연 등이 그에 가담한 대표적 군사 지휘관들이었다. 그들은 평양과 원산을 중심으로 군사작전에 착수할 계획을 세웠다. 평양 부근에 주둔하고 있는 장평산의 4군단이 왕연이 지휘한 항공부대의 지원을 받아, 정부 청사를 비롯한 주요 기관들을 점령한다는 계획이 그 작전의 골자였다.[9] 군사력까지 동원할 계획이었던 이 광범한 쿠데타 음모는 8월 전원회의 토론 도중, 당 중앙위원들의 반발에 부딪히며 제동이 걸렸다.

군사 폭동계획 날조

이상의 내용이 당 지도부가 재구성한 이른바 "8월 종파사건"의 전말이었다. 그들은 허술한 구석이 있는 이 시나리오를 유포하며, 자신들의 주장을 뒷받침할 각종 증거 자료들을 제시하기까지 했다. 그 가운데 비판세력이 최후의 수단으로 무장폭동을 염두에 두었다는 자료도 있었다. 그러나 "군사 폭동작전 계획서"라 불린 그 문건은 군사 폭동을 일으킬 목적이 아니라, 폭동과 같은 만일의 사태에 대비해 효과적 진압 대책을 마련하고자 작성한 것이었다.

IV

1956년 말 헝가리 사태가 걷잡을 수 없는 상황으로 치닫기 시작하자, 김일성은 국내에서도 유사한 사태가 일어날 수 있음을 우려했다. 그는 민족보위상 최용건과 총참모장 김광협에게 폭동이 일어날 만일의 사태에 대비하라는 지시를 내렸다. 김광협이 이 지시를 제4독립군단에 내려보낸 뒤 대책회의가 소집되었다. 4군단장 장평산, 군사위원 겸 정치부장 한경상, 참모장 이명호, 포병사령관 조세걸, 5사단장 최민철 등이 제4독립군단 군사회의에 참석해 폭동 진압계획을 논의했다. 그 결과 "긴급 군사작전 동원계획"이 수립되었다. 이 계획의 내용은 노동자 소요사태가 일어날 경우, 어느 부대를 어느 공장과 시설에 투입하여 봉쇄할 것인가에 초점이 맞추어졌다. 남포제련소·남포항·남포유리공장·대안전기공장·강선제강소·강선역·기양농기계공장 등이 주요 봉쇄 대상으로 설정되었다.

　　그로부터 약 1년 뒤 김광협이 김일성의 은밀한 지시에 따라, 폭동 진압 계획서를 "군사 폭동작전 계획서"로 둔갑시켜버렸다. 군사 폭동은 날조된 종파사건 시나리오에 화룡점정을 찍을 수 있는 더할 나위 없는 소재였다. 군사 폭동을 주도했다는 혐의를 받은 민족보위성 부상 김웅, 4군단장 장평산, 평양항공사령관 왕연은 모두 연안 출신 인사들이었다. 김일성은 군부 내에 막강한 영향력을 행사하고 있던 그들을 방치할 경우, 언젠가는 화근이 될지 모른다는 의혹을 품고 있었다. 그에게 "8월 종파사건" 뒷수습은 연안계 군부 인사들까지 일거에 제거할 수 있는 호재에 다름 아니었다.

1958년 3월 초에 개최된 조선노동당 제1차 대표자회에서 종파집단의 군사 폭동 음모가 고발된 뒤, 연안 출신 군 간부들에 대한 대대적 조사가 시작되었다. 1959년 10월경까지 지속된 조사를 통해, 당과 군 간부들 약 160명이 "종파사건"에 가담했다는 수사 결과가 발표되었다.[10] 김웅·장평산·왕연과 함께 이권무·최인(왕자인)·노철용·최혁 등 명망 있는 연안 출신 군 간부들 대부분이 체포되었다. 1958~1959년경, 대숙청이 전개된 군 조직들 내 규율과 기강은 거의 무너진 상태에 있었다. 장령 및 고급 군관 체포가 일상화됨에 따라, 명령 불복종 행위

정전협정 시기의 남일, 이상조, 장평산(왼쪽부터)
중국 중앙군관학교를 나온 장평산은 조선인민군 제4군단장을 역임했다.
"8월 종파사건" 수습에 착수한 북한 지도부는 그를 비롯한
연안계 군 지휘관들을 제거하려는 목적 아래,
그들이 군사 폭동을 일으키려 했다는 혐의를 날조했다.

IV

가 만연하고 무단 탈영자들이 속출했다. 부대 관리가 어려워지자, 군 내 반종파투쟁을 중단하라는 지시가 하달되었을 정도였다.[11]

종파사건 가담 혐의를 받은 이들 가운데, 가장 가혹한 처벌을 받은 이들이 바로 군 간부들이었다. 하루라도 면도칼을 대지 않으면 하관이 온통 검은 수염으로 뒤덮였던 미남인 4군단장 장평산은 1958년 6월경 김두봉·박의완과 함께 최고인민회의 대의원에서 해임되었다. 1930년 대부터 항일투쟁에 투신한 열정적 혁명가인 그를 기다리고 있었던 것 은 무자비한 총살형이었다. 물론 그가 죽은 뒤 아내 홍선부와 아이들 도 모두 증발하고 말았다.[12]

소련 공군학교를 나와 옌안延安 지역 비행장 건설을 지휘하며 중국 항일전쟁에 혁혁한 공을 세운 평양항공사령관 왕연과 그의 가족의 운 명도 마찬가지였다. 그가 군사 정변을 획책했다는 혐의 아래 총살형을 당하자마자, 그의 아내도 소리소문 없이 자취를 감추었다.[13] 중국 중앙 군관학교를 졸업하고 신4군에 몸담은 경력이 있는 제1집단군 부사령 관 노철용, 1군단 사령관과 제3집단군 사령관을 거쳐 총참모장에 오른 이권무의 운명도 여느 연안 출신 동지들과 다를 바 없었다. 이권무는 한국전쟁 당시 미 24사단을 격파하고 사단장 딘William F. Dean 소장을 사로잡은 맹장으로 명성이 높은 인물이었다.[14]

최용건의 6촌 동생 최혁도 연안 출신 군관들에게 닥친 재앙을 피하 지 못했다. 1940년대 초, 농사를 짓다 중국으로 건너가 조선의용군에 입대한 그는 불과 2년 만에 견실한 혁명가로 거듭난 입지전적 인물이었다. 해방 후 귀국한 그는 조선인민군 보병 12사단 30연대장과 부사단장을 지낸 데 이어, 전후 25기동포 여단장에 복무했다. 연안 출신인 그도 반당 종파행위에 가담했다는 혐의를 받고 징역 20년형을 언도받았다.[15]

한편 제4독립군단 군사회의에 참석해 노동자 폭동 진압계획 수립에 관여한 군관들 모두가 처벌을 받은 것은 아니었다. 5사단장 최민철의 경우 다른 참석자들과 달리 승진의 영예를 안았다. 물론 그에게 찾아온 행운은 전적으로 과거 경력 덕분이었다. 곧 그는 1930년대에 김일성과 함께 항일유격투쟁을 벌인 만주 빨치산계의 인물이었다.[16]

07

대숙청

1950년대 말 북한 사회는 종파분자 청산 열풍에 휩싸였다. 척결 대상에 망라된 종파분자의 범주는 "8월 종파사건" 가담자들에 국한되지 않았다. 비판세력을 지지한 이들, 그들과 친밀한 관계를 맺고 있던 이들, 그들의 주장에 동조한 적이 있는 이들 모두가 종파분자로 간주되었다. 종파분자 색출사업은 치밀한 계획 아래 추진되었다. 방대한 증거 자료가 수집되자, 각 성과 기관이 그들을 적발하기 위한 당 회의를 소집했다.

이 회의는 대개 세 단계를 거쳤다. 종파주의의 유해성과 전당적 통일의 필요성을 강조하는 첫 단계, 8월 전원회의 당시 적발된 종파분자들을 구체적으로 분석하는 두 번째 단계, 종파분자들과 친밀하거나 그들을 지지한 개개인들을 색출하는 세 번째 단계가 그것이었다.[1] 무려 1년 반 동안 기층 조직 내 당 회의 형식으로 전개된 종파분자 색출운동은 그 규모와 파급효과 면에서 남노당계 숙청을 능가했다.[2]

비판세력을 겨냥한 반격이 시작된 1957년 7월부터 약 1년이 지난 1958년 7월까지, 종파집단을 지지했다는 혐의로 3,912명의 노동당원이 당적을 박탈당했다.[3] 비판세력 지지자들이 다수 포진해 있던 평양시와 개성시의 경우, 고위 당 간부들 상당수가 해임되었다. 1958년 4

IV

월 현재 평양시당 위원회에 소속된 총 70명의 위원들 가운데 25명이 새로 선출된 이들이었다. 각 도당 간부들의 교체 폭도 컸다. 전국 도당 위원장들이 모두 교체된 데 이어, 도당 위원들 중 20~30퍼센트가 물갈이되었다.[4] 당 중앙위원들의 면면에도 큰 변화가 있었다. 1960년 초에 집계된 통계에 따르면, 조선노동당 제3차 대회에서 선출된 중앙위원·후보위원·중앙검사위원 총 133명 중 36.8퍼센트에 달한 49명이 교체되었다. 그들 가운데 39명은 종파분자로 몰려 당적을 박탈당한 이들이었다.[5]

대숙청을 거쳐 비판적 성향의 인사들이 모두 제거되고, 충성심을 인정받은 이들만이 당 중앙위원에 유임될 수 있었다. 조선노동당 제4차 대표자회가 개최된 1961년 9월 현재, 총 85명의 당 중앙위원들 가운데 가장 큰 비중을 점한 37명이 김일성의 과거 동료들인 만주 빨치산계 인사들이었다. 그에 버금가는 그룹인 북한 지역 토박이 중앙위원들은 젊은 간부들과 기술전문가들 30~35명으로 구성되어 있었다. 북한체제가 다년간에 걸쳐 양성해온 이 신진 간부들은 지도자를 열렬히 추종하며 충성심을 인정받은 이들이었다. 소수의 연안계·소련계·남노당계 인사들이 나머지 자리를 점했으나, 그들은 모두 김일성이 신임한 아첨꾼들에 지나지 않았다. 최고권력기구인 당 중앙위원회 정치위원회의 구성도 다를 바 없었다. 총 11명의 정치위원들 가운데 만주 빨치산계가 6명에 달했고, 남일·박정애·김창만·정일룡·이종옥 등 나머지 5명은 김일성이 신임한 타 계열 인사들이었다.[6]

"8월 종파사건" 수습은 당내 숙청운동으로 끝나지 않았다. 이 운동이 전사회적·전국적 규모로 확대될 수 있었던 까닭은 색출 대상이 "종파분자들"에 국한되지 않았기 때문이다. 곧 북한 당국은 충성도가 낮은 이들을 모조리 "숙청의 채"에 걸러내기 위한 방편으로 이 기회를 활용했다.[7] 그에 따라 사상검토회의가 북한 전역을 휩쓸며 종파분자들뿐만 아니라, 이른바 "말썽꾼들", "위험분자들"을 비롯해 충성심이 의심되는 이들을 적발해나갔다.[8]

　"반혁명분자"는 노동당원 여부에 관계없이, 체제에 비협조적이며 충성심이 부족한 이들을 광범하게 아우를 수 있는 편리한 용어였다. 한국전쟁 당시 유엔군이 북한 지역을 점령했을 때, 반체제 행위를 일삼거나 남한정권에 협력한 이들이 그 대표적 부류로 지목되었다. 월북한 남한 출신자들도 반혁명분자나 간첩으로 몰리기 쉬웠다. 체제를 비판한 김일성종합대학생들 가운데 간첩 혐의를 받은 이들 상당수가 남한 출신자들이었다.[9] 당내 종파분자 청산운동에서 시작된 반혁명분자 청산운동은 북한 전역으로 급속히 확산되었다. 이 운동이 본격화된 1958년 말부터 1959년 5월까지 당국에 자수한 이들이 약 9만 명, 적발된 이들이 약 1만 명에 달했을 정도였다.[10]

　반혁명 분자들을 색출하기 위한 사상검토회의는 공포스러운 분위기에서 진행되었다. 혐의자들은 자신의 과오를 시인하는 날까지 계속 회의에 소환되어 모진 심문을 받았다. 심문은 사생활·남녀 관계·가정 생활·학교 생활로부터 소년·청년·성년 시절의 활동에 이르기까지 혐

IV

의자 본인의 행적을 철저히 분석할 뿐만 아니라, 부모 형제의 개인사까지 낱낱이 파헤치는 식으로 실시되었다. 개성의 마지막 한 올까지 모두 들춰내는 일이 사상검토회의의 궁극 목표였다.[11]

사상검토회의를 주관한 당 지도원들은 혐의자들의 정신을 말살해 허위 자백을 받아낼 수 있었다. 그들은 군중들의 분노와 광기를 부추겨 혐의자들을 궁지로 몰아넣을 치밀한 전략을 펼쳤다. 사실 고되고 따분한 일상에 젖어 있던 군중들에게 사상검토회의는 그들의 욕구 불만을 해소할 수 있는 기회이기도 했다. 물론 그들 중에는 학대를 받고 있는 혐의자와 자신의 처지를 비교하며, 위안을 찾고 우월감에 젖어드는 이들도 있었다.[12]

당 지도원들은 사상검토회의에 참석한 군중들을 마음대로 조종할 수 있는 숙련된 전문가들이었다. 그들은 특히 치명적 결함을 지니고 있거나 과오를 범한 이들을 능숙하게 다룰 수 있었다. 따뜻한 악수와 함께 부드러운 목소리로 인사를 건네는 지도원들의 친절에 감복한 그들은 사상검토회의가 열릴 때마다 격앙된 공격수로 돌변했다. 물불을 가리지 않고 고함을 질러대는 그들의 태도는 회의장을 공포 분위기로 몰아넣었다.[13] 그러한 분위기가 혐의자들을 돕거나 그들의 입장을 옹호하는 행위를 가로막았음은 물론이었다. 자신도 "반혁명사건"에 연루될지 모른다는 두려움에 사로잡혀 있던 참석자들 누구도 혐의자들을 도우려 나서지 않았다.[14]

타인의 도움을 기대하기 힘든 데다 육체적·정신적으로 지친 혐의자들은 더 이상 버틸 수 없었다. 무기력해진 그들은 함께 신뢰를 쌓으며 일해온 하급자들이 공격해오는 순간 소리 없이 무너져버렸다. 누구보다 신임하던 동료들이 배신적 태도를 보이며 공격해올 때, 그들은 인간에 대한 혐오와 삶에 대한 회의에 빠져 저항의 끈을 내려놓았다. 그때서야 비로소 당 지도원들은 혐의자뿐만 아니라 그들이 사주한 이들의 정신과 윤리까지 말살해버리는 일거양득의 목적을 이룰 수 있었다.[15] 물론 삶의 의미를 잃은 혐의자들에게 남은 마지막 선택지는 자살이었다.

IV

08

반혁명의
쳇바퀴

당내 반종파투쟁

대숙청을 예측했을 만큼 혜안이 있는 인사들은 정치적 망명을 택했다. 물론 그들 대부분은 비판세력을 지지하며 당 지도부에 반기를 든 이들이었다. 전 평양시당 부위원장 홍순관, 전 평양시당 조직부장 김충식, 김일성종합대학당 위원장 홍락응, 직업총동맹 당 위원장 김한경을 비롯해 중국으로 탈출한 고위 간부들이 10여 명에 달했다.[1] 그들 가운데 전 평양시당 위원장 고봉기와 협력해온 홍순관·김충식은 1956년 9월경에 개최된 평양시당 위원회 총회에서 비판세력을 지지한 혐의로 출당 처분을 받았다.[2] 불길한 조짐을 감지한 홍순관은 8월 전원회의 직후 해임된 홍락응과 함께 1956년 12월경 중국으로 망명했다.[3] 공장 지배인으로 좌천된 김충식도 출장 증명서를 위조해 탈출할 수 있었다.[4]

그러나 사태의 심각성을 뒤늦게 인지한 이들은 비극적 운명을 피할 수 없었다. 비판세력을 향한 반격이 시작된 1957년 7월 이후에야 망명을 시도한 몇몇 인사들은 중국 땅을 밟기도 전에 체포되었다.[5] 사실 비판세력에 협력했거나 그들의 입장을 지지한 이들, 그들과 친밀한 관계

Ⅳ

를 유지한 이들 대부분은 망명을 실행에 옮기지조차 못한 채 불행을 맞았다. 그들과 함께 일하며 긴밀한 협력 관계를 유지해온 개성시당 간부들이 그 대표적 예에 속했다. 서휘의 노선을 추종해 직업동맹과 국가기관 간의 대립을 획책했다는 혐의를 받은 개성시 직업동맹 위원장, 윤공흠의 지시를 충실히 떠받들며 상업의 붕괴를 획책했다는 혐의를 받은 개성시 상업관리국장, 김승화를 지지해 주택 건축사업을 방해했다는 혐의를 받은 개성시 건설트레스트 당 위원장 등은 모두 좌천을 피할 수 없었다. 그들은 해임된 뒤 일반 노동자로 전락했다.[6]

이상조의 활동을 지원한 모스크바 주재 북한대사관 직원들의 운명도 다를 바 없었다. 2등 서기관을 지낸 한 외무성 간부는 이상조가 당 지도부를 비판하는 편지를 작성할 때 협력했다는 혐의로 기소되었다.[7] 참사를 지낸 대사관 직원 세 명도 외무성 당 회의에 소환되어, 이상조와 어떤 관계를 맺고 있었는지 강도 높은 추궁을 받았다. 그들은 종파행위에 가담하지 않았다고 완강히 맞섰으나, 혐의를 벗을 가능성은 극히 희박했다. 그들의 해임과 출당은 시간문제에 지나지 않았다.[8]

비판세력과 친밀한 관계를 유지한 이들에게도 시련이 닥쳤다. 특히 그들의 과거 동지들이었던 연안계 인사들의 입지가 현저히 위축되었다. 조선중앙통신사 사장을 지낸 박무는 "반혁명적 종파 활동"에 가담했다는 혐의를 받고, 1958년 9월 말 출당 처분을 받았다.[9] 1950년대 초에 평안북도 인민위원장을 지낸 이유민은 재임 기간 중 농업 지도를 방치했다는 뒤늦은 비판을 받았다. 꼬투리를 잡힌 그에게도 "최창익

그룹의 종파분자"라는 혐의가 씌워졌다.[10]

당 지도부를 추종하지 않은 분별력 있는 비연안계 인사들도 화를 면할 수 없었다. 생산협동조합 직업동맹 위원장을 지낸 김덕영은 강도 높은 사상검토회의에 시달리다 고뇌 끝에 자살을 택했다. 그러나 죽음으로 결백을 입증하려 했던 노력도 그의 명예를 지키는 데 도움이 되지 못했다. 종파집단에 가담했다는 혐의를 받은 그는 사망 이후 당적을 박탈당했다.[11] 강원도 인민위원장을 지낸 문태화는 종파분자 비판에 소극적 태도를 보여 눈 밖에 난 인물이었다. 당 대표자회에 참석해 신랄한 비판을 받은 그는 강원도당 위원에 재선되지 못했을 뿐만 아니라, 1958년 10월 2일 최고인민회의 대의원에서 해임되었다.[12] 전 강원도당 위원장 김원봉과 전 농업상 한전종에게도 같은 운명이 기다리고 있었다.

일찍이 종파주의자로 낙인찍혀 중앙 정치무대의 주변을 맴돌고 있던 오기섭도 큰 시련을 맞았다. 해방 직후 조선공산당 북조선분국 제2비서에 취임하며 북한 정계의 거물로 급부상한 그는 박헌영이 지도한 조선공산당의 이해관계를 대변한 탓에 종파주의자로 몰린 인물이었다. 탁월한 이론가이자 웅변가인 그의 왕성한 활동은 1947년경에 제동이 걸렸다. 문제가 된 것은 바로 국가의 이익보다 노동계급의 이익을 우선시한 그의 글이었다. 잡지《인민》에 실린 그 글은 호시탐탐 기회를 엿보고 있던 김일성에게 그를 공격할 더할 나위 없는 구실이 되었다. 1947년 초부터 강도 높은 비판을 받으며 북조선노동당 중앙 상무위원회에서 제명된 그는 가까스로 숙청을 피한 채 자숙 생활을 해오고 있었다. 저술 활동도 중단한 터라, 그의 존재감은 거의 사라진 상태였다.

그러나 그는 1956년경 내각 수매양정상에 발탁되며 다시 주목을 받았다. 갑작스러운 오기섭의 입각은 그가 평양시당 열성자회의에서 김일성을 "레닌의 충직한 제자"라고 추켜세운 덕분이라는 시각이 지배적이었다.[13] 바로 그 무렵 세력 규합을 꾀하고 있던 비판세력 인사들이 그에게 손을 뻗쳤다. 그들도 오랜 기간 박해를 받아온 그에게 불만이 팽배해 있음을 모를 리 없었다.[14] 결국 그는 사상검토회의에 걸려들었고, 가혹한 심문으로부터 자신의 결백을 지켜낼 수 없었다. 1958년 6월 11일에 열린 최고인민회의 정기회의는 김두봉·박의완·장평산과 함께 그의 대의원 자격을 박탈해버렸다.[15]

저명한 역사가 이청원은 비판세력 지지 활동에 전혀 관여하지 않았음에도 불구하고, 대숙청에 휘말리는 불운을 맞았다. 그는 9월 전원회의 당시 최창익·박창옥·윤공흠·서휘·이필규를 비판하는 토론에 나섰을 만큼, 비판세력과 거리를 두며 자신의 충성심을 공개적으로 드러내기까지 했다.[16] 1957년 1월 9일 자 《노동신문》에 실린 논설 〈우리나라 노동운동에서 종파가 끼친 해독성〉도 그의 충성심을 다시 한번 입증해 보인 글이었다. 그는 이 글에서 종파주의가 1920년대 조선공산당에 연원을 두고 있다고 지적했다. 조선공산당의 조직 기반이었던 각종 사상단체의 활동도 그에게 종파행위로 간주되었음은 물론이었다. 따라서 그는 그 사상단체들의 역할과 활동에 긍정적 의미를 부여한 조어인 이른바 "종파 유익설"이 종파분자들의 반당행위를 합리화하기 위한 목적 아

래 고안되었다는 당 지도부의 주장을 옹호하는 태도를 보였다.[17]

이청원의 충성심 과시행위는 그 후로도 중단되지 않았다. 그는 1957년 5월 19일 자 《노동신문》에 〈조국광복회의 역사적 의의〉라는 글을 발표했다. 조국광복회가 조선노동당 창건의 기초를 다졌을 뿐만 아니라, 그 조직망이 서울에까지 확장되어 있었다는 입에 발린 내용으로 도배된 글이었다.[18] 역사적 사실까지 왜곡하며 아첨한 그는 비판세력 인사들로부터 신랄한 조롱을 받았다. 특히 이상조는 박금철·한상두·하앙천과 함께 그를 당 역사 위조의 책임자들이라고 비판하기까지 했다.[19]

사실 이청원이 비판세력과 거리를 두며 눈물겨울 정도의 아첨을 일삼은 데에는 그럴 만한 이유가 있었다. 그가 과거에 친밀한 관계를 맺은 이들이 바로 최창익으로 대표되는 엠엘ML계 인사들이었기 때문이다. 심지어 김일성종합대학과 과학원에 몸담고 있던 엠엘계 월북 인사 최익한이 바로 그의 장인이었다. 1957년 7월 이후 비판세력을 겨냥한

이청원
저명한 역사가 이청원은 비판세력과 거리를 두며 아첨성 글을 발표했지만 숙청을 피하지 못했다. 그 이유는 그가 장인 최익한을 비롯한 엠엘계 인사들과 친밀한 관계를 맺고 있었기 때문이다.
※사진 출처: РГАСПИ, ф. 495, оп. 228, д. 809, л. 11.

반격이 시작되자, 과거 엠엘계 거물이었던 최익한은 혹독한 비판을 피할 수 없었다. 그의 사위인 이청원에게도 곧 시련이 닥쳤다. 그는 1957년 9~10월경 사상검토회의에 소환돼 가혹한 심문을 당한 뒤, 최창익이 지도한 종파집단 지지자라는 낙인을 받았다. 조선노동당 중앙위원회 후보위원이자 당 역사연구소 소장이며 과학원 후보원사인 그를 기다리고 있었던 것은 숙청의 시련뿐이었다. 그는 역사연구소 소장에서 해임돼 과학교육출판사 교정원이라는 보잘것없는 직책에 배치되었다.[20] 지도자를 향한 눈물겨운 아첨도 연좌제에 발목이 잡혀 있던 그에게 아무런 도움이 되지 않았던 셈이다.

비프롤레타리아 단체 탄압과 김달현

"8월 종파사건" 수습은 당내 숙청운동으로 끝나지 않았다. 1958년에 들어 숙청 대상이 비노동당원들을 망라한 "반혁명 분자들"로까지 확장되어갔다.[21] 체제에 비협조적이며 충성도가 낮은 이들을 모조리 척결하려 한 전 사회적 반혁명분자 청산운동은 당 지도부의 치밀한 계획 아래 추진되었다. 1958년 말 조선노동당 중앙위원회는 반혁명 분자들에 맞선 투쟁을 강화하라는 비밀서신을 전 당에 내려보냈다. 이 서신은 내각 문화선전성과 평양시 인민위원회의 지도급 간부들, 조선민주당과 천도교청우당의 개별 인사들, 최고인민회의 대의원들을 집중적

김달현
천도교청우당 위원장 김달현은 천도교도들이 "3·1 재현운동"을 계획하고 있다는 사실을 밀고해
김일성으로부터 신임을 얻을 수 있었다. 그러나 "비프롤레타리아 정당·단체들"을 정리하라는
조선노동당의 지시에 따라, 천도교청우당 내에 사상투쟁의 광풍이 휘몰아치며 그에게 위기가 닥쳤다.
결국 그는 국가 전복을 꾀했다는 혐의를 뒤집어쓴 채 숙청되었다.

으로 검열할 필요가 있다는 지시를 담고 있었다. 검열의 표적으로 지목된 이들 상당수는 남한 출신 인사들이었다.[22]

반혁명분자 청산 열풍이 전국을 휩쓰는 가운데, 노동당의 "우당友黨"인 조선민주당과 천도교청우당 내에서도 격렬한 사상투쟁이 전개되었다. 투쟁의 표적이 된 이들은 내각 사법상을 지낸 민주당 위원장 홍기주와 1946년 2월 8일 창당 이래 청우당 위원장에 재임 중인 김달현이었다. 김달현은 처세술에 능하며 우쭐대는 기질이 있는 성격의 소유자였다. 언젠가 그는 자신을 "천도교에 귀의한 공산주의자"라고 소련대사관 참사에게 소개하며, 천도교는 일제 치하에서 혁명사업을 수행하기에 더할 나위 없이 적합한 종교였다는 변명 섞인 고백을 덧붙인 적이 있었다. 그는 노동당으로부터 신임을 받고 있는 자신이 청우당을 지도할 수 있는 유일무이한 인물이라는 낯 뜨거운 과시도 잊지 않았다.[23]

사실 천도교청우당과 소련 측의 해묵은 갈등을 고려하면, 그의 변명과 허세는 어느 정도 이해할 만한 구석이 있었다. 해방 직후 김달현은 러시아 내전기의 유명한 적군 지도자 부둔니Семён Михайлович Будённый처럼 멋드러진 콧수염을 길러 "조선의 부둔니"라는 별명을 얻었다.[24] 그러나 그가 조선 문제를 둘러싼 유엔의 결정을 지지하며 북조선민주주의민족통일전선 탈퇴를 주장한 당내 우파들에게 미온적 태도를 보이자, 소련군사령부는 사태의 심각성을 우려하기 시작했다. 문제는 그뿐만이 아니었다. 청우당에 할당된 보잘것없는 간부직 지분에 불만을 표출할 뿐만 아니라, 남한의 청우당 조직과 연락 관계를 유지한 그의 태도도 소련군사령부를 자극했다. 결국 소련군사령부는 청우당을 "민주진영"으로부터 이탈할 수 있는 "동요세력"으로 규정해 강도 높은 압박을 가했다.[25]

사실 청우당에 대한 소련군사령부의 불신과 우려는 근거 없는 기우가 아니었다. 1948년 2월 14일, 청우당은 서울에 있는 천도교 중앙 조직으로부터 다가올 3·1절을 맞아 "유엔UN 감시하 남북한 총선거" 지지 시위를 일으키라는 내용의 비밀서신을 전달받았다. 이른바 "3·1 재현운동"을 전개하라는 지시였다. 그로부터 1주일이 지난 2월 21일, 청우당 간부들은 이돈화의 자택에 모여 회의를 열고 그 지시의 집행 방안을 논의했다. "3·1 재현운동"이 현실화될 경우, 자신에게 미칠 후과를 모를 리 없던 김달현은 고민 끝에 김일성을 찾아가 그들이 비밀리에 세운 계획을 모조리 털어놓았다. 결국 대대적 검거 선풍이 일며 천도교도 60여 명이 체포되었다.[26]

김달현은 당내 기밀을 밀고해 김일성으로부터 두터운 신임을 얻을 수 있었다. 한국전쟁 당시 청우당원들의 이적행위와 반체제 행위가 심각한 수준에 달했음에도 불구하고, 그의 입지는 전혀 위축되지 않았다. 오히려 그는 1957년 9월 18~20일에 개최된 제2기 최고인민회의 제1차 회의에서 내각 무임소상에 선출되기까지 했다.[27]

그러나 약 1년이 지난 1958년 10월경, 전 사회적 "반혁명분자" 청산운동이 격화되며 청우당 내에 사상투쟁의 광풍이 휘몰아치자 그에게도 위기가 닥쳤다. 천도교청우당 중앙위원회 10월 전원회의에서 일부 중앙위원들이 위원장 김달현의 "반혁명행위"를 폭로하고 나섰다. 전시 북한 지역이 유엔군에 점령되었을 때, "민주정체를 반대해 파괴활동"을 자행했다는 혐의가 그에게 씌워졌다. 그가 미국인들을 환영하라고 주민들을 선동하는 한편, 불법적 총살을 지시했다는 폭로도 뒤따랐다. 전원회의 직후 그는 내무기구에 체포되었다.[28]

사실 김달현 탄압사건은 노동당의 영향권 밖에 있는 모든 정치 조직들을 무력화할 대숙청의 서막에 지나지 않았다. 1958년 9~10월경 조선노동당은 조국통일민주주의전선에 가입한 조직들 중, 회원 수가 적고 "아무런 정치적 역할을 담당하지 못하고 있는 비프롤레타리아 정당·단체들"을 해체하기로 결정했다. 그들을 관행적으로 지원해온 정책에 인내의 한계를 느낀 노동당은 그들의 해체를 더없이 자연스러운 수순으로 이해했다.[29] 천도교청우당과 조선민주당을 비롯해 통일전선의 대상이었던 비프롤레타리아 정당·단체들이 정리 대상에 망라되었다. 김원봉의 인민공화당과 납북된 남한 정치인들이 주도한 "재북평화통일촉진협의회"도 해체 수순을 피할 수 없었다. 요컨대 1958년경에 전개된 반혁명분자 청산운동은 조선노동당의 이해 관철에 걸림돌이 될 모든 정치 조직들을 일거에 정리할 수 있는 절호의 기회이기도 했다.

한편 김달현은 국가 전복을 꾀하며, 간첩 활동을 벌였다는 혐의까지 받았다. 그가 어떻게 반혁명 활동에 가담했는지 그 전모를 소개하는 시나리오도 준비되었다. 그에 따르면 김달현은 박헌영·이승엽에 협력하며 미국과 모종의 관계를 맺었을 뿐만 아니라, 이승만정권과 결탁해 신정부 수립을 도모하기까지 했다.[30] 흥미롭게도 이 반혁명사건 시나리오의 주인공은 김달현만이 아니었다. 반혁명분자 적발이 끊이지 않음에 따라, 시나리오의 등장인물들이 계속 증가하며 사건 내용도 더 풍부해져갔다.

김원봉

김달현과 함께 그 시나리오의 주연급에 배정된 인물은 약산 김원봉이었다. 의열단 의백, 조선민족혁명당 총서기, 조선의용대 대장 등을 역임한 그는 화려한 명성답지 않게 "시골 중학교 교장 선생님 분위기를 풍기는" 부드러운 성품의 소유자였다. 그도 김두봉처럼 제자나 아랫사람들에게 항상 경어를 사용하며 그들을 깍듯이 대했다. 말재주가 좋은 편은 아니었으나, 동료 운동가들의 마음을 휘어잡고 자연스레 복종을 이끌어낼 수 있는 타고난 카리스마의 소유자라는 평판이 그를 따라다녔다.[31] 월북 이후 인민공화당 간판을 걸고 활동한 그는 노동당적을 보유하지 않은 태생적 한계 탓에, 실권을 행사할 수 있는 직위보다 주로 명예직에 등용되는 경향을 보였다. 조선민주주의인민공화국 내각 국가검열상에 이어 노동상을 역임한 그는 1957년 9월 18~20일에 개최된 제2기 최고인민회의 제1차 회의에서 최고인민회의 상임위원회 부위원장에 선출되었다.[32] 비판세력을 향한 반격이 격화되고 있던 시점이었다.

김원봉

의열단 단장, 조선민족혁명당 총서기, 조선의용대 대장 등을 역임한 김원봉은
월북 이후 인민공화당 간판을 걸고 활동했다.
"비프롤레타리아 정당·단체"의 청산을 결정한 조선노동당의 조치에 따라,
그도 날조된 여러 혐의들을 뒤집어쓴 채 숙청당했다. 특히 중국국민당 특무기구인
"남의사의 앞잡이"이자 "장제스의 밀정"이었다는 혐의가 그에게 부과되었다.

그러나 1958년에 들어 "종파분자" 색출운동이 "반혁명분자" 청산운동으로 비화하자, 그의 운명도 안심할 수 없는 처지에 놓였다. 1958년 10월 1일에 개최된 제2기 최고인민회의 제4차 회의는 1년 남짓 상임위원회 부위원장을 지낸 김원봉을 해임한 데 이어, 그의 대의원 자격마저 박탈해버렸다. 그가 반국가적·반혁명적 활동에 가담했다는 이유에서였다.[33] 김달현을 반혁명분자로 가공한 시나리오에 그를 끼워넣은 지 얼마 지나지 않아, 그들 간 내통 혐의도 각색되었다. 그들은 미국과 모종의 관계를 맺고 이승만정권과 결탁했을 뿐만 아니라, 종파집단과도 공모했다는 혐의를 받았다. 해방 전 연안계 인사들과 함께 중국에서 활동한 경력이 있는 김원봉이 종파 활동에 가담했다는 혐의는 어렵지 않게 날조될 수 있었다.

내무기구는 김달현·김원봉의 반혁명사건을 수사하며, 그들의 범죄 시나리오에 낯익은 혐의들을 추가해나갔다. 그 혐의들 가운데 그들이 스파이 활동에 가담했다는 내용도 포함돼 있었다. 김원봉의 경우 해방 전후 각각 중국국민당과 미국의 스파이 노릇을 했다는 혐의를 받았다. 미국 간첩 혐의에 비해 그럴듯한 구석이라도 있어 보였던 중국 간첩 혐의는 그가 지난날 중국국민당 인사들과 돈독한 관계를 맺었다는 사실에 근거를 두고 있었다. 그는 중국국민당 특무기구인 "남의사藍衣社의 앞잡이"이자 "장제스蔣介石의 밀정"이었다고 매도되었다.

간첩 혐의 못지않게 그들의 국가 전복 혐의도 억지스러운 구석이 있었다. 헝가리 사태 직후 그들이 "종파집단"의 지시를 받아 봉기를 일으키려 획책했다는 의혹이 바로 그 혐의의 골자였다. 북한 당국은 봉기가 미수에 그친 뒤 남한으로 도주할 기회를 엿보고 있던 김원봉을 체포했다고 발표했다. 미국과 중국국민당의 간첩으로 몰린 데다, 숱한 억울한 누명을 뒤집어쓴 그는 수감 생활 도중 자결하는 비극적 최후를 맞았다.[34]

재북평화통일촉진협의회와 제3당사건

마무리될 듯했던 김달현·김원봉의 반혁명사건은 다른 세력들까지 그에 가담했다는 의혹을 받으며 시공간적 스케일을 더욱 확장해갔다. 바로 재북평화통일촉진협의회가 그들과 공모했다는 혐의를 받은 대표적 단체였다. 한국전쟁기에 납북된 저명한 남한 정치인들 49명이 참가한 이 단체는 1956년 7월 2일에 발족해, 평양을 거점으로 통일운동을 전개해나갔다.[35] 대한민국 국회의원들을 비롯해 우익 성향 인사들이 다수를 점한 이 단체의 통일관은 노동당의 통일관에 부합하지 않았다. 그러나 그들도 반미전선에 결속한 통일전선의 일원이라는 점에서 활동 명분을 얻을 수 있었다.

재북평화통일촉진협의회는 대남 라디오 방송 활동에 주력하며, 남한 정치인들과 서신을 주고받았다. 서신 교환은 일본을 경유해 이루어졌다. 놀랍게도 협의회 인사들이 발송한 편지들 중 5~10퍼센트는 답신을 받고 있었다. 그러나 재북평화통일촉진협의회의 활동은 독자성을 보장받지 못했다. 사실 그들의 활동은 남한에 영향력을 행사할 선을 물색하고 있던 조선노동당 중앙위원회에 이용되고 통제되는 실정이었다.[36]

노동당의 대남사업에 이용되었음에도 불구하고, 재북평화통일촉진협의회의 입지는 점점 좁아지고 있었다. 관제기구로서의 역할을 수행해온 그들의 이용 가치가 전혀 노동당의 기대에 미치지 못했기 때문이었다. 이를테면 일부 협의회 인사들은 사업에 적극성을 보이지 않았을 뿐만 아니라, 노동당 중앙위원회의 지시를 마지못해 이행했다. 심지어 도로 남한에 보내달라고 간청하는 이들도 있을 정도였다. 남한 인사들과의 소통이 사업상 큰 비중을 차지한 까닭에 남북한 신문이 모두 그들에게 제공되었으나, 몇몇 인사들은 북한 신문에 전혀 관심을 보이지 않았다.

게다가 노동당의 허락 없이 이루어진 그들의 독자적 활동도 큰 물의를 일으켰다. 그들 가운데 몇몇은 남북한 정부의 정치·경제 정책을 연구한 뒤, 두 정부에 건설적 조언을 건넨다는 계획을 세우기까지 했다. 물론 북한 당국은 그 계획의 입안자들이 누구인지 곧장 조사에 착수했다. 한편 그들이 남한체제에 이용될 우려가 있다는 점도 매우 심각한 문제로 인식되었다. 곧 헝가리 사태 이후 과감한 대북 첩보 활동을 벌인 남한이 간첩들을 파견해 그들과의 접선을 시도했다는 사실이 밝혀지자, 북한 당국은 사태의 심각성을 우려하지 않을 수 없었다.[37]

바로 그 무렵 재북평화통일촉진협의회를 둘러싼 불미스러운 소문이 나돌기 시작했다. 협의회 인사들이 조선노동당의 정책을 지지하기보다, 중립적 태도를 취해야 한다고 주장했다는 풍문이 그것이었다. 심지어 향후 조선이 통일될 때, 제3세력이 정권을 장악할 기회가 올 수 있다고 전망한 이들이 있었다는 소문도 유포되었다. 물론 제3세력은 그들을 비롯한 비노동당계 인사들을 포괄적으로 지칭하는 용어였다. 결국 조선노동당은 회원 수가 적은 데다 이용 가치마저 사라진 "비프롤레타리아 단체"인 재북평화통일촉진협의회를 해체하기로 결정했다. 그 결정에 이어 협의회 인사들 중 "반동적 성향"을 보이고 있는 이들 20여 명을 체포하라는 지시가 떨어졌다.[38]

제3세력이 통일정부의 권력을 장악할 수 있다는 소문은 재북평화통일촉진협의회 성원들을 비롯한 비노동당계 인사들을 일거에 매장할 수 있는 구실이었을 뿐만 아니라, 이른바 "제3당사건"이라 불린 광범한 반혁명사건 시나리오의 핵심적 모티브가 되었다. 그 요지는 재북평화통일촉진협의회 인사들이 향후 한반도에 출현할 통일정부의 권력을 장악하려는 목적 아래, "제3당"을 만들어 조선민주주의인민공화국 전복 활동을 벌였다는 내용이었다. 통일정부의 수상에 조소앙, 부수상에 김달현이 내정돼 있었다는 세부적 내용도 가미되었다.[39]

재북평화통일촉진협의회의 "제3당사건" 시나리오는 김달현과 천도교청우당만을 옭아매는 데 그치지 않았다. 인민공화당의 김원봉과 조선민주당 지도부를 비롯한 비노동당계 인사들, 심지어 최창익으로 대표되는 "종파분자들"까지도 이 거대한 스케일의 "제3당사건"에 연루되었다는 혐의를 받았다. 재북평화통일촉진협의회 내 대한민국임시정

조소앙

1950년대 말~1960년대 초, 대숙청에 착수한 조선노동당은 체제 유지에 걸림돌이 될 수 있는
모든 정치세력들을 청산하려는 목적 아래 이른바 "제3당사건"을 조작했다.
"제3당사건"의 비극적 희생양이 된 이는 전시에 납북된 남한의 전 국회의원 조소앙이었다.
고령의 노인이었던 그는 사상검토회의에 소환돼 동료들과 지인들로부터 비판당하는 고초를 겪었다.

부 요인들, 연안 출신 비판세력 인사들, 김원봉 등의 과거 경력은 "제3당사건"에 그들이 가담했다는 혐의를 씌우기에 더할 나위 없는 구실이었다. 그들 모두 해방 전 중국에서 활동하며 돈독한 관계를 맺은 이들이었기 때문이다. 조선노동당이 주변 정치세력을 정리할 목적 아래 가공한 "제3당사건" 시나리오는 1950년대 말부터 1960년대 초에 걸친 대숙청이 "종파분자들"은 물론, 체제 유지에 걸림돌이 될 수 있는 모든 이들에 이르기까지 그 대상을 급속히 확장해갔음을 상징적으로 보여준다.

여느 반혁명 사건들처럼 "제3당사건"에도 비극적 희생양이 된 이가 있었다. 그는 통일정부의 수상에 내정되었다는 혐의를 받은 남한의 전 국회의원 조소앙이었다. 사상검토회의의 열풍이 재북평화통일촉진협의회에까지 미치자, 그는 동료들과 지인들로부터 신랄한 비판을 받았다. 믿었던 이들의 배신과 그들로부터 받은 모욕은 70세를 넘긴 그가 감당하기에 너무도 큰 시련이었다. 1958년 9월 30일, 평양에 거주하던 그가 갑자기 자취를 감추었다. 얼마 뒤 그의 소지품이 대동강변에서 발견되자, 대대적 수색이 이루어졌다. 사흘간의 수색 끝에 그의 시신이 발견되었다.[40]

역사의 뒤안길로

1950년대 말 북한의 대숙청은 김일성의 지위를 누구도 넘볼 수 없는 절대권력의 경지로 끌어올린 사건이었다. 독자적 정견을 표출해온 용기 있고 분별력 있는 혁명가들이 하루아침에 증발해버렸다. 이제 김일성 주위에 남아 있는 이들은 아첨꾼들과 기회주의자들뿐이었다. 돌이키기 힘든 대세를 간파하고 자기 한 몸이나마 건사하길 바란 일부 타협주의자들도 살아남을 수 있었다. 1950년대 말~1960년대 초의 시기는 조선 혁명가들을 재앙에 빠뜨린 비극의 시기에 다름 아니었다.

역사가 반드시 정의의 편에 서 있지만은 않음을 역설하기라도 하듯, 중국과 소련에 망명한 혁명가들에게도 시련이 다가오고 있었다. 망명한 혁명가들을 궁지로 몰아넣은 요인은 사회주의권 내 주도권을 둘러싼 소련과 중국의 경쟁이었다. 그 경쟁이 격화되고 있던 1957년 11월경, 김일성과 마오쩌둥이 세계 각국 공산당 및 노동당 대표회의가 개최된 모스크바에서 만났다. 마오쩌둥은 지난해 9월 중국공산당이 조선노동당 내부 문제에 간섭한 행위를 공식적으로 사과했다. 그의 저자세는 중소 갈등이 고조되고 있는 와중에, 북한의 지지를 쟁취하려는 화해의 제스처에 다름 아니었다.

바로 그때 마오쩌둥이 김일성에게 놀라운 제안을 건넸다. 그것은 바로 서휘·윤공흠·이필규·김강의 송환 문제였다. "작년에 도주해온 자들이 돌아갈 수 있도록, 귀국이 대표를 파견해 그들을 설득해보는

IV

편이 어떻겠소?' 결국 북한의 지지를 간절히 원했던 마오쩌둥은 자신의 과거 동지들이자 형제국의 정의로운 혁명가들을 팔아넘기는 길을 택했다. 김일성은 놀랐으나 더 이상 그들은 조선민주주의인민공화국에 필요한 일꾼들이 아니라고 잘라 말했다.[41] 사실 그들을 넘겨받지 않는다 해도, 그에게는 효과적인 보복 카드가 남아 있었다. 그것은 바로 영영 북한을 벗어날 수 없었던 그들의 가족들이었다. 서휘·윤공흠·이필규·김강이 망명한 뒤, 그 가족들은 그동안 기거해온 주택에서 쫓겨났을 뿐만 아니라 정상적 식량 배급도 받지 못하는 처지에 놓였다. 망명자들은 가족들의 인도에 힘써달라고 중국 정부에 간청했으나, 눈을 감는 날까지 그들을 만날 수 없었다.[42]

한편 마오쩌둥으로부터 사과를 받은 김일성은 귀국하자마자 망명자들의 당적과 국적을 모두 박탈해버렸다. 물론 그의 예상대로 중국은 아무런 반응도 보이지 않았다.[43] 1958년 2월경, 북한을 방문한 중화인민공화국 국무원 총리 저우언라이도 더 이상 그들을 감싸지 않았다. 그는 망명자들이 조선노동당 중앙위원회의 지시를 따르지 않았을 뿐만 아니라 중국공산당과 소련공산당 중앙위원회에도 반기를 들었다고 비판하며, 그들을 "수정주의자들"이라고 몰아붙였다.[44]

중국 도착과 함께 환대를 받은 망명자 본인들의 처우에도 갑작스러운 변화가 따랐다. 베이징에 기거해온 그들은 쓰촨성四川省 청두成都에 분산 수용되었다. 그들은 고립된 데다 다른 동지들과의 만남과 연락마저 제지당했다. 심지어 중국 당국은 그들이 "동포 인사들과 접촉하지 않고, 조선민주주의인민공화국에 서신을 발송하지 않으며, 조국 문제를 거론하지 않겠다"는 서약서에 서명하도록 강요하기까지 했다. 그들이 북중 관계에 끼칠 수 있는 영향을 사전에 차단하려는 의도에서였다. 물론 그들의 정착에 필요한 생활 지원은 중단되지 않았다. 새로운 가정을 꾸릴 결혼과 취업도 허용되었다. 그러나 결국 그들을 기다리고 있었던 것은 북중 관계 개선의 희생양으로 전락할 수밖에 없는 비참한 운명이었다.[45]

한편 북한의 지지를 둘러싸고 중국과 경쟁한 소련도 이상조와 김승화가 북소 관계에 끼칠 수 있는 영향을 더 이상 방관하지 않았다. 1957년 10월경 소련공산당 중앙위원회는 조선노동당 중앙위원회의 요청을 받아들여, 고급당학교와 사회과학원에서 공부하고 있는 이상조와

1989년 방한 당시 이상조
민스크에 거주하던 이상조는 74세가 된 1989년경,
개인 자격으로 한국을 방문해 고향의 친척들과 재회했다.
그는 1996년 사망할 때까지 망명 인사들로 결성된
"조선민주통일구국전선"에 몸담아 북한체제를 비판했다.

김승화의 학적을 박탈해버렸다. 결국 그들도 양국 관계 개선의 희생양으로 전락할 수밖에 없었다. 모스크바에 거주해온 그들은 키예프Киев와 알마티Алматы로 이거될 예정이었다. 그러나 만일 그 두 지역 중 북한 유학생들이 체류하고 있는 곳이 있다면, 이거지를 다른 곳으로 변경한다는 대책도 마련되었다.[46] 유학생들에게 지대한 영향을 끼치며 세력 규합을 모색해온 그들은 노동당 지도부를 비판하고 견제할 수단을 모조리 박탈당한 셈이었다. 이상조가 최종적으로 정착한 지역은 민스크Минск시였다. 그는 과학원의 지방 분원에 속하는 민스크연구소의 연구원직을 얻어 학자의 길을 걷기 시작했다. 일본어에 능통한 그는 일본의 중근세 외교 관계를 연구해 박사학위를 취득할 수 있었다.[47]

자신들의 삶과 청춘을 고스란히 혁명에 바친 망명자들은 조용히 역사의 뒤안길로 사라져갔다. 문화선전성 부상을 지낸 김강은 타이위안太原에 정착해 새 가정을 꾸렸다. 현지처와 함께 조용한 노년을 보낸 그는 매우 운이 좋은 편에 속했다. 전 평양시당 부위원장 홍순관은 처자식들과 연락이 끊긴 채 30여 년을 홀로 지냈다. 시안西安에서 기거하던 그는 식물인간이 되어 고독한 죽음을 맞았다. 상업상을 지낸 8월 전원회의 사건의 주역 윤공흠의 삶도 불행하게 막을 내렸다. 그는 중국으로 탈출한 지 몇 년 지나지 않아, 산시山西에서 페니실린 쇼크로 사망했다.[48]

죽음의 순간까지 정의를 갈구하며 신념을 굽히지 않은 그들의 외침은 철저히 외면받고 말았다. 오늘날 북한의 현실은 그들의 목소리를 외면한 자들에게 내린 역사의 준엄한 심판에 다름 아니었다.

맺음말

"8월 종파사건"은 가담자들에게 "종파주의자"라는 오명을 씌우고 있는 명칭을 비롯해 숱한 오해와 편견으로 얼룩져 있다. 그 오해의 대부분은 북한 지도부가 오랜 기간 그 사건을 둘러싼 해석과 평가를 독점해온 사정에서 비롯되었다. 사건의 실체에 접근하기 힘들었던 한국 학계도 얼마간 그들의 입장을 수용할 수밖에 없는 상황이었다. 연구가 시작되었다 해도 관련 자료의 발굴과 입수가 쉽지 않은 탓에, 상당 부분 추정적으로 이루어지는 경향이 있었다. 따라서 "8월 종파사건"의 원인 분석부터 불철저할 수밖에 없었다. 사실 구소련 자료가 공개되기 전까지 국내 연구자들은 그 사건이 분파투쟁이나 경제노선을 둘러싼 갈등에서 비롯되었다고 진단했다.

당시의 정치세력들 간 갈등을 설명하는 틀로써 경제노선 차이를 주요인으로 바라보는 분석은 지나치게 강조되는 경향이 있었다. 비판세력이 당 지도부가 추진한 중공업 우선 정책을 문제삼은 까닭은 그것이

인민들의 생활난 해결에 도움이 되지 않았다는 점 못지않게, 소련의 지지를 이끌어낼 더할 나위 없는 명분이 될 수 있었기 때문이다. 곧 비판세력이 경제 문제를 전면에 내세웠다 해도, 그것은 그들이 반기를 든 한 원인에 지나지 않았다. "8월 종파사건"의 원인은 그 외에 김일성 개인숭배, 간부 선발정책의 문제점, 당내 민주주의와 집단지도체제의 와해, 조선 민족해방운동사를 김일성의 항일투쟁사로 대체한 그릇된 역사관 등을 비롯한 당 지도부의 숱한 실정들이 뒤얽혀 있었다. 그 사건의 도화선이 된 흐루쇼프의 스탈린 비판과 폴란드·헝가리 등에서 잇따라 일어난 일련의 동유럽 사태도 외부 요인으로 작용했다는 점을 주목할 필요가 있다.

"8월 종파사건"의 주역들이 누구인가에 대해서도 적잖은 오해가 있었다. 지금도 최창익과 박창옥이 그 사건을 주도했다는 통념이 널리 퍼져 있다. 물론 그 오해는 북한체제가 그들을 "반당종파 사건의 수괴"로 공식 규정한 사실을 한국 학계가 그대로 받아들인 데 따른 부주의에서 비롯되었다. 사실 그들은 비판세력이 간판으로 내세운 최고 거물급 인사들로서 소련대사관과 접촉하거나 세력 확장을 도모하는 등의 역할을 수행했다. 자신이 신임해온 그들에 대한 배신감이 극에 달해 있던 김일성도 그들을 사건의 주도자들로 지목하는 데 주저하지 않았다.

그러나 이 연구는 서휘·윤공흠·이필규·고봉기·이상조를 비롯한 40대 초반의 소장인사들이야말로 "8월 종파사건"의 실질적 주역이었음을 밝히고 있다. 그들은 당 지도부의 실정에 최초로 문제를 제기한 이들일

뿐만 아니라, 8월 전원회의 당시 직접 반기를 든 이들이었다. 더 나아가 그들은 소련과 중국을 상대로 북한 문제 해결을 요청하는 외교 활동을 벌이며, 비판세력의 활동에 실질적 동력을 제공하기까지 했다. 체포된 뒤 모진 심문을 받은 최창익도 자신의 역할은 단지 주모자들이 결의한 사항을 승인하는 일에 국한되었을 뿐이라고 고백한 적이 있었다.

이 글은 소장그룹 인사들 중에서도 이상조의 행적을 중심으로 사건의 전모를 재구성하고자 했다. 물론 그 이유는 그들 중 가장 많은 사건 관련 자료를 남긴 인물이 바로 그였기 때문이다. 소련 외무성을 상대로 벌인 필사적 외교 활동의 결과, 그의 주장과 행적이 러시아어로 문서화돼 영구 보존될 수 있었다. 뿐만 아니라 그는 8월 전원회의 이후 김일성과 조선노동당 중앙위원회에 발송한 편지의 사본을 수십 년간 간수해오다 공개했고, 망명 이후에도 당 지도부의 과오를 비판하는 저술 활동을 중단하지 않았다. 요컨대 그는 "8월 종파사건"에 관한 많은 자료를 남겨, 북한 지도부가 어떠한 실정을 일삼았는지 낱낱이 고발하며 자기주장의 정당성을 역사 앞에 증언할 수 있었다. 그가 이 책의 주인공이 될 수 있었던 까닭은 바로 역사학이 자료에 기반한 학문이기 때문이다.

다른 소장인사들인 서휘·윤공흠·이필규는 이상조보다 더 고위직에 있었고, "8월 종파사건"의 전략 수립 및 집행과 관련해 모스크바에 체류하던 그보다 더 직접적으로 관여한 이들이었다. 그러나 그들은 자신들의 계획과 활동을 기록화하는 작업에 신경 쓸 여력이 없었다. 더구나 그들의 향후 계획과 투쟁 전략이 비밀에 부쳐져야 했던 만큼, 그들의 은밀한 회의 내용은 기록화될 리 만무했다. 반면 주소 대사 이상조의 상황은 달랐다. 그의 적극적 외교 활동의 결과 소련에 전달된 정보들은 러시아어로 기록돼 영구 보존될 수 있었다. 게다가 변화와 개혁을 외면한 북한 내부 정세도 그가 펜을 들게끔 재촉하는 상황을 조성했다. 그는 소련 지도부에 서한을 전하며 북한 문제의 해결을 요청하기도 했고, 조선노동당 지도부를 비판할 의도 아래 여러 통의 서한을 발송하기도 했다. 무엇보다 중국으로 망명한 여러 동료들과 달리, 북한 지도부의 실정을 고발하려는 그의 저술 활동은 중단되지 않았다. 이상조는 "8월 종파사건"의 진정한 주역으로 거듭날 운명을 지닌 인물이었다.

"8월 종파사건" 관련자들 가운데 연구자들 사이에서 논란의 중심에 있는 인물은 최용건이다. 그가 비판세력에 가담한 정황이 엿보이는 여러 자료들이 존재함에도 불구하고, 적잖은 연구자들은 그에 회의적 입장을 내비쳤다. 사실 해방 전 항일투쟁 시기부터 이어져온 김일성과 최용건의 막역한 관계를 고려하면, 그가 비판세력에 가담했을 가능성은 높아 보이지 않는다는 추론이 자연스러웠다. 따라서 한 연구는 그가 비판세력의 밀모에 가담한 정황이 엿보인다 해도, 그것은 그들을 지지해서가 아니라 김일성의 프락치로서 수행한 역할일 뿐이라고 주장했다.[1] 그러한 유의 주장은 김일성이 비판세력의 밀모를 파악하게 된 계기가 바로 그를 통해서였다는 오해를 낳기도 했다. 연구자들의 부주의 탓에 최용건이 뜻하지 않은 오명을 뒤집어쓴 셈이었다. 사실을 말하면, 박창옥의 포섭 시도에 넘어가지 않은 남일이 김일성에게 귀띔

함으로써 비판세력의 밀모가 누설되기에 이르렀다.

비판세력을 둘러싼 모든 오해들은 "8월 종파사건"이라는 편향적 명칭의 등장과 함께 잉태되기 시작했다. 사실 "종파"라는 명칭은 북한체제 출범 직후부터 지도자인 김일성이 경쟁자들에게 씌운 낙인에 다름 아니었다. 오기섭·박헌영·허가이·박일우·최창익 등이 그 오명을 뒤집어쓴 대표적 인사들이었다. 북한체제의 형성 과정에서 두각을 나타낸 유능한 정치인들이자 신망이 높은 간부들이었던 그들은 모두 "종파행위"를 저질렀다는 혐의를 받고 숙청되었다. 곧 "종파"는 김일성이 경쟁자들을 제거하기 위해 씌운 전통적 프레임으로서, 철저히 권력투쟁 승리자의 관점에서 고안된 용어였다.

오늘날 국내 학계는 대체로 "8월 전원회의 사건"과 "8월 사건"이라는 명칭을 혼용하고 있다. "8월 종파사건"이 가치 평가를 내포한 다분히 주관적인 명칭이라면, "8월 전원회의 사건"은 보다 가치중립적이고 객관적인 명칭이다.[2] 이 명칭은 북한 지도부가 사건 가담자들에게 씌운 "종파주의자"라는 낙인을 벗고, 그들에 대한 재평가의 가능성을 열어줄 수 있다는 출로를 제시한다. "8월 사건"이라는 명칭은 역사적 의미 부여가 가능하다는 점에서 주목할 만하다. 남한의 "4월혁명"이 한국 민주화운동의 출발점으로 인식되고 있듯, "8월 사건"이라는 명칭은 비슷한 시기인 1950년대 중후반 그와 상반된 길을 택한 북한이 왜 오늘날까지 경직된 체제에서 벗어나지 못하며 곤경에 처해 있는가에 대한 근원적 해답을 제시할 수 있다. 곧 "4월혁명"의 대척점에 위치한 "8월 사건"은 남북한의 대조적 발전 양상을 상징하는 명칭으로서 적절해 보인다.

오늘날 북한은 "스탈린주의의 박물관"이라 할 만한 체제가 되었다. 스탈린 집권기에 확립된 소련의 정치·경제·사회·문화 시스템이 해방 직후부터 북한에 이식된 이래 오늘날까지 명맥을 이어오고 있다. 스탈린주의가 전 지구상에서 여태껏 잔존해 있는 유일한 국가가 바로 북한이다. 소련과 동유럽 국가들의 경우, 흐루쇼프의 스탈린 격하운동과 현실 사회주의의 몰락을 거치며 개인숭배를 비롯한 스탈린주의의 유제들을 폐기해버렸다. 반면 "8월 전원회의 사건" 이후 지식층의 개혁 요구를 탄압하며 대숙청을 단행한 북한은 기존 체제를 더욱 강화하는 길을 택했다.

북한은 여전히 지도자와 당을 무오류의 존재로 규정하며, 모든 인민이 빈곤과 억압으로부터 벗어난 "해방된 국가"임을 표방하고 있다. 자신의 체제를 정당화하는 한편, 미국과 남한을 "제국주의"와 "식민지 괴뢰"의 틀 속에 가두어둔 선전도 변함없이 지속되고 있다. 그러나 북한체제가 언제까지 이 판에 박힌 선전으로 인민들을 다독이며 내부 결속을 유지할 수 있을까? 사실 여러 소식통에 따르면, 북한 주민들은 외부로부터 유입되는 다양한 정보와 문물들을 통해 나라 안팎의 상황을 어느 정도 객관적으로 파악하고 있다. 국가의 선전이 사실과 동떨어져 있음을 그들도 모를 리 없다. 오랫동안 체제 운영의 동력을 제공해온 선전의 기능이 한계에 달했다는 점은 북한정권이 위태로운 외줄

타기에 내몰릴 시간이 점점 가까워오고 있음을 의미한다.

　마찬가지로 북한체제가 개혁과 현상 유지를 둘러싸고 다시 한번 선택지를 고민해야 할 시간도 임박해오고 있다. 1950년대 중·후반 급변하는 국제 정세와 지식층의 개혁 요구 앞에서 선택지를 고민해야 했던 국면과 동일한 상황이 조성되고 있는 셈이다. 만약 북한이 더 이상 변화와 개혁을 거부할 수 없는 상황이 도래하면, 그 변화의 시작은 자기 역사의 철저한 반성으로부터 출발해야 하지 않을까? 우리 한국이 반공주의와 결별하고 과거사를 통렬하게 반성하며 민주화의 결실을 이루어냈듯, 북한도 지난날의 그릇된 역사를 반성하며 사회 정의와 개혁을 목놓아 외친 "8월 사건"의 주역들을 재평가하고 복권하는 시도로부터 변화의 물결에 동참해야 할 것이다.

주

서문

2. 자료

[1] 국사편찬위원회, 《북한관계사료집》 73~80.

[2] 고봉기, 《조선노동당원의 육필수기》, 시민사회, 1990.

[3] 여정, 《붉게 물든 대동강》, 동아일보사, 1991.

[4] 김학철, 《최후의 분대장》, 문학과지성사, 1995.

[5] 연안계 인사인 이상조를 소련계 한인 그룹에 묶은 까닭은 그가 "8월 종파사건" 이후 소련으로 망명해 그들과 함께 북한체제를 비판하는 저술 활동을 벌였기 때문이다.

[6] 장학봉 외, 《북조선을 만든 고려인 이야기》, 경인문화사, 2006.

[7] 임은, 《김일성정전》, 옥촌문화사, 1989.

[8] 유성철·이상조, 《증언, 김일성을 말한다》, 한국일보사, 1991.

1부 미몽에서 깨어난 사람들

1. 추락하는 인민경제

[1] 1959. 12. 14, 〈조선민주주의인민공화국 주재 소련대사 푸자노프 일지〉, 《북한관계

사료집》76, 181쪽.

2 1960. 8. 24, 〈조선민주주의인민공화국 주재 소련대사 푸자노프 일지〉, 《북한관계
사료집》76, 302쪽.

3 1959. 12. 14, 〈조선민주주의인민공화국 주재 소련대사 푸자노프 일지〉, 《북한관계
사료집》76, 181쪽.

4 1957. 4. 9, 〈조선민주주의인민공화국 주재 소련대사 푸자노프 일지〉, 《북한관계사
료집》74, 5쪽.

5 1955. 8. 8, 〈조선민주주의인민공화국 주재 소련대사 이바노프 일지〉, 《북한관계사
료집》73, 272쪽.

6 1955. 7. 27, 〈조선민주주의인민공화국 주재 소련대사 이바노프 일지〉, 《북한관계
사료집》73, 260쪽.

7 조선민주주의인민공화국 주재 소련대사관 참사 A. M. 페트로프와 제1서기관 I. S.
뱌코프, 1955. 3. 31, 〈페트로프와 뱌코프 일지에서―자강도인민위원회 위원장 박
일라리온 드미트리예비치와의 대담록〉, 《북한관계사료집》77, 142쪽.

8 조선민주주의인민공화국 주재 소련대사관 참사 A. M. 페트로프와 제1서기관 I. S.
뱌코프, 1955. 4. 5, 〈페트로프와 뱌코프 일지에서―자강도인민위원회 위원장 박
일라리온 드미트리예비치와의 대담록〉, 《북한관계사료집》77, 152쪽.

9 1956. 6. 14, 〈조선민주주의인민공화국 주재 소련대사 이바노프 일지〉, 《북한관계
사료집》73, 470쪽.

10 1955. 9. 20, 〈조선민주주의인민공화국 주재 소련대사 이바노프 일지〉, 《북한관계
사료집》73, 300쪽; 1955. 10. 11, 〈조선민주주의인민공화국 주재 소련대사 이바노
프 일지〉, 《북한관계사료집》73, 313~315쪽; 전시의 열악한 보건의료 상황을 둘
러싼 자세한 논의는 문미라, 〈한국전쟁기 북한의 후방정책 연구〉, 서울시립대학교
국사학과 박사학위논문, 2022, 57~61쪽 참조.

11 조선민주주의인민공화국 주재 소련대사관 2등 서기관 V. M. 바쿨린, 1960. 5. 21,
〈바쿨린 일지에서―조선민주주의인민공화국 보건성 책임 위생검열원 최두권과의
대담록〉, 《북한관계사료집》79, 500쪽.

12 1955. 11. 3, 〈조선민주주의인민공화국 주재 소련대사 이바노프 일지〉,《북한관계
사료집》73, 331쪽.

13 1958. 2. 27, 〈조선민주주의인민공화국 주재 소련대사 푸자노프 일지〉,《북한관계
사료집》75, 48쪽.

14 1953. 3. 18, "조선민주주의인민공화국 주재 소련 임시대리대사 S. P. 수즈달례프
가 소련 외무상 A. A. 그로믜코 동지에게", АВПРФ, ф. 0102, оп. 9, п. 44, д. 4.

15 1955. 4. 4, 〈조선민주주의인민공화국 주재 소련대사 수즈달례프 일지〉,《북한관계
사료집》73, 249쪽; 1955. 9. 5, 〈조선민주주의인민공화국 주재 소련대사 이바노프
일지〉,《북한관계사료집》73, 289쪽.

16 1957. 4. 9, 〈조선민주주의인민공화국 주재 소련대사 푸자노프 일지〉,《북한관계사
료집》74, 5쪽.

17 1955. 2. 2, 〈조선민주주의인민공화국 주재 소련 임시대리대사 라자례프 일지〉,《북
한관계사료집》73, 208~209쪽.

18 조수룡, 〈전후 북한의 사회주의 이행과 '자력갱생' 경제의 형성〉, 경희대학교대학원
사학과 박사학위논문, 2018, 107쪽.

19 소련 외무성 극동과 제1서기관 V. A. 바슈케비치, 1955. 2. 8, 〈바슈케비치와 조선
소비조합연맹 고문 A. K. 그리샤예프의 대담록〉,《북한관계사료집》80, 10쪽.

20 1954. 8. 30, 〈조선민주주의인민공화국 주재 소련대사 수즈달례프 일지〉,《북한관
계사료집》73, 172~173쪽.

21 이준희, 〈북한의 '사회주의 상업'체계 형성(1945~1958)〉, 연세대학교 사학과 박사학
위논문, 2022, 175쪽; 조선민주주의인민공화국 주재 소련대사관 제1서기관 I. S.
뱌코프, 1955. 3. 29, 〈뱌코프 일지에서―잡지《새조선》주필 송진파 동지와의 대
담록〉,《북한관계사료집》77, 133쪽.

22 1955. 2. 5, 〈조선민주주의인민공화국 주재 소련 임시대리대사 라자례프 일지〉,《북
한관계사료집》73, 211쪽.

23 소련 외무성 극동과 제1서기관 V. A. 바슈케비치, 1955. 2. 8, 〈바슈케비치와 조선
소비조합연맹 고문 A. K. 그리샤예프의 대담록〉,《북한관계사료집》80, 10쪽.

[24] 조선민주주의인민공화국 주재 소련대사관 참사 A. M. 페트로프와 제1서기관 I. S. 뱌코프, 1955. 3. 29, 〈페트로프와 뱌코프 일지에서—국제여행사 사장 이철준 동지와의 대담록〉, 《북한관계사료집》77, 132쪽.

[25] 조선민주주의인민공화국 주재 소련대사관 제1서기관 I. S. 뱌코프, 1955. 3. 29, 〈뱌코프 일지에서—잡지 《새조선》 주필 송진파 동지와의 대담록〉, 《북한관계사료집》 77, 134쪽.

[26] 김정기, 《밀파》, 대영사, 1967, 141쪽.

[27] 조선민주주의인민공화국 주재 소련대사관 제1서기관 I. S. 뱌코프, 1955. 3. 29, 〈뱌코프 일지에서—잡지 《새조선》 주필 송진파 동지와의 대담록〉, 《북한관계사료집》 77, 133쪽; 1955. 2. 2, 〈조선민주주주의인민공화국 주재 소련 임시대리대사 라자레프 일지〉, 《북한관계사료집》73, 210쪽.

[28] 조선민주주의인민공화국 주재 소련대사관 참사 S. N. 필라토프, 1955. 2. 4, 〈필라토프 일지에서—조선노동당 중앙위원회 정치위원 박영빈과의 대담록〉, 《북한관계사료집》77, 83~84쪽.

[29] 1955. 5. 10, "소련 외무성 극동과 과장 I. F. 쿠르듀코프가 외무상 V. M. 몰로토프 동지에게", АВПРФ, ф. 0102, оп. 11, п. 65, д. 45.

[30] 백준기, 1999, 〈정전 후 1950년대 북한의 정치 변동과 권력 재편〉, 《현대북한연구》 2권 2호, 24쪽.

[31] 조선민주주의인민공화국 주재 소련대사관 제1서기관 I. S. 뱌코프, 1955. 3. 18, 〈뱌코프 일지에서—조선노동당 황해북도당 위원장 허빈 동지와의 대담록〉, 《북한관계사료집》77, 116쪽.

[32] 이상조, 1956. 10. 1, 〈조선노동당 중앙위원회 앞〉, 《북조선을 만든 고려인 이야기》, 경인문화사, 2006, 305~306쪽.

[33] 이상조, 1956. 10. 1, 〈조선노동당 중앙위원회 앞〉, 《북조선을 만든 고려인 이야기》, 경인문화사, 2006, 305쪽.

[34] 소련 외무성 극동과 과장 I. F. 쿠르듀코프, 1956. 6. 16, 〈쿠르듀코프 일지에서—소련 주재 조선민주주의인민공화국대사 이상조와의 대담록〉, АВПРФ, ф. 0102, о

п. 12, п. 68, д. 4.

[35] 조선민주주의인민공화국 주재 소련대사관 참사 S. N. 필라토프, 1955. 2. 4, 〈필라토프 일지에서—조선노동당 중앙위원회 정치위원 박영빈과의 대담록〉, 《북한관계 사료집》 77, 83~84쪽.

[36] 이상조, 1956. 10. 1, 〈조선노동당 중앙위원회 앞〉, 《북조선을 만든 고려인 이야기》, 경인문화사, 2006, 307쪽.

[37] 1956. 4. 28, 〈조선노동당 제3차 대회〉, 《朝鮮勞動黨大會 資料集》 第1輯, 國土統一院, 1988, 362쪽, 480쪽.

[38] 조선민주주의인민공화국 주재 소련 임시대리대사 S. P. 라자레프, 1954. 6, "라자레프가 소련 외무상 V. M. 몰로토프 동지, 극동과 과장 N. T. 페도렌코 동지, I. I. 투가리노프 동지에게", АВПРФ, ф. 0102, оп. 10, п. 52, д. 8.

[39] 1957. 4. 10, "조선민주주의인민공화국 주재 소련대사 A. M. 푸자노프 일지", АВПРФ, ф. 0102, оп. 13, п. 72, д. 5.

[40] 션즈화 지음, 김동길 옮김, 《최후의 천조》, 선인, 2017, 392쪽, 395쪽.

[41] 이상조, 1956. 10. 1, 〈조선노동당 중앙위원회 앞〉, 《북조선을 만든 고려인 이야기》, 경인문화사, 2006, 307~308쪽.

[42] 김성보, 《남북한 경제구조의 기원과 전개—북한 농업체제의 형성을 중심으로》, 역사비평사, 2000, 328~333쪽.

[43] 1955. 11. 30, 〈조선민주주의인민공화국 주재 소련대사 이바노프 일지〉, 《북한관계 사료집》 73, 349~350쪽.

2. 북소 갈등

[1] 1950. 9. 11, "조선민주주의인민공화국 주재 소련대사 쉬띄꼬프가 소련 외무성 극동과 제1과장 I. F. 쿠르듀코프에게 보내는 남조선 해방지구 토지개혁 수행에 관한 보고서", АВПРФ, ф. 0102, оп. 6, п. 21, д. 47.

[2] 윤경섭, 〈1950년대 북한의 정치 갈등 연구〉, 성균관대 사학과 박사학위논문, 2007, 60~61쪽, 69~70쪽.

3 1955, "소련 외무상 V. M. 몰로토프, 소련공산당 대외정책부장 M. A. 수슬로프가 소련공산당 중앙위원회에", АВПРФ, ф. 0102, оп. 11, п. 65, д. 45.

4 1955. 3. 8, 〈조선민주주의인민공화국 주재 소련대사 수즈달례프 일지〉, 《북한관계 사료집》 73, 241쪽.

5 조수룡, 〈전후 북한의 사회주의 이행과 '자력갱생' 경제의 형성〉, 경희대학교 사학 과 박사학위논문, 2018, 119~120쪽.

6 윤경섭, 〈1950년대 북한의 정치 갈등 연구〉, 성균관대 사학과 박사학위논문, 2007, 128쪽.

7 이주호, 〈북한의 공업화 구상과 북소경제협력(1953~1970)〉, 고려대학교 한국사학 과 박사학위논문, 2022, 67~68쪽; 션즈화 지음, 김동길 옮김, 《최후의 천조》, 선 인, 2017, 406쪽.

8 1955. 11. 30, 〈조선민주주의인민공화국 주재 소련대사 이바노프 일지〉, 《북한관계 사료집》 73, 352~353쪽.

9 조수룡, 〈전후 북한의 사회주의 이행과 '자력갱생' 경제의 형성〉, 경희대학교 사학 과 박사학위논문, 2018, 98쪽.

10 션즈화 지음, 김동길 옮김, 《최후의 천조》, 선인, 2017, 483쪽.

11 1955. 8. 11, 〈조선민주주의인민공화국 주재 소련대사 이바노프 일지〉, 《북한관계 사료집》 73, 277쪽.

12 1955. 9. 2, 〈조선민주주의인민공화국 주재 소련대사 이바노프 일지〉, 《북한관계사 료집》 73, 287~289쪽.

13 1956. 1. 25, 〈조선민주주의인민공화국 주재 소련대사 이바노프 일지〉, 《북한관계 사료집》 73, 380쪽.

14 1956. 5. 28, 〈조선민주주의인민공화국 주재 소련대사 이바노프 일지〉, 《북한관계 사료집》 73, 447쪽.

15 1956. 4. 14, 〈조선민주주의인민공화국 주재 소련대사 이바노프 일지〉, 《북한관계 사료집》 73, 404쪽.

16 안드레이 란코프 저, 김광린 역, 《북한 현대정치사》, 오름, 1995, 204~205쪽.

[17] 1956. 5. 7, 〈조선민주주의인민공화국 주재 소련대사 이바노프 일지〉, 《북한관계사료집》 73, 418쪽.

[18] 1957. 4. 15, 〈조선민주주의인민공화국 주재 소련대사 푸자노프 일지〉, 《북한관계사료집》 74, 23쪽.

[19] 1955. 9. 29, 〈조선민주주의인민공화국 주재 소련대사 이바노프 일지〉, 《북한관계사료집》 73, 306쪽.

[20] 소련 외무성 극동과 제1서기관 V. 페투호프, 1955. 3. 28, 〈조선민주주의인민공화국으로부터 귀국한 대사관 성원 L. G. 골지나와의 대담록〉, 《북한관계사료집》 80, 14~16쪽.

3. 소련계 한인

[1] 1955. 9. 9, 〈조선민주주의인민공화국 주재 소련대사 이바노프 일지〉, 《북한관계사료집》 73, 294~295쪽.

[2] 1956. 5. 7, 〈조선민주주의인민공화국 주재 소련대사 이바노프 일지〉, 《북한관계사료집》 73, 418쪽.

[3] 1956. 5. 10, 〈조선민주주의인민공화국 주재 소련대사 이바노프 일지〉, 《북한관계사료집》 73, 421~422쪽.

[4] 김국후, 《평양의 카레이스키 엘리트들》, 한울아카데미, 2013, 89쪽.

[5] 장학봉 외, 《북조선을 만든 고려인 이야기》, 경인문화사, 2006, 717쪽.

[6] 김국후, 《평양의 카레이스키 엘리트들》, 한울아카데미, 2013, 15쪽; 션즈화 지음, 김동길 옮김, 《최후의 천조》, 선인, 2017, 436쪽.

[7] 임은, 《김일성정전》, 옥촌문화사, 1989, 180쪽.

[8] 최태환·박혜강, 《젊은 혁명가의 초상—인민군 장교 최태환 중좌의 한국전쟁 참전기》, 공동체, 1989, 36쪽.

[9] 조선민주주의인민공화국 주재 소련대사관 참사 A. M. 페트로프와 제1서기관 I. S. 뱌코프, 1955. 3. 29, 〈페트로프와 뱌코프 일지에서—국제여행사 사장 이철준 동지와의 대담록〉, 《북한관계사료집》 77, 131쪽.

[10] 1954. 1. 21, 〈조선민주주의인민공화국 주재 소련대사 수즈달례프 일지〉, 《북한관계사료집》 73, 87쪽.

[11] 조선민주주의인민공화국 주재 소련대사관 2등 서기관 E. L. 티토렌코, 1957. 2. 7, 〈티토렌코 일지에서―김일성종합대학 총장 유성훈 동지와의 대담록〉, 《북한관계사료집》 77, 408~409쪽.

[12] 1954. 4. 24, 〈조선민주주의인민공화국 주재 소련 임시대리대사 라자레프 일지〉, 《북한관계사료집》 73, 127~129쪽; 1954. 6. 21, "조선민주주의인민공화국 주재 소련 임시대리대사 S. P. 라자레프가 소련 외무상 V. M. 몰로토프 동지, 극동과 과장 N. T. 페도렌코 동지, I. I. 투가리노프 동지에게", АВПРФ, ф. 0102, оп. 10, п. 52, д. 8.

[13] 1954. 9. 25, "조선민주주의인민공화국 주재 소련대사 S. P. 수즈달례프 일지", АВПРФ, ф. 0102, оп. 10, п. 52, д. 8.

[14] 조선노동당 중앙위원회 12월 전원회의 결정서, 1955. 12. 2~3, 〈김열의 반당적 범죄 행위에 대하여〉, 《북한관계사료집》 30, 667~669쪽.

[15] 김진계, 《조국》(하), 현장문학사, 1990, 44쪽; 국사편찬위원회·독립기념관, 《러시아 국립사회정치사문서보관소 소장 북한 인물 자료》 I, 역사비평사, 2020, 72쪽.

[16] 1955. 10. 20, 〈조선민주주의인민공화국 주재 소련대사 이바노프 일지〉, 《북한관계사료집》 73, 324쪽.

[17] 1955. 12. 22, 〈조선민주주의인민공화국 주재 소련대사 이바노프 일지〉, 《북한관계사료집》 73, 360쪽.

[18] 김선호, 《조선인민군―북한 무력의 형성과 유일체제의 기원》, 한양대학교 출판부, 2020, 122~123쪽.

[19] 조선노동당 중앙위원회 12월 전원회의 결정서, 1955. 12. 2~3, 〈조직문제에 대하여〉, 《북한관계사료집》 30, 670쪽.

[20] 임은, 《김일성정전》, 옥촌문화사, 1989, 79~80쪽.

[21] 와다 하루끼 지음, 이종석 옮김, 《김일성과 만주항일전쟁》, 창작과비평사, 1992, 269쪽.

22 여정, 《붉게 물든 대동강》, 동아일보사, 1991, 33쪽.

23 임은, 《김일성정전》, 옥촌문화사, 1989, 79쪽.

24 여정, 《붉게 물든 대동강》, 동아일보사, 1991, 34쪽.

25 유성철·이상조, 《증언, 김일성을 말한다》, 한국일보사, 1991, 37쪽.

26 1955. 8. 30, 〈조선민주주의인민공화국 주재 소련대사 이바노프 일지〉, 《북한관계 사료집》 73, 287쪽.

27 션즈화 지음, 김동길 옮김, 《최후의 천조》, 선인, 2017, 436쪽.

28 1957. 7. 12, "조선민주주의인민공화국 주재 소련대사 A. M. 푸자노프 일지", АВП РФ, ф. 0102, оп. 13, п. 72, д. 5.

29 고봉기, 《조선노동당원의 육필수기》, 시민사회, 1990, 99~101쪽, 224~226쪽; 윤경섭, 〈1950년대 북한의 정치 갈등 연구〉, 성균관대 사학과 박사학위논문, 2007, 140쪽.

4. 희생자들

1 임은, 《김일성정전》, 옥촌문화사, 1989, 146쪽; 국사편찬위원회·독립기념관, 《러시아국립사회정치사문서보관소 소장 북한 인물 자료》 I, 역사비평사, 2020, 433쪽.

2 장학봉 외, 《북조선을 만든 고려인 이야기》, 경인문화사, 2006, 412쪽.

3 고봉기, 《김일성의 비서실장》, 천마, 1989, 149쪽.

4 1953. 6. 30, 〈조선민주주의인민공화국 주재 소련대사 수즈달례프 일지〉, 《북한관계사료집》 73, 36쪽; 유성철·이상조, 《증언, 김일성을 말한다》, 한국일보사, 1991, 115~117쪽.

5 김국후, 《평양의 카레이스키 엘리트들》, 한울아카데미, 2013, 166쪽.

6 임은, 《김일성정전》, 옥촌문화사, 1989, 246~247쪽.

7 1954. 1. 5, 〈조선민주주의인민공화국 주재 소련대사 수즈달례프 일지〉, 《북한관계사료집》 73, 83~84쪽.

8 여정, 《붉게 물든 대동강》, 동아일보사, 1991, 52쪽.

9 1955. 12. 22, 〈조선민주주의인민공화국 주재 소련대사 이바노프 일지〉, 《북한관계

사료집》73, 361쪽; 김정기, 《밀파》, 대영사, 1967, 203쪽.

10 조선민주주의인민공화국 주재 소련대사관 참사 I. A. 니코노프, 1954. 10. 22, 〈니코노프 일지에서—조선민주주의인민공화국 내각 부수상 박창옥과의 대담록〉, 《북한관계사료집》77, 58쪽.

11 조선민주주의인민공화국 주재 소련대사관 참사 A. M. 페트로프와 제1서기관 I. S. 뱌코프, 1955. 4. 6, 〈페트로프와 뱌코프 일지에서—잡지 《새조선》 주필 송진파와의 대담록〉, 《북한관계사료집》77, 156쪽.

12 조선민주주의인민공화국 주재 소련대사관 참사 I. A. 니코노프, 1955. 2. 15, 〈니코노프 일지에서—조선민주주의인민공화국 내각 부수상 박의완과의 대담록〉, 《북한관계사료집》77, 107~108쪽.

13 안드레이 란코프 저, 김광린 역, 《북한 현대정치사》, 오름, 1995, 192쪽.

14 서동만, 《북조선 사회주의체제 성립사, 1945~1961》, 선인, 2005, 613~614쪽.

15 고봉기, 《조선노동당원의 육필수기》, 시민사회, 1990, 221쪽.

16 1955. 12. 22, 〈조선민주주의인민공화국 주재 소련대사 이바노프 일지〉, 《북한관계사료집》73, 361쪽.

17 1956. 1. 25, 〈조선민주주의인민공화국 주재 소련대사 이바노프 일지〉, 《북한관계사료집》73, 380쪽.

18 고봉기, 《조선노동당원의 육필수기》, 시민사회, 1990, 95~97쪽.

19 조선민주주의인민공화국 주재 소련대사관 참사 S. N. 필라토프, 1955. 2. 4, 〈필라토프 일지에서—조선노동당 중앙위원회 정치위원 박영빈과의 대담록〉, 《북한관계사료집》77, 84~85쪽.

20 1955. 12. 22, "조선민주주의인민공화국 주재 소련대사 V. I. 이바노프 일지", АВП РФ, ф. 0102, оп. 12, п. 68, д. 5.

21 김국후, 《평양의 카레이스키 엘리트들》, 한울아카데미, 2013, 182쪽.

22 고봉기, 《조선노동당원의 육필수기》, 시민사회, 1990, 224쪽.

23 1956. 1. 25, 〈조선민주주의인민공화국 주재 소련대사 이바노프 일지〉, 《북한관계사료집》73, 381쪽.

24 조선노동당 중앙위원회 상무위원회 결정, 1956. 1. 18, 〈문학·예술 분야에서 반동적 부르죠아 사상과의 투쟁을 더욱 강화할 데 대하여〉, 《북한관계사료집》 30, 825쪽.

25 1956. 5. 18, 〈조선민주주의인민공화국 주재 소련대사 이바노프 일지〉, 《북한관계 사료집》 73, 433쪽; 조선민주주의인민공화국 주재 소련대사관 제1서기관 I. S. 뱌코프, 1955. 3. 29, 〈뱌코프 일지에서—잡지 《새조선》 주필 송진파 동지와의 대담록〉, 《북한관계사료집》 77, 135쪽.

26 김창순, 《역사의 증인》, 한국아세아반공연맹, 1956, 121쪽.

27 임은, 《김일성정전》, 옥촌문화사, 1989, 287쪽.

28 션즈화 지음, 김동길 옮김, 《최후의 천조》, 선인, 2017, 427쪽.

29 1955. 12. 20, 〈조선민주주의인민공화국 주재 소련대사 이바노프 일지〉, 《북한관계 사료집》 73, 357쪽.

30 1955. 12. 29, 〈조선민주주의인민공화국 주재 소련대사 이바노프 일지〉, 《북한관계 사료집》 73, 364~366쪽.

31 서동만, 《북조선 사회주의체제 성립사, 1945~1961》, 선인, 2005, 524~525쪽.

32 N. E. 토르벤코프, 1960. 6. 1, 〈토르벤코프 일지에서—조선민주주의인민공화국 외무성 참사 박덕환과의 대담록〉, 《북한관계사료집》 79, 503쪽.

33 조선노동당 중앙위원회 상무위원회 결정, 1956. 1. 18, 〈문학·예술 분야에서 반동적 부르죠아 사상과의 투쟁을 더욱 강화할 데 대하여〉, 《북한관계사료집》 30, 819~828쪽.

34 1956. 1. 25, 〈조선민주주의인민공화국 주재 소련대사 이바노프 일지〉, 《북한관계 사료집》 73, 378~381쪽.

35 장학봉 외, 《북조선을 만든 고려인 이야기》, 경인문화사, 2006, 386쪽.

36 김국후, 《평양의 카레이스키 엘리트들》, 한울아카데미, 2013, 185쪽.

37 김진계, 《조국》(하), 현장문학사, 1990, 179~180쪽.

5. 위기에 빠진 고려인들

1 소련 외무성 극동과 제1서기관 V. I. 이바넨코, 1956. 5. 17, "이바넨코 일지에서—

독일민주공화국 주재 조선민주주의인민공화국대사 박길룡 동지와의 대담록", AB
ПРФ, ф. 0102, оп. 12, п. 68, д. 4.

2 1956. 1. 13, 〈조선민주주의인민공화국 주재 소련대사 이바노프 일지〉, 《북한관계
사료집》 73, 371쪽.

3 1956. 4. 14, 〈조선민주주의인민공화국 주재 소련대사 이바노프 일지〉, 《북한관계
사료집》 73, 404쪽.

4 1956. 5. 18, 〈조선민주주의인민공화국 주재 소련대사 이바노프 일지〉, 《북한관계
사료집》 73, 431쪽.

5 1956. 5. 5, 〈조선민주주의인민공화국 주재 소련대사 이바노프 일지〉, 《북한관계사
료집》 73, 416쪽.

6 소련 외무성 극동과 제1서기관 V. I. 이바넨코, 1956. 5. 17, "이바넨코 일지에서—
독일민주공화국 주재 조선민주주의인민공화국대사 박길룡 동지와의 대담록", AB
ПРФ, ф. 0102, оп. 12, п. 68, д. 4.

7 장학봉 외, 《북조선을 만든 고려인 이야기》, 경인문화사, 2006, 222쪽.

8 조선민주주의인민공화국 주재 소련대사관 2등 서기관 E. L. 티토렌코, 1957. 4. 4,
"티토렌코 일지에서—김일성종합대학 총장 유성훈 동지와의 대담록", АВПРФ,
ф. 0102, оп. 13, п. 7, д. 6.

9 유성철·이상조, 《증언, 김일성을 말한다》, 한국일보사, 1991, 170쪽.

10 소련 외무성 극동과 제1서기관 S. P. 라자레프, 1956. 9. 18, 〈라자레프 일지에서—
조선민주주의인민공화국 최고인민회의 대의원 고희만과의 대담록〉, 《북한관계사
료집》 80, 127쪽.

11 고봉기, 《조선노동당원의 육필수기》, 시민사회, 1990, 229~234쪽; 윤경섭, 〈1950
년대 북한의 정치갈등 연구〉, 성균관대 사학과 박사학위논문, 2007, 158~159쪽.

12 조수룡, 〈전후 북한의 사회주의 이행과 '자력갱생' 경제의 형성〉, 경희대학교 사학
과 박사학위논문, 2018, 124쪽.

13 윤경섭, 〈1950년대 북한의 정치갈등 연구〉, 성균관대 사학과 박사학위논문, 2007,
144쪽, 148쪽.

14 1955. 12. 1, "조선민주주의인민공화국 주재 소련대사 V. I. 이바노프 일지", АВП РФ, ф. 0102, оп. 11, п. 60, д. 7; 윤경섭, 〈1950년대 북한의 정치갈등 연구〉, 성균 관대 사학과 박사학위논문, 2007, 147쪽.

15 1955. 12. 1, "조선민주주의인민공화국 주재 소련대사 V. I. 이바노프 일지", АВП РФ, ф. 0102, оп. 11, п. 60, д. 7; 1956. 1. 13, "조선민주주의인민공화국 주재 소 련대사 V. I. 이바노프 일지", АВПРФ, ф. 0102, оп. 12, п. 68, д. 5.

16 1956. 4. 10, 〈조선민주주의인민공화국 주재 소련대사 이바노프 일지〉, 《북한관계 사료집》 73, 399쪽.

17 1956. 5. 7, 〈조선민주주의인민공화국 주재 소련대사 이바노프 일지〉, 《북한관계사 료집》 73, 416~417쪽.

18 조선민주주의인민공화국 주재 소련대사관 영사부장 S. 세레긴, 1955. 11. 1, 〈인민 경제대학 학장 유성훈과의 대담록〉, 《북한관계사료집》 77, 187~188쪽.

19 1956. 5. 5, 〈조선민주주의인민공화국 주재 소련대사 이바노프 일지〉, 《북한관계사 료집》 73, 414~415쪽; 1956. 5. 10, 〈조선민주주의인민공화국 주재 소련대사 이 바노프 일지〉, 《북한관계사료집》 73, 423~424쪽.

20 1956. 5. 5, 〈조선민주주의인민공화국 주재 소련대사 이바노프 일지〉, 《북한관계사 료집》 73, 416쪽.

21 1956. 5. 18, 〈조선민주주의인민공화국 주재 소련대사 이바노프 일지〉, 《북한관계 사료집》 73, 431쪽.

22 1956. 5. 19, 〈조선민주주의인민공화국 주재 소련대사 이바노프 일지〉, 《북한관계 사료집》 73, 434쪽.

23 조선민주주의인민공화국 주재 소련대사관 영사부장 S. 세레긴, 1955. 10. 1, 〈영사 부장 일지 발췌본〉, 《북한관계사료집》 77, 178쪽.

24 조선민주주의인민공화국 주재 소련대사관 참사 S. N. 필라토프, 1954. 6. 16, 〈필라 토프 일지에서―조선노동당 중앙위원회 정치위원 박영빈과의 대담록〉, 《북한관계 사료집》 77, 25쪽; 조선민주주의인민공화국 주재 소련대사관 참사 I. A. 니코노프, 1954. 6. 25, 〈니코노프 일지에서―조선민주주의인민공화국 교육성 부상 장익환

과의 대담록〉,《북한관계사료집》77, 30쪽.

25 1955. 12. 22, 〈조선민주주의인민공화국 주재 소련대사 이바노프 일지〉,《북한관계
사료집》73, 362쪽.

26 조선민주주의인민공화국 주재 소련대사관 영사부장 S. 세레긴, 1956. 2. 29, 〈영사
부장 일지에서 발췌〉,《북한관계사료집》77, 205~206쪽.

27 1956. 1. 13, 〈조선민주주의인민공화국 주재 소련대사 이바노프 일지〉,《북한관계
사료집》73, 372~373쪽.

28 김국후,《평양의 카레이스키 엘리트들》, 한울아카데미, 2013, 234~236쪽.

29 김국후,《평양의 카레이스키 엘리트들》, 한울아카데미, 2013, 251~253쪽.

30 장학봉 외,《북조선을 만든 고려인 이야기》, 경인문화사, 2006, 673쪽.

6. 개인숭배 비판

1 안드레이 란코프 저, 김광린 역,《북한 현대정치사》, 오름, 1995, 199쪽.

2 서동만,《북조선 사회주의체제 성립사, 1945~1961》, 선인, 2005, 529쪽.

3 니키타 세르게예비치 흐루쇼프 지음, 박상철 옮김,《개인숭배와 그 결과들에 대하
여》, 책세상, 2006, 126~127쪽.

4 션즈화 지음, 김동길 옮김,《최후의 천조》, 선인, 2017, 442쪽.

5 1955. 7. 28, 〈조선민주주의인민공화국 주재 소련대사 이바노프 일지〉,《북한관계
사료집》73, 261쪽; 임은,《김일성정전》, 옥촌문화사, 1989, 162쪽; 장학봉 외,《북
조선을 만든 고려인 이야기》, 경인문화사, 2006, 258~262쪽.

6 유성철·이상조,《증언, 김일성을 말한다》, 한국일보사, 1991, 182~183쪽.

7 고봉기,《조선노동당원의 육필수기》, 시민사회, 1990, 237쪽.

8 1956. 3. 19, 〈조선민주주의인민공화국 주재 소련대사 이바노프 일지〉,《북한관계
사료집》73, 386쪽.

9 1956. 2. 16, 〈쏘련공산당 제20차 대회에서 느·쓰·흐루쑈브가 한 쏘련공산당 중앙
위원회 사업 총결 보고(요지)〉,《노동신문》.

10 서동만,《북조선 사회주의체제 성립사, 1945~1961》, 선인, 2005, 532~533쪽.

11 1956. 3. 21, 〈조선민주주의인민공화국 주재 소련대사 이바노프 일지〉, 《북한관계
    사료집》 73, 387~388쪽.

12 이상조, 1956. 10. 1, 〈조선노동당 중앙위원회 앞〉, 《북조선을 만든 고려인 이야기》,
    경인문화사, 2006, 294~295쪽.

13 고봉기, 《김일성의 비서실장》, 천마, 1989, 86쪽.

14 여정, 《붉게 물든 대동강》, 동아일보사, 1991, 67~68쪽.

15 1957. 4. 9, 〈조선민주주의인민공화국 주재 소련대사 푸자노프 일지〉, 《북한관계사
    료집》 74, 13쪽.

16 1956. 3. 21, 〈조선민주주의인민공화국 주재 소련대사 이바노프 일지〉, 《북한관계
    사료집》 73, 389~390쪽.

17 1955. 5. 10, "I. F. 쿠르듀코프가 V. M. 몰로토프 동지에게", АВПРФ, ф. 0102, оп.
    11, п. 65, д. 45.

18 1956. 4. 13, 〈조선민주주의인민공화국 주재 소련대사 이바노프 일지〉, 《북한관계
    사료집》 73, 402쪽.

19 김정기, 《밀파》, 대영사, 1967, 186쪽.

20 1956. 5. 1, 〈조선민주주의인민공화국 주재 소련대사 이바노프 일지〉, 《북한관계사
    료집》 73, 412쪽.

21 임은, 《김일성정전》, 옥촌문화사, 1989, 278쪽.

22 김국후, 《평양의 카레이스키 엘리트들》, 한울아카데미, 2013, 201쪽.

23 소련 외무성 극동과 참사 B. N. 베레샤긴, 1956. 10. 20, "베레샤긴 일지에서―김
    일성에게 보내는 이상조의 서한 번역본", АВПРФ, ф. 0102, оп. 12, п. 68, д. 4.

24 조선민주주의인민공화국 형법 제72조, 인민주권에 반항할 목적 또는 해방 이후에
    실시한 민주개혁을 파괴할 목적으로 국가 주권의 대표자 혹은 민주주의 정당 사회
    단체의 대표자에 대하여 테러 행위를 한 자는 제66조에 규정한 형벌에 처한다. 제
    76조, 인민주권을 폭력 또는 반역적 행위로써 전복·문란 혹은 약화시키거나 기타
    반국가적 범죄를 행하도록 하는 선전선동을 한 자는 2년 이상의 징역 및 전부 또는
    일부의 재산 몰수에 처한다. 조선민주주의인민공화국 최고인민회의 상임위원회,

《조선민주주의인민공화국 법령 및 최고인민회의 상임위원회 정령집(1948~1950
년)》, 1954, 80~81쪽.

25 소련 외무성 부상 N. T. 페도렌코, 1956. 9. 5, "페도렌코 일지에서—소련 주재 조
선민주주의인민공화국대사 이상조 동지와의 대담록", ABПPФ, ф. 0102, оп. 12,
п. 68, д. 3; 이상조, 1956. 10. 1, 〈조선노동당 중앙위원회 앞〉, 《북조선을 만든 고
려인 이야기》, 경인문화사, 2006, 298~299쪽.

26 이상조, 1956. 10. 1, 〈조선노동당 중앙위원회 앞〉, 《북조선을 만든 고려인 이야기》,
경인문화사, 2006, 285~286쪽; 여정, 《붉게 물든 대동강》, 동아일보사, 1991, 40
쪽; 북조선 주재 소련 민정국장 N. 레베데프, 1948. 12, 〈조선민주주의인민공화국
수상 겸 북조선노동당 중앙위원회 부위원장 김일성 평정서〉, ЦАМО, ф. 142, оп.
540936, д. 1, лл. 1~4(이재훈, 《러시아문서 번역집》XXXII, 선인, 2018, 346쪽).

27 이상조, 1956. 10. 1, 〈조선노동당 중앙위원회 앞〉, 《북조선을 만든 고려인 이야기》,
경인문화사, 2006, 280~284쪽.

7. 조선노동당 제3차 대회

1 서동만, 《북조선 사회주의체제 성립사, 1945~1961》, 선인, 2005, 537~538쪽.

2 김창순, 《북한 15년사》, 지문각, 1961, 154쪽.

3 김일성, 1956. 4. 23, 〈조선노동당 제3차 대회에서 진술한 중앙위원회 사업 총결 보
고〉, 《朝鮮勞動黨大會資料集》(第1輯), 國土統一院, 1988, 360쪽.

4 서동만, 《북조선 사회주의체제 성립사, 1945~1961》, 선인, 2005, 538~539쪽.

5 김일성, 1956. 4. 23, 〈조선노동당 제3차 대회에서 진술한 중앙위원회 사업 총결 보
고〉, 《朝鮮勞動黨大會資料集》(第1輯), 國土統一院, 1988, 350쪽.

6 1956. 6. 8, 〈조선민주주의인민공화국 주재 소련대사 이바노프 일지〉, 《북한관계사
료집》73, 461쪽.

7 고봉기, 《조선노동당원의 육필수기》, 시민사회, 1990, 245~246쪽.

8 1956. 4. 27, 〈한상두 동지의 토론〉, 《朝鮮勞動黨大會資料集》(第1輯), 國土統一院,
1988, 469~470쪽.

9 1956. 4. 28, 〈박금철 동지의 토론〉, 《朝鮮勞動黨大會資料集》(第1輯), 國土統一院, 1988, 478~480쪽.

10 1956. 4. 25, 〈남일 동지의 토론〉, 《朝鮮勞動黨大會資料集》(第1輯), 國土統一院, 1988, 420~422쪽.

11 1956. 4. 26, 〈김창만 동지의 토론〉, 《朝鮮勞動黨大會資料集》(第1輯), 國土統一院, 1988, 463~464쪽.

12 1956. 4. 25, 〈최창익 동지의 토론〉, 《朝鮮勞動黨大會資料集》(第1輯), 國土統一院, 1988, 438쪽.

13 1956. 4. 24, 〈김두봉 동지의 토론〉, 《朝鮮勞動黨大會資料集》(第1輯), 國土統一院, 1988, 378~379쪽.

14 1956. 4. 25, 〈최용건 동지의 토론〉, 《朝鮮勞動黨大會資料集》(第1輯), 國土統一院, 1988, 424쪽.

15 고봉기, 《김일성의 비서실장》, 천마, 1989, 88~90쪽.

16 1956. 4. 24, 〈레오니드 일리이츠 브레즈네프 동지의 축하 연설〉, 《朝鮮勞動黨大會資料集》(第1輯), 國土統一院, 1988, 546~547쪽.

17 조수룡, 〈전후 북한의 사회주의 이행과 '자력갱생' 경제의 형성〉, 경희대학교 사학과 박사학위논문, 2018, 141쪽.

18 이상조, 1956. 10. 12, 〈당 중앙 전원회의에 참가한 여러 동지들 앞〉, 《북조선을 만든 고려인 이야기》, 경인문화사, 2006, 325쪽.

19 션즈화 지음, 김동길 옮김, 《최후의 천조》, 선인, 2017, 449쪽; 조수룡, 〈전후 북한의 사회주의 이행과 '자력갱생' 경제의 형성〉, 경희대학교 사학과 박사학위논문, 2018, 141~142쪽.

20 1956. 5. 7, 〈조선민주주의인민공화국 주재 소련대사 이바노프 일지〉, 《북한관계사료집》73, 417쪽.

21 1956. 5. 10, 〈조선민주주의인민공화국 주재 소련대사 이바노프 일지〉, 《북한관계사료집》73, 420~421쪽.

22 소련 외무성 극동과 제1서기관 V. I. 이바넨코, 1956. 5. 17, 〈이바넨코 일지에서—

독일민주공화국 주재 조선민주주의인민공화국대사 박길룡과의 대담록〉, 《북한관계사료집》 80, 87~88쪽.

23 1956. 5. 18, 〈조선민주주의인민공화국 주재 소련대사 이바노프 일지〉, 《북한관계사료집》 73, 431쪽.

24 이상조, 1956. 10. 1, 〈조선노동당 중앙위원회 앞〉, 《북조선을 만든 고려인 이야기》, 경인문화사, 2006, 297쪽.

25 션즈화 지음, 김동길 옮김, 《최후의 천조》, 선인, 2017, 450쪽.

26 이상조, 1956. 10. 11, 〈조선노동당 중앙위원회 위원장 김일성 동지 앞〉, 《북조선을 만든 고려인 이야기》, 경인문화사, 2006, 277쪽.

27 이상조, 1956. 10. 1, 〈조선노동당 중앙위원회 앞〉, 《북조선을 만든 고려인 이야기》, 경인문화사, 2006, 304쪽.

28 고봉기, 《조선노동당원의 육필수기》, 시민사회, 1990, 248쪽.

29 김규범, 2019, 〈1956년 "8월 전원회의 사건" 재론―김일성의 인사정책과 '이이제이'식 용인술〉, 《현대북한연구》 22권 3호, 31~32쪽.

30 유성철·이상조, 《증언, 김일성을 말한다》, 한국일보사, 1991, 183쪽.

31 고봉기, 《조선노동당원의 육필수기》, 시민사회, 1990, 245쪽.

32 1956. 6. 8, 〈조선민주주의인민공화국 주재 소련대사 이바노프 일지〉, 《북한관계사료집》 73, 462쪽.

33 고봉기, 《조선노동당원의 육필수기》, 시민사회, 1990, 246~247쪽.

34 션즈화 지음, 김동길 옮김, 《최후의 천조》, 선인, 2017, 449쪽.

35 조수룡, 〈전후 북한의 사회주의 이행과 '자력갱생' 경제의 형성〉, 경희대학교 사학과 박사학위논문, 2018, 144쪽.

36 서동만, 《북조선 사회주의체제 성립사, 1945~1961》, 선인, 2005, 548~549쪽.

37 션즈화 지음, 김동길 옮김, 《최후의 천조》, 선인, 2017, 450쪽.

38 1956. 5. 18, 〈조선민주주의인민공화국 주재 소련대사 이바노프 일지〉, 《북한관계사료집》 73, 432쪽.

39 고봉기, 《김일성의 비서실장》, 천마, 1989, 90쪽.

8. 비판세력의 등장

1 국사편찬위원회·독립기념관, 《러시아국립사회정치사문서보관소 소장 북한 인물 자료》II, 민속원, 2021, 115〜121쪽.

2 김재웅, 《북한체제의 기원―인민 위의 계급, 계급 위의 국가》, 역사비평사, 2018, 348〜349쪽.

3 조선민주주의인민공화국 주재 소련대사관 참사 A. M. 페트로프, 1954. 9. 8, 〈페트로프 일지에서―조선노동당 중앙위원회 정치위원 박영빈과의 대담록〉, 《북한관계사료집》77, 46〜47쪽.

4 고봉기, 《조선노동당원의 육필수기》, 시민사회, 1990, 95〜97쪽.

5 국사편찬위원회·독립기념관, 《러시아국립사회정치사문서보관소 소장 북한 인물 자료》II, 민속원, 2021, 162〜167쪽.

6 고봉기, 《조선노동당원의 육필수기》, 시민사회, 1990, 91쪽.

7 여정, 《붉게 물든 대동강》, 동아일보사, 1991, 77쪽.

8 국사편찬위원회·독립기념관, 《러시아국립사회정치사문서보관소 소장 북한 인물 자료》II, 민속원, 2021, 122〜127쪽.

9 여정, 《붉게 물든 대동강》, 동아일보사, 1991, 77쪽.

10 РГАСПИ, ф. 495, оп. 228, д. 949, л. 1.

11 고봉기, 《조선노동당원의 육필수기》, 시민사회, 1990, 240〜241쪽.

12 1956. 4. 18, 〈조선민주주의인민공화국 주재 소련대사 이바노프 일지〉, 《북한관계사료집》73, 407쪽.

13 1956. 5. 18, 〈조선민주주의인민공화국 주재 소련대사 이바노프 일지〉, 《북한관계사료집》73, 433쪽.

14 1956. 6. 5, 〈조선민주주의인민공화국 주재 소련대사 이바노프 일지〉, 《북한관계사료집》73, 454쪽.

15 임은, 《김일성정전》, 옥촌문화사, 1989, 275쪽.

16 1956. 6. 8, 〈조선민주주의인민공화국 주재 소련대사 이바노프 일지〉, 《북한관계사료집》73, 460〜461쪽.

[17] 고봉기, 《김일성의 비서실장》, 천마, 1989, 90쪽.

[18] 1956. 5. 10, 〈조선민주주의인민공화국 주재 소련대사 이바노프 일지〉, 《북한관계사료집》 73, 423쪽; 1956. 5. 5, 〈조선민주주의인민공화국 주재 소련대사 이바노프 일지〉, 《북한관계사료집》 73, 415쪽.

[19] 션즈화 지음, 김동길 옮김, 《최후의 천조》, 선인, 2017, 451쪽.

[20] 고봉기, 《조선노동당원의 육필수기》, 시민사회, 1990, 247~248쪽.

[21] 1953. 9. 12, 〈조선민주주의인민공화국 주재 소련 임시대리대사 라자레프 일지〉, 《북한관계사료집》 73, 71쪽; 1954. 12. 24, 〈조선민주주의인민공화국 주재 소련 임시대리대사 라자레프 일지〉, 《북한관계사료집》 73, 197쪽.

[22] 1956. 5. 7, 〈조선민주주의인민공화국 주재 소련대사 이바노프 일지〉, 《북한관계사료집》 73, 416~418쪽.

[23] 1956. 5. 18, 〈조선민주주의인민공화국 주재 소련대사 이바노프 일지〉, 《북한관계사료집》 73, 431쪽.

[24] 1956. 5. 10, 〈조선민주주의인민공화국 주재 소련대사 이바노프 일지〉, 《북한관계사료집》 73, 423~424쪽.

[25] 소련 외무성 극동과 제1서기관 V. I. 이바넨코, 1956. 5. 17, "이바넨코 일지에서— 독일민주공화국 주재 조선민주주의인민공화국대사 박길룡 동지와의 대담록", AB ПРФ, ф. 0102, оп. 12, п. 68, д. 4; 1955. 10. 20, 〈조선민주주의인민공화국 주재 소련대사 이바노프 일지〉, 《북한관계사료집》 73, 325쪽.

[26] 1956. 4. 14, 〈조선민주주의인민공화국 주재 소련대사 이바노프 일지〉, 《북한관계사료집》 73, 404쪽.

[27] 김진계, 《조국》(상), 현장문학사, 1990, 263쪽.

[28] 1956. 4. 14, 〈조선민주주의인민공화국 주재 소련대사 이바노프 일지〉, 《북한관계사료집》 73, 404쪽.

[29] 1956. 5. 5, 〈조선민주주의인민공화국 주재 소련대사 이바노프 일지〉, 《북한관계사료집》 73, 414쪽.

[30] 1956. 5. 5, 〈조선민주주의인민공화국 주재 소련대사 이바노프 일지〉, 《북한관계사

료집》73, 415~416쪽.

31 1957. 8. 22, 〈조선민주주의인민공화국 주재 소련대사 푸자노프 일지〉, 《북한관계
사료집》74, 212쪽.

32 1956. 5. 5, 〈조선민주주의인민공화국 주재 소련대사 이바노프 일지〉, 《북한관계사
료집》73, 415쪽.

2부 새로운 혁명을 향하여

1. 아첨꾼들

1 조선노동당 중앙위원회 전원회의 결정, 1956. 8. 30~31, 〈최창익·윤공흠·서휘·
이필규·박창옥 등 동무들의 종파적 음모 행위에 대하여〉, 《북한관계사료집》30,
786쪽.

2 1956. 5. 7, 〈조선민주주의인민공화국 주재 소련대사 이바노프 일지〉, 《북한관계사
료집》73, 418쪽.

3 이상조, 1956. 10. 1, 〈조선노동당 중앙위원회 앞〉, 《북조선을 만든 고려인 이야
기》, 경인문화사, 2006, 284~285쪽.

4 1956. 6. 5, 〈조선민주주의인민공화국 주재 소련대사 이바노프 일지〉, 《북한관계사
료집》73, 453쪽.

5 1956. 6. 5, 〈조선민주주의인민공화국 주재 소련대사 이바노프 일지〉, 《북한관계사
료집》73, 454쪽.

6 1957. 9. 29, "조선민주주의인민공화국 주재 소련대사 A. M. 푸자노프 일지", AB
ПРФ, ф. 0102, оп. 13, п. 72, д. 5.

7 조선민주주의인민공화국 주재 소련대사관 참사 A. M. 페트로프와 제1서기 I. S. 뱌
코프, 1955. 4. 6, 〈페트로프와 뱌코프 일지에서―잡지 《새조선》 주필 송진파와의
대담록〉, 《북한관계사료집》77, 157쪽.

8 1955. 5. 10, "I. F. 쿠르듀코프가 V. M. 몰로토프 동지에게", АВПРФ, ф. 0102, оп.

11, п. 65, д. 45; 조선민주주의인민공화국 주재 소련대사관 참사 A. M. 페트로프와 제1서기 I. S. 뱌코프, 1955. 3. 31, 〈페트로프와 뱌코프 일지에서—자강도인민위원회 위원장 박 일라리온 드미트리예비치와의 대담록〉, 《북한관계사료집》 77, 139~140쪽.

9 소련 외무성 극동과 참사 B. N. 베레샤긴, 1956. 10. 19, "베레샤긴 일지에서—소련 주재 조선민주주의인민공화국 대사관 영사부장 김형모와의 대담록", АВПРФ, ф. 0102, оп. 12, п. 68, д. 4; 이상조, 1956. 10. 11, 〈조선노동당 중앙위원회 위원장 김일성 동지 앞〉, 《북조선을 만든 고려인 이야기》, 경인문화사, 2006, 272~273쪽.

10 소련 외무성 극동과 제1서기관 V. I. 이바넨코, 1956. 5. 17, "이바넨코 일지에서—독일민주공화국 주재 조선민주주의인민공화국대사 박길룡 동지와의 대담록", АВПРФ, ф. 0102, оп. 12, п. 68, д. 4.

11 이상조, 1956. 10. 11, 〈조선노동당 중앙위원회 위원장 김일성 동지 앞〉, 《북조선을 만든 고려인 이야기》, 경인문화사, 2006, 278쪽; 소련 외무성 극동과 참사 B. N. 베레샤긴, 1956. 10. 19, "베레샤긴 일지에서—소련 주재 조선민주주의인민공화국 대사관 영사부장 김형모와의 대담록", АВПРФ, ф. 0102, оп. 12, п. 68, д. 4.

12 1956. 5. 10, 〈조선민주주의인민공화국 주재 소련대사 이바노프 일지〉, 《북한관계사료집》 73, 422쪽; 소련 외무성 극동과 제1서기관 V. I. 이바넨코, 1956. 5. 17, "이바넨코 일지에서—독일민주공화국 주재 조선민주주의인민공화국대사 박길룡 동지와의 대담록", АВПРФ, ф. 0102, оп. 12, п. 68, д. 4.

13 고봉기, 《조선노동당원의 육필수기》, 시민사회, 1990, 198쪽.

14 1958. 5. 18, 〈조선민주주의인민공화국 주재 소련대사 푸자노프 일지〉, 《북한관계사료집》 75, 139쪽.

15 여정, 《붉게 물든 대동강》, 동아일보사, 1991, 333쪽.

16 국사편찬위원회·독립기념관, 《러시아국립사회정치사문서보관소 소장 북한 인물 자료》 II, 민속원, 2021, 182~184쪽.

17 김진계, 《조국》(하), 현장문학사, 1990, 80쪽.

[18] 고봉기, 《조선노동당원의 육필수기》, 시민사회, 1990, 83쪽, 198~199쪽.

[19] 김진계, 《조국》(하), 현장문학사, 1990, 81쪽.

[20] 1946. 2. 20, 〈女性의 向上을 爲한 政策 實施에 奮鬪―北朝鮮臨時人民委員會 委員 朴正愛 同志 談〉, 《正路》.

[21] 성혜랑, 《등나무집》, 지식나라, 2000, 324쪽.

[22] 1958. 5. 18, 〈조선민주주의인민공화국 주재 소련대사 푸자노프 일지〉, 《북한관계 사료집》75, 139쪽.

[23] 성혜랑, 《등나무집》, 지식나라, 2000, 323~324쪽.

[24] 고봉기, 《조선노동당원의 육필수기》, 시민사회, 1990, 218쪽.

[25] 김학철, 《최후의 분대장》, 문학과지성사, 1995, 325쪽.

[26] 고봉기, 《조선노동당원의 육필수기》, 시민사회, 1990, 245쪽.

[27] 김진계, 《조국》(하), 현장문학사, 1990, 44쪽.

[28] 김학철, 《최후의 분대장》, 문학과지성사, 1995, 139쪽, 321쪽.

[29] 김학철, 《최후의 분대장》, 문학과지성사, 1995, 321~322쪽.

[30] 宣傳部長 金昌滿, 1946. 4, 〈北朝鮮共産黨 中央委員會 第二次 各 道 宣傳部長 會議 總結 報告 要旨〉, 《북한관계사료집》1, 87쪽.

[31] 김창순, 《역사의 증인》, 한국아세아반공연맹, 1956, 116~117쪽.

[32] 고봉기, 《조선노동당원의 육필수기》, 시민사회, 1990, 69쪽.

[33] 1948. 3. 31, 〈레베데프 비망록〉(1994. 11. 15, 〈46년 만에 밝혀진 남북정치협상 진상〉, 《중앙일보》).

[34] 김창순, 《역사의 증인》, 한국아세아반공연맹, 1956, 121쪽.

[35] 1956. 5. 5, 〈조선민주주의인민공화국 주재 소련대사 이바노프 일지〉, 《북한관계사 료집》73, 415쪽.

[36] 국사편찬위원회·독립기념관, 《러시아국립사회정치사문서보관소 소장 북한 인물 자료》II, 민속원, 2021, 69~71쪽; РГАСПИ, ф. 495, оп. 228, д. 652, лл. 26~ 28.

[37] 소련 외무성 극동과 참사 B. N. 베레샤긴, 1956. 10. 19, "베레샤긴 일지에서―소

련 주재 조선민주주의인민공화국 대사관 영사부장 김형모와의 대담록", АВПРФ, ф. 0102, оп. 12, п. 68, д. 4; 이상조, 1956. 10. 11, 〈조선노동당 중앙위원회 위원장 김일성 동지 앞〉, 《북조선을 만든 고려인 이야기》, 경인문화사, 2006, 273쪽.

38 김학철, 《최후의 분대장》, 문학과지성사, 1995, 139쪽.

39 1948. 12. 25, "조선민주주의인민공화국 국가계획위원회 위원장 정준택 평정서", ЦАМО, ф. 142, оп. 540936, д. 1, лл. 13〜14; РГАСПИ, ф. 495, оп. 228, д. 966, лл. 18〜18об.

40 1956. 5. 5, 〈조선민주주의인민공화국 주재 소련대사 이바노프 일지〉, 《북한관계사료집》73, 415쪽.

41 고봉기, 《조선노동당원의 육필수기》, 시민사회, 1990, 152쪽.

42 장학봉 외, 《북조선을 만든 고려인 이야기》, 경인문화사, 2006, 519쪽.

43 고봉기, 《조선노동당원의 육필수기》, 시민사회, 1990, 153쪽, 258쪽.

44 1956. 5. 7, 〈조선민주주의인민공화국 주재 소련대사 이바노프 일지〉, 《북한관계사료집》73, 418쪽.

45 1955. 10. 20, 〈조선민주주의인민공화국 주재 소련대사 이바노프 일지〉, 《북한관계사료집》73, 325쪽.

46 이상조, 1956. 10. 1, 〈조선노동당 중앙위원회 앞〉, 《북조선을 만든 고려인 이야기》, 경인문화사, 2006, 297쪽.

2. 모스크바 외교

1 소련 외무성 극동과 제1서기관 V. I. 이바넨코, 1956. 5. 17, "이바넨코 일지에서—독일민주공화국 주재 조선민주주의인민공화국대사 박길룡 동지와의 대담록", АВПРФ, ф. 0102, оп. 12, п. 68, д. 4.

2 소련 외무성 부상 N. T. 페도렌코, 1956. 5. 29, "페도렌코 일지에서—소련 주재 조선민주주의인민공화국대사 이상조 동지와의 대담록", АВПРФ, ф. 0102, оп. 12, п. 68, д. 3.

3 이상조, 1956. 10. 1, 〈조선노동당 중앙위원회 앞〉, 《북조선을 만든 고려인 이야

기》, 경인문화사, 2006, 310~312쪽; 유성철·이상조, 《증언, 김일성을 말한다》, 한
국일보사, 1991, 176쪽.

3. 해외 순방

[1] 윤경섭, 〈1950년대 북한의 정치갈등 연구〉, 성균관대 사학과 박사학위논문, 2007,
199쪽.

[2] 고봉기, 《조선노동당원의 육필수기》, 시민사회, 1990, 109쪽.

[3] 소련 의전국 제1서기관 M. L. 무힌, 1956. 7. 5, 〈무힌 일지에서―소련 주재 조선
민주주의인민공화국대사관 참사 박덕환과의 대담록〉, 《북한관계사료집》 80,
112~113쪽.

[4] 소련 외무성 극동과 과장 I. F. 쿠르듀코프, 1956. 6. 16, "쿠르듀코프 일지에서―
소련 주재 조선민주주의인민공화국대사 이상조와의 대담록", АВПРФ, ф. 0102, о
п. 12, п. 68, д. 4.

[5] 션즈화 지음, 김동길 옮김, 《최후의 천조》, 선인, 2017, 455쪽.

[6] 1956. 7. 9, 〈N. A. 불가닌, N. S. 흐루쇼프, L. I. 브레즈네프, D. T. 셰필로프, N. K.
바이바코프, B. N. 포노마료프 동지와 조선 정부 대표단의 회담록〉, 《북한관계사
료집》 80, 116~119쪽.

[7] 1957. 5. 12, 〈조선민주주의인민공화국 주재 소련대사 푸자노프 일지〉, 《북한관계
사료집》 74, 75~76쪽.

[8] 고봉기, 《조선노동당원의 육필수기》, 시민사회, 1990, 110쪽.

[9] 이상조, 1956. 10. 1, 〈조선노동당 중앙위원회 앞〉, 《북조선을 만든 고려인 이야
기》, 경인문화사, 2006, 287~288쪽; 이상조, 1956. 10. 12, 〈당 중앙 전원회의에
참가한 여러 동지들 앞〉, 《북조선을 만든 고려인 이야기》, 경인문화사, 2006, 323
쪽.

[10] 고봉기, 《조선노동당원의 육필수기》, 시민사회, 1990, 110쪽.

[11] 이상조, 1956. 10. 12, 〈당 중앙 전원회의에 참가한 여러 동지들 앞〉, 《북조선을 만
든 고려인 이야기》, 경인문화사, 2006, 319~320쪽.

12 1956. 5. 22, 〈조선민주주의인민공화국 주재 소련대사 이바노프 일지〉, 《북한관계
   사료집》 73, 441~442쪽; 1956. 5. 26, 〈조선민주주의인민공화국 주재 소련대사
   이바노프 일지〉, 《북한관계사료집》 73, 445쪽; 션즈화 지음, 김동길 옮김, 《최후의
   천조》, 선인, 2017, 454쪽.

4. 소련의 지지를 찾아

1 김규범, 2019, 〈1956년 "8월 전원회의 사건" 재론〉, 《현대북한연구》 22권 3호, 33
   쪽.

2 안드레이 란코프 저, 김광린 역, 《북한 현대정치사》, 오름, 1995, 219~220쪽.

3 고봉기, 《조선노동당원의 육필수기》, 시민사회, 1990, 251쪽.

4 고봉기, 《김일성의 비서실장》, 천마, 1989, 96쪽.

5 유성철·이상조, 《증언, 김일성을 말한다》, 한국일보사, 1991, 118쪽.

6 조선민주주의인민공화국 주재 소련대사관 2등 서기관 E. L. 티토렌코, 1957. 10.
   17, 〈티토렌코 일지에서―조선민주주의인민공화국 과학원 후보원사 장주익과의
   대담록〉, 《북한관계사료집》 78, 282쪽.

7 1956. 4. 19, "조선민주주의인민공화국 주재 소련대사 이바노프 일지", АВПРФ,
   ф. 0102, оп. 12, п. 68, д. 5.

8 1958. 9. 9, 〈조선민주주의인민공화국 주재 소련대사 푸자노프 일지〉, 《북한관계사
   료집》 75, 191쪽.

9 소련 외무성 극동과 제1서기관 S. P. 라자레프, 1956. 9. 18, "라자레프 일지에서―
   조선민주주의인민공화국 최고인민회의 대의원 고희만과의 대담록", АВПРФ, ф.
   0102, оп. 12, п. 68, д. 4.

10 이상조, 1956. 10. 1, 〈조선노동당 중앙위원회 앞〉, 《북조선을 만든 고려인 이야기》,
   경인문화사, 2006, 279쪽.

11 조선민주주의인민공화국 주재 소련대사관 2등 서기관 E. L. 티토렌코, 1957. 10.
   17, 〈티토렌코 일지에서―조선민주주의인민공화국 과학원 후보원사 장주익과의
   대담록〉, 《북한관계사료집》 78, 281~282쪽.

^{12} 윤경섭, 〈1950년대 북한의 정치갈등 연구〉, 성균관대 사학과 박사학위논문, 2007, 121쪽.

^{13} 1955. 8. 2, "조선민주주의인민공화국 주재 소련대사 V. I. 이바노프가 소련 외무상 V. M. 몰로토프, 외무성 부상 N. T. 페도렌코, 외무성 극동과 과장 I. F. 쿠르듀코프에게", АВПРФ, ф. 0102, оп. 11, п. 60, д. 7.

^{14} 1956. 6. 5, 〈조선민주주의인민공화국 주재 소련대사 이바노프 일지〉, 《북한관계사료집》 73, 455~456쪽.

^{15} 1956. 6. 7, 〈조선민주주의인민공화국 주재 소련대사 이바노프 일지〉, 《북한관계사료집》 73, 458쪽.

^{16} 1956. 6. 8, 〈조선민주주의인민공화국 주재 소련대사 이바노프 일지〉, 《북한관계사료집》 73, 458~462쪽.

5. 가담자들과 지지자들

^{1} 1957. 10. 25, 〈조선민주주의인민공화국 주재 소련대사 푸자노프 일지〉, 《북한관계사료집》 74, 300쪽.

^{2} 조선민주주의인민공화국 주재 소련대사관 참사 V. I. 펠리셴코, 1957. 9. 24, 〈펠리셴코 일지에서—조선민주주의인민공화국 부수상 겸 외무상 남일 동지와의 대담록〉, 《북한관계사료집》 78, 226쪽.

^{3} 1956. 8. 6~7, 〈조선민주주의인민공화국 주재 소련대사 이바노프 일지〉, 《북한관계사료집》 73, 482쪽.

^{4} 안드레이 란코프 저, 김광린 역, 《북한 현대정치사》, 오름, 1995, 212~213쪽; 김규범, 2019, 〈1956년 '8월전원회의 사건' 재론〉, 《현대북한연구》 22권 3호, 33쪽.

^{5} 고봉기, 《조선노동당원의 육필수기》, 시민사회, 1990, 251쪽.

^{6} 소련 외무성 극동과 과장 I. F. 쿠르듀코프, 1956. 8. 9, "쿠르듀코프 일지에서—소련 주재 조선민주주의인민공화국대사 이상조와의 대담록", АВПРФ, ф. 0102, оп. 12, п. 68, д. 4.

^{7} 1957. 10. 25, 〈조선민주주의인민공화국 주재 소련대사 푸자노프 일지〉, 《북한관계

사료집》74, 300쪽.

8 유성철·이상조, 《증언, 김일성을 말한다》, 한국일보사, 1991, 118~119쪽; 장학봉 외, 《북조선을 만든 고려인 이야기》, 경인문화사, 2006, 535쪽.

9 1956. 4. 13, 〈조선민주주의인민공화국 주재 소련대사 이바노프 일지〉, 《북한관계 사료집》73, 403쪽.

10 안드레이 란코프 저, 김광린 역, 《북한 현대정치사》, 오름, 1995, 221쪽; 선즈화 지음, 김동길 옮김, 《최후의 천조》, 선인, 2017, 466쪽.

11 김학철, 《최후의 분대장》, 문학과지성사, 1995, 333~334쪽.

12 고봉기, 《조선노동당원의 육필수기》, 시민사회, 1990, 108쪽, 241쪽; 고봉기, 《김일성의 비서실장》, 천마, 1989, 94~95쪽.

13 고봉기, 《조선노동당원의 육필수기》, 시민사회, 1990, 112~113쪽.

14 고봉기, 《조선노동당원의 육필수기》, 시민사회, 1990, 252~253쪽.

15 고봉기, 《조선노동당원의 육필수기》, 시민사회, 1990, 258~259쪽.

16 고봉기, 《조선노동당원의 육필수기》, 시민사회, 1990, 244쪽; 고봉기, 《김일성의 비서실장》, 천마, 1989, 96쪽.

17 소련 외무성 극동과 참사 B. N. 베레샤긴, 1956. 10. 20, "베레샤긴 일지에서—김일성에게 보내는 이상조의 서한 번역본", АВПРФ, ф. 0102, оп. 12, п. 68, д. 4; 고봉기, 《조선노동당원의 육필수기》, 시민사회, 1990, 257~258쪽.

18 고봉기, 《조선노동당원의 육필수기》, 시민사회, 1990, 258쪽.

19 임은, 《김일성정전》, 옥촌문화사, 1989, 254쪽; 김학철, 《최후의 분대장》, 문학과지성사, 1995, 328쪽; 1957. 5. 12, 〈조선민주주의인민공화국 주재 소련대사 푸자노프 일지〉, 《북한관계사료집》74, 78쪽; 1957. 7. 29, 〈조선민주주의인민공화국 주재 소련대사 푸자노프 일지〉, 《북한관계사료집》74, 170~171쪽.

20 고봉기, 《조선노동당원의 육필수기》, 시민사회, 1990, 251쪽; 고봉기, 《김일성의 비서실장》, 천마, 1989, 12쪽.

6. 형제국 조력자들

1 션즈화 지음, 김동길 옮김, 《최후의 천조》, 선인, 2017, 462~463쪽.

2 V. 페투호프, 1955. 3. 28, 〈조선민주주의인민공화국으로부터 귀국한 대사관 성원 L. G. 골지나와의 대담록〉, 《북한관계사료집》 80, 16쪽; 윤경섭, 〈1950년대 북한의 정치갈등 연구〉, 성균관대 사학과 박사학위논문, 2007, 121~122쪽.

3 안드레이 란코프 저, 김광린 역, 《북한 현대정치사》, 오름, 1995, 208~211쪽; 윤경섭, 〈1950년대 북한의 정치갈등 연구〉, 성균관대 사학과 박사학위논문, 2007, 207~208쪽; 션즈화 지음, 김동길 옮김, 《최후의 천조》, 선인, 2017, 459~461쪽.

4 여정, 《붉게 물든 대동강》, 동아일보사, 1991, 77쪽; 션즈화 지음, 김동길 옮김, 《최후의 천조》, 선인, 2017, 461쪽, 467쪽.

5 V. 페투호프, 1955. 3. 28, 〈조선민주주의인민공화국으로부터 귀국한 대사관 직원 L. G. 골지나와의 대담록〉, 《북한관계사료집》 80, 15~16쪽.

6 션즈화 지음, 김동길 옮김, 《최후의 천조》, 선인, 2017, 467쪽; 여정, 《붉게 물든 대동강》, 동아일보사, 1991, 77~78쪽; 고봉기, 《조선노동당원의 육필수기》, 시민사회, 1990, 254쪽.

7 안드레이 란코프 저, 김광린 역, 《북한 현대정치사》, 오름, 1995, 214~215쪽.

8 안드레이 란코프 저, 김광린 역, 《북한 현대정치사》, 오름, 1995, 211~212쪽.

9 안드레이 란코프 저, 김광린 역, 《북한 현대정치사》, 오름, 1995, 212~213쪽.

10 고봉기, 《조선노동당원의 육필수기》, 시민사회, 1990, 254쪽.

7. 밀모의 폭로

1 1958. 9. 11, 〈조선민주주의인민공화국 주재 소련대사 푸자노프 일지〉, 《북한관계사료집》 75, 195쪽; 장학봉 외, 《북조선을 만든 고려인 이야기》, 경인문화사, 2006, 523쪽; 1976. 3. 8, 〈남일 동지의 서거에 대한 부고〉, 《노동신문》; РГАСПИ, ф. 495, оп. 228, д. 838, лл. 52~63.

2 1959. 1. 1, 〈조선민주주의인민공화국 주재 소련대사 푸자노프 일지〉, 《북한관계사료집》 75, 330쪽.

³ 소련 외무성 극동과 참사 B. N. 베레샤긴, 1956. 10. 20, "베레샤긴 일지에서—김일 성에게 보내는 이상조의 서한 번역본—", АВПРФ, ф. 0102, оп. 12, п. 68, д. 4.

⁴ 소련 외무성 극동과 제1서기관 V. I. 이바넨코, 1956. 5. 17, "이바넨코 일지에서— 독일민주공화국 주재 조선민주주의인민공화국대사 박길룡 동지와의 대담록", АВ ПРФ, ф. 0102, оп. 12, п. 68, д. 4.

⁵ 1956. 8. 6~7, 〈조선민주주의인민공화국 주재 소련대사 이바노프 일지〉, 《북한관 계사료집》 73, 482~483쪽; 안드레이 란코프 저, 김광린 역, 《북한 현대정치사》, 오름, 1995, 216쪽; 션즈화 지음, 김동길 옮김, 《최후의 천조》, 선인, 2017, 466쪽.

⁶ 안드레이 란코프 저, 김광린 역, 《북한 현대정치사》, 오름, 1995, 216~217쪽.

⁷ 1956. 8. 6, 〈조선민주주의인민공화국 주재 소련대사 이바노프 일지〉, 《북한관계사 료집》 73, 479~480쪽; 윤경섭, 〈1950년대 북한의 정치갈등 연구〉, 성균관대 사학 과 박사학위논문, 2007, 217쪽.

⁸ 유성철·이상조, 《증언, 김일성을 말한다》, 한국일보사, 1991, 46쪽.

⁹ 이상조, 1956. 10. 1, 〈조선노동당 중앙위원회 앞〉, 《북조선을 만든 고려인 이야 기》, 경인문화사, 2006, 281쪽, 292쪽.

¹⁰ 안드레이 란코프 저, 김광린 역, 《북한 현대정치사》, 오름, 1995, 224~226쪽; 션즈 화 지음, 김동길 옮김, 《최후의 천조》, 선인, 2017, 468~469쪽; 백준기, 1999, 〈정 전 후 1950년대 북한의 정치 변동과 권력 재편〉, 《현대북한연구》 2권 2호, 44쪽.

¹¹ 1956. 8. 6~7, 〈조선민주주의인민공화국 주재 소련대사 이바노프 일지〉, 《북한관 계사료집》 73, 483쪽.

¹² 션즈화 지음, 김동길 옮김, 《최후의 천조》, 선인, 2017, 468쪽.

¹³ 1956. 8. 6~7, 〈조선민주주의인민공화국 주재 소련대사 이바노프 일지〉, 《북한관 계사료집》 73, 482~483쪽.

¹⁴ 윤경섭, 〈1950년대 북한의 정치갈등 연구〉, 성균관대 사학과 박사학위논문, 2007, 216쪽.

¹⁵ 고봉기, 《조선노동당원의 육필수기》, 시민사회, 1990, 107~108쪽, 259~260쪽, 262쪽.

16 고봉기,《조선노동당원의 육필수기》, 시민사회, 1990, 242쪽.

17 윤경섭, 〈1950년대 북한의 정치갈등 연구〉, 성균관대 사학과 박사학위논문, 2007, 227쪽.

18 소련 외무성 극동과 제1서기관 S. P. 라자레프, 1956. 9. 18, 〈라자레프 일지에서—조선민주주의인민공화국 최고인민회의 대의원 고희만과의 대담록〉,《북한관계사료집》80, 128쪽.

19 안드레이 란코프 저, 김광린 역,《북한 현대정치사》, 오름, 1995, 226쪽.

8. 기울어진 추

1 서동만,《북조선 사회주의체제 성립사, 1945~1961》, 선인, 2005, 560쪽.

2 션즈화 지음, 김동길 옮김,《최후의 천조》, 선인, 2017, 463쪽.

3 고봉기,《조선노동당원의 육필수기》, 시민사회, 1990, 113~114쪽.

4 백준기, 1999, 〈정전 후 1950년대 북한의 정치 변동과 권력 재편〉,《현대북한연구》 2권 2호, 45쪽; 안드레이 란코프 저, 김광린 역,《북한 현대정치사》, 오름, 1995, 222쪽.

5 1956. 8. 6, 〈조선민주주의인민공화국 주재 소련대사 이바노프 일지〉,《북한관계사료집》73, 479~481쪽.

6 션즈화 지음, 김동길 옮김,《최후의 천조》, 선인, 2017, 470쪽.

7 1956. 8. 6, 〈조선민주주의인민공화국 주재 소련대사 이바노프 일지〉,《북한관계사료집》73, 479~481쪽.

8 1960. 6. 16, 〈조선민주주의인민공화국 주재 소련대사 푸자노프 일지〉,《북한관계사료집》76, 233쪽.

9 소련 외무성 부상 N. T. 페도렌코, 1956. 9. 5, "페도렌코 일지에서—소련 주재 조선민주주의인민공화국대사 이상조와의 대담록", АВПРФ, ф. 0102, оп. 12, п. 68, д. 3.

3부 당내 투쟁에서 외교적 해결책으로

1. 비판 서한

[1] 1956. 6. 5, 〈조선민주주의인민공화국 주재 소련대사 이바노프 일지〉, 《북한관계사료집》 73, 452~453쪽.

[2] 1958. 5. 12, 〈조선민주주의인민공화국 주재 소련대사 푸자노프 일지〉, 《북한관계사료집》 75, 131쪽.

[3] 소련 외무성 극동과 과장 I. F. 쿠르듀코프, 1956. 8. 9, "쿠르듀코프 일지에서—소련 주재 조선민주주의인민공화국대사 이상조와의 대담록", ABПРФ, ф. 0102, оп. 12, п. 68, д. 4.

[4] 소련 외무성 극동과 과장 I. F. 쿠르듀코프, 1956. 8. 11, "쿠르듀코프 일지에서—소련 주재 조선민주주의인민공화국대사 이상조와의 대담록", ABПРФ, ф. 0102, оп. 12, п. 68, д. 4.

[5] 와다 하루끼 지음, 서동만 옮김, 《한국전쟁》, 창작과비평사, 1999, 213쪽.

[6] 조선민주주의인민공화국 주재 소련대사관 참사 A. M. 페트로프와 제1서기관 I. S. 뱌코프, 1955. 4. 5, 〈페트로프와 뱌코프 일지에서—자강도인민위원회 위원장 박 일라리온 드미트리예비치와의 대담록〉, 《북한관계사료집》 77, 151쪽.

[7] 조선민주주의인민공화국 주재 소련대사관 참사 A. M. 페트로프와 제1서기관 I. S. 뱌코프, 1955. 3. 31, 〈페트로프와 뱌코프 일지에서—자강도인민위원회 위원장 박 일라리온 드미트리예비치와의 대담록〉, 《북한관계사료집》 77, 142~143쪽.

[8] 1957. 5. 22, 〈조선민주주의인민공화국 주재 소련대사 푸자노프 일지〉, 《북한관계사료집》 74, 99~100쪽.

[9] 션즈화 지음, 김동길 옮김, 《최후의 천조》, 선인, 2017, 438~440쪽, 482쪽.

2. 기선 제압

[1] 윤경섭, 〈1950년대 북한의 정치갈등 연구〉, 성균관대 사학과 박사학위논문, 2007, 226~227쪽.

² 소련 외무성 극동과 제1서기관 S. P. 라자레프, 1956. 9. 18, 〈라자레프 일지에서—조선민주주의인민공화국 최고인민회의 대의원 고희만과의 대담록〉,《북한관계사료집》80, 127쪽.

³ 션즈화 지음, 김동길 옮김,《최후의 천조》, 선인, 2017, 472쪽.

⁴ 윤경섭, 〈1950년대 북한의 정치갈등 연구〉, 성균관대 사학과 박사학위논문, 2007, 219~223쪽; 션즈화 지음, 김동길 옮김,《최후의 천조》, 선인, 2017, 472~474쪽.

⁵ 윤경섭, 〈1950년대 북한의 정치갈등 연구〉, 성균관대 사학과 박사학위논문, 2007, 228~229쪽; 션즈화 지음, 김동길 옮김,《최후의 천조》, 선인, 2017, 474쪽.

⁶ 션즈화 지음, 김동길 옮김,《최후의 천조》, 선인, 2017, 475쪽; 윤경섭, 〈1950년대 북한의 정치갈등 연구〉, 성균관대 사학과 박사학위논문, 2007, 231~232쪽.

⁷ 윤경섭, 〈1950년대 북한의 정치갈등 연구〉, 성균관대 사학과 박사학위논문, 2007, 225쪽.

⁸ 션즈화 지음, 김동길 옮김,《최후의 천조》, 선인, 2017, 474쪽; 윤경섭, 〈1950년대 북한의 정치갈등 연구〉, 성균관대 사학과 박사학위논문, 2007, 229쪽.

⁹ 소련 외무성 부상 N. T. 페도렌코, 1956. 9. 5, "페도렌코 일지에서—소련 주재 조선민주주의인민공화국대사 이상조와의 대담록", АВПРФ, ф. 0102, оп. 12, п. 68, д. 3; 션즈화 지음, 김동길 옮김,《최후의 천조》, 선인, 2017, 474~475쪽; 윤경섭, 〈1950년대 북한의 정치갈등 연구〉, 성균관대 사학과 박사학위논문, 2007, 230쪽.

¹⁰ 윤경섭, 〈1950년대 북한의 정치갈등 연구〉, 성균관대 사학과 박사학위논문, 2007, 230~231쪽.

¹¹ 고봉기,《김일성의 비서실장》, 천마, 1989, 99~101쪽; 윤경섭, 〈1950년대 북한의 정치갈등 연구〉, 성균관대 사학과 박사학위논문, 2007, 230쪽.

¹² 고봉기,《조선노동당원의 육필수기》, 시민사회, 1990, 114쪽.

3. 8월 전원회의

¹ 고봉기,《조선노동당원의 육필수기》, 시민사회, 1990, 260쪽.

² 임은,《김일성정전》, 옥촌문화사, 1989, 281쪽; 김석형 구술, 이향규 녹취·정리,

《나는 조선노동당원이오!》, 선인, 2001, 428쪽.

3 조선노동당 중앙위원회 전원회의 결정, 1956. 8. 30~31, 〈형제적 제 국가를 방문한 정부 대표단의 사업 총화와 우리 당의 당면한 몇 가지 과업들에 관하여〉, 《북한관계사료집》 30, 780~782쪽.

4 윤경섭, 〈1950년대 북한의 정치갈등 연구〉, 성균관대 사학과 박사학위논문, 2007, 234쪽.

5 여정, 《붉게 물든 대동강》, 동아일보사, 1991, 81쪽.

6 고봉기, 《조선노동당원의 육필수기》, 시민사회, 1990, 261쪽; 김석형 구술, 이향규 녹취·정리, 《나는 조선노동당원이오!》, 선인, 2001, 428~429쪽; 여정, 《붉게 물든 대동강》, 동아일보사, 1991, 81쪽.

7 조선노동당 중앙위원회 전원회의 결정, 1956. 8. 30~31, 〈형제적 제 국가를 방문한 정부 대표단의 사업 총화와 우리 당의 당면한 몇 가지 과업들에 관하여〉, 《북한관계사료집》 30, 787쪽; 션즈화 지음, 김동길 옮김, 《최후의 천조》, 선인, 2017, 478쪽; 윤경섭, 〈1950년대 북한의 정치갈등 연구〉, 성균관대 사학과 박사학위논문, 2007, 234쪽.

8 고봉기, 《조선노동당원의 육필수기》, 시민사회, 1990, 262쪽; 여정, 《붉게 물든 대동강》, 동아일보사, 1991, 82쪽; 김석형 구술, 이향규 녹취·정리, 《나는 조선노동당원이오!》, 선인, 2001, 429쪽; 션즈화 지음, 김동길 옮김, 《최후의 천조》, 선인, 2017, 478쪽; 윤경섭, 〈1950년대 북한의 정치갈등 연구〉, 성균관대 사학과 박사학위논문, 2007, 235쪽.

9 김석형 구술, 이향규 녹취·정리, 《나는 조선노동당원이오!》, 선인, 2001, 430쪽; 여정, 《붉게 물든 대동강》, 동아일보사, 1991, 82쪽.

10 고봉기, 《조선노동당원의 육필수기》, 시민사회, 1990, 262~263쪽; 여정, 《붉게 물든 대동강》, 동아일보사, 1991, 82쪽.

11 션즈화 지음, 김동길 옮김, 《최후의 천조》, 선인, 2017, 478쪽; 여정, 《붉게 물든 대동강》, 동아일보사, 1991, 83쪽.

12 김석형 구술, 이향규 녹취·정리, 《나는 조선노동당원이오!》, 선인, 2001, 430쪽.

13 고봉기, 《조선노동당원의 육필수기》, 시민사회, 1990, 263~264쪽.

14 김석형 구술, 이향규 녹취·정리, 《나는 조선노동당원이오!》, 선인, 2001, 430쪽.

15 이하 윤경섭, 〈1950년대 북한의 정치갈등 연구〉, 성균관대 사학과 박사학위논문, 2007, 235~240쪽 참조.

16 고봉기, 《조선노동당원의 육필수기》, 시민사회, 1990, 265쪽.

17 고봉기, 《조선노동당원의 육필수기》, 시민사회, 1990, 262~263쪽.

18 여정, 《붉게 물든 대동강》, 동아일보사, 1991, 83쪽.

19 소련 외무성 극동과 제1서기관 S. P. 라자레프, 1956. 9. 18, "라자레프 일지에서― 조선민주주의인민공화국 최고인민회의 대의원 고희만과의 대담록―", АВПРФ, ф. 0102, оп. 12, п. 68, д. 4.

20 조선노동당 중앙위원회 전원회의 결정, 1956. 8. 30~31, 〈형제적 제 국가를 방문한 정부 대표단의 사업 총화와 우리 당의 당면한 몇 가지 과업들에 관하여〉, 《북한관계사료집》 30, 784~789쪽.

21 이상조, 1956. 10. 1, 〈조선노동당 중앙위원회 앞〉, 《북조선을 만든 고려인 이야기》, 경인문화사, 2006, 289~291쪽.

22 임은, 《김일성정전》, 옥촌문화사, 1989, 275쪽, 279~281쪽.

23 윤경섭, 〈1950년대 북한의 정치갈등 연구〉, 성균관대 사학과 박사학위논문, 2007, 217쪽.

24 1957. 7. 12, 〈조선민주주의인민공화국 주재 소련대사 푸자노프 일지〉, 《북한관계사료집》 74, 159쪽.

25 안드레이 란코프 저, 김광린 역, 《북한 현대정치사》, 오름, 1995, 210쪽.

26 안드레이 란코프 저, 김광린 역, 《북한 현대정치사》, 오름, 1995, 221쪽.

4. 망명

1 최태환·박혜강, 《젊은 혁명가의 초상―인민군 장교 최태환 중좌의 한국전쟁 참전기》, 공동체, 1989, 97쪽.

2 고봉기, 《조선노동당원의 육필수기》, 시민사회, 1990, 266쪽; 김국후, 《평양의 카

레이스키 엘리트들》, 한울아카데미, 2013, 209~211쪽; 여정, 《붉게 물든 대동강》, 동아일보사, 1991, 83~84쪽; 안드레이 란코프 저, 김광린 역, 《북한 현대정치사》, 오름, 1995, 229~230쪽.

3 고봉기, 《조선노동당원의 육필수기》, 시민사회, 1990, 266~267쪽; 여정, 《붉게 물든 대동강》, 동아일보사, 1991, 84쪽.

4 안드레이 란코프 저, 김광린 역, 《북한 현대정치사》, 오름, 1995, 230쪽; 고봉기, 《조선노동당원의 육필수기》, 시민사회, 1990, 267쪽.

5 김국후, 《평양의 카레이스키 엘리트들》, 한울아카데미, 2013, 210~211쪽.

6 션즈화 지음, 김동길 옮김, 《최후의 천조》, 선인, 2017, 485쪽.

7 소련 외무성 극동과 제1서기관 S. P. 라자레프, 1956. 9. 18, "라자레프 일지에서— 조선민주주의인민공화국 최고인민회의 대의원 고희만과의 대담록", АВПРФ, ф. 0102, оп. 12, п. 68, д. 4; 션즈화 지음, 김동길 옮김, 《최후의 천조》, 선인, 2017, 486~487쪽.

8 션즈화 지음, 김동길 옮김, 《최후의 천조》, 선인, 2017, 487~488쪽.

9 조선민주주의인민공화국 주재 소련 임시대리대사 V. I. 펠리셴코, 1957. 3. 9, "펠리셴코 일지에서—조선민주주의인민공화국 외무상 남일과의 대담록", АВПРФ, ф. 0102, оп. 13, п. 7, д. 6; 소련 외무성 극동과 제1서기관 S. P. 라자레프, 1956. 9. 18, 〈라자레프 일지에서—조선민주주의인민공화국 최고인민회의 대의원 고희만과의 대담록〉, 《북한관계사료집》 80, 128쪽.

10 1957. 7. 29, 〈조선민주주의인민공화국 주재 소련대사 푸자노프 일지〉, 《북한관계사료집》 74, 171~172쪽; 윤경섭, 〈1950년대 북한의 정치갈등 연구〉, 성균관대 사학과 박사학위논문, 2007, 240~241쪽.

11 소련 외무성 극동과 참사 B. N. 베레샤긴, 1956. 10. 19, "베레샤긴 일지에서—소련 주재 조선민주주의인민공화국 대사관 영사부장 김형모와의 대담록", АВПРФ, ф. 0102, оп. 12, п. 68, д. 4; 션즈화 지음, 김동길 옮김, 《최후의 천조》, 선인, 2017, 485쪽.

12 고봉기, 《조선노동당원의 육필수기》, 시민사회, 1990, 269쪽.

5. 존경하는 흐루쇼프 동지께

[1] 이상조, 1956. 9. 3, "존경하는 흐루쇼프 동지께", АВПРФ, ф. 0102, оп. 12, п. 68, д. 3.

[2] 소련 외무성 부상 N. T. 페도렌코, 1956. 9. 5, "페도렌코 일지에서―소련 주재 조선민주주의인민공화국대사 이상조와의 대담록", АВПРФ, ф. 0102, оп. 12, п. 68, д. 3.

[3] 션즈화 지음, 김동길 옮김, 《최후의 천조》, 선인, 2017, 490~492쪽.

[4] 소련 외무성 극동과 제1서기관 S. P. 라자레프, 1956. 9. 18, 〈라자레프 일지에서― 조선민주주의인민공화국 최고인민회의 대의원 고희만과의 대담록〉, 《북한관계사료집》 80, 128~129쪽.

[5] 장학봉 외, 《북조선을 만든 고려인 이야기》, 경인문화사, 2006, 12~13쪽.

[6] 소련 외무성 극동과 제1서기관 S. P. 라자레프, 1956. 9. 18, 〈라자레프 일지에서― 조선민주주의인민공화국 최고인민회의 대의원 고희만과의 대담록〉, 《북한관계사료집》 80, 126~130쪽.

[7] 소련 외무성 극동과 참사 B. N. 베레샤긴, 1956. 10. 19, "베레샤긴 일지에서―소련 주재 조선민주주의인민공화국 대사관 영사부장 김형모와의 대담록", АВПРФ, ф. 0102, оп. 12, п. 68, д. 4; 이상조, 1956. 10. 11, 〈조선노동당 중앙위원회 위원장 김일성 동지 앞〉, 《북조선을 만든 고려인 이야기》, 경인문화사, 2006, 277쪽.

[8] 소련 외무성 극동과 제1서기관 S. P. 라자레프, 1956. 9. 18, 〈라자레프 일지에서― 조선민주주의인민공화국 최고인민회의 대의원 고희만과의 대담록〉, 《북한관계사료집》 80, 130쪽.

6. 9월 전원회의

[1] 서동만, 《북조선 사회주의체제 성립사, 1945~1961》, 선인, 2005, 564쪽.

[2] 션즈화 지음, 김동길 옮김, 《최후의 천조》, 선인, 2017, 492~496쪽.

[3] 안드레이 란코프 저, 김광린 역, 《북한 현대정치사》, 오름, 1995, 233~235쪽; 서동만, 《북조선 사회주의체제 성립사, 1945~1961》, 선인, 2005, 564쪽; 션즈화 지음,

김동길 옮김,《최후의 천조》, 선인, 2017, 494~495쪽.

[4] 여정,《붉게 물든 대동강》, 동아일보사, 1991, 86쪽.

[5] 염인호,《조선의용군의 독립운동》, 나남출판, 2001, 133~134쪽.

[6] 최태환·박혜강 지음,《젊은 혁명가의 초상》, 공동체, 1989, 16쪽.

[7] 안드레이 란코프 저, 김광린 역,《북한 현대정치사》, 오름, 1995, 234쪽; 서동만,《북조선 사회주의체제 성립사, 1945~1961》, 선인, 2005, 565쪽.

[8] 고봉기,《조선노동당원의 육필수기》, 시민사회, 1990, 271쪽.

[9] 션즈화 지음, 김동길 옮김,《최후의 천조》, 선인, 2017, 497~498쪽.

[10] 1957. 12. 7,〈조선민주주의인민공화국 주재 소련대사 푸자노프 일지〉,《북한관계사료집》74, 327쪽.

[11] 1957. 11. 26,〈조선민주주의인민공화국 주재 소련대사 푸자노프 일지〉,《북한관계사료집》74, 316~317쪽.

[12] 여정,《붉게 물든 대동강》, 동아일보사, 1991, 86쪽.

[13] 1957. 7. 12,〈조선민주주의인민공화국 주재 소련대사 푸자노프 일지〉,《북한관계사료집》74, 160쪽; 1957. 8. 22,〈조선민주주의인민공화국 주재 소련대사 푸자노프 일지〉,《북한관계사료집》74, 212쪽; 션즈화 지음, 김동길 옮김,《최후의 천조》, 선인, 2017, 499쪽.

[14] 션즈화 지음, 김동길 옮김,《최후의 천조》, 선인, 2017, 498~500쪽.

[15] 고봉기,《조선노동당원의 육필수기》, 시민사회, 1990, 271쪽.

[16] 윤경섭,〈1950년대 북한의 정치갈등 연구〉, 성균관대 사학과 박사학위논문, 2007, 250~252쪽.

[17] 션즈화 지음, 김동길 옮김,《최후의 천조》, 선인, 2017, 503쪽.

[18] 션즈화 지음, 김동길 옮김,《최후의 천조》, 선인, 2017, 504쪽.

[19] 윤경섭,〈1950년대 북한의 정치갈등 연구〉, 성균관대 사학과 박사학위논문, 2007, 256~258쪽.

[20] 션즈화 지음, 김동길 옮김,《최후의 천조》, 선인, 2017, 511쪽; 서동만,《북조선 사회주의체제 성립사, 1945~1961》, 선인, 2005, 576쪽; 고봉기,《조선노동당원의

육필수기》, 시민사회, 1990, 271~272쪽.

21 조선노동당 중앙위원회 전원회의 결정, 1956. 9. 23, 〈최창익·윤공흠·서휘·이필 규·박창옥 동무들에 대한 규율 문제를 개정할 데 관하여〉, 《북한관계사료집》 30, 796쪽.

22 1956. 9. 29, 〈조선노동당 중앙위원회에서〉, 《노동신문》.

23 션즈화 지음, 김동길 옮김, 《최후의 천조》, 선인, 2017, 505~510쪽.

24 1957. 7. 5, "조선민주주의인민공화국 주재 소련대사 A. M. 푸자노프 일지", АВП РФ, ф. 0102, оп. 13, п. 72, д. 5.

7. 김일성 동지께

1 소련 외무성 극동과 과장 I. F. 쿠르듀코프, 1955. 11. 3, 〈쿠르듀코프 일지에서― 소련 주재 조선민주주의인민공화국대사 이상조와의 대담록〉, 《북한관계사료집》 80, 46쪽.

2 소련 외무성 극동과 참사 B. N. 베레샤긴, 1956. 10. 20, 〈베레샤긴 일지에서―소 련 주재 조선민주주의인민공화국대사관 영사부장 김형모와의 대담록〉, 《북한관계 사료집》 80, 133쪽.

3 이하 편지 원문은 이상조, 1956. 10. 11, 〈조선노동당 중앙위원회 위원장 김일성 동 지 앞〉, 《북조선을 만든 고려인 이야기》, 경인문화사, 2006, 269~278쪽. 번역문은 소련 외무성 극동과 참사 B. N. 베레샤긴, 1956. 10. 19, "베레샤긴 일지에서―소 련 주재 조선민주주의인민공화국대사관 영사부장 김형모와의 대담록", АВПРФ, ф. 0102, оп. 12, п. 68, д. 4 참조.

4 이상조, 1956. 10. 11, 〈조선노동당 중앙위원회 위원장 김일성 동지 앞〉, 《북조선을 만든 고려인 이야기》, 경인문화사, 2006, 269~278쪽.

5 이상조, 1956. 10. 1, 〈조선노동당 중앙위원회 앞〉, 《북조선을 만든 고려인 이야 기》, 경인문화사, 2006, 279~313쪽.

6 이상조, 1956. 10. 12, 〈당 중앙위원회 전원회의에 참가한 여러 동지들 앞〉, 《북조 선을 만든 고려인 이야기》, 경인문화사, 2006, 314~331쪽.

8. 강요된 평화

1 1957. 4. 27, 〈조선민주주의인민공화국 주재 소련대사 푸자노프 일지〉,《북한관계사료집》74, 40쪽; 1959. 4. 29, 〈조선민주주의인민공화국 주재 소련대사 푸자노프 일지〉,《북한관계사료집》75, 417쪽; 조선민주주의인민공화국 주재 소련 임시대리대사 V. I. 펠리셴코, 1960. 11. 18, 〈펠리셴코 일지에서―조선민주주의인민공화국 내각 부수상 김광협 동지와의 대담록〉,《북한관계사료집》79, 571쪽.

2 1957. 5. 1, 〈조선민주주의인민공화국 주재 소련대사 푸자노프 일지〉,《북한관계사료집》74, 44쪽.

3 1957. 8. 15, 〈조선민주주의인민공화국 주재 소련대사 푸자노프 일지〉,《북한관계사료집》74, 197쪽.

4 1957. 7. 12, 〈조선민주주의인민공화국 주재 소련대사 푸자노프 일지〉,《북한관계사료집》74, 156~157쪽.

5 1957. 4. 8, 〈조선민주주의인민공화국 주재 소련대사 푸자노프 일지〉,《북한관계사료집》74, 4쪽.

6 1957. 4. 9, 〈조선민주주의인민공화국 주재 소련대사 푸자노프 일지〉,《북한관계사료집》74, 12쪽.

7 1957. 4. 15, 〈조선민주주의인민공화국 주재 소련대사 푸자노프 일지〉,《북한관계사료집》74, 23쪽.

8 조선민주주의인민공화국 주재 소련 임시대리대사 V. I. 펠리셴코, 1957. 2. 3, "소련 외무성 극동과 과장 I. F. 쿠르듀코프 동지에게", АВПРФ, ф. 0102, оп. 13, п. 7, д. 6; 션즈화 지음, 김동길 옮김,《최후의 천조》, 선인, 2017, 511쪽.

9 윤경섭, 〈1950년대 북한의 정치갈등 연구〉, 성균관대 사학과 박사학위논문, 2007, 259쪽; 션즈화 지음, 김동길 옮김,《최후의 천조》, 선인, 2017, 511쪽.

10 조선민주주의인민공화국 주재 소련 임시대사 V. I. 펠리셴코, 1957. 2. 3, "소련 외무성 극동과 과장 I. F. 쿠르듀코프 동지에게", АВПРФ, ф. 0102, оп. 13, п. 7, д. 6.

11 조선민주주의인민공화국 주재 소련대사관 제1서기관 G. E. 삼소노프, 1956. 11. 23, 〈삼소노프 일지에서―조선노동당 평양시당 위원장 이송운과의 대담록〉,《북

한관계사료집》77, 265쪽.

9. 헝가리 사태

[1] 션즈화 지음, 김동길 옮김, 《최후의 천조》, 선인, 2017, 527쪽; 서동만, 《북조선 사회주의체제 성립사, 1945~1961》, 선인, 2005, 559쪽.

[2] 고봉기, 《김일성의 비서실장》, 천마, 1989, 219~220쪽.

[3] 조선민주주의인민공화국 주재 소련대사관 참사 N. M. 쉐스테리코프, 1957. 1. 18, 〈쉐스테리코프 일지에서—조선민주주의인민공화국 주재 헝가리인민공화국대사 카로이 동지와의 대담록〉, 《북한관계사료집》77, 365쪽; 조선민주주의인민공화국 주재 소련대사관 제1서기관 B. K. 피메노프, 1957. 2. 16, 〈피메노프 일지에서—조선민주주의인민공화국 주재 폴란드대사관 무역원 네델스키와의 대담록〉, 《북한관계사료집》77, 431쪽.

[4] 조선민주주의인민공화국 주재 소련대사관 제1서기관 B. K. 피메노프, 1957. 2. 16, 〈피메노프 일지에서—조선민주주의인민공화국 주재 폴란드대사관 무역원 네델스키와의 대담록〉, 《북한관계사료집》77, 430쪽; 조선민주주의인민공화국 주재 소련대사관 제1서기관 G. E. 삼소노프, 1957. 7. 12, 〈삼소노프 일지에서—조선민주주의인민공화국 주재 폴란드대사관 제1서기관 브제진스키 동지와의 대담록〉, 《북한관계사료집》78, 145쪽.

[5] 조선민주주의인민공화국 주재 소련대사관 영사부장 S. O. 세레긴, 1957. 3. 29, 〈세레긴 일지에서—조선민주주의인민공화국 주재 폴란드대사관 무역원 네델스키 보이쩨흐와의 대담록〉, 《북한관계사료집》78, 15~16쪽.

[6] 1957. 4. 19, 〈조선민주주의인민공화국 주재 소련대사 푸자노프 일지〉, 《북한관계사료집》74, 33쪽; 조선민주주의인민공화국 주재 소련대사관 제1서기관 G. E. 삼소노프, 1957. 4. 16, 〈삼소노프 일지에서—조선민주주의인민공화국 주재 체코슬로바키아대사관 3등 서기관 즈데네크 베네슈 동지와의 대담록〉, 《북한관계사료집》78, 37쪽.

[7] 1957. 5. 15, 〈조선민주주의인민공화국 주재 소련대사 푸자노프 일지〉, 《북한관계

사료집》74, 91쪽; 조선민주주의인민공화국 주재 소련대사관 참사 N. M. 쉐스테리코프, 1957. 4. 17, 〈쉐스테리코프 일지에서—조선민주주의인민공화국 외무성 부상 이동건 동지와의 대담록〉,《북한관계사료집》78, 39쪽.

8 1957. 4. 22, 〈조선민주주의인민공화국 주재 소련대사 푸자노프 일지〉,《북한관계사료집》74, 38쪽.

9 조선민주주의인민공화국 주재 소련대사관 제1서기관 B. K. 피메노프, 1958. 1. 10, 〈피메노프 일지에서—조선민주주의인민공화국 주재 폴란드대사관 제1서기관 브제진스키 동지와의 대담록〉,《북한관계사료집》78, 370~371쪽.

10 1959. 7. 9~12, 〈조선민주주의인민공화국 주재 소련대사 푸자노프 일지〉,《북한관계사료집》76, 42쪽; 1959. 7. 14, 〈조선민주주의인민공화국 주재 소련대사 푸자노프 일지〉,《북한관계사료집》76, 44쪽.

11 1959. 11. 30, 〈조선민주주의인민공화국 주재 소련대사 푸자노프 일지〉,《북한관계사료집》76, 151쪽.

12 조선민주주의인민공화국 주재 소련대사관 1등 서기관 P. S. 필리포프, 소련대사관 통역관 V. P. 코발료프, 1957. 2. 15, "조선민주주의인민공화국 교육성 부상 장익환과의 대담록", АВПРФ, ф. 0102, оп. 13, п. 7, д. 6.

13 조선민주주의인민공화국 주재 소련대사관 2등 서기관 E. L. 티토렌코, 1957. 1. 21, 〈티토렌코 일지에서—김일성종합대학 마르크스-레닌주의 원리 강좌장 송군찬 동지와의 대담록〉,《북한관계사료집》77, 376쪽.

14 조선민주주의인민공화국 주재 소련대사관 통역원 V. L. 로자노프, 1957. 1. 20, 〈로자노프 일지에서—조선민주주의인민공화국 주재 헝가리인민공화국 대사관 수행원 L. 카르샤이 동지와의 대담록〉,《북한관계사료집》77, 371~372쪽.

15 조선민주주의인민공화국 주재 소련대사관 제1서기관 G. E. 삼소노프, 1957. 5. 23, 〈삼소노프 일지에서—조선민주주의인민공화국 교육성 부상 장익환과의 대담록〉,《북한관계사료집》78, 94쪽; 조선민주주의인민공화국 주재 소련대사관 2등 서기관 E. L. 티토렌코, 1957. 1. 21, 〈티토렌코 일지에서—김일성종합대학 마르크스-레닌주의 원리 강좌장 송군찬 동지와의 대담록〉,《북한관계사료집》77, 376쪽.

¹⁶ 조선민주주의인민공화국 주재 소련대사관 1등 서기관 P. S. 필리포프, 소련대사관 통역관 V. P. 코발료프, 1957. 2. 15, "조선민주주의인민공화국 교육성 부상 장익환과의 대담록", АВПРФ, ф. 0102, оп. 13, п. 7, д. 6; 조선민주주의인민공화국 주재 소련대사관 2등 서기관 E. L. 티토렌코, 1957. 1. 21, 〈티토렌코 일지에서—김일성종합대학 마르크스-레닌주의 원리 강좌장 송군찬 동지와의 대담록〉, 《북한관계사료집》 77, 376쪽; 조선민주주의인민공화국 주재 소련대사관 제1서기관 G. E. 삼소노프, 1957. 5. 23, 〈삼소노프 일지에서—조선민주주의인민공화국 교육성 부상 장익환과의 대담록〉, 《북한관계사료집》 78, 94쪽.

¹⁷ 조선민주주의인민공화국 주재 소련대사관 통역원 V. L. 로자노프, 1957. 1. 20, 〈로자노프 일지에서—조선민주주의인민공화국 주재 헝가리인민공화국 대사관 수행원 L. 카르샤이 동지와의 대담록〉, 《북한관계사료집》 77, 371쪽.

¹⁸ 조선민주주의인민공화국 주재 소련 임시대리대사 V. I. 펠리센코, 1957. 2. 4, "펠리센코 일지에서—조선민주주의인민공화국 외무성 부상 이동건 동지와의 대담록", АВПРФ, ф. 0102, оп. 13, п. 7, д. 6.

¹⁹ 조선민주주의인민공화국 주재 소련대사관 2등 서기관 E. L. 티토렌코, 1957. 1. 21, 〈티토렌코 일지에서—김일성종합대학 마르크스-레닌주의 원리 강좌장 송군찬 동지와의 대담록〉, 《북한관계사료집》 77, 376쪽; 조선민주주의인민공화국 주재 소련대사관 2등 서기관 E. L. 티토렌코, 1957. 2. 7, 〈티토렌코 일지에서—김일성종합대학 총장 유성훈 동지와의 대담록〉, 《북한관계사료집》 77, 408쪽.

²⁰ 조선민주주의인민공화국 주재 소련 임시대리대사 V. I. 펠리센코, 1957. 1. 30, 〈펠리센코 일지에서—김일성 동지와의 대담록〉, 《북한관계사료집》 77, 414쪽.

²¹ 조선민주주의인민공화국 주재 소련대사관 참사 V. I. 펠리센코, 1957. 8. 27, "펠리센코 일지에서—조선민주주의인민공화국 외무성 제1과장 박길룡 동지와의 대담록", АВПРФ, ф. 0102, оп. 13, п. 7, д. 6.

²² 조선민주주의인민공화국 주재 소련 임시대리대사 V. I. 펠리센코, 1957. 1. 30, 〈펠리센코 일지에서—김일성 동지와의 대담록〉, 《북한관계사료집》 77, 414~415쪽.

²³ 조선민주주의인민공화국 주재 소련대사관 제1서기관 G. E. 삼소노프, 1957. 5. 23,

"삼소노프 일지에서—조선민주주의인민공화국 교육성 부상 장익환 동지와의 대담록", АВПРФ, ф. 0102, оп. 13, п. 7, д. 6.

24 조선민주주의인민공화국 주재 소련대사관 참사 N. M. 쉐스테리코프, 1957. 12. 11, 〈쉐스테리코프 일지에서—조선노동당 중앙위원회 대남연락부 부부장 장성진 동지와의 대담록〉, 《북한관계사료집》 78, 340~341쪽.

25 조선민주주의인민공화국 주재 소련대사관 참사 N. M. 쉐스테리코프, 1957. 1. 23, 〈쉐스테리코프 일지에서—조선노동당 중앙위원회 대남연락부 부부장 장성진 동지와의 대담록〉, 《북한관계사료집》 77, 391~393쪽.

26 1957. 4. 9, "조선민주주의인민공화국 주재 소련대사 A. M. 푸자노프 일지", АВПРФ, ф. 0102, оп. 13, п. 72, д. 5; 조선민주주의인민공화국 주재 소련대사관 참사 N. M. 쉐스테리코프, 1957. 1. 23, 〈쉐스테리코프 일지에서—조선노동당 중앙위원회 대남연락부 부부장 장성진 동지와의 대담록〉, 《북한관계사료집》 77, 393쪽.

27 선양瀋陽 주재 소련 총영사 A. 엘리자베틴, 1957. 1. 15, 〈선양 주재 조선민주주의 인민공화국 총영사 이찬 동지와의 대담록〉, 《북한관계사료집》 77, 310~311쪽; 조선민주주의인민공화국 주재 소련대사관 제1서기관 G. E. 삼소노프, 1957. 5. 9, 〈삼소노프 일지에서—조선노동당 중앙위원회 산업부장 고희만과의 대담록〉, 《북한관계사료집》 78, 71쪽; 조선민주주의인민공화국 주재 소련대사관 2등 서기관 E. L. 티토렌코, 1957. 1. 14, 〈티토렌코 일지에서—조선노동당 중앙위원회 대남연락부 부부장 장성진 동지와의 대담록〉, 《북한관계사료집》 77, 345쪽.

28 1956. 11. 14, 〈반혁명을 타승한 웽그리야 인민에게 열렬한 축하와 지지를 보낸다〉, 《노동신문》.

29 1957. 4. 9, 〈조선민주주의인민공화국 주재 소련대사 푸자노프 일지〉, 《북한관계사료집》 74, 12쪽.

30 션즈화 지음, 김동길 옮김, 《최후의 천조》, 선인, 2017, 512쪽.

31 임은, 《김일성정전》, 옥촌문화사, 1989, 282쪽.

10. 평양의 봄

1 조선민주주의인민공화국 주재 소련대사관 제1서기관 G. E. 삼소노프, 1957. 5. 23, "삼소노프 일지에서—조선민주주의인민공화국 교육성 부상 장익환 동지와의 대담록", АВПРФ, ф. 0102, оп. 13, п. 7, д. 6.

2 조선민주주의인민공화국 주재 소련대사관 제1서기관 G. E. 삼소노프, 1957. 5. 23, "삼소노프 일지에서—조선민주주의인민공화국 교육성 부상 장익환 동지와의 대담록", АВПРФ, ф. 0102, оп. 13, п. 7, д. 6; 조선민주주의인민공화국 주재 소련대사관 2등 서기관 E. L. 티토렌코, 1957. 2. 7, 〈티토렌코 일지에서—김일성종합대학 총장 유성훈 동지와의 대담록〉, 《북한관계사료집》 77, 407쪽.

3 조선민주주의인민공화국 주재 소련대사관 2등 서기관 E. L. 티토렌코, 1957. 4. 4, "티토렌코 일지에서—김일성종합대학 총장 유성훈 동지와의 대담록", АВПРФ, ф. 0102, оп. 13, п. 7, д. 6.

4 조선민주주의인민공화국 주재 소련대사관 2등 서기관 E. L. 티토렌코, 1957. 5. 17, 〈티토렌코 일지에서—김일성종합대학 조선노동당 투쟁 강좌장 김선홍 동지, 러시아어 강좌장 이시영 동지와의 대담록〉, 《북한관계사료집》 78, 53쪽.

5 조선민주주의인민공화국 주재 소련대사관 제1서기관 G. E. 삼소노프, 1957. 5. 23, 〈삼소노프 일지에서—조선민주주의인민공화국 교육성 부상 장익환과의 대담록〉, 《북한관계사료집》 78, 93쪽.

6 조선민주주의인민공화국 주재 소련대사관 2등 서기관 E. L. 티토렌코, 1957. 2. 7, 〈티토렌코 일지에서—김일성종합대학 총장 유성훈 동지와의 대담록〉, 《북한관계사료집》 77, 407쪽.

7 여정, 《붉게 물든 대동강》, 동아일보사, 1991, 78~79쪽.

8 조선민주주의인민공화국 주재 소련대사관 2등 서기관 E. L. 티토렌코, 1956. 11. 6, 〈티토렌코 일지에서—김일성종합대학 정치경제학 강좌 교원 반용설 동지와의 대담록〉, 《북한관계사료집》 77, 248쪽.

9 조선민주주의인민공화국 주재 소련대사관 2등 서기관 E. L. 티토렌코, 1957. 4. 13, 〈티토렌코 일지에서—김일성종합대학 총장 유성훈 동지와의 대담록〉, 《북한

관계사료집》78, 25~26쪽.

10 조선민주주의인민공화국 주재 소련대사관 제1서기관 G. E. 삼소노프, 1957. 5. 23, "삼소노프 일지에서—조선민주주의인민공화국 교육성 부상 장익환 동지와의 대담록", АВПРФ, ф. 0102, оп. 13, п. 7, д. 6.

11 조선민주주의인민공화국 주재 소련대사관 제1서기관 G. E. 삼소노프, 1957. 5. 23, 〈삼소노프 일지에서—조선민주주의인민공화국 교육성 부상 장익환과의 대담록〉, 《북한관계사료집》78, 92쪽.

12 조선민주주의인민공화국 주재 소련대사관 제1서기관 G. E. 삼소노프, 1957. 5. 21, "삼소노프 일지에서—조선노동당 중앙위원회 과학 및 학교 교육부 부장 하앙천 동지와의 대담록", АВПРФ, ф. 0102, оп. 13, п. 7, д. 6.

13 조선민주주의인민공화국 주재 소련대사관 제1서기관 G. E. 삼소노프, 1957. 5. 23, 〈삼소노프 일지에서—조선민주주의인민공화국 교육성 부상 장익환과의 대담록〉, 《북한관계사료집》78, 92쪽.

14 조선민주주의인민공화국 주재 소련대사관 제1서기관 G. E. 삼소노프, 1957. 5. 23, "삼소노프 일지에서—조선민주주의인민공화국 교육성 부상 장익환 동지와의 대담록", АВПРФ, ф. 0102, оп. 13, п. 7, д. 6.

15 고봉기, 《조선노동당원의 육필수기》, 시민사회, 1990, 111~112쪽.

16 조선민주주의인민공화국 주재 소련대사관 제1서기관 G. E. 삼소노프, 1957. 5. 23, 〈삼소노프 일지에서—조선민주주의인민공화국 교육성 부상 장익환과의 대담록〉, 《북한관계사료집》78, 91~92쪽.

17 김재웅, 《북한체제의 기원—인민 위의 계급, 계급 위의 국가》, 역사비평사, 2018, 296~298쪽.

18 송예정, 1956. 11, 〈공화국 북반부에서의 사회-경제적 발전의 역사적 제 조건과 맑스-레닌주의 이론의 몇 가지 명제들에 대하여〉, 《인민》 1956년 제11호, 103~123쪽.

19 이석채, 1957. 1, 〈"공화국 북반부에서의 사회-경제적 발전의 역사적 제 조건과 맑스-레닌주의 이론의 몇 가지 명제들에 대하여"(《인민》1956. 11)에 대한 몇 가지 의

견), 《근로자》 1957년 1월호, 69~81쪽.

[20] 조선민주주의인민공화국 주재 소련대사관 제1서기관 G. E. 삼소노프, 1957. 5. 21, "삼소노프 일지에서―조선노동당 중앙위원회 과학 및 학교 교육부 부장 하앙천 동지와의 대담록", АВПРФ, ф. 0102, оп. 13, п. 7, д. 6.

[21] 조선민주주의인민공화국 주재 소련대사관 제1서기관 G. E. 삼소노프, 1957. 7. 31, 〈삼소노프 일지에서―조선노동당 중앙위원회 선전선동부장 이일경 동지와의 대담록〉, 《북한관계사료집》 78, 151쪽.

[22] 조선민주주의인민공화국 주재 소련대사관 제1서기관 G. E. 삼소노프, 1957. 5. 21, 〈삼소노프 일지에서―조선노동당 중앙위원회 과학 및 학교 교육부 부장 하앙천 동지와의 대담록〉, 《북한관계사료집》 78, 88쪽; 션즈화 지음, 김동길 옮김, 《최후의 천조》, 선인, 2017, 512~513쪽.

[23] 조선민주주의인민공화국 주재 소련대사관 제1서기관 G. E. 삼소노프, 1957. 5. 23, 〈삼소노프 일지에서―조선민주주의인민공화국 교육성 부상 장익환과의 대담록〉, 《북한관계사료집》 78, 93~94쪽.

[24] 조선민주주의인민공화국 주재 소련대사관 2등 서기관 E. L. 티토렌코, 1957. 4. 4, "티토렌코 일지에서―김일성종합대학 총장 유성훈 동지와의 대담록", АВПРФ, ф. 0102, оп. 13, п. 7, д. 6.

[25] 조선민주주의인민공화국 주재 소련대사관 제1서기관 B. K. 피메노프, 1957. 9. 8, 〈피메노프 일지에서―조선민주주의인민공화국 인민경제대학 교원 안운경(전 외무성 1국장)과의 대담록〉, 《북한관계사료집》 78, 199~200쪽.

[26] 조선민주주의인민공화국 주재 소련대사관 제1서기관 G. E. 삼소노프, 1957. 5. 21, "삼소노프 일지에서―조선노동당 중앙위원회 과학 및 학교 교육부 부장 하앙천 동지와의 대담록", АВПРФ, ф. 0102, оп. 13, п. 7, д. 6.

4부 공멸의 길

1. 반격

[1] 니키타 세르게예비치 흐루쇼프 지음, 박상철 옮김, 《개인숭배와 그 결과들에 대하여》, 책세상, 2006, 120~121쪽; 백준기, 1999, 〈정전 후 1950년대 북한의 정치 변동과 권력 재편〉, 《현대북한연구》 2권 2호, 54~55쪽.

[2] 1957. 7. 3, 〈조선민주주의인민공화국 주재 소련대사 푸자노프 일지〉, 《북한관계사료집》 74, 145쪽.

[3] 서동만, 《북조선 사회주의체제 성립사, 1945~1961》, 선인, 2005, 582쪽.

[4] 1957. 7. 5, 〈쏘련공산당 중앙위원회 전원회의의 결정—말렌꼬브, 까가노비치, 몰로또브의 반당 그루빠에 관하여〉, 《노동신문》.

[5] 조선민주주의인민공화국 주재 소련대사관 제1 서기관 B. K. 피메노프, 1957. 11. 28, 〈피메노프 일지에서—조선민주주의인민공화국 외무성 제1국장 박길룡과의 대담록〉, 《북한관계사료집》 78, 324~325쪽; 백준기, 1999, 〈정전 후 1950년대 북한의 정치 변동과 권력 재편〉, 《현대북한연구》 2권 2호, 50쪽.

[6] 1957. 4. 24, 〈사설, 제3차 당대회가 가리킨 길을 따라 더욱 힘차게 앞으로!〉, 《노동신문》; 조선민주주의인민공화국 주재 소련대사관 제1 서기관 G. E. 삼소노프, 1957. 4. 25, 〈삼소노프 일지에서—조선노동당 중앙위원회 조직부장 한상두와의 대담록〉, 《북한관계사료집》 78, 45쪽.

[7] 조선민주주의인민공화국 주재 소련대사관 2등 서기관 V. K. 리시코프, 1957. 4. 8, 〈리시코프 일지에서—조선직업총동맹 중앙위원회 생산군중부장 박삼윤과의 대담록〉, 《북한관계사료집》 78, 32~33쪽 ; 조선민주주의인민공화국 주재 소련대사관 2등 서기관 V. K. 리시코프, 1957. 3. 9, 〈리시코프 일지에서—조선직업총동맹 중앙위원회 국제부장 윤완희와의 대담록〉, 《북한관계사료집》 77, 448쪽.

[8] 1957. 7. 12, 〈조선민주주의인민공화국 주재 소련대사 푸자노프 일지〉, 《북한관계사료집》 74, 157~158쪽.

[9] 조선민주주의인민공화국 주재 소련대사관 2등 서기관 V. K. 리시코프, 1957. 10.

2, 〈리시코프 일지에서―조선직업총동맹 중앙위원회 생산대중부 부부장 김기옥 동지와의 대담록〉,《북한관계사료집》78, 235쪽.

10 1957. 7. 5, 〈조선민주주의인민공화국 주재 소련대사 푸자노프 일지〉,《북한관계사료집》74, 146~147쪽.

11 1957. 8. 6, 〈사설, 당의 사상 의지의 강철 같은 통일을 위하여〉,《노동신문》.

12 1957. 8. 5, 〈조선민주주의인민공화국 주재 소련대사 푸자노프 일지〉,《북한관계사료집》74, 180~181쪽.

13 1957. 10. 22, "조선민주주의인민공화국 당정 대표단과의 대담에 부쳐", АВПРФ, ф. 0102, оп. 13, п. 72, д. 11.

14 조선민주주의인민공화국 주재 소련대사관 제1서기관 G. E. 삼소노프, 1957. 7. 8, 〈삼소노프 일지에서―조선민주주의인민공화국 외무성 참사 전동혁과의 대담록〉, 《북한관계사료집》78, 134쪽.

15 조선민주주의인민공화국 주재 소련대사관 참사 V. I. 펠리셴코, 1957. 10, "펠리셴코 일지에서―조선민주주의인민공화국 외무상 남일 동지와의 대담록", АВПРФ, ф. 0102, оп. 13, п. 7, д. 6.

16 1957. 8. 6, 〈교원 인텔리들을 당의 의지, 당의 사상으로 철저히 교양하자―당 중앙위원회 집중 지도사업을 총화하는 김일성종합대학당 총회에서〉,《노동신문》; 션즈화 지음, 김동길 옮김,《최후의 천조》, 선인, 2017, 542쪽.

17 1957. 9. 29, 〈조선민주주의인민공화국 주재 소련대사 푸자노프 일지〉,《북한관계사료집》74, 246쪽.

18 1957. 10. 1, "조선민주주의인민공화국 주재 소련대사 A. M. 푸자노프 일지", АВПРФ, ф. 0102, оп. 13, п. 72, д. 5.

19 션즈화 지음, 김동길 옮김,《최후의 천조》, 선인, 2017, 543쪽.

20 1957. 12. 4, 〈조선민주주의인민공화국 주재 소련대사 푸자노프 일지〉,《북한관계사료집》74, 325쪽.

21 백준기, 1999, 〈정전 후 1950년대 북한의 정치 변동과 권력 재편〉,《현대북한연구》2권 2호, 55~56쪽.

[22] 1957. 12. 17, 〈조선민주주의인민공화국 주재 소련대사 푸자노프 일지〉,《북한관계
사료집》75, 11~12쪽.

[23] 1958. 3. 17, 〈조선민주주의인민공화국 주재 소련대사 푸자노프 일지〉,《북한관계
사료집》75, 63쪽.

[24] 여정,《붉게 물든 대동강》, 동아일보사, 1991, 90쪽.

[25] 북조선 주재 소련 민정국장 N. 레베데프, 1948. 12. 25, 〈조선민주주의인민공화국
문화선전상 허정숙 평정서〉, ЦАМО, ф. 142, оп. 540936, д. 1, лл. 42-44(이재훈,
《러시아문서 번역집》XXXII, 선인, 2018, 380~381쪽).

[26] 김학철,《최후의 분대장》, 문학과지성사, 1995, 319쪽; 여정,《붉게 물든 대동강》,
동아일보사, 1991, 90쪽.

[27] 김학철,《최후의 분대장》, 문학과지성사, 1995, 318~319쪽; 1948. 5. 5, 〈레베데프
비망록〉(1994. 11. 24,《중앙일보》).

[28] 김석형 구술, 이향규 녹취·정리,《나는 조선노동당원이오!》, 선인, 2001, 374~375
쪽.

[29] 1953. 8. 13, 〈조선민주주의인민공화국 주재 소련 임시대리대사 수즈달례프 일지〉,
《북한관계사료집》73, 57쪽; 1953. 8. 19, 〈조선민주주의인민공화국 주재 소련 임
시대리대사 수즈달례프 일지〉,《북한관계사료집》73, 62쪽.

[30] 1955. 11. 3, 〈조선민주주의인민공화국 주재 소련대사 이바노프 일지〉,《북한관계
사료집》73, 330~331쪽.

[31] 1956. 3. 27, 〈조선민주주의인민공화국 주재 소련대사 이바노프 일지〉,《북한관계
사료집》73, 394쪽.

[32] 1958. 9. 9, 〈조선민주주의인민공화국 주재 소련대사 푸자노프 일지〉,《북한관계사
료집》75, 192쪽.

[33] 1958. 10. 6, 〈조선민주주의인민공화국 주재 소련대사 푸자노프 일지〉,《북한관계
사료집》75, 250쪽.

[34] 1958. 11. 23, 〈조선민주주의인민공화국 주재 소련대사 푸자노프 일지〉,《북한관계
사료집》75, 309쪽.

35 국사편찬위원회·독립기념관, 《러시아국립사회정치사문서보관소 소장 북한 인물
자료》I, 역사비평사, 2020, 310쪽.

36 1959. 1. 9, 〈조선민주주의인민공화국 주재 소련대사 푸자노프 일지〉, 《북한관계사료집》75, 343~345쪽; 션즈화 지음, 김동길 옮김, 《최후의 천조》, 선인, 2017, 585쪽.

37 N. E. 토르벤코프, 1960. 6. 1, 〈토르벤코프 일지에서—조선민주주의인민공화국 외무성 참사 박덕환과의 대담록〉, 《북한관계사료집》79, 503쪽.

2. 이상조

1 소련 외무성 극동과 과장 I. F. 쿠르듀코프, 1956. 11. 28, 〈쿠르듀코프 일지에서—소련 주재 조선민주주의인민공화국대사 이상조와의 대담록〉, 《북한관계사료집》80, 153~155쪽.

2 조선민주주의인민공화국 주재 소련 임시대리대사 V. I. 펠리셴코, 1957. 1. 4, 〈펠리셴코 일지에서—조선민주주의인민공화국 외무상 남일 동지와의 대담록〉, 《북한관계사료집》77, 320쪽.

3 조선민주주의인민공화국 주재 소련 임시대리대사 V. I. 펠리셴코, 1957. 1. 30, 〈펠리셴코 일지에서—김일성 동지와의 대담록〉, 《북한관계사료집》77, 413~414쪽.

4 1957. 4. 29, 〈조선민주주의인민공화국 주재 소련대사 푸자노프 일지〉, 《북한관계사료집》74, 41쪽.

5 조선민주주의인민공화국 주재 소련 임시대리대사 V. I. 펠리셴코, 1957. 1. 4, 〈펠리셴코 일지에서—조선민주주의인민공화국 외무상 남일 동지와의 대담록〉, 《북한관계사료집》77, 321쪽; 고봉기, 《조선노동당원의 육필수기》, 시민사회, 1990, 116쪽.

6 조선민주주의인민공화국 주재 소련 임시대리대사 V. I. 펠리셴코, 1957. 1. 8, 〈펠리셴코 일지에서—조선민주주의인민공화국 외무성 부상 이동건 동지와의 대담록〉, 《북한관계사료집》77, 329~330쪽.

7 조선민주주의인민공화국 주재 소련 임시대리대사 V. I. 펠리셴코, 1957. 3. 9, 〈펠리셴코 일지에서—조선민주주의인민공화국 외무상 남일 동지와의 대담록〉, 《북

한관계사료집》77, 445쪽.

8 조선민주주의인민공화국 주재 소련대사관 참사 N. M. 쉐스테리코프, 1957. 10. 4, 〈쉐스테리코프 일지에서―조선민주주의인민공화국 외무성 제1국장 박길룡과의 대담록〉,《북한관계사료집》78, 246쪽.

9 1957. 10. 2, 〈조선민주주의인민공화국 주재 소련대사 푸자노프 일지〉,《북한관계사료집》74, 253~254쪽.

10 조선민주주의인민공화국 주재 소련대사관 참사 V. I. 펠리셴코, 1957. 10. 9, 〈펠리셴코 일지에서―조선민주주의인민공화국 외무상 남일 동지와의 대담록〉,《북한관계사료집》78, 258쪽.

11 1957. 10. 8~11, 〈조선민주주의인민공화국 주재 소련대사 푸자노프 일지〉,《북한관계사료집》74, 260쪽.

12 1957. 10. 19, 〈조선민주주의인민공화국 주재 소련대사 푸자노프 일지〉,《북한관계사료집》74, 279쪽; 조선민주주의인민공화국 주재 소련대사관 제1서기관 B. K. 피메노프, 1957. 10. 24, 〈피메노프 일지에서―조선노동당 중앙위원회 산업부장 고희만과의 대담록〉,《북한관계사료집》78, 292~293쪽.

13 1957. 10. 24, 〈조선민주주의인민공화국 주재 소련대사 푸자노프 일지〉,《북한관계사료집》74, 296쪽.

14 1957. 10. 22, "조선민주주의인민공화국 당정 대표단과의 대담에 부쳐", АВПРФ, ф. 0102, оп. 13, п. 72, д. 11.

15 조선민주주의인민공화국 주재 소련 임시대리대사 V. I. 펠리셴코, 1957. 1. 30, 〈펠리셴코 일지에서―김일성 동지와의 대담록〉,《북한관계사료집》77, 413쪽.

16 조선민주주의인민공화국 주재 소련대사 A. M. 푸자노프, 1958. 2. 5, 〈푸자노프 일지에서―조선민주주의인민공화국 외무성 제1부상 이동건 동지와의 대담록〉,《북한관계사료집》78, 415쪽.

17 조선민주주의인민공화국 주재 소련대사관 제1서기관 B. K. 피메노프, 1958. 10. 2, 〈피메노프 일지에서―조선노동당 중앙위원회 선전선동부장 김도만 동지와의 대담록〉,《북한관계사료집》79, 301쪽.

18 조선민주주의인민공화국 주재 소련대사 A. M. 푸자노프, 1958. 2. 5, 〈푸자노프 일지에서―조선민주주의인민공화국 외무성 제1부상 이동건 동지와의 대담록〉, 《북한관계사료집》78, 416쪽.

3. 김승화

1 소련 외무성 극동과 제1서기관 S. P. 라자레프, 1956. 9. 18, 〈라자레프 일지에서―조선민주주의인민공화국 최고인민회의 대의원 고희만과의 대담록〉, 《북한관계사료집》80, 129쪽.

2 1957. 9. 29, 〈조선민주주의인민공화국 주재 소련대사 푸자노프 일지〉, 《북한관계사료집》74, 246~247쪽.

3 조선민주주의인민공화국 주재 소련대사관 참사 V. I. 펠리셴코, 1957. 9. 28, 〈펠리셴코 일지에서―조선노동당 중앙위원회 산업부장 고희만 동지와의 대담록〉, 《북한관계사료집》78, 237쪽.

4 1957. 7. 12, 〈조선민주주의인민공화국 주재 소련대사 푸자노프 일지〉, 《북한관계사료집》74, 160쪽.

5 1957. 12. 13, 〈조선민주주의인민공화국 주재 소련대사 푸자노프 일지〉, 《북한관계사료집》74, 341쪽.

6 조선민주주의인민공화국 주재 소련대사관 제1서기관 B. K. 피메노프, 1957. 10. 26, 〈피메노프 일지에서―조선민주주의인민공화국 외무성 제1국장 박길룡과의 대담록〉, 《북한관계사료집》78, 289~290쪽.

7 1957. 10. 22, 〈조선민주주의인민공화국 주재 소련대사 푸자노프 일지〉, 《북한관계사료집》74, 283~284쪽.

8 김시중, 1958. 2. 6, 〈조선 인민의 민족해방투쟁 역사의 올바른 이해를 위하여〉, 《노동신문》.

9 조선민주주의인민공화국 주재 소련대사관 제1서기관 B. K. 피메노프, 1958. 2. 10, 〈피메노프 일지에서―조선민주주의인민공화국 외무성 제1국장 박길룡과의 대담록〉, 《북한관계사료집》78, 431쪽.

[10] 션즈화 지음, 김동길 옮김, 《최후의 천조》, 선인, 2017, 513쪽.

4. 김두봉

[1] 1957. 4. 9, 〈조선민주주의인민공화국 주재 소련대사 푸자노프 일지〉, 《북한관계사료집》 74, 12쪽.

[2] 1957. 5. 27, 〈조선민주주의인민공화국 주재 소련대사 푸자노프 일지〉, 《북한관계사료집》 74, 107쪽; 조선민주주의인민공화국 주재 소련 임시대리대사 V. I. 펠리센코, 1956. 12. 28, 〈펠리센코 일지에서—조선민주주의인민공화국 최고인민회의 상임위원회 위원장 김두봉과의 대담록〉, 《북한관계사료집》 77, 307쪽.

[3] 소련 외무성 극동과 제1서기관 S. P. 라자레프, 1956. 9. 18, 〈라자레프 일지에서—조선민주주의인민공화국 최고인민회의 대의원 고희만과의 대담록〉, 《북한관계사료집》 80, 129~130쪽.

[4] 1957. 7. 12, 〈조선민주주의인민공화국 주재 소련대사 푸자노프 일지〉, 《북한관계사료집》 74, 157쪽.

[5] 1957. 7. 29, "조선민주주의인민공화국 주재 소련대사 A. M. 푸자노프 일지", AB ПРФ, ф. 0102, оп. 13, п. 72, д. 5.

[6] 1957. 9. 3, 〈조선민주주의인민공화국 주재 소련대사 푸자노프 일지〉, 《북한관계사료집》 74, 229쪽.

[7] 조선민주주의인민공화국 주재 소련대사관 3등 서기관 Yu. I. 오그네프, 1957. 11. 26, 〈오그네프 일지에서—조선민주주의인민공화국 외무성 제4국장 박기영 동지와의 대담록〉, 《북한관계사료집》 78, 319쪽.

[8] 조선민주주의인민공화국 주재 소련대사관 참사 V. I. 펠리센코, 1957. 9. 16, 〈펠리센코 일지에서—조선민주주의인민공화국 외무상 남일 동지와의 대담록〉, 《북한관계사료집》 78, 211쪽.

[9] 1957. 10. 1, 〈조선민주주의인민공화국 주재 소련대사 푸자노프 일지〉, 《북한관계사료집》 74, 250쪽.

[10] 1957. 9. 30, 〈조선민주주의인민공화국 주재 소련대사 푸자노프 일지〉, 《북한관계

사료집》74, 248쪽.

11 조선민주주의인민공화국 주재 소련대사관 참사 V. I. 펠리셴코, 1957. 10. 9, 〈펠리셴코 일지에서―조선민주주의인민공화국 외무상 남일 동지와의 대담록〉, 《북한관계사료집》78, 258쪽.

12 1957. 10. 25, 〈조선민주주의인민공화국 주재 소련대사 푸자노프 일지〉, 《북한관계사료집》74, 300~301쪽.

13 1957. 10. 28, 〈조선민주주의인민공화국 주재 소련대사 푸자노프 일지〉, 《북한관계사료집》74, 305~306쪽.

14 1957. 12. 7, 〈조선민주주의인민공화국 주재 소련대사 푸자노프 일지〉, 《북한관계사료집》74, 327쪽.

15 1957. 12. 17, "조선민주주의인민공화국 주재 소련대사 A. M. 푸자노프 일지", АВПРФ, ф. 0102, оп. 14, п. 75, д. 6; 여정, 《붉게 물든 대동강》, 동아일보사, 1991, 89쪽.

16 1958. 2. 17, 〈조선민주주의인민공화국 주재 소련대사 푸자노프 일지〉, 《북한관계사료집》75, 29쪽.

17 1958. 2. 20, 〈조선민주주의인민공화국 주재 소련대사 푸자노프 일지〉, 《북한관계사료집》75, 34쪽.

18 1958. 3. 11, 〈조선민주주의인민공화국 주재 소련대사 푸자노프 일지〉, 《북한관계사료집》75, 55쪽.

19 조선민주주의인민공화국 주재 소련대사관 제1서기관 P. S. 필립포프, 1958. 3. 6, 〈필립포프 일지에서―조선민주주의인민공화국 농업성 부상 김재욱 동지와의 대담록〉, 《북한관계사료집》79, 18쪽.

20 김학철, 《최후의 분대장》, 문학과지성사, 1995, 354~355쪽.

21 1958. 6. 18, 〈조선민주주의인민공화국 주재 소련대사 푸자노프 일지〉, 《북한관계사료집》75, 166쪽; 1958. 9. 9, 〈조선민주주의인민공화국 주재 소련대사 푸자노프 일지〉, 《북한관계사료집》75, 192쪽.

22 김진계, 《조국》(상), 현장문학사, 1990, 259~260쪽.

²³ 김진계,《조국》(하), 현장문학사, 1990, 25~26쪽.

5. 박의완

¹ 1957. 7. 12, 〈조선민주주의인민공화국 주재 소련대사 푸자노프 일지〉,《북한관계 사료집》74, 160쪽.

² 1957. 9. 3, 〈조선민주주의인민공화국 주재 소련대사 푸자노프 일지〉,《북한관계사 료집》74, 233~234쪽.

³ 1957. 9. 4, 〈조선민주주의인민공화국 주재 소련대사 푸자노프 일지〉,《북한관계사 료집》74, 237~238쪽.

⁴ 1957. 7. 12, "조선민주주의인민공화국 주재 소련대사 A. M. 푸자노프 일지", AB ΠΡΦ, ф. 0102, оп. 13, п. 72, д. 5.

⁵ 1957. 8. 22, 〈조선민주주의인민공화국 주재 소련대사 푸자노프 일지〉,《북한관계 사료집》74, 212~215쪽.

⁶ 1957. 9. 3, 〈조선민주주의인민공화국 주재 소련대사 푸자노프 일지〉,《북한관계사 료집》74, 232~233쪽.

⁷ 1957. 9. 3, 〈조선민주주의인민공화국 주재 소련대사 푸자노프 일지〉,《북한관계사 료집》74, 234~235쪽.

⁸ 1957. 9. 29, 〈조선민주주의인민공화국 주재 소련대사 푸자노프 일지〉,《북한관계 사료집》74, 246쪽.

⁹ 1957. 9. 4, 〈조선민주주의인민공화국 주재 소련대사 푸자노프 일지〉,《북한관계사 료집》74, 237~238쪽.

¹⁰ 1957. 9. 9, 〈조선민주주의인민공화국 주재 소련대사 푸자노프 일지〉,《북한관계사 료집》74, 244쪽.

¹¹ 1957. 9. 3, 〈조선민주주의인민공화국 주재 소련대사 푸자노프 일지〉,《북한관계사 료집》74, 232~233쪽.

¹² 조선민주주의인민공화국 주재 소련대사관 참사 V. I. 펠리셴코, 1957. 9. 28, 〈펠리 셴코 일지에서―조선노동당 중앙위원회 산업부장 고희만 동지와의 대담록〉,《북

한관계사료집》78, 236~237쪽; 1957. 9. 29, 〈조선민주주의인민공화국 주재 소련
대사 푸자노프 일지〉,《북한관계사료집》74, 245~246쪽.

13 조선민주주의인민공화국 주재 소련대사관 제1서기관 B. K. 피메노프, 1957. 10.
    24, 〈피메노프 일지에서─조선노동당 중앙위원회 산업부장 고희만과의 대담록〉,
    《북한관계사료집》78, 291~292쪽.

14 1957. 10. 19, 〈조선민주주의인민공화국 주재 소련대사 푸자노프 일지〉,《북한관계
    사료집》74, 278쪽.

15 1957. 11. 28, 〈조선민주주의인민공화국 주재 소련대사 푸자노프 일지〉,《북한관계
    사료집》74, 320쪽.

16 1957. 12. 7, 〈조선민주주의인민공화국 주재 소련대사 푸자노프 일지〉,《북한관계
    사료집》74, 327쪽.

17 1957. 12. 19, 〈조선민주주의인민공화국 주재 소련대사 푸자노프 일지〉,《북한관계
    사료집》75, 17~18쪽.

18 1957. 12. 17, 〈조선민주주의인민공화국 주재 소련대사 푸자노프 일지〉,《북한관계
    사료집》75, 12~13쪽.

19 조선민주주의인민공화국 주재 소련 임시대리대사 V. I. 펠리셴코, 1958. 1. 4, 〈펠
    리셴코 일지에서─조선민주주의인민공화국 외무상 남일 동지와의 대담록〉,《북한
    관계사료집》78, 358~359쪽.

20 조선민주주의인민공화국 주재 소련대사관 제1서기관 P. S. 필립포프, 1958. 3. 6,
    〈필립포프 일지에서─조선민주주의인민공화국 농업성 부상 김재욱 동지와의 대
    담록〉,《북한관계사료집》79, 18쪽; 1958. 3. 11, 〈조선민주주의인민공화국 주재
    소련대사 푸자노프 일지〉,《북한관계사료집》75, 55쪽.

21 1958. 6. 11, 〈조선민주주의인민공화국 주재 소련대사 푸자노프 일지〉,《북한관계
    사료집》75, 166쪽.

22 1958. 9. 9, 〈조선민주주의인민공화국 주재 소련대사 푸자노프 일지〉,《북한관계사
    료집》75, 192~193쪽.

23 1958. 11. 23, 〈조선민주주의인민공화국 주재 소련대사 푸자노프 일지〉,《북한관계

사료집》75, 309쪽.

24 1959. 2. 28, 〈조선민주주의인민공화국 주재 소련대사 푸자노프 일지〉,《북한관계
사료집》75, 370쪽.

6. 음모의 시나리오 "8월 종파사건" 탄생

1 1958. 3. 17, 〈조선민주주의인민공화국 주재 소련대사 푸자노프 일지〉,《북한관계
사료집》75, 70~71쪽.

2 프라브다 기자 R. G. 오쿨로프와 타스통신 기자 G. B. 바실예프, 1957. 2. 3, 〈조선
민주주의인민공화국 체신성 부상 신천택과의 대담록〉,《북한관계사료집》77,
419~420쪽.

3 1957. 8. 19, 〈조선민주주의인민공화국 주재 소련대사 푸자노프 일지〉,《북한관계
사료집》74, 203쪽.

4 백준기, 〈1950년대 북한의 권력 갈등의 배경과 소련〉,《1950년대 남북한의 선택과
굴절》, 역사비평사, 1998, 57쪽.

5 1957. 5. 12, 〈조선민주주의인민공화국 주재 소련대사 푸자노프 일지〉,《북한관계
사료집》74, 76~77쪽; 1957. 8. 5, 〈조선민주주의인민공화국 주재 소련대사 푸자
노프 일지〉,《북한관계사료집》74, 181쪽.

6 조선민주주의인민공화국 주재 소련대사관 제1서기관 G. E. 삼소노프, 1956. 11.
23, 〈삼소노프 일지에서—조선노동당 평양시당 위원회 위원장 이송운과의 대담
록〉,《북한관계사료집》77, 265~266쪽.

7 1957. 8. 19, 〈조선민주주의인민공화국 주재 소련대사 푸자노프 일지〉,《북한관계
사료집》74, 203~204쪽.

8 조선노동당 중앙위원회 8월 전원회의 결정, 1956. 8. 30~31, 〈최창익·윤공흠·서
휘·이필규·박창옥 등 동무들의 종파적 음모 행위에 대하여〉,《북한관계사료집》
30, 785쪽; 김정기,《밀파》, 대영사, 1967, 193~194쪽.

9 임은,《김일성정전》, 옥촌문화사, 1989, 297쪽.

10 션즈화 지음, 김동길 옮김,《최후의 천조》, 선인, 2017, 584쪽.

[11] 여정, 《붉게 물든 대동강》, 동아일보사, 1991, 133쪽.

[12] 1958. 6. 11, 〈조선민주주의인민공화국 주재 소련대사 푸자노프 일지〉, 《북한관계 사료집》 75, 166쪽; 여정, 《붉게 물든 대동강》, 동아일보사, 1991, 94쪽; 김학철, 《최후의 분대장》, 문학과지성사, 1995, 81쪽.

[13] 김학철, 《최후의 분대장》, 문학과지성사, 1995, 312쪽, 339쪽.

[14] 김학철, 《최후의 분대장》, 문학과지성사, 1995, 117쪽; 여정, 《붉게 물든 대동강》, 동아일보사, 1991, 95쪽; 고봉기, 《조선노동당원의 육필수기》, 시민사회, 1990, 118쪽.

[15] 고봉기, 《조선노동당원의 육필수기》, 시민사회, 1990, 118쪽; 여정, 《붉게 물든 대동강》, 동아일보사, 1991, 202~205쪽.

[16] 여정, 《붉게 물든 대동강》, 동아일보사, 1991, 92~93쪽.

7. 대숙청

[1] 조선민주주의인민공화국 주재 소련대사관 2등 서기관 E. L. 티토렌코, 1957. 10. 17, 〈티토렌코 일지에서—조선민주주의인민공화국 과학원 후보원사 장주익과의 대담록〉, 《북한관계사료집》 78, 280~281쪽.

[2] 김정기, 《밀파》, 대영사, 1967, 194쪽.

[3] 션즈화 지음, 김동길 옮김, 《최후의 천조》, 선인, 2017, 582쪽.

[4] 조선민주주의인민공화국 주재 소련대사관 참사 V. I. 펠리셴코, 1958. 4. 24, 〈펠리셴코 일지에서—조선노동당 중앙위원회 부위원장 김창만 동지와의 대담록〉, 《북한관계사료집》 79, 61쪽.

[5] 1960. 6. 12, "조선민주주의인민공화국 정치·경제 현황", АВПРФ, ф. 0102, оп. 16, п. 87, д. 27.

[6] 션즈화 지음, 김동길 옮김, 《최후의 천조》, 선인, 2017, 585쪽.

[7] 성혜랑, 《등나무집》, 지식나라, 2000, 265쪽.

[8] 임은, 《김일성정전》, 옥촌문화사, 1989, 292쪽.

[9] 조선민주주의인민공화국 주재 소련대사관 2등 서기관 E. L. 티토렌코, 1957. 10.

10, 〈티토렌코 일지에서―조선노동당 평양시당 위원회 부위원장 이재필 동지와의 대담록〉,《북한관계사료집》78, 263쪽.

10 소련 외무성 극동과 과장 I. I. 투가리노프, 1960, "조선민주주의인민공화국, 조사 보고 요약", АВПРФ, ф. 0102, оп. 16, п. 87, д. 27.

11 김정기,《밀파》, 대영사, 1967, 210～211쪽.

12 임은,《김일성정전》, 옥촌문화사, 1989, 293～294쪽.

13 여정,《붉게 물든 대동강》, 동아일보사, 1991, 140쪽.

14 1957. 9. 29, "조선민주주의인민공화국 주재 소련대사 A. M. 푸자노프 일지", АВП РФ, ф. 0102, оп. 13, п. 72, д. 5.

15 임은,《김일성정전》, 옥촌문화사, 1989, 294쪽.

8. 반혁명의 쳇바퀴

1 고봉기,《조선노동당원의 육필수기》, 시민사회, 1990, 116쪽; 션즈화 지음, 김동길 옮김,《최후의 천조》, 선인, 2017, 513쪽.

2 조수룡, 〈전후 북한의 사회주의 이행과 '자력갱생' 경제의 형성〉, 경희대학교 사학 과 박사학위논문, 2018, 151쪽.

3 조선민주주의인민공화국 주재 소련대사관 2등 서기관 E. L. 티토렌코, 1957. 4. 4, "티토렌코 일지에서―김일성종합대학 총장 유성훈 동지와의 대담록", АВПРФ, ф. 0102, оп. 13, п. 7, д. 6.

4 션즈화 지음, 김동길 옮김,《최후의 천조》, 선인, 2017, 512쪽.

5 조선민주주의인민공화국 주재 소련대사관 제1서기관 B. K. 피메노프, 1957. 9. 8, 〈피메노프 일지에서―조선민주주의인민공화국 인민경제대학 교원 안운경(전 외무 성 제1국장)과의 대담록〉,《북한관계사료집》78, 200쪽.

6 조선민주주의인민공화국 주재 소련대사관 2등 서기관 V. K. 리시코프, 1957. 10. 11, 〈리시코프 일지에서―개성시당 위원회 부위원장 지근수와의 대담록〉,《북한 관계사료집》78, 269～270쪽.

7 조선민주주의인민공화국 주재 소련대사관 제1서기관 B. K. 피메노프, 1957. 9. 8,

〈피메노프 일지에서―조선민주주의인민공화국 인민경제대학 교원 안운경(전 외무성 제1국장)과의 대담록〉, 《북한관계사료집》 78, 201쪽.

8   조선민주주의인민공화국 주재 소련대사관 참사 N. M. 쉐스테리코프, 1957. 9. 30, 〈쉐스테리코프 일지에서―조선민주주의인민공화국 외무성 제1국장 박길룡과의 대담록〉, 《북한관계사료집》 78, 242쪽.

9   1958. 10. 2, 〈조선민주주의인민공화국 주재 소련대사 푸자노프 일지〉, 《북한관계사료집》 75, 231쪽; 조선민주주의인민공화국 주재 소련대사관 제1서기관 A. M. 율린, 1958. 10. 3, 〈율린 일지에서―조선민주주의인민공화국 최고인민회의 상임위원회 법무부장 최학룡 동지와의 대담록〉, 《북한관계사료집》 79, 306쪽.

10 1960. 9. 7, 〈조선민주주의인민공화국 주재 소련대사 푸자노프 일지〉, 《북한관계사료집》 76, 323쪽; 선즈화 지음, 김동길 옮김, 《최후의 천조》, 선인, 2017, 583〜584쪽.

11 1958. 10. 2, 〈조선민주주의인민공화국 주재 소련대사 푸자노프 일지〉, 《북한관계사료집》 75, 231쪽.

12 조선민주주의인민공화국 주재 소련대사관 참사 V. I. 펠리셴코, 1958. 4. 24, 〈펠리셴코 일지에서―조선노동당 중앙위원회 부위원장 김창만 동지와의 대담록〉, 《북한관계사료집》 79, 61쪽; 조선민주주의인민공화국 주재 소련대사관 제1서기관 A. M. 율린, 1958. 10. 3, 〈율린 일지에서―조선민주주의인민공화국 최고인민회의 상임위원회 법무부장 최학룡 동지와의 대담록〉, 《북한관계사료집》 79, 306쪽.

13 이상조, 1956. 10. 1, 〈조선노동당 중앙위원회 앞〉, 《북조선을 만든 고려인 이야기》, 경인문화사, 2006, 286〜287쪽.

14 김국후, 《평양의 카레이스키 엘리트들》, 한울아카데미, 2013, 206쪽, 228쪽.

15 1958. 6. 11, 〈조선민주주의인민공화국 주재 소련대사 푸자노프 일지〉, 《북한관계사료집》 75, 166쪽.

16 선즈화 지음, 김동길 옮김, 《최후의 천조》, 선인, 2017, 503쪽.

17 이청원, 1957. 1. 9, 〈우리나라 노동운동에서 종파가 끼친 해독성〉, 《노동신문》.

18 이청원, 1957. 5. 19, 〈조국광복회의 역사적 의의〉, 《노동신문》.

19 이상조, 1956. 10. 1, 〈조선노동당 중앙위원회 앞〉, 《북조선을 만든 고려인 이야기》,

경인문화사, 2006, 302쪽.

20 조선민주주의인민공화국 주재 소련대사관 2등 서기관 E. L. 티토렌코, 1957. 10. 17, 〈티토렌코 일지에서—조선민주주의인민공화국 과학원 후보원사 장주익과의 대담록〉, 《북한관계사료집》 78, 282쪽; 조선민주주의인민공화국 주재 소련대사관 2등 서기관 V. K. 리시코프, 1957. 11. 7, 〈리시코프 일지에서—조선노동당 중앙위원회 직속 고급당학교 교장 허익과의 대담록〉, 《북한관계사료집》 78, 303쪽.

21 백준기, 1999, 〈정전 후 1950년대 북한의 정치 변동과 권력 재편〉, 《현대북한연구》 2권 2호, 53쪽.

22 1958. 11. 19, "조선민주주의인민공화국 주재 소련 임시대리대사 M. E. 크류코프 일지", АВПРФ, ф. 0102, оп. 14, п. 75, д. 3.

23 조선민주주의인민공화국 주재 소련대사관 참사 S. P. 라자레프, 1955. 3. 31, 〈라자레프 일지에서—청우당 중앙위원회 위원장 김달현과의 대담록〉, 《북한관계사료집》 77, 137~138쪽.

24 1947. 5. 20, 〈레베데프 비망록〉(1995. 1. 6, 〈이그나치예프 자료〉, 《부산일보》).

25 1948. 12. 25, "북조선 천도교청우당 중앙위원회 위원장 겸 조선민주주의인민공화국 최고인민회의 부의장 김달현 평정서", ЦАМО, ф. 142, оп. 540936, д. 1, лл. 80~82; 1948. 1. 16, 〈레베데프 비망록〉(1995. 2. 17, 〈헌법 초안 마련 이후〉, 《부산일보》).

26 1948. 2. 26~3. 6, 〈레베데프 비망록〉(1995. 2. 28, 〈청우당, 3·1절 재현 운동〉, 《부산일보》).

27 조선민주주의인민공화국 주재 소련대사관 2등 서기관 E. L. 티토렌코, 1957. 9. 21, 〈티토렌코 일지에서—조선민주주의인민공화국 최고인민회의 상임위원회 법무부장 최학룡 동지와의 대담록〉, 《북한관계사료집》 78, 220쪽.

28 1958. 10. 24, 〈조선민주주의인민공화국 주재 소련대사 푸자노프 일지〉, 《북한관계사료집》 75, 279쪽; 1958. 11. 6, 〈조선민주주의인민공화국 주재 소련대사 푸자노프 일지〉, 《북한관계사료집》 75, 306~307쪽.

29 조선민주주의인민공화국 주재 소련대사관 제1서기관 B. K. 피메노프, 1958. 10. 2, 〈피메노프 일지에서—조선노동당 중앙위원회 선전선동부장 김도만 동지와의 대

담록〉,《북한관계사료집》79, 300쪽.

30 선즈화 지음, 김동길 옮김,《최후의 천조》, 선인, 2017, 583쪽; 백준기, 1999, 〈정전
   후 1950년대 북한의 정치 변동과 권력 재편〉,《현대북한연구》2권 2호, 58~59쪽.

31 김학철,《최후의 분대장》, 문학과지성사, 1995, 136~137쪽, 178쪽, 354쪽.

32 조선민주주의인민공화국 주재 소련대사관 2등 서기관 E. L. 티토렌코, 1957. 9. 21,
   〈티토렌코 일지에서―조선민주주의인민공화국 최고인민회의 상임위원회 법무부
   장 최학룡 동지와의 대담록〉,《북한관계사료집》78, 219쪽.

33 1958. 10. 1, 〈조선민주주의인민공화국 주재 소련대사 푸자노프 일지〉,《북한관계
   사료집》75, 227쪽.

34 백준기, 1999, 〈정전 후 1950년대 북한의 정치 변동과 권력 재편〉,《현대북한연구》
   2권 2호, 58~59쪽; 1958. 10. 24, 〈조선민주주의인민공화국 주재 소련대사 푸자
   노프 일지〉,《북한관계사료집》75, 279쪽; 김정기,《밀파》, 대영사, 1967, 228쪽; 김
   학철,《최후의 분대장》, 문학과지성사, 1995, 137쪽.

35 이신철,《북한 민족주의운동 연구》, 역사비평사, 2008, 373~375쪽.

36 조선민주주의인민공화국 주재 소련대사관 2등 서기관 E. L. 티토렌코, 1957. 9. 14,
   〈티토렌코 일지에서―조선노동당 중앙위원회 조국통일민주주의전선 지도부 부부
   장 김종항 동지와의 대담록〉,《북한관계사료집》78, 208쪽.

37 조선민주주의인민공화국 주재 소련대사관 참사 N. M. 쉐스테리코프, 1957. 11.
   17, 〈쉐스테리코프 일지에서―조선노동당 중앙위원회 조국통일민주주의전선 지
   도부 부부장 김종항 동지와의 대담록〉,《북한관계사료집》78, 311~313쪽.

38 조선민주주의인민공화국 주재 소련대사관 제1 서기관 B. K. 피메노프, 1958. 10. 2,
   〈피메노프 일지에서―조선노동당 중앙위원회 선전선동부장 김도만 동지와의 대
   담록〉,《북한관계사료집》79, 300쪽.

39 1958. 10. 6, 〈조선민주주의인민공화국 주재 소련대사 푸자노프 일지〉,《북한관계
   사료집》75, 249쪽.

40 1958. 10. 6, 〈조선민주주의인민공화국 주재 소련대사 푸자노프 일지〉,《북한관계
   사료집》75, 249~250쪽.

⁴¹ 1957. 12. 20, 〈조선민주주의인민공화국 주재 소련대사 푸자노프 일지〉,《북한관계
사료집》75, 20쪽.

⁴² 션즈화 지음, 김동길 옮김,《최후의 천조》, 선인, 2017, 511쪽.

⁴³ 1957. 12. 20, 〈조선민주주의인민공화국 주재 소련대사 푸자노프 일지〉,《북한관계
사료집》75, 20쪽.

⁴⁴ 1958. 3. 1, 〈조선민주주의인민공화국 주재 소련대사 푸자노프 일지〉,《북한관계사
료집》75, 51쪽.

⁴⁵ 션즈화 지음, 김동길 옮김,《최후의 천조》, 선인, 2017, 567쪽.

⁴⁶ 1958. 2. 16, 〈조선민주주의인민공화국 주재 소련대사 푸자노프 일지〉,《북한관계
사료집》75, 29쪽.

⁴⁷ 유성철·이상조,《증언, 김일성을 말한다》, 한국일보사, 1991, 191쪽.

⁴⁸ 김학철,《최후의 분대장》, 문학과 지성사, 1995, 218쪽, 237~238쪽, 266쪽.

맺음말

¹ 안드레이 란코프 저, 김광린 역,《북한 현대정치사》, 오름, 1995, 221쪽.

² 백준기, 1999, 〈정전 후 1950년대 북한의 정치 변동과 권력 재편〉,《현대북한연구》2
권 2호, 15~16쪽.

참고문헌

1. 자료

1) 북한 자료

조선공산당 북부 조선 분국,《正路》.

조선노동당 중앙위원회,《근로자》.

조선노동당 중앙위원회,《노동신문》.

조선민주주의인민공화국 국가계획위원회 중앙통계국,《1946~1960 조선민주주의인
　　민공화국 인민경제 발전 통계집》, 국립출판사, 1961.

조선민주주의인민공화국 정부,《인민》.

조선민주주의인민공화국 최고인민회의 상임위원회,《조선민주주의인민공화국 법령
　　및 최고인민회의 상임위원회 정령집(1948~1950년)》, 1954.

2) 한국 자료

국사편찬위원회·독립기념관,《러시아 국립사회정치사문서보관소 소장 북한 인물 자
　　료》Ⅰ, 역사비평사, 2020.

국사편찬위원회·독립기념관,《러시아 국립사회정치사문서보관소 소장 북한 인물 자
　　료》Ⅱ, 민속원, 2021.

국사편찬위원회,《북한관계사료집》1, 1982.

국사편찬위원회,《북한관계사료집》30, 1998.

국사편찬위원회, 《북한관계사료집》 73, 2013.

국사편찬위원회, 《북한관계사료집》 74, 2013.

국사편찬위원회, 《북한관계사료집》 75, 2014.

국사편찬위원회, 《북한관계사료집》 76, 2014.

국사편찬위원회, 《북한관계사료집》 77, 2015.

국사편찬위원회, 《북한관계사료집》 78, 2015.

국사편찬위원회, 《북한관계사료집》 79, 2016.

국사편찬위원회, 《북한관계사료집》 80, 2016.

국토통일원, 《朝鮮勞動黨大會 資料集》 第1輯, 1988.

이재훈, 《러시아문서 번역집》 XXXII, 선인, 2018.

전현수 편역, 《쉬띄꼬프일기》, 국사편찬위원회, 2004.

3) 러시아 대외정책문서보관소АВПРФ 소장 구소련 자료

АВПРФ, фонд(문서군). 0102, опись(문서목록). 9, папка(문서철). 44, дело(문서건). 9(조선민주주의인민공화국 주재 소련대사관원들의 대담록, 1953. 1. 31~1953. 12. 12).

АВПРФ, ф. 0102, оп. 10, п. 52, д. 8(조선민주주의인민공화국 주재 소련대사 일지, 1953. 12~1954).

АВПРФ, ф. 0102, оп. 10, п. 52, д. 9(조선민주주의인민공화국 주재 소련대사관원들의 대담록, 1953. 12. 17~1954. 11. 19).

АВПРФ, ф. 0102, оп. 11, п. 60, д. 5(소련 외무성 부상과 조선민주주의인민공화국대사관원들 간 대담록, 1955. 1. 27~1955. 11. 30).

АВПРФ, ф. 0102, оп. 11, п. 60, д. 7(조선민주주의인민공화국 주재 소련대사 일지, 1955. 2. 28~1955. 12. 1).

АВПРФ, ф. 0102, оп. 11, п. 60, д. 8(조선민주주의인민공화국 주재 소련대사관원들의 대담록, 1954. 11. 22~1955. 4. 14).

АВПРФ, ф. 0102, оп. 11, п. 65, д. 45(조선민주주의인민공화국의 정치 상황, 1955.1.17~1955. 12. 26).

АВПРФ, ф. 0102, оп. 12, п. 68, д. 3(N. A. 불가닌, N. S. 흐루쇼프, L. I. 브레즈네프, D. T. 셰필로프, N. K. 바이바코프, B.N. 포노마료프 동지와 조선민주주의인민공화국 정부 대표단 간 회담록, 1956. 7. 9).

АВПРФ, ф. 0102, оп. 12, п. 68, д. 3(N. T. 페도렌코 일지에서—소련 주재 조선민주주의 인민공화국대사 이상조와의 대담록, 1956. 9. 5).

АВПРФ, ф. 0102, оп. 12, п. 68, д. 4(V. I. 이바넨코 일지에서—독일민주공화국 주재 조선 민주주의인민공화국대사 박길룡 동지와의 대담록, 1956. 5. 17).

АВПРФ, ф. 0102, оп. 12, п. 68, д. 4(I. F. 쿠르듀코프 일지에서—소련 주재 조선민주주의 인민공화국대사 이상조와의 대담록, 1956. 6. 21 / 1956. 8. 9 / 1956. 8. 11 / 1956. 11. 28).

АВПРФ, ф. 0102, оп. 12, п. 68, д. 4(B. N. 베레샤긴 일지에서—소련 주재 조선민주주의 인민공화국대사관 영사부장 김형모와의 대담록, 1956. 10. 19).

АВПРФ, ф. 0102, оп. 12, п. 68, д. 4(S. P. 라자레프 일지에서—조선민주주의인민공화국 최고인민회의 대의원 고희만과의 대담록, 1956. 9. 18).

АВПРФ, ф. 0102, оп. 12, п. 68, д. 5(조선민주주의인민공화국 주재 소련대사 V. I. 이바노 프 일지, 1955. 12. 20~1956. 6. 1).

АВПРФ, ф. 0102, оп. 13, п. 72, д. 5(조선민주주의인민공화국 주재 소련대사 일지와 대담 록, 1957. 4. 13~1957. 12. 17).

АВПРФ, ф. 0102, оп. 13, п. 72, д. 6(조선민주주의인민공화국 주재 소련대사관원들의 대 담록, 1956. 12. 15~1957. 12. 17).

АВПРФ, ф. 0102, оп. 13, п. 72, д. 5(조선민주주의인민공화국 당정 대표단과의 대담록, 1957. 10. 22).

АВПРФ, ф. 0102, оп. 14, п. 75, д. 3(조선민주주의인민공화국 주재 소련대사관원들의 대 담록, 1958. 8. 21~1958. 12. 31).

АВПРФ, ф. 0102, оп. 14, п. 75, д. 6(조선민주주의인민공화국 주재 소련대사 A. M. 푸자 노프 일지, 1957. 12. 25~1958. 9. 12).

АВПРФ, ф. 0102, оп. 14, п. 75, д. 7(조선민주주의인민공화국 주재 소련대사 일지와 대담 록, 1958. 9. 30~1959. 1. 5).

АВПРФ, ф. 0102, оп. 14, п. 75, д. 8(조선민주주의인민공화국 주재 소련대사관원들의 대담록, 1957. 12. 28~1958. 8. 21).

АВПРФ, ф. 0102, оп. 15, п. 81, д. 5(소련 외무상 및 외무성 부상과 조선민주주의인민공화국 대표들 간 대담록, 1959. 3. 19~1959. 12. 7).

АВПРФ, ф. 0102, оп. 15, п. 81, д. 6(소련 외무성 극동과 직원들 및 다른 과 직원들과 조선민주주의인민공화국 대표들 간 대담록, 1959. 1. 6~1959. 12. 22).

АВПРФ, ф. 0102, оп. 15, п. 81, д. 7(조선민주주의인민공화국 주재 소련대사 일지와 대담록, 1959. 1. 2~1959. 12. 19).

АВПРФ, ф. 0102, оп. 15, п. 82, д. 14(소련과 조선민주주의인민공화국 간 정치적 상호관계, 1959. 1. 2~1959. 9. 25).

АВПРФ, ф. 0102, оп. 16, п. 85, д. 7(조선민주주의인민공화국 주재 소련대사 일지와 대담록, 1960. 8. 9~1960. 12. 31).

АВПРФ, ф. 0102, оп. 16, п. 85, д. 8(조선민주주의인민공화국 주재 소련대사관원들의 대담록, 1960. 1. 11~1960. 12. 15).

АВПРФ, ф. 0102, оп. 16, п. 87, д. 27(조선민주주의인민공화국의 국내 정치 상황, 1960. 6. 12~1960. 10. 18).

2. 증언록

고봉기, 《김일성의 비서실장》, 천마, 1989.

고봉기, 《조선노동당원의 육필수기》, 시민사회, 1990.

김석형 구술, 이향규 녹취·정리, 《나는 조선노동당원이오!》, 선인, 2001.

김정기, 《밀파》, 대영사, 1967.

김진계, 《조국》 (상)(하), 현장문학사, 1990.

김학철, 《최후의 분대장》, 문학과 지성사, 1995.

성혜랑, 《등나무집》, 지식나라, 2000.

여정, 《붉게 물든 대동강》, 동아일보사, 1991.

유성철·이상조, 《증언, 김일성을 말한다》, 한국일보사, 1991.

임은, 《김일성정전》, 옥촌문화사, 1989.

장학봉 외, 《북조선을 만든 고려인 이야기》, 경인문화사, 2006.

최태환·박혜강, 《젊은 혁명가의 초상―인민군 장교 최태환 중좌의 한국전쟁 참전기》, 공동체, 1989.

3. 저서

기광서, 《북한 국가의 형성과 소련》, 선인, 2018.

김광운, 《북한 정치사 연구》 I, 선인, 2003.

김국후, 《평양의 카레이스키 엘리트들》, 한울아카데미, 2013.

김선호, 《조선인민군―북한 무력의 형성과 유일체제의 기원》, 한양대학교 출판부, 2020.

김성보, 《남북한 경제구조의 기원과 전개―북한 농업체제의 형성을 중심으로》, 역사비평사, 2000.

김재웅, 《고백하는 사람들―자서전과 이력서로 본 북한의 해방과 혁명, 1945~1950》, 푸른역사, 2020.

_____, 《북한체제의 기원―인민 위의 계급, 계급 위의 국가》, 역사비평사, 2018.

김창순, 《북한 15년사》, 지문각, 1961.

_____, 《역사의 증인》, 한국아세아반공연맹, 1956.

김태우, 《폭격―미공군의 공중폭격 기록으로 읽는 한국전쟁》, 창비, 2013.

니키타 세르게예비치 흐루쇼프 지음, 박상철 옮김, 《개인숭배와 그 결과들에 대하여》, 책세상, 2006.

박명림, 《한국전쟁의 발발과 기원》 II, 나남출판, 1996.

박소영, 《개성 각쟁이의 사회주의 적응사》, 선인, 2012.

반병률, 《홍범도 장군》, 한울, 2019.

서대숙, 《현대북한의 지도자, 김일성과 김정일》, 을유문화사, 2000.

서동만, 《북조선 사회주의체제 성립사, 1945~1961》, 선인, 2005.

션즈화 지음, 김동길 옮김, 《최후의 천조》, 선인, 2017.

안드레이 란코프 저, 김광린 역, 《북한 현대정치사》, 오름, 1995.

와다 하루끼 지음, 서동만 옮김, 《한국전쟁》, 창작과비평사, 1999.

_____, 이종석 옮김, 《김일성과 만주항일전쟁》, 창작과비평사, 1992.

염인호, 《조선의용군의 독립운동》, 나남출판, 2001.

이신철, 《북한 민족주의운동 연구》, 역사비평사, 2008.

이종석, 《조선로동당연구》, 역사비평사, 1995.

이주철, 《조선로동당 당원조직 연구》, 선인, 2008.

이타가키 류타 지음, 고영진·임경화 옮김, 《북으로 간 언어학자 김수경》, 푸른역사, 2024.

정창현, 《인물로 본 북한현대사》, 선인, 2011.

허은, 《냉전과 새마을─동아시아 냉전의 연쇄와 분단국가체제》, 창비, 2022.

Armstrong, Charles K. *The North Korean Revolution, 1945~1950*(Cornell University Press, 2003).

Armstrong, Charles K. *Tyranny of the Weak: North Korea and the World, 1950~1992*(Cornell University Press, 2013).

Fitzpatric, Sheila. *Everyday Stalinism: Ordinary Life in Extraordinary Times: Soviet Russia in the 1930s*(Oxford University Press, 1999).

Kim, Cheehyung. *Heroes and Toiler: Works as Life in Postwar North Korea, 1953~1961*(Columbia University Press, 2018).

Kim, Suzy, *Everyday Life in the North Korean Revolution, 1945~1950*(Cornell University Press, 2013).

Lankov, Andrei. *Crisis in North Korea: The Failure of de-Stalinization, 1956*(University of Hawaii Press, 2005).

Lankov, Andrei. *From Stalin to Kim Il Sung: The Formation of North Korea, 1945~1960*(Rutgers University Press, 2002).

Szalontai, Balazs. *Kim Il Sung in the Khrushchev Era: Soviet−DPRK Relations and the Roots of North Korean Despotism, 1953~1964*(Woodrow Wilson Center Press, 2005).

4. 논문

김규범, 〈1956년 "8월 전원회의 사건" 재론—김일성의 인사정책과 '이이제이'식 용인술〉, 《현대북한연구》 22권 3호, 2019.

김선호, 〈1945~1947년 북·중관계의 형성과 북·중혈맹의 근원〉, 《동북아역사논총》 57호, 2017.

김재웅, 〈1950년대 중반 북한의 경제난과 북소 관계의 균열〉, 《사총》 104호, 2021.

_____, 〈1950년대 중반 북한 지식층의 체제 비판과 개혁 요구—중소의 내정 간섭과 헝가리사태가 끼친 영향을 중심으로〉, 《북한학연구》 19권 2호, 2023.

김일한, 〈남북한 관계의 형성과 기원〉, 《북한학보》 34권 1호, 2009.

김진혁, 〈이승만 정부시기 의사 집단의 보건의료체계 구상과 재편〉, 고려대학교 한국사학과 박사학위논문, 2023.

김태윤, 〈근현대 평양의 도시계획과 공간 변화 연구(1937~1960)〉, 서울시립대학교 국사학과 박사학위논문, 2022.

류기현, 〈쏘련을 향하여 배우라—1945~1948년 조소문화협회의 조직과 활동〉, 《대동문화연구》 제98집, 2017.

류승주, 〈북한의 민족문화전통과 항일혁명전통 수립(1945~1967)〉, 한양대학교 사학과 박사학위논문, 2022.

문미라, 〈한국전쟁기 북한의 후방정책 연구〉, 서울시립대학교 국사학과 박사학위논문, 2022.

박창희, 〈해방 직후 북한의 선전선동체계와 군중문화사업(1945~1950)〉, 성균관대학교

사학과 박사학위논문, 2021.

백준기, 〈1950년대 북한의 권력 갈등의 배경과 소련〉, 《1950년대 남북한의 선택과 굴절》, 역사비평사, 1998.

_____, 〈정전 후 1950년대 북한의 정치 변동과 권력 재편〉, 《현대북한연구》 2권 2호, 1999.

서홍석, 〈북한 농업협동화 시기 제대군인의 활동과 농업협동조합의 공고화〉, 《한국사학보》 74호, 2019.

우동현, 〈1945~1950년 재북 소련계 조선인의 활동과 성격〉, 서울대학교 국사학과 석사학위논문, 2016.

윤경섭, 〈1950년대 북한의 정치갈등 연구〉, 성균관대학교 사학과 박사학위논문, 2007.

_____, 〈한국전쟁 전후 북한 김두봉의 정치노선과 위상 변화—최고인민회의 상임위원회의 활동을 중심으로〉, 《사림》 44호, 2013.

이세영, 〈북한 '사회주의' 노동자의 형성과 생산현장의 변화(1945~1960)〉, 연세대학교 사학과 박사학위논문, 2020.

이주호, 〈북한의 공업화 구상과 북소경제협력(1953~1970)〉, 고려대학교 한국사학과 박사학위논문, 2022.

이주환, 〈북한의 문맹퇴치운동과 성인교육체계 형성(1945~1949)〉, 동국대학교 사학과 박사학위논문, 2023.

이준희, 〈북한의 '사회주의 상업'체계 형성(1945~1958)〉, 연세대학교 사학과 박사학위논문, 2022.

이창희, 〈북한의 1945~1960년 중공업 우선 발전전략에 대한 재고찰〉, 《한국통일정책연구논총》 22권 1호, 2013.

조수룡, 〈북한의 전후 복구 3개년계획(1954~56) 수정과 1955년 봄 식량 위기〉, 《한국민족운동사연구》 97호, 2018.

_____, 〈전후 북한의 사회주의 이행과 '자력갱생' 경제의 형성〉, 경희대학교 사학과 박사학위논문, 2018.

찾아보기

김정숙 191

김정일 200

김준근 121, 470, 471

김창만 152, 153, 179, 181, 184, 192,
195, 201, 235, 256, 259, 283, 285,
305, 308, 326, 371, 376, 394, 406,
494, 513, 536

김창흡 249, 331, 389, 450

김충식 104, 105, 168, 169, 247, 314,
349, 408, 540

김태근 319, 454

김학인 114

김한경 540

김현수 430, 431

김형모 386

김회일 110, 518

【ㄴ】

남의사藍衣社 501, 551, 552

남일 167, 181, 184, 216, 217, 263, 265
~268, 270, 275, 305, 312, 325, 326,
328, 371, 394, 449, 530, 536

녜룽전聶榮臻 135

《노동신문》 31, 87, 96, 122, 382, 446,
450, 484, 486, 543, 544

노철용 248, 530, 531

농업협동화 48, 49, 53~55, 137, 169,

221

【ㄷ】

(조선노동)당 중앙위원회 상무위원회 46,
54, 65, 81, 152, 153, 167, 173, 201,
296, 305, 512

(조선노동)당 중앙위원회 전원회의 26,
74, 92, 104, 122, 123, 186, 239,
242, 252, 256, 259, 268, 283, 291,
292, 316, 332, 387, 401, 402, 497,
512, 515

(조선노동)당 중앙위원회 정치위원회 81,
96, 123, 152, 171, 201, 229

(조선노동)당 중앙위원회 조직위원회 152

【ㄹ】

라주바예프В. Н. Разуваев 60, 103

라코시Matyas Rakosi 280, 294, 366, 412

레닌Владимир Ильич Ленин 127, 128,
131, 260, 329, 362, 383, 384, 400,
406, 509, 543

레닌의 당 생활 준칙 363, 384, 400, 509

레베데프Николай Георгиевич Лебедев
131, 195

류축운 248

예고된 쿠데타, 8월 종파사건

2024년 7월 22일 초판 1쇄 인쇄
2024년 9월 10일 초판 3쇄 발행

글쓴이   김재웅
펴낸이   박혜숙
디자인   이보용 김진
펴낸곳   도서출판 푸른역사
　우) 03044 서울시 종로구 자하문로8길 13
　전화: 02)720－8921(편집부) 02)720－8920(영업부)
　팩스: 02)720－9887
　전자우편: 2013history@naver.com
　등록: 1997년 2월 14일 제13－483호

ⓒ 김재웅, 2024

ISBN 979-11-5612-280-7 93900